中國十八省府1910，
歷史轉折點上中原文化實地考察

Eighteen Capitals 1910

遺失在西方的

中國史

蓋洛作品

威廉‧埃德加‧蓋洛 著
沈弘 審譯 李憲堂 審校
沈弘，郝田虎，姜文濤 譯

U0068688

19座城市×141張相片×兩大流域首府考察

蓋洛，第一位走遍2,500公里長的中國明長城的美國人，
1903年首次來到中國，此後20年便投身於這個神祕的東方國度。

其足跡踏遍中國18個行省首府、五大名山，
不僅記錄當下所見所聞，也搜集豐富的史料輔以說明，
透過他細緻獨到的觀察，告訴世界一個「真正的」中國。

目錄

附：原書中諺語

代序　告訴世界一個「真實的」中國
—— 對 20 世紀初 W. E. 蓋洛系聯考察中國人文地理的敘述

沈弘　郝田虎

　　W. E. 蓋洛（William Edgar Geil）是西方頗負盛名的美國旅行家和英國皇家地理學會會員，1865 年出生於美國賓夕法尼亞州的多伊爾斯城，1890 年從拉斐特學院畢業之後，曾當過幾年宣講《福音書》的傳道士，但在他心中一直蘊藏著一個周遊世界的夢想。於是在 1896 年，他請了長假，從紐約登船前往耶路撒冷朝聖，從此開始了他的全球旅行生涯。在此後的 30 年中，他的足跡幾乎踏遍了非洲、大洋洲、歐洲和亞洲等。正如士兵戰死於疆場、學者辭世於書房，這位不知疲倦的旅行家最終在一次重返聖城的旅程後病逝於威尼斯城。在其生命的最後 20 多年中，蓋洛與中國結下了不解之緣。1903 年，他途經日本首次來到中國，從上海坐船溯流而上，沿途考察了長江流域部分地區的人文地理，寫下了《揚子江上的美國人 1903》（1904 年）一書，從此便一發而不可收拾。從那以後，中國成了他魂牽夢繞的研究對象，他又數次前來中國考察，走遍了大江南北、長城內外、三山五嶽，陸續出版了《中國長城》（1909 年）、《中國十八省府 1910》（1911 年）和《中國五嶽 1924》（1926 年）等一系列重量級的著作。

　　在歷史的長河中，寫過中國的西方作家數以千計，我們為什麼偏要挑中蓋洛來作為研究對象呢？這首先是因為他作為人文地理學家的獨特價值。蓋洛在其一生中，曾享有許多頭銜和美譽。首先他是一位著作等身的多產作家，出版過 13 部著作，還寫了大量的日記、演講稿、報刊文章和

代序　告訴世界一個「真實的」中國

—— 對 20 世紀初 W. E. 蓋洛系聯考察中國人文地理的敘述

信札；早在 1905 年，他就被譽為「在世最偉大的旅行家」，見識過了五大洲、四大洋；他同時也被稱作「偉大的演說家」，在世界各地做過幾千場演說，聽眾達數百萬之多；在關於他的傳記中，作者總是稱他為大字書寫的「探險家」（the Explorer）。丁韙良在為《中國十八省府 1910》所撰寫的序言中也將這位探訪過非洲原始森林和太平洋群島原始部落的探險家跟李文斯頓和史坦利相提並論。然而，蓋洛有關中國的上述四部書吸引我們的並非那些華麗雄辯的語句辭藻，或是吊人胃口的歷險故事情節，而是作者用照片、文字、圖片、地圖、諺語等一系列手段詳細記錄下來的 20 世紀初中國最精髓和最真實的人文地理、歷史和現狀。

作為一個受過現代教育訓練的專業人士，蓋洛所選擇考察中國的角度是獨特和具有先進水平的。他是早期系聯考察長江流域人文地理的少數西方人之一，也是第一個全程考察長城、十八個行省首府和五大名山的人文地理學家。迄今為止，我們沒有發現國內外曾經有過如此全面系統地考察中國傳統和現代人文地理的第二人。他在考察過程中充分利用了各地的方志和當時已有的科學手段及攝影技術，僅上述四部書就精選了 400 多幅照片作為插圖，其中包括長城所有的烽火臺和 1909 年中國十八個省府的歷史照片。光是這些老照片本身，便是如今研究中國人文地理的無價之寶。

二

由西方人來寫中國，其難度是可想而知的。在 1842 年中國的門戶被迫對西方開放之前，能夠進入內地的外國人可謂鳳毛麟角。而且中國幅員遼闊，地區與民族之間方言繁雜，況且當時盜匪出沒，交通十分不便，所以即使在門戶開放之後，西方人要真正做到周遊神州大地，也是一件非常困難的事情。不過，這些還不能算是阻礙西方人了解中國的真正障礙。中

國有五千年的悠久歷史，文化傳統博大精深，各地區的風土人情和各民族人民的生活習俗與西方人相去甚遠，在中國長期閉關自守、東西方語言不通的情況下，要想打通東西方文化之間的障礙，又談何容易！故而，在蓋洛之前雖然也有相當數量有關中國的遊記和論著問世，但是真正能夠準確掌握華夏民族的精神面貌和客觀反映神州大地人文地理全貌的著作可謂屈指可數。而絕大部分作者往往受到各種客觀和主觀條件的局限，要麼鑽到故紙堆裡，靠第二手的材料來編織這個東方古國的神話，要麼就憑藉自己浮光掠影的印象和即興的想像發揮，來描述一個不甚準確，有時甚至是南轅北轍的中國形象，頗有點坐井觀天的意味。例如，作為奇西克皇家園藝學會溫室部主任的英國植物學家羅伯特・福鈞（Robert Fortune），他自 1843 年起曾四次來華調查中國茶葉的生產、栽培和製作的情況，並先後出版了至少五部有關中國的遊記。其中第一部書名為《華北諸省漫記》，可是茶葉怎麼會跟華北諸省有關呢？假如你有興致耐心讀下去的話，就會發現這裡所說的「華北諸省」原來並非指河南、河北或山東、山西，而實際上是指江蘇、浙江和福建等產茶的省份。

早在 19 世紀初，第一個來到中國的美國新教傳教士裨治文（E. C. Bridgman）就已經發現，在有關中國的早期論著所描述的情況和他所親眼看到的實際情況之間有很大的反差和距離。在其於 1832 年創刊並主編的《中國叢刊》首期發刊詞中，他就大聲疾呼要以該刊物為平臺，向西方介紹一個「真實的」中國。怎樣才能做到這一點呢？裨治文認為，關鍵就在於要把書本知識和實際的田野調查緊密地結合在一起。一方面，西方作者應給予中文典籍和方志以足夠的重視，因為那裡面包含了大量詳實可靠的資訊；另一方面，還必須以實證的精神，對中國的地理、氣候、礦產、農業、漁業、商業、宗教和社會結構等做深入細緻的實地調查。無論多麼微

末的細節都不能忽視，都要認真加以記錄，只有這樣才能幫助西方人準確地了解這個古老帝國的狀態和特點。

　　雖然蓋洛與裨治文的年齡相差約一個甲子，但他們都具有相同的新英格蘭新教背景和「揚基佬」典型的實證精神。在撰寫其四部有關中國的論著期間，蓋洛不僅大量收集（藉助翻譯）、閱讀中文的典籍和方志，而且矢志不渝地堅持在描述某一地方或事物時必須身臨其境、眼見為實的原則。即使是在回顧歷史事件時，他也盡量設法藉助攝影技術和歷史圖片、地圖和拓片等手段，幫助讀者回到事件現場。在考察長江流域時，他冒著生命危險，在語言不通，不得不借助當地苦力和嚮導的情況下，獨自一人深入崇山峻嶺和少數民族地區。在寫《中國長城》時，他帶著一支精幹的考察隊，從山海關一口氣走到了西藏境內，沿途採風，記錄下有關長城的各種民間傳說和沿途各地的風土人情。原本大家都以為長城的最西端為嘉峪關，但蓋洛在實地考察時發現，在嘉峪關以西的西寧或西藏境內，仍然有連綿不斷的城牆向西延續，而這些城牆的存在在當時的地圖上並未標明，就連西寧的地方志上也找不到相關的記載 [001]。在考察了長城之後，他又馬不停蹄地走訪中國十八個行省的首府和京師，每到一處，必拜訪當地的行政長官和文人學者（為此目的，他專門在上海定製了 200 張中國式樣的名片），收集典籍方志，參觀名勝古蹟，採集民風民情。當他為最後一本書來華實地考察時，已經 54 歲，身體已經比較衰弱。然而他仍然堅持在妻子的陪伴下，一座又 ·座地努力攀登中國的五大名山，親自考察當地的民俗和宗教信仰，並用相機來記錄歷史。這種為追求理想而不惜「破萬卷書，行萬里路」的堅毅精神乃是常人很難做到的。

---

[001] 在該書第 318 頁的插圖中，作者附了兩張記錄這段長城的照片。蓋洛在書中所說的「西藏」和「西寧」都是指青海，而不是特指現在的西寧市和西藏地區。蓋洛所見的嘉峪關以西的長城也不是一路向西，而是呈半圓形向西南方向延伸。

蓋洛在上述四本書中所包含的近 500 張老照片、圖片、拓片和地圖[002]加在一起，展現了在清末和民國初年時期中國文化、民俗、社會各界人物和地理風景的獨特歷史畫卷。這是一筆極其珍貴的中國歷史文化遺產。

這些老照片的價值就在於它們的時代感。照片的內容包括長江流域和長城內外每一個行省首府（包括京師）及眾多城鎮和鄉村的建築、街道、城牆、城門、廟宇、農舍、貢院、學校、官府、衙門，以及小橋流水、江河湖海、名山大川、懸崖峭壁、黃土高原和戈壁沙漠等自然景色。除了總督、巡撫、外國傳教士、社會名流、錢莊老闆、少數民族群眾之外，還有街頭的小吃攤、茶館、店鋪、鴉片館、剃頭挑子、小販、工匠、乞丐、苦力、獨輪車夫、江湖郎中、朝聖香客、算命先生、妓女、賭博攤子、花轎、婚喪行列，以及衙門裡的公堂提審、寺廟裡的和尚道士、鄉間的水車和放牛娃也都納入了蓋洛的鏡頭。應該特別指出的是，許多這樣的畫面如今在別處已經找不到了。例如，蓋洛在考察長城時，把當時尚存的每一座烽火臺都編上號，並拍下了照片。其中有些鏡頭無論在中文或是西文的數據中都已絕跡。再以杭州為例，從 19 世紀末洋人繪製的地圖上看，當時杭州城的城牆和十個城門、四個水門還首尾相連，相當完整。可如今除了一個水門的區域性尚存，武林門、鳳山門、湧金門、清波門等地名還在使用之外，清末那些城牆和城樓的身影已經消失得無影無蹤。在中文數據中，我們最多隻能找到描述這些城牆、城門的片言隻語，直觀的歷史圖片數據可以說是絕無僅有。但在《中國十八省府 1910》一書之中，我們卻驚喜地發現了杭州鳳山門、御街和大運河上的太平橋等早已消失的景點的

---

[002] 在《揚子江上的美國人 1903》中有 122 張，《中國長城》中有 116 張，《中國十八省府 1910》中有 113 張，《中國五嶽 1924》中有 101 張，共計 452 張，這還沒包括第三部書中解釋漢字寓意的插圖，如加上那些插圖，總數就接近 500 張了。

代序　告訴世界一個「真實的」中國
—— 對 20 世紀初 W. E. 蓋洛系聯考察中國人文地理的敘述

老照片[003]，它們栩栩如生地為我們還原了 20 世紀初清末老杭州的本來面貌。蓋洛在序言中告訴我們，該書的 100 多張照片是從 1,200 多張照片中精選出來的。按照這個比例來計算的話，蓋洛在中國拍的照片總數應該在 5,000 張以上。

在歷次考察過程中，尤其是在 1909 年訪問中國的十八個省府時，蓋洛敏銳地感受到中國正處於一個辭舊迎新的重大歷史關頭，因為他身邊的一切事物時時刻刻都在發生變化：

許多個世紀以來，中國人一直在潛心研究和平的藝術，並從心眼裡瞧不起那些動輒便要撒野的赳赳武夫。無論他們內心是怎麼想的，中國人現在已經屈從於西方人的見解，並已經訓練出大批的士兵。在新的教育制度中包括了許多類似西點軍校和桑赫斯特皇家軍事學院的武備學堂。在每個大城市都建起了兵營，而且往往是兵營剛剛落成，馬上就住滿了士兵。再也見不到弓和箭，也沒有了翻勛斗和吼叫，取而代之的是用歐洲的精確瞄準武器所進行的系統性歐洲式操練……整個大清帝國都在武裝起來，其方式並非心急火燎的，而是非常徹底和執著的。中國的資源是沒有任何一個歐洲國家所能比擬的。

當然，這種變化並不僅僅局限於武備學堂和兵營。一路上，蓋洛見到了舊的貢院被拆毀，在其廢墟上建起了西式的學校和大學；公共圖書館和郵局取代了舊式的藏書樓和驛站；鐵路正在替代大運河作為交通幹線；工廠和煤礦在全國各地出現；紙幣開始淘汰已經用了上千年的銅錢；學生們在談論革命、民主、自尊、公民權和改革；就連巡撫和省府衙門都在籌備議會的召開。蓋洛睿智地意識到他必須用相機把這些歷史變革的瞬間定格

---

[003] 蓋洛在《中國十八省府 1910》的「第一章　杭州」裡共附了 8 張杭州的老照片。

在他的照片之中，因為這些都是「新的和有預見性的事實」，而「事實畢竟勝於雄辯」，「事實擺在面前，任何人都可以對此加以闡釋」。就這樣，我們透過這位「揚基佬」的相機鏡頭，看到了用寶塔替代鐘樓、具有中國特色的教堂；看到了在泰山廟宇前從相機鏡頭前抽身逃走的尼姑；看到了不久以後便絕跡的中國開封的猶太家庭。如今，蓋洛的預言已經得到了證實：這些貌似隨意的快照現已成為難能可貴的珍品，而它們記錄的歷史瞬間則變成了永恆。

雖然在上面這本書中，漢口和江西東北部的兩張地圖放錯了地方，但蓋洛所收集的地圖分別是當時最佳或最新版本的地圖，其價值自然不言而喻。例如他所選的廣州歷史地圖取自《羊城古鈔》，而他選中的成都地圖則是宣統元年三月繪製的《最新成都街市圖》。其中有些地圖甚至是蓋洛的傳教士朋友親手繪製的，例如英國醫師祝康寧（F. H. Judd）繪製的江西北部地圖和莫澤（I. H. Moser）繪製的漢口地圖。

上述這些插圖在書中並非僅僅發揮了點綴的作用，而是書中必不可少的一個組成部分，而且在上述這些書出版之際就受到了評論家的讚譽和讀者的歡迎。蓋洛曾經宣稱：「這些插圖本身就很能夠說明問題，不需要多餘的文字說明。」出版者也以同樣的口吻來解釋這些插圖的意圖和功能：「作者試圖避免重複講述同一個故事。書中的插圖不僅僅是為了充實文字，更是為了做一些實質性的補充。」作者與出版者的上述努力並沒有白費，從為《揚子江上的美國人 1903》（1904 年）做廣告而彙集的報刊書評中我們可以看到，當時對書中的這些插圖好評如雲：「該書一個突出的特徵是其精美的插圖」、「插圖印得非常漂亮」、「插圖精美，引人入勝，大大增加了這本書的價值」。

── 對 20 世紀初 W. E. 蓋洛系聯考察中國人文地理的敘述

二

　　蓋洛是一位狂熱的藏書家。從他的書中我們可以看到，每到一處，當他拜謁當地的督撫和文人學者時，必定會要求對方提供有關當地的古史、方志、地圖和碑文古蹟等資訊。在《中國十八省府 1910》一書序言中，蓋洛對於這樣做的動機做了解釋：

　　當君士坦丁堡的學者們攜帶著古希臘的學問逃到西方時，沒過幾年，那些古老而受到敬仰的拉丁語教科書便被當作廢紙從歐洲的大學裡扔了出來。中國目前正在經歷這麼一個時刻。在過去兩千年中被用來訓練中國文人的那些典籍和更為短命的那些通俗小說和志怪雜記同樣即將壽終正寢。西方的學問和垃圾正在將原來的那些書籍取而代之。過了不多少年，那些老的書就幾乎看不到了，因為官方的毀書行動已經開始。在總督、巡撫、翰林學者、藏書家和書商的幫助下，我們收集到了一大批這樣的老書，並在本書中選用了其中的少數範例，以便使讀者能了解這些古書的風格。

　　丁韙良在其序言中也專門提到了這一點，並且預言：「這些文獻必將成為一個漢學研究圖書館的基石。」

　　值得注意的是蓋洛為收集地方志所做出的努力。在上述這本書出版以後，蓋洛又再接再厲，開始為他的下一本書《中國五嶽 1924》收集素材。第一次世界大戰的爆發使得蓋洛不得不兩次推遲對中國的訪問，然而他卻在研究中國的典籍上付出了更大的努力。他的傳記作家威爾遜告訴我們，蓋洛於 1916 年 12 月 30 日寫信給他在北京的朋友惠志德博士（Dr. Wherry），向他索要描寫五大名山的「地方志」。後來在《中國五嶽 1924》一書中，蓋洛果然從《欽定古今圖書整合》、《泰安府志》等各種中文素材中引用了大量的圖片、地圖和文字數據。他的這種努力受到了英國

漢學家翟林奈（Lionel Giles）[004] 的高度讚譽：

我認為，該書最突出的特點就是引自中文素材的譯文。書中所引用的大量檔案中包括了詔令、序言、日記、傳記等，這些材料以前從未見諸任何其他出版品，其中有些具有很高的歷史價值。它們對於學者非常珍貴，普通讀者對此也會頗有興趣。顯然完成這本書需要極其繁重的工作量和原創性的研究工作。它是你所寫的最好的一本書。

我們完全贊同翟林奈頗為專業的評論，蓋洛對於中文地方志的重視和研究在西方作家中確實是比較少見的，這也是他的著作具有學術價值的一個突出特徵。

中文地方志為蓋洛提供了有關各地區當地歷史、地理構造和文化習俗的大量細微而詳實的資訊。在《中國十八省府 1910》一書中，他充分利用了這一資源來描述長沙的自然地理和城池建設、成都的物產、北京的政治史、杭州名稱的演變、廣州的人物傳記、太原的軼事傳說、安慶的地方詩歌、西安的家庭禮儀、濟南的賦稅制度、南昌的災禍和迷信等等。因為地方志跟別類注重系統性的書籍不同，往往是跟這個地方有關的東西，事無鉅細，照單全收。以《昆明縣志》為例，書中的各章節內容就分為「疆域」、「山川」、「風土」、「物產」、「建置」、「賦役」、「學校」、「祠祀」、「官師」、「貢物」、「工業」、「藝文」、「家庭」、「閨媛」、「古蹟」、「祥異」、「塚墓」和「雜誌」。

蓋洛在該書中對地方志中的「祥異」，即超自然現象，表現出了特殊的興趣。他所引用這部分內容的頻率僅次於政治史。在這些超自然現象中，有一部分如彗星、地震和氣象等使古代人感到困惑，但可以用現代科

---

[004] 翟林奈是劍橋大學漢文教授翟理斯（H. A. Giles）的二兒子，出生於中國，後任職於大英博物館圖書館，負責管理東方書籍。

學來解釋的自然現象。這些記載，由於有確切的日期，對於科學家和學者來說是具有很大的科學價值的。然而其他大部分的「祥異」內容都是天方夜譚式的神話故事。這些材料若在人類學家手中，可能會給《金枝》一類的書增添不少素材；然而蓋洛選擇這些材料是為了要說明中國人心態中根深蒂固的迷信。他把「風水」和「祥異」歸類為「迷信和偏見」，並且宣稱：「迷信和偏見是中國文化遺產中的毒藥。」他的這種說法在當時可謂是一針見血的。迷信和偏見的對立面，按照蓋洛的觀點，是科學和信仰，當然這裡指的是基督教信仰。從這一深層意義上來看，蓋洛對於迷信的猛烈抨擊實際上又跟西方在華傳教事業具有一定的連繫。

　　但毋庸置疑的是，隨著他研究和考察的深入，蓋洛對於中國文化本身的價值越來越著迷。在《揚子江上的美國人 1903》一書中，蓋洛跟其他第一次來到中國的旅遊者並沒有太大的區別，最能吸引他的仍是些具有濃郁異國情調的人物和風景畫面。但他在旅行過程中逐步了解並熱愛上了這個國家和人民的歷史、文學、生活習俗和民間傳說。等他在寫後面這幾本書時，蓋洛已經越來越自覺地把對於這片國土的客觀描述跟在這裡生活的人民，以及地方志中所記載的傳說故事連繫在一起。在《中國十八省府1910》中，蓋洛坦率地承認，他之所以對地方志感興趣，完全是因為能夠幫助他洞察中國人的心態：「說真的，對於事件的簡潔記載偶爾也使人感到失望，但從中可以窺見人民的感覺，他們對事件的看法，他們的心態和倫理概念都透過這些記載而表露無遺。」蓋洛與其他旅行家和遊記作者的最大區別就在於他對於中國人內心世界的興趣和探索。他為此目的而在智力和體力上付出的巨大努力使他真正成了一個人文地理學家。

　　《地理學詞典》給「人文地理學」所下的定義是：「總的來說，這部分地理學所針對的是人和人類活動……人文地理學家必須描繪出……『一個秩序

井然的、以人作為不可或缺的組成部分的世界圖景』。」換言之，人文地理學的對象是某一地區人類活動的各個領域，其中包括經濟、政治、社會、家庭、宗教、教育、文化、文學、歷史等等。蓋洛在書中的描述大致可以分為共時和歷時這兩個範疇，他不僅想抓住現在的瞬間，而且也努力挖掘深層的歷史，這樣就能在華夏文明的深厚底蘊上突顯出處於往昔和未來轉捩點上的中國社會狀況。他在《中國十八省府 1910》一書的序言中指出：

　　在很多年過去之後也不太可能有其他人再次重複同樣的旅行，因此我們並不想把此書寫成一本旅行指南。然而我們注意到了在這個重要的歷史時刻，各種事物的不斷變化，並試圖對此現狀做一個印象主義的描述。而且我們這樣做的目的是想透過記錄這產生了翻天覆地變化的十年中的一年，而使這本書具有永久性的價值，從而能跟我們研究中國的其他著作一起被世界各大圖書館收藏。

　　透過文字和圖片的媒介，蓋洛成功地記錄了 20 世紀初處於一個重大歷史變革時期的中國。而且正如他自己所說的那樣，上述這幾本書現在確實已經被世界各大圖書館收藏。

　　作為西方現代科學和實用主義的鼓吹者，蓋洛在闡釋中國文化時，往往能夠提供一個獨特的視角。例如他對古代中國人建橋的工程技藝推崇不已。他所拍攝的老照片中有許多是表現石拱橋和懸索橋的，如貴陽的大南橋、杭州的太平橋和雲貴少數民族地區相當普遍的懸索橋等。他在提及跟成都有關的諸葛亮、李白和李冰這三位名人時，認為其中最偉大的應是水利專家李冰，因為他所建造的都江堰為當地人民的生活帶來了切實的好處。按照中國人的傳統觀念，諸葛亮和李白的知名度可能要比李冰高得多，因為後者作為工匠藝人，在中國古代社會中地位向來很低。蓋洛出人

意料的觀點使我們聯想起另一位推崇中國科學家的西方人，即《中國的科學與文明》的作者、英國漢學家李約瑟（Joseph Needham），他們所提供的新視角可以幫助中國人重新審視和評價我們的傳統文化。

在中國的歷次旅行和實地考察中，蓋洛曾經有過許多重要的發現，如上面提及的他在西寧和西藏境內發現的長城環線，這一發現就使得在西方的中國地圖上又增添了長達 200 英里[005]的長城。他還收集、請人翻譯，並引用了大量的碑文拓片，許多這樣的石碑現在已經不復存在，或是因為石頭的風化，或是由於人為的毀壞，如今我們只能透過蓋洛儲存的碑文照片來了解這些碑文的內容。雖然蓋洛自己並不具備翻譯這些碑文的能力，但他扮演了文化和文明的傳播者、收藏者、編纂者、儲存者和保護者的角色。在保護人類文明的努力這一方面，他代表的是典型的美國精神。正是由於這種精神，才使得這個國家能夠擁有世界上最好的大學、圖書館和博物館。

三

除了對老照片和地方志給予了特殊的重視之外，蓋洛對於中國的諺語和通俗文學也情有獨鍾。他在中國旅行和考察的過程中，總共收集了數千條在社會上流傳甚廣的諺語，因為他認為這些民間的口頭禪包含了中華民族的智慧，往往能夠直觀地反映社會各階層的倫理概念和心態。作為演說家和作者，他自己也非常喜歡在演講和寫作時引用這些比喻和意象使人耳目一新的中國諺語。然而，他也清楚地意識到自己在這方面所做努力的局限性：「我們對各地諺語的蒐集是歷次收集中規模最大的，大量的新材料足以充滿三卷書，從中挑選實在勉為其難。」他所提及的「大量的新材料」最後並未正式結集出版，然而蓋洛設法將這些中文諺語及其英譯文附

---

[005] 1 英里 ≈ 1.6 公里。

在他描述中國的論著頁端上發表。在《揚子江上的美國人 1903》一書中，他將這些諺語附在每一個章節的開端。這個做法顯然很受歡迎。到了第二本《中國長城》和第三本《中國十八省府 1910》時，他就在每一個單數頁的頁端上都附上了諺語。在《中國五嶽 1924》中，他在序言之前用一整頁的篇幅來刊登一條諺語。這四本書中所刊登的諺語總數達到了 407 條。

這些諺語的來源大致可以分為下面這幾類：

口頭相傳的諺語。「嘴上沒毛辦事不牢」、「每一根草有一棵（顆）露水珠兒」、「老天爺餓不死瞎家雀兒」、「女人心海底針」、「燈草弗做支拐」、「啞巴吃餃子肚裡有數」、「會的不難，難的不會」、「人敬有的，狗咬醜的」、「人是鐵飯是鋼」。

文獻典籍。蓋洛收集的許多諺語來自《古詩源》、《三字經》、《三國志》等一些常見的古書，例如「水清無魚」來自《漢書》中的「水至清則無魚」；「將相本無種，男兒當自強」來自〈神童詩〉；「少所見自多所怪」，原本是東漢牟融所引用的古諺語，清朝的沈德潛將其選入了《古詩源》：「少所見，多所怪，見橐駝言馬腫背。」它最後變成了一個成語——「少見多怪」。

成語。「對牛彈琴」、「畫蛇添足」、「鼠目寸光」、「掩耳盜鈴」、「望梅止渴」、「狐假虎威」。

對聯。「人惡人怕天不怕，人善人欺天不欺」，原來就是刻在雲南府（昆明）閻王廟的立柱上的。

名人名言。例如《揚子江上的美國人 1903》第 327 頁上有一個很長的對句，據說它就是由乾隆皇帝所題寫的。

蓋洛在收集中國諺語這一方面並非最早的開拓者，在他之前有好幾位漢學家著手做了這方面的工作。正如衛三畏在《中國總論》（1895 年）中所指出的那樣：

—— 對 20 世紀初 W. E. 蓋洛系聯考察中國人文地理的敘述

　　有關中國諺語的全集迄今仍未有人編纂過，就連中國人自己也沒有試過。德庇時（J. F. Davis）於 1828 年出版過一本《道德格言》，其中收了 200 條諺語；童文獻（P. H. Perny）於 1869 年發表了 441 條諺語；盧公明（J. Doolittle）在他的《英華萃林韻府》中收集了 700 條諺語、廣告語、對句和對聯。除了這些之外，沙修道（W. Scarborough）於 1875 年又出版了 2,720 條諺語，附上了索引，並像上述幾個人一樣，提供了原文。

　　沙修道出版的諺語經過林輔華（C. W. Allan）的增訂，於 1926 年再版。林輔華起初在漢口傳教和在長沙的協和神學校任教，1926 年又調往位於上海的廣學會擔任編輯工作。他是蓋洛的朋友，曾經向後者提供過有關武漢新式教育發展狀況的資訊。

　　從收集和出版中國諺語的時間和數量這兩點來看，蓋洛的工作與上述幾位先驅者相比似乎有些相形見絀，這也許就是他不將其收集的諺語專門結集出版的原因。然而我們認為，蓋洛在書的頁端上印諺語的方法具有鮮明的個性和醒目的效果。在閱讀這些文字的同時，讀者無時無刻不意識到單數頁頁端印著的那些中國諺語的存在。它們言簡意賅，質樸平實，然而非常吸引眼球，能給讀者留下深刻的印象和回味的空間。值得一提的是，傳記作家威爾遜顯然是受到他這種做法的感染和影響，也喜歡在傳記每一個章節的前面都附上一句中國諺語。

　　在蓋洛的書中，還收錄和引用了大量的通俗文學作品。所謂通俗文學，就是那些通常印刷粗糙，售價低廉，為廣大下層人民所喜聞樂見，但不登大雅之堂的文學作品。蓋洛對這些作品感興趣，是因為它們能夠幫助他了解社會的底層。在《中國十八省府 1910》一書描述濟南的章節中，作者專門提到了這些作品：

然而當文人圈子中的人向孔子頂禮膜拜之際，總是存在著另一個識字階層，他們的閱讀興趣是不以「文化」為轉移的，而且那些廉價的書坊總是準備刊印一些迎合他們趣味的書。《天路歷程》和《司布真布道文》在文學史和著名出版商的書單中是找不到的，但它們在小販的地攤上賣得很快，就連德萊頓作品的銷量也無法跟它們相比。布蘭克的雜誌也許沒有永恆的價值，但其銷量會使黑格爾和朗費羅感到汗顏。我們決定搜尋一下這個大省府為老百姓所提供的真正的精神食糧。我們逛遍了這裡的書鋪，結果買下了大量的圖書。

從體裁上分析，蓋洛收集的通俗文學作品中包括了小說、傳說、故事、童謠、民謠、催眠曲、牆壁詩等等。在考察長城的旅途中，蓋洛偶爾在他下榻的嘉峪關旅店牆上發現了一些很有意思的詩歌作品，便將它們抄下來，並用於《中國長城》一書之中。後來當他來到開封時，又在一個存放著 149 個宋代名人牌位的殿堂裡看到一首寫在牆上的詩歌。當然，他又將它抄了下來，並在《中國十八省府 1910》一書中提供了該詩的兩種譯文。這樣的作品具有自生自滅的特性，其原文很多都沒有被保留下來，在這種情況下，蓋洛書中的英譯文文字就成了它們唯一的載體。

四

儘管蓋洛主觀上的確是想透過各種努力來告訴世界一個「真實的」中國，然而我們也要清醒地認識到，由於受到時代和個人等各種因素的影響，蓋洛在其書中所描繪的中國形象，跟其他許多早期西方漢學著作一樣，也是有其局限性的。如果按照我們現在的學術標準來衡量的話，不難發現他書中的缺陷和錯誤，有些甚至可以說是比較嚴重的錯誤。

首先，作為一個虔誠的新教基督徒，他對於中國的佛教和道教等本土

宗教的描述和分析不可能是非常客觀和不偏不倚的。他在《揚子江上的美國人 1903》一書中寫道：雖然有些中國人做了壞事，怕受到報應，不敢上寺廟燒香，但在大多數情況下，惡人還是厚著臉皮去寺廟燒香的。緊接著他就補了一句：「說謊和發假誓是所有異教宗教的特徵。」其實，現在大家都知道，這樣的事在基督教教會裡也是屢見不鮮的。蓋洛在書中對於佛教和道教內部的腐敗所做的揭露，以及對於迷信的抨擊，從中國當時的歷史背景來看，應該說基本上還是正確的。然而每當他把中國的宗教跟西方的基督教做對比時，其對基督教的宗教熱忱和對中國宗教的偏見便暴露無遺。在考察中國十八個省府的旅途中，他在成都見到很多道教和佛教的寺廟被政府徵用改建成學校時，便聯想到在義大利和法國這些歐洲國家裡傳統的羅馬天主教會也正在失去其往昔的權威。於是他便發了下面這些議論：

　　然而（道教和佛教的）寺廟跟我們的教會是不可以相提並論的。前者本身從來就沒有過任何神聖的東西，即缺乏神聖的本質，並且向來被用作各種不同的用途，尤其是作為臨時的旅店。

　　他這麼說在當時可能還有一定的道理，然而對於一個現代的讀者，尤其是道教徒或是佛教徒來說，這樣的觀點是無論如何也不能接受的。

　　然而必須指出的是，儘管蓋洛可能對道教和佛教持有偏見，但他所拍的老照片中還是給各地的寺廟、道觀、和尚、道士留了很大的篇幅。蓋洛親自前往江西龍虎山上清宮採訪道教首領張天師以後，給他拍攝了一張罕見的照片。

　　其次，作為以探險、旅行和演說為主要職業的人文地理學家，蓋洛在歷史研究和文學、文化研究等方面並沒有經過系統而嚴格的學院式訓練（在當時的美國也不可能有這樣的漢學學術訓練），同時要在一個相對很

短的時間內處理一個規模過於龐大的題目，也難免會犯一些初級的錯誤。例如中國古代的皇帝都有自己的年號，這些年號跟皇帝的名字是有區別的。「元符」是宋哲宗的年號（西元 1098－1100 年），「河清」是北齊武成帝的年號（西元 562－565 年），可是在《中國十八省府 1910》中，蓋洛分別把前者誤解為人名，而把後者誤解為「黃河變清」。還有一種情況是不同皇帝的年號有時候聽起來十分接近，如明世宗年號「嘉靖」（西元 1522－1566 年）和清仁宗年號「嘉慶」（西元 1796－1820 年）前後相差近 300 年，但在同一本書中，蓋洛將《長沙地方志》原文中的「嘉慶十五年」（1810 年）換算成了「1536 年」（即「嘉靖十五年」）。

實際上，這些錯誤很可能是由蓋洛的助手翻譯得不嚴謹所造成的，但是作為在扉頁上署名的唯一作者，蓋洛還是應該對這樣的錯誤負全部的責任。這就引出了下一個相關的問題，即蓋洛的漢語造詣。

跟丁韙良等長期居住在中國的漢學家或傳教士不同，蓋洛似乎並沒有真正掌握漢語這個研究中國文化所不可或缺的基本工具。因此在其整個對中國的考察和對地方志、諺語和通俗文學的研究過程中，他都不得不依賴於朋友、翻譯、助手和嚮導的幫助。這樣一來，就大大增加了在各個環節出現錯誤的機會。

正是由於蓋洛最初來中國考察時具有教會的背景，在書中說過一些要依靠基督教來改造中國的話，所以在很長一段時間內，他的著作被打入冷宮，中國很少有人知道他考察中國的情況和所發表的作品。然而 1980 年代以後首先來到中國徒步考察長城和漂流長江、黃河的外國人，有不少是透過他的作品而對中國產生興趣的。我們今天對蓋洛考察 20 世紀初中國人文地理的著作進行研究應是具有重大現實意義的。

—— 對 20 世紀初 W. E. 蓋洛系聯考察中國人文地理的敘述

參考文獻

[01] Bridgman, E. C. "Introduction". *The Chinese Repository*. Vol. 1, No. 1, 1832.

[02] Fortune, Robert. *Three Years' Wanderings in the Northern Provinces of China*. London: John Murray, 1847.

[03] Geil, William Edgar. *A Yankee on the Yangtze*. New York: A. C. Armstrong and Son, 1904.

[04] ---. *A Yankee in Pigmy Land*. London: Hodder and Stoughton, 1905.

[05] ---. *The Great Wall of China*. New York: Sturgis & Walton, 1909.

[06] ---. *Eighteen Capitals of China*. Philadelphia and London: J. B. Lippincott, 1911.

[07] ---. *The Sacred 5 of China*. London: John Murray, 1926.

[08] Monkhouse, F. J. *A Dictionary of Geography*. Chicago: Aldine, 1965.

[09] Perny, Paul. *Proverbes Chinois*. Paris: Firmin Didot frères, fils et cie, 1869.

[10] Scarborough, W. *A Collection of Chinese Proverbs*. Rev. and enl. by C. Wilfrid Allan. Shanghai: Presbyterian Mission Press, 1926.

[11] Williams, S. Wells. *The Middle Kingdom*. Vol. 1. 2 vols. New York: Paragon, 1966. Reprint of the 1895 rev. ed.

[12] Wilson, Philip Whitwell. *An Explorer of Changing Horizons: William Edgar Geil*. New York: George H. Doran, 1927.

[13] 沈德潛：《評選古詩源》卷一，會文堂書局。

序

　　丁韙良^[006]目前，當世界各國都在爭奪將自己的國旗插上地球南北極的榮譽時，那些深入蠻荒地區，將隱藏在黑暗之中的東西告訴世人的英勇旅行家，是否會有得不到應有承認的危險？

　　李文斯頓和史坦利為科學和文明所做出的貢獻要遠甚於一打極地探險隊，還有一個因在同一領域所取得的成就而注定要跟他們分享此項榮耀的著名探險家便是本書的作者。

　　蓋洛博士探索的範圍要比李文斯頓和史坦利更為廣闊，跨越三個氣溫帶。他向我展示過一面已經破破爛爛的美國國旗，他曾經帶著它穿越陸地和海洋，總里程足足可以繞地球十圈。

　　在穿越了非洲的心臟，證實了荷馬史詩中有關俾格米矮人跟蟒蛇（假如不是跟仙鶴）開戰的傳說之後，他一下子就從幾內亞跳到了新幾內亞^[007]，在那兒他找到了許多反映南太平洋獵頭部落和吃人的野蠻人中那令人心驚膽顫的血淋淋生活圖景的素材。

　　八年前，蓋洛博士將注意力轉向了中國。他溯長江而上，一直來到西藏的邊境，並在一部引人入勝的題為《揚子江上的美國人》的遊記中向世人講述了他的經歷。要是長江的姐妹河也可以航行的話，他也許會試圖令傳說中一位英雄^[008]的探險偉業黯然失色，後者在尋找黃河源頭時，發現自己竟是在從銀河之上往下眺望。

---

[006] 丁韙良，神學博士、法學博士、前京師大學堂總教習。
[007] 新幾內亞位於西太平洋的島嶼。
[008] 指張騫。見本書第十四章。

── 對 20 世紀初 W. E. 蓋洛系聯考察中國人文地理的敘述

　　既然溯黃河而上的考察根本沒有可能，他便把永不滿足的目光轉向了另一項宏偉的計畫，即全程考察中國的長城。這項冒險計畫他已經在兩年前完成，在另一本書中他向我們展示了這一人類最偉大工程獨特的全景照片。這一人工建築的規模是如此龐大，以致它堪與大自然鬼斧神工下的群山屏障相媲美。

　　面對重重困難，他從來都是毫無懼色。去年春天，他又承擔了一個也許是更加艱鉅的任務。這意味著他必須訪問中國十八個行省的每一個首府，考察那兒的人文地理，並在當地收集那兒的方志和地形圖 ── 這些文獻必將成為一個漢學研究圖書館的基石。

　　他每到一個地方，總是發現那兒已經有了傳教士的蹤跡，並詳細記載了他們所做出的自我犧牲和奉獻。沒有傳教士的幫助，他也許無法克服自己所遇到的困難。就像日內瓦的休伯這個成為養蜂權威的盲人那樣，蓋洛博士知道該如何利用別人的眼睛；而且我們必須承認，他很好地利用了自己的眼睛，以研究人類社會這個巨大蜂巢中的習俗。

　　在他這次和以前的探險過程中，我都曾協助他將其素材整理成形，因此我很高興將他的這本書推薦給諸位讀者，以便能使之受到更多的關注。

於中國北京西山寶珠洞

中華，直譯為「中原的榮耀」，是中國的中文名稱。

前言

人的胃口總是越填越大的。在第一次中國之行中，我們溯長江而上，穿越了長江流域，從緬甸出境。在第二次旅行中，我們從長城的一端走到了另一端。這兩次在當代堪稱絕無僅有的旅行又促使我們開始第三次旅行，這一次我們要有系統地訪問中國十八個行省的每一個首府，實地考察這個「中原榮耀」的每一個部分。別人可能對一兩個，甚至是三個省份非常了解或熟悉，但迄今還沒有人曾經考察過所有的省份。

在很多年過去之後也不太可能有其他人再次重複同樣的旅行，因此我們並不想把此書寫成一本旅行指南。然而我們注意到了在這個重要的歷史時刻各種事物的不斷變化，並試圖對此現狀做一個印象主義的描述。而且我們這樣做的目的是想透過記錄這產生了翻天覆地變化的十年中的一年，而使這本書具有永久性的價值，從而能跟我們研究中國的其他著作一起被世界各大圖書館所收藏。

除了上述旅行的範圍之廣以外，我們還想提醒讀者特別注意書中涉及的兩個方面 —— 政治和文獻。

我們並沒有任何想解讀中國政治家思想的企圖；即使是歐洲最富有智慧的歐洲外交家也經常為無法看透他們的面具而感到迷惑不解。但事實畢竟勝於雄辯，而我們看到了許多事實 —— 新的和有預見性的事實。許多個世紀以來，中國人一直在潛心研究和平的藝術，並從心眼裡瞧不起那些動輒便要撒野的赳赳武夫。無論他們內心是怎麼想的，中國人現在已經屈從於西方人的見解，並已經訓練出大批的士兵。在新的教育制度中包括了

許多類似於西點軍校和桑赫斯特皇家軍事學院的武備學堂。在每個大城市裡都建起了兵營，而且往往是兵營剛剛落成，馬上就住滿了士兵。再也見不到弓和箭，也沒有了翻觔斗和嚎叫，取而代之的是用歐洲的精確瞄準武器所進行的系統性歐式操練。白人不允許跨入兵營的大門，當兵的也不能經常跟白人往來，而是保持了一種有戒備心的中立。在每個重要的城市都有軍火庫，火炮和所有其他的武器都可以在大清帝國的境內生產。這還不僅僅限於一兩個城市，而是在所有的省會 —— 本書只涉及對各個省會的描述，因為在那兒可以很容易地感受到全國的脈搏。整個大清帝國都在武裝起來，其方式並不是心急火燎的，但卻是非常徹底和執著的；而中國的資源是沒有任何一個歐洲國家所能比擬的。事實擺在面前，任何人都可以對此加以闡釋。

再來說一下文獻。當君士坦丁堡的學者們攜帶著古希臘的學問逃到西方後，沒過幾年以後，那些古老而受到敬仰的拉丁語教科書便被當作廢紙從歐洲的大學裡扔了出來。中國目前正在經歷這麼一個時刻。在過去兩千年中被用來訓練中國文人的那些典籍和更為短命的那些通俗小說和志怪雜記同樣即將壽終正寢。西方的學問和垃圾正在將原來的那些書籍取而代之。過不了多少年，那些老的書就會幾乎看不到了，因為官方的毀書行動已經開始。在總督、巡撫、翰林學者、藏書家和書商的幫助下，我們收集到了一大批這樣的老書，並在本書中選用了其中的少數範例，以便使讀者能了解這些古書的風格。完整地收集中文諺語並非我們的能力所及，而從足以裝滿三大卷書的大量新材料中挑選諺語確實是一個很困難的任務。

本書沒有包括單純描寫旅行過程的章節。各章節的長短程度也不是一刀切的。假如有一個地方具有特別有趣的特點，而另一個地方則更平常一點，都會在章節的長度上反映出來。我們所拍攝的 1,200 多張照片使我們

有更為仔細的選擇餘地。那些插圖本身就很能說明問題，因而並不需要在文字中再加以多餘的解釋。在風格上，我們並不自命高雅，但我們確實可以很有信心地把這些圖片、正在消逝的文獻樣品，以及對於中國十八個重要城市的描述奉獻給讀者，使他們能對處於往昔和未來轉捩點上的中國概況一目了然。

美國賓夕法尼亞州多伊爾斯城，1911 年 8 月 1 日

第一部分
南方的省府

第一章
杭州

杭州

Hangchow, "Boat Region", or possibly, "City of The Sail".

杭州，意為「航船的地區」，或者「張帆的城市」。

▓ 一、水道與方志

　　與紐奧良處在同一緯度上的中國東海岸，有一個寬闊的海灣，海灣的喇叭口驟然變窄之後便轉向了南面。每逢潮汐季節，當來自太平洋寬達 60 英里的海浪迅即變成 10 英里寬時，浪潮層層疊疊，達 10 英尺[009] 高。一條為防護陸地被潮水淹沒而修築的海堤更是發揮了推波助瀾的作用。從海堤上反彈回去的浪潮在第一道水牆之後又形成了第二道水牆，甚至比前者還要高出 5 — 15 英尺。這兩道巨大的水牆以每小時 13 英里的速度從海灣向西推進，潮水發出的咆哮堪與尼加拉瀑布[010] 下面的雷鳴聲相媲美。假如古埃及的法老將其所有軍隊在沙漠上擺開陣勢，其戰車的隆隆聲恐怕也比不上這裡潮水的轟鳴。

　　然而隨著水道的彎曲和逐漸變窄、變淺，潮水的高度也逐漸開始回落，到深夜兩點滿月時分，高出江岸的潮水只剩下了不足 7 英尺高。它們在江岸西北處一座大城市的城牆下終於偃旗息鼓。到凌晨三點，杭州的船夫們便可以藉助潮水的迅速回落而放舟東去了。但我們卻還要讓錢江潮將我們留在此地，花些時間來對住在這個作為杭州灣終結地的一百萬人民做一番考察。

　　他們的祖先從什麼時候開始在這裡繁衍生息現在已經無從查起，但正如地質學家和地誌學者們所宣稱的那樣，杭州灣的形狀從那以來肯定起了很大變化，可是已經找不到西元 326 年之前的任何文字記載了。正當羅馬皇帝在君士坦丁堡召集幾位基督教主教，準備對他們的宗教提供庇護，以鞏固自己對羅馬帝國的統治時，有一位佛教的僧人從印度來到了這裡，在此建立了一座寺廟，這便是此地歷史的開端。可是儘管一定有許多漁夫曾

---

[009]　1 英尺 ≈ 0.3048 公尺。
[010]　尼加拉瀑布（Niagara Falls），位於加拿大與美國邊境，是世界上最著名的大瀑布之一。

在這裡的山麓下安家落戶，靠在這些陌生的湖泊裡打魚為生；儘管一定有更多海岸邊的陸地居民在海灣的淺灘上開闢出了他們的鹽田；儘管一定還有更多的農民在這裡耕種由內陸的潮水所帶來的肥沃土地，然而在 300 多年的時間裡，並沒有人想到要修築一道城牆來使貧苦的人民感覺更安全一點。大約在 1,300 多年以前，楊素在此地建起了第一個城市，顯然到了那個時候，這裡的水道就已經初具規模，跟如今相差無幾了。在不到一代人的時間裡，又有人從海路前來進行貿易。佛教徒也不得不跟伊斯蘭教的穆斯林唱起了對臺戲。

蘇杭以後是天堂 [011]

Visit Soochow and Hangchow; the next place is Heaven.

於是杭州灣成了當時對外貿易的主要中心，儘管錢江潮阻止了杭州成為一個港口城市。船隊只能到達澉浦，在那兒聚集了眾多的外國人。在這裡可以看到印度的祆教徒在向初升的太陽頂禮膜拜，或是在火的神龕前鞠躬致敬，或是背著一具屍體前往靜默之塔 [012]；在這裡猶太人吟誦著他們的律法，並在安息日休養生息；在這裡還有從波斯經陸路而來，並且已經在這裡生活了許多世紀的景教徒們，正在閱讀古敘利亞語的《聖經》，或讓本地的教徒將其翻譯和刊印成中文；這裡還有穆斯林修築的清真寺，宣禮員每天五次用響亮的阿拉伯語來召集信徒，進行祈禱。

在杭州的中國人對於這種和平的侵入側目而視，他們的感覺就像是君士坦丁堡的希臘人看到了來自熱那亞和威尼斯的西方野蠻人在金角灣 [013] 的對岸建築城堡；或像是一個倫敦人發現在倫敦東區約一平方英里範圍內

---

[011] 為了尊重原著，中文版紙書單數頁頁首處放不同的諺語。考慮到電子書的排版，本書諺語彙於全書最後一章。

[012] 靜默之塔（Tower of Silence），古代印度人堆放屍體的塔形建築。

[013] 金角灣（Golden Horn），即土耳其的哈利奇灣。

的基督教教堂都被改造成了猶太教堂，而且在那兒張貼的布告全都是用希伯來文寫的。杭州當時既富庶又面積龐大，但終於有人為中外居民之間的不和找到了藉口。外國人的貿易集市受到了劫掠，據說有兩萬名列入交納貢物名單的外國人遭到了滅頂之災。杭州人殺死了那隻能下金蛋的鵝。此後，中外貿易便轉向了廣州，使後者成為中國對外貿易的一個重鎮。然而杭州仍然靠著啃鵝骨頭而變得日益興旺。幾年之後，當 9 世紀行將過去之際，該地區的吳越國君王把這個地方定為國都，又一道新的城牆拔地而起，長約 27 英里，即舊城牆長度的兩倍。

他的繼任者視治理錢江潮為己任。史書中對於他所遇到的困難和他駕馭困難的才能有一段生動的描述：

由於受到潮水的日夜猛烈沖擊，他無法使從兩端開始修築的海堤合龍。於是錢王便命令數百個弓箭手一起向潮水放箭，以射殺推波助瀾的精怪；與此同時，他又讓和尚在山上擺起道場，焚香祈禱。在亂箭齊射之下和唸經聲中，潮水愧然而退。錢王急令人們編織竹筐，裝滿石頭之後投入水中，直至堆成一座小山。就這樣，海堤終於合龍。錢王稍事休息，又開始建造城牆。

如今的一馬平川在過去卻曾經是屢遭潮水侵蝕的漥地。錢王真不愧為中國的克努特大帝 [014]。然而上述說法又使我們覺得有點糊塗，究竟是哪一位君王建造了杭州的城牆？方志中提到的第三位杭州建設者是個熱忱的佛教徒，他於 966 年在目前南城外的天竺寺跟前豎起的兩根優雅美觀，並且帶有裙狀物的多角形立柱，我們至今仍然還能夠見到。

這些都是杭州的興盛時期。11 世紀中，杭州的一位地方官以其詩歌和

---

[014] 克努特大帝（Canute, ?-1035）是丹麥國王斯韋恩一世之子。他英勇善戰，1062 年，在阿興頓戰役中打敗了英王埃德蒙二世。於是克努特成為統治英格蘭和丹麥這兩個國家的國王。

交遊而聞名於世。每當蘇東坡休閒度假時，他就會召集起一大群畫舫、遊船在城西人工挖掘的湖面上遊樂。每天早飯以後，各船都會選出一個隊長來，至於由誰來統領樂隊歌女，為客人們安排行樂的曲目，是要經過一番競爭的。到了後半晌，人們就會敲起銅鑼，召集所有船上的客人來到湖邊的某個旅店，在那兒接著飲酒享樂。最後，在市場收攤，城門關閉之前，所有尋歡作樂的遊客才都點起火把，騎馬回家。城裡的居民們都會停下腳步，來觀看這「浩蕩千騎歸」的景色。路易十四及其情婦們也有不少類似的逸聞，如他為因招待賓客而不得不宰殺的肥鵝寫輓詩，並請求刀下留情，因為這些鵝就像看門狗一樣守衛著王宮 —— 恰如愛爾蘭人回憶起了古羅馬的公牛！

　　由於蒙古入侵者的南下，宋朝時這裡發生了一個很大的變化。據說曾經把船泊在杭州一塊巨石前的秦始皇在西元前所修建的長城並沒有擋住來自塞外的游牧民族，於是北方的金兵大舉侵犯中國。潰敗的皇帝於1130年左右在杭州安營紮寨，並決定將它升格為一個新的首都。他修築了新的高大城牆，並將其一直延伸到了錢塘江邊，這把當時已經存在的郊區都圈在了城牆之內，因而為修建富麗堂皇的宮殿和御花園提供了充足的空間。當時的城牆據說幾乎長達40英里。當時的一位歐洲旅行家曾經說它有100英里，但他所謂的100英里實際上也許只是100里。西方人並不習慣於把城市用城牆圍起來。但是要記住，假如在澳洲的墨爾本周圍建起一道城牆，將它的港口和公園都圍進去，那麼這道城牆就會有足足40英里長，而圍繞巴黎的一道城牆也會有同樣的長度。

　　在這樣的條件下，杭州便成了一個像巴比倫或科林斯那樣擁有巨大財富、消費額、奢靡和罪惡的城市。我們既聽阿拉伯和波斯人提起過它，也從一位名叫馬可·波羅的義大利人那兒讀到過它，後者曾經用華麗的辭

藻將它描繪成世界上最崇高和最美麗的城市。他告訴我們,那兒的 Rotten Row[015],即御街,大約有 3 英里長,中央大道有 20 英尺寬,用沙礫石鋪成,沙礫石下面有排雨水的陰溝,中央大道兩旁各有一條 10 英尺寬的碎紋石道路。街上有眾多能乘坐 6 個人,並有帆布頂篷的馬車。光是這一特徵就使他確信杭州的城市建設要比歐洲優越得多:

> 在城裡有一個周長達 30 英里的湖泊;湖畔到處都是城裡有錢人的殿堂和公館,它們全是人們所可以想像的最豪華和最典雅的建築。湖濱還有眾多偶像崇拜者的大寺院和廟宇。湖中央有兩個島嶼,島上都建有奢華而雄偉的樓閣,裝飾得像是皇帝的行宮。當城裡的居民要舉行婚宴或招待親朋時,往往都要到這些宮殿般的酒樓裡來操辦。

當時中國的基督徒在杭州也有一個教堂,在宋朝最終被元朝所取代時,中國的基督教也達到了它的鼎盛期,儘管義大利人根本不能理解那些對於羅馬教皇所知甚少,或漠不關心的基督徒。

然而蒙古人就像推翻古羅馬帝國的日耳曼征服者那樣不喜歡城牆。杭州並非元朝的首都;那兒的城牆磚石被人們挖去蓋房,於是這個地方便失去了昔日的繁榮。所以在明朝的「鼎盛期」,倭寇發現這個地方毫無防禦能力,便曾前來劫掠和縱火燒城。

元朝末年,本地的基督教幾乎衰敗到了滅絕的邊緣。它當時學會了尋求世俗權力的保護,所以當元朝滅亡時,當時的教會也跟著銷聲匿跡。在那時,西方的蠻夷已經找到了來中國的海上航線,於是在 1582 年,一位叫利瑪竇的義大利耶穌會士,「一個長著捲鬚和藍眼睛,聲若洪鐘的男子,被允許進宮謁見皇帝。他進貢了書籍、圖片和從義大利帶來的其他幾

---

[015] Rotten Row 是指倫敦海德公園裡寬闊的騎馬大道。

件東西。他睿智機敏，多才多藝，精通我們的中文典籍，能夠閱讀他一眼
瞟見的任何東西」。這位史官也記載了利瑪竇的一些後繼者，而慕稼谷主
教 [016] 曾經描述過他如何去探訪位於杭州西面 5 英里處的傳教士墓地，並
在那兒找到了金尼閣 [017]、陽瑪諾 [018] 和其他不太知名的先驅者的墳墓。金
尼閣曾於 1615 年出版過一部書，敘述了基督教在華的傳教歷史。

　　更有趣的是，當時有一位名叫田汝成的中國文人寫了一部有十二卷的
書，對杭州及其周邊地區進行了詳細的描述。作者還請到一位浙江巡撫來
為此書作了序。這部書的前三卷專門描述西湖及其周圍的公共建築。

　　有一則軼事講述一個男孩為秦始皇曾經拴過纜繩的那塊巨石所吸引，
立志要用它來雕塑一個佛像。長大以後，他在妙行寺出家當了和尚，法名
為思淨。他實現了早年的願望，將巨石雕琢成了一座佛像，在佛像身上塗
了金漆，並在巨石所在處蓋了寺廟。在元朝時期，大石佛身上的金漆被人
颳走，寺廟也被燒毀。但在明朝的永樂年間，大石佛又得以重修，寺廟也
得以重建，而且還兼併了附近的一個廟宇。

　　書中對於一個奇怪的溪名還做了很好的解釋：當上古的帝王舜決定退
位時，他提出把帝位傳給杭州附近的一位本地人 [019]。當時這位中國的辛
辛納圖斯 [020] 正在田裡耕地，他覺得自己根本就配不上這樣的榮譽，便趕
緊到附近的一條溪溝裡去洗自己的耳朵，同時也洗了他的耕牛的耳朵，因
為他怕舜帝的提議還留在牠們的耳朵裡。這條溪從此得名為「濯耳溪」。

---

[016] 慕稼谷主教（Bishop Moule, 1828-1912）是 1858 年來華的英國傳教士，起初在寧波，後來又到
　　了杭州。1880 年他被升為安立甘會華東區主教。
[017] 金尼閣（Nicolas Trignaut, 1577-1628）是 1611 年來華的法國耶穌會士，1628 年在杭州逝世。
[018] 陽瑪諾（Emmanuel Diaz, 1574-1659）是 1601 年來到澳門的葡萄牙耶穌會士，1659 年死於杭州。
[019] 即家在紹興一帶的禹。
[020] 辛辛納圖斯（Cincinnatus，前 519 － ?）是羅馬政治家。傳說西元前 458 年，他被公推為獨裁
　　官，去解救被敵人圍困的一支羅馬軍隊。當接到此任命時，他正在自己的農莊裡耕地。敵人被
　　打敗之後，他馬上主動辭職，返回了農莊。

　　該書的作者田汝成並不滿足於在僅三卷書中對西湖做詳細的描述，他還盡其可能地收集了所有與之相關的民間傳說，並對它們逐一進行了敘述，試圖從中找出蘊含著的真相。他的這種明察秋毫顯然是令人讚賞的，也因此造成書中內容有失均衡，對於所有專注於去粗取精或去偽存真的人來說也是可以理解的。但我們也許會希望他能把那些精選出來的珍貴穀粒收集到一起，並將它們碾磨成麵粉，然後再將其做成麵餅。與此同時，我們也值得來關注一下他是如何將古代的文物史料整理成文的。

　　田汝成在開頭的兩個章節裡列出了所有能使杭州跟任何皇帝扯上關係的事情；第三章描寫節日和杭州人的生活習俗；第四章是寫貪官汙吏；第五章專門記述廢墟和遺跡；第六章寫神仙和高僧；第七和第九章寫著名的文人學者；第八章寫城隍山及其相關人物；第十章將和尚、道士和名妓全都混在一起寫；第十一章是本地文人學者的論著書目；最後又寫雜耍藝人和算命先生、各種節日的起源，以及西湖邊上的幽靜園林。作者在書的結尾歷數了到湖邊散步遊玩的各種理由。這樣的規劃安排表明中國人的思路與西方的邏輯思維大相逕庭，它同時也暗示，即使是一位淵博的學者對於自己收集的傳說也會偶爾開一下玩笑。這個巨大的垃圾堆占據了整整九卷書的篇幅，人們值得對其進行仔細的篩選，以便能找出一些真正有價值的古代傳說。

　　田汝成的批評眼光集中展現在對地名變化的辨別上。他引用了古代的史料：「杭州之名，相傳神禹治水，會諸侯於會稽，至此舍杭登陸，因名禹杭。至少康，封庶子無餘於越，以主禹祀，又名餘杭。秦置餘杭縣，隋置杭州。」對於這段古代傳說的殘篇，作者評論說，也許在大禹治理洪水的時期，吳國和越國尚被洪水所淹沒，儘管陸地已經開始出現，但如果沒有一個浮橋的話，陸地之間仍然不能通行。「杭」這個字不是指一條普通的船，而是指一排並行的船，或一條方形的平底船。正如《禮記》所規定

的那樣，一個文人只配坐一條普通的船，而一位官員則有權坐「杭」（方舟）。所以這一段文字的正確解釋顯然是，禹正式在那兒建立了一個渡口，用一條方舟將旅客們在大江兩岸之間來回擺渡。

書中摘錄的另一段故事是跟杭州的著名居住者有關。宋高宗在一次為大臣們舉辦的宴會上看到張循王手持一把帶有玉孩兒扇墜的摺扇，認出這正是自己十年前在寧波不小心掉入水中的一把扇子。張循王證明這把扇子是自己從杭州大街上一個店鋪裡買來的，店主證明它購自一名提籃小販，而小販又是從候潮門外的陳宅廚娘處買的，那位廚娘則宣稱自己是在剖黃花魚時發現這把扇子的。宋高宗把這件事視作他將收回失地的一個好兆頭，於是便向張循王、店鋪老闆、提籃小販和廚娘全都發了賞錢。最妙的是，這個故事竟然被編進了《天方夜譚》！還是這位皇帝聽說有位詩人寫了一首絕言詩，諷刺皇帝訓練鴿子飛翔是浪費時間，並質問為何他不訓練信鴿，以便能從兩位被廢黜的皇帝那兒帶回消息。皇帝立即封那位詩人當了官 —— 也許是用這種方法封了他的嘴。還是這位皇帝發明了用一雙筷子從盤子向碗裡夾菜，而用另一雙筷子從碗裡吃飯的方法；他不得不對皇后吳瑜解釋說，若非如此，他的髒筷子就會糟蹋了盤子裡所有的菜 ——這句話極好地說明了當時的風俗和衛生習慣。

田汝成還記錄了宋朝時期在杭州發生的 21 次大的火災，其中有一次燒毀了 2.5 英里範圍內的房屋，使 1.3 萬戶人家無家可歸；而最屬害的一次火災整整肆虐了四天四夜，燒死了 5 萬人，並摧毀了 12 英里範圍內的街道、寺廟和著名宅邸。這位睿智的方志作者還為當時的火災猖獗列出了五條理由：首先是人口有了大大的增加；其次是修建房屋的磚石被木頭所取代；而且在大多數房屋裡都有帶燈盞和幡帶的佛祖神龕；人們在徹夜狂歡之後亂扔蠟燭頭；以及主婦們過於懶散，不注意家庭開支的節儉。

雖然田汝成將那些跟杭州有關的東西一股腦兒地全都收進了他冗長的附錄部分，但他還是收集到了各式各樣的傳說，其中有許多是跟杭州的城市生活密切相關的。下面就是從中選出的一些精彩片段：

宋朝的時候，西湖施食亭前水面上浮著一種青紅色的光，這是一種神奇的湖光。後來有一個人得到一條雲鶴水犀帶；當他佩上這條腰帶涉入湖中時，頓時「水開七尺許」，讓他能足不沾水地通過！還有一把削鐵如泥的寶劍，能一下子斬斷十根釘子，而劍鋒無損。它還可以「屈之如鉤，縱之復直，非常鐵也」。……有一頭豬產下了人頭豬身的兩個怪胎，這被視作是犯上作亂的徵兆。

唐光化三年九月，杭州有龍鬥於浙江，水溢，壞民廬舍。……宋元祐六年，浙西大水，杭州死者五十萬人。……熙寧八年，杭州地湧血者三，最後流入河，腥不可聞。……建炎己酉，清波門裡竹園山，平地湧血，須臾成池，腥聞數里。……明年，金人殺戮萬餘人。

紹興三年八月，浙右地生白毛，韌不可斷。童謠曰：「地動白毛生，老小一齊行。」紹興二十年，餘杭民婦產子，青毛，二肉角。……乾道六年，北關門有鯰魚，色黑，腹下出人手於兩旁，各有五指。淳熙十三年二月庚申，錢塘龍山江岸，有大魚如象，隨潮而來，復逝。次年八月丁酉，杭城民家有血從地中湧出，濺至屋梁，汙人衣。

淳熙十四年六月，臨安府浦頭民家產子，生而能言，暴長四尺。……開禧三年四月，錢塘大水，漫壞民廬，西湖溢，瀕湖民舍皆圮。嘉泰辛酉，大旱，西湖之魚皆浮，食者輒病，謂之魚瘟。

元至正壬辰三月，杭州黑氣亙天，雷電而雨，有物若果核，與雨雜下，五色間錯。破食其仁，如松子，相傳為娑婆樹子。

第一部分 南方的省府

古代的杭州似乎是一個非常適合安居樂業的地方，因而我們聽說當時杭州人口眾多時也不覺得奇怪。但該書的作者仍然出言謹慎，「很難證明這些事情」。

現在我們告別都鐸時代這位博聞而多產的古文物學家，來探討一下1644年滿人推翻明朝和奪取全國政權以後杭州的命運。這些外來者比公然蔑視城牆的蒙古人要更聰明些；他們在每個重要的城市裡都修築了一個供滿人居住的內城，並派旗兵長期在那兒駐守，以維持對當地人的統治。他們強迫漢人剃去前額的頭髮，並將剩下的梳成辮子；而且他們還傲慢地拒絕採納讓婦女纏腳的漢人習俗。只是到了現在，清朝統治者與漢族臣民之間才開始相互交融，正如諾曼人與英國人在300年之後才開始交融一樣。火藥的發明對於扯平諾曼騎士和英國武士的地位起了很大的作用；而現在無論是顯赫的清八旗兵，或是卑微的漢綠營兵勇，都將被按歐洲式樣操練和裝備的新軍取而代之。

大約在1650年代，正當克倫威爾麾下的英國士兵駐守各城堡，以制約剛被打敗的保皇黨人時，杭州城邊上出現了一個八旗兵的軍營，以示該城對清王朝的臣服。直至目前為止，八旗兵仍然駐紮在那兒，不是跟漢人在一起，而是凌駕於漢人之上。當時剛剛坐上寶座的康熙皇帝意識到了杭州的重要性，曾來此地巡訪多達四五次，並在孤山建造了豪華的行宮，包括其隨行人員的住所和專供皇帝出行的御用船隊。然而有一位大臣斗膽上奏皇帝的巡訪耗費巨大，致使國庫空虛，並且計算出皇帝行程中的每一寸路都會使人民增加一寸銀的負擔。他的冒死諫言終於說服了皇帝，使他打消了再次巡訪的念頭。

70年以後，雍正皇帝[021]驅逐了耶穌會士們，因為他發現天主教傳教

---

[021] 雍正是康熙的兒子和繼位者，他於1722年登基。

使團內的兩派論爭導致了異邦的教皇發布了一系列跟皇帝詔書蓄意相牴觸的命令。他以立碑的形式明令禁止天主教會的傳教活動，並以殘酷的迫害來阻止其教義的傳播[022]。人們私下認為上帝對他的懲罰是使他膝下無子；而反清的漢人則宣稱他的繼位者不是滿人，而是從小就過繼給他的一個杭州本地漢人。可以確鑿無疑的是，他的兒子乾隆皇帝確實跟這個城市的關係甚深，他在 1799 年去世之前曾經六次下江南，巡訪杭州。就在乾隆在位 60 年的末期，馬戛爾尼勛爵率領的英國特使團，由清禁衛軍護送從北京前往廣州的途中，在杭州逗留了幾天，並向英語世界提供了一份對此地不甚準確的描述。

　　杭州整個城市的面貌因 1861 年的太平軍而發生了變化。這些人因不滿清朝的專制和無能而於 10 年前揭竿而起，使他們團結在一起的是一種新的宗教，它糅合了基督教的某些教義，但卻將太平軍首領視為天王和主。在經歷了兩次無名的恐慌之後，這些反清的漢人的確占領了杭州城，但卻未攻克與之相連的滿城堡壘。在太平軍撤退之後，清兵洗劫了不幸的杭州市民。第二次圍城終於導致了杭州的再次陷落，守城的八旗兵們都在 47 響爆炸聲中自盡身亡，太平軍占領了整個城市。他們奇怪的禮拜方式，以及頭上的長髮和辮子的缺失，都使杭州人感到驚愕，而他們對於可憐的本地居民所表現的憐憫更是出乎意料。

　　隨著叛亂大潮的消退，杭州城裡又一次見到了白人的身影。清政府簽訂的一系列條約為外國僑民和傳教士開啟了道路。法國天主教傳教士前來重續耶穌會士們在 130 年前未竟的事業，英國人和美國人則帶著《聖經》來闡釋一種比太平軍所例證的要更為真實的基督教。自從那時起，這座偉

---

[022] 雍正發布詔令，將所有的羅馬天主教傳教士都驅逐到了澳門。在此期間，有 300 多座教堂被搗毀。

大的城市已經感受到了許多更為新潮的思想，在 19 世紀這種變化遠遠超過了以往任何一個時代。

■ 二、假如孔子來到杭州

思考今昔對比之餘，我突然想到年高德劭的孔聖人假如目睹他身後 2,000 多年的情形會有些什麼樣的評論，在想像中，我的好奇心得到了滿足，因為我看到自己有幸陪同他參觀杭州這個遠離他早先活動場景的城市。孔子的一生與世無爭，他創辦的大學曾經就像是一棵遮陰的大樹 [023]，學生中絕大多數都可以說是不怎麼聰慧或招人喜歡的。但至少他自己始終如一地將人品視作一切學問的基礎，而單純的知識獲取在他看來是屬於次要地位的。他的畢生事業就是將一種理想的倫理觀帶給人類，而他的轉世再生則是為了想弄清中國人究竟是否得益於他的教誨。

他告訴我，他曾聽說有某些傳教團體如雨後春筍般在美國和歐洲湧現，這些傳教團體的說教不僅號稱超過了孔子學說，而且它們為配合宣傳而做的試驗也不足以使他對西方倫理文化的十全十美得出最後的結論。因此，雖然有周遊列國的自由，他最終還是認為自己的祖國能夠為這種倫理說教究竟是否有助於人類道德和思想的解放提供證據。

當問到對杭州的印象時，他出於中國文人慣有的禮貌說了一些奉承話。他盛讚杭州首位君王的旺盛精力和利他主義精神，這位君主跟大臣一起修築了杭州灣海口的堤壩，攔海開墾所得到的大片土地不僅提供了良田，而且還為城市居民提供了永久性的棲息之處。他欣賞西湖變幻無窮的湖光山色，以及將無垠海塗改造成繁榮鬧市的想像力和天才。

---

[023] 指孔子由曹國去宋國的途中，在大樹下與弟子們講習禮儀，事見《史記·孔子世家》。——審校注

　　他所評論的第一件事就是有這麼多由政府和地方士紳建造的所謂「現代」學校。他吃驚地獲知在許多這樣的學校裡，不僅衣食和書本是免費的，而且對於肯認真唸書的學生還每月都設立了獎學金。「當年可沒有這樣的好事，」孔夫子說道，「當人們來到樹蔭下向我求學時，他們再窮也得自己想辦法。」他早就希望那些隨處可見、奇醜無比的泥菩薩不要成為人們對於陰間概念的對象和媒介。他嘆了一口氣：「我從不否認神怪的存在，但我坦率地承認我們對於這些事情一無所知，我們所能做的就是用敬畏的口吻提到這類事情。但這些和尚卻異想天開，他們不僅向我們提供了一個神怪世界，而且還在廟宇裡擺上它們的塑像，從而使人們變得更加野蠻和墮落。有一天我看見一個小孩突然被帶到了靈隱寺的大殿內；在那一長排鍍了金身的泥菩薩面前，小孩驚恐萬狀地四下張望，最後因驚嚇過度而跌倒在地，母親不得不把嚇哭的孩子抱了出去。絕大多數中國人的心理承受力就跟那個小孩相差無幾。那些泥菩薩給小孩造成的最初印象預示了祂們給所有中國人帶來的永久印象。那些前來求神拜佛、祈求消災和發財的受騙信徒很少懷有敬畏之心，根本就談不上愛，而幾乎所有人都心懷恐懼。」

　　「孩子的啼哭聲，一直在我耳朵裡迴響。」他繼續說道，「它只是我身邊成千上萬人哭泣聲發出的迴音，他們祈求或是抗議那些到處侵擾他們的精怪 —— 無論是善的還是惡的 —— 卻不知訴求於全能、博愛的主所定下的規矩。更糟糕的是，這些無知和不道德的和尚公開地跟情婦同居，而口口聲聲說要過一種自我節制的生活；他們利用每一個機會，以神靈的名義騙取錢財，卻聲辯自己安於清貧；他們盯著香客的錢袋；標榜以摒棄世俗的欲望作為唯一的目標，卻把人們引向更大的誘惑。」

　　孔子注意到前面有一個道觀。我告訴他，這是他所碰到過，並同其談

論過高深的形而上哲理的同時代人老子[024]的宗教。「那怎麼會變成這個樣子？門口畫的那些面目猙獰的玩意兒是什麼？自然界從來也沒有過這麼醜陋的東西。」「這些是陰間的鬼神，」我告訴他，「道教[025]說陰間是按照官衙的模式所組成的。」孔子答道：「我剛從陰間來，但從未見過這麼可怕的東西。老子對於這些也是一無所知。」我告訴他，道教宣稱這些鬼神統治整個陰間。當一個人生病或遇上任何災難時，人們就認為他是中了邪。於是他們就請道士來做道場和唸咒語，在房子外面擺一個酒席，祈求附在這個人身上的鬼走開，別再糾纏他。當電線桿子剛開始出現時，道士給小孩子們一些布條，讓他們繫在上衣的翻領上，以此來避開由電線桿子引來的惡鬼。孔子決定進道觀去看看，在那兒他看到了令人毛骨悚然的地獄場景 —— 有些人被放置在臼裡用杵搗碎，另一些人被用鈍鋸子攔腰鋸斷，還有人被投入沸騰的油鍋；有人試圖從一座橋上逃出地獄時遇上了毒蛇，更有人試圖靠攀登懸崖來逃出地獄，但可怕的雷公放出千鈞雷霆，擊中了他。孔子說，「我那時候情況可不是這樣的。」接著他就陷入了沉默和冥思苦想，他越想火氣越大，最後終於忍不住大聲咒罵那些人竟敢篡改老子的教誨，並將其變成了如此荒唐可怕的做法。

　　我們一邊聊著這傷感的話題，一邊沿著御街往前走，來到了清真寺的跟前。「這些奇怪的文字我生前可從未見過 —— 它們究竟是什麼文字？讓我們進去問一下它們的含義。」在大門口，我們遇見一位看門人，後者應我們的請求翻譯了大門頂上的阿拉伯文字，從容而誠摯地說道：「阿拉是唯一的真神，穆罕默德是他的使者。」孔子感嘆道：「這跟我們那時相比倒是一個進步。雖然我從未對空中的神靈說三道四，但我的確相信有一

---

[024] 有些學者認為這些細節是後人編造的。老子要比孔子早出生五十年。——原注
[025] 現代道教跟老子的關係就像跟穆罕默德的關係一樣風馬牛不相及。——原注

個全能的上帝，他與人們的心靈相通，每當我最深切地感悟到生命的真諦時，就覺得上帝是在我心裡。在這裡我沒看到任何偶像。」最後，在下午四點左右，我們來到了為紀念孔子而建的一座宏大寺廟前。聖人的臉上浮現出一絲笑容，因為在相隔 2,000 多年之後，他的名字和教誨在遠離故鄉的地方仍然被人懷念，這不由得使他感到高興。當我告訴他，在中國每一座大城市裡都有類似的孔廟時，他眼眶裡含著喜悅的淚水，說道：「世人仍有向善之心。」

他把尊孔等同於尊儒，這真是個天大的誤會！因為當他步入孔廟大殿時，正好看見一大群官吏穿著朝服，口稱至尊至聖先師，把孔子像上天本身那樣供奉起來。他聽見人們為他祈禱和對他表示謝意，在大殿的一旁他還看見了祭獻給他的牛羊宰牲。他頓時面如死灰地轉身問我：「這地方究竟只是為紀念我而建的殿堂，還是為了崇拜我，為我祈禱和祭祀供品而設的？」我告訴他，儘管人們並不是像對待上帝那樣，想從孔子那兒得到祝福，然而這些祭祀的供品確實是把他當作一個有求必應、至高至聖的人類美德楷模而獻給他的。聽了這番話以後，孔子臉上的笑容全無。他撥開圍成一圈的人群，高舉雙手，大聲喊道：「絕不能這樣做！」他臉上出現了一種難以言喻的痛苦表情，撲通一聲向前撲去，昏厥在匍匐在地的巡撫面前，巡撫作為祭典的司儀，當時正率領大家在做祈禱。我搶在這些朝廷命官認出孔子本人之前，趕緊用我有力的臂膀抱起他憔悴的身體，把他送到了杭州城裡唯一能救治這個已沉睡了 20 多個世紀的幽靈的地方。

當我敲響醫院大門時，大門上方的燈盞正在耗盡最後一滴油。我要求馬上開門，但裡面的看門人打著呵欠，告訴我時間實在太晚了。「看在孔子的分上，快讓我進去！」一聽這話，他趕緊摸索著開啟了門閂，心裡直打鼓，不知道會遇上什麼樣的鬼怪；當他看見我手中抱著的孔子時，他也

因驚嚇過度昏厥在地。一個善良的、長著紅頭髮的愛爾蘭人急忙跑了出來。我衝進開闊的庭院裡，大聲呼救，這時有兩位外國醫生穿著長睡袍，手裡拿著麻醉劑和醫藥箱跑了出來，後面跟著二十幾個中國學生。他們全都跑上前來，從我手裡接過病人。當他們聽說孔子返世，一位醫生把他帶到了醫院裡最好的病房。他和幾名學生給孔子做了心臟按壓，並給他注射了強心劑，經過幾小時的搶救，這位已去世 2,000 多年的聖人又重新睜開了雙眼。孔子在病床上躺了很多天，偶爾醫生也讓他坐起身來，在椅子裡坐上一會兒，並到樓裡和戶外去散步。他聽了一次對窮人的講道，並見證了盲人重見光明。他看到瘸子安步如常，痲瘋病人受到悉心照料。他目睹婦女們來到產科病房生孩子，在舒適的環境和愛心的照顧下盡享城裡唯一能使窮人安全分娩的優越條件。他看到那些為逃避生活苦難而抽上鴉片的男人在一個草坪上來回踱步，直到某種藥品發揮效力。他們不僅斷掉了鴉片癮，而且還對孔聖人心儀的德行產生了更強烈的渴望。他看見人們每天在外國醫生的率領下，聚集在一起為賦予萬物生命的上帝祈禱。

住院許多天以後，孔子對自己說：「我曾說過『四海之內皆兄弟』，但我還是第一次看到這個理想的實現：東方與西方，富人與窮人，文人與農夫，苦力與商人，全都為治癒和校正人們的心靈和生命而齊心協力。我現在終於明白，創造所有奇蹟的推動力乃是一種生活，而非一種教誨；是一個工作和生活在現時的賢人，而非一種倫理概念；是一種入世的力量，而非一種歷史的理念。

「以愛貫穿於這種醫療服務的一定是孟子在冥間曾跟我提起過的那種賢人。他告訴我，當他在世時，曾想像過上天所起用的賢人是什麼樣子。他把對這種賢人的定義形諸文字，送給他的同胞：『天將降大任於斯人也，必先苦其心智，勞其筋骨，餓其體膚，空乏其身，行拂亂其所為，所以動

心忍性，曾益其所不能。』我過去站在家中或樹蔭下，對身邊的弟子講解君子的概念；不屑與下民為伍，試圖居高臨下地支配他們；而孟子所論及的那種賢人走進蹊徑和樹籬，使百姓們出來聞道。他自身並無立錐之地，但不僅與統治者交涉往來，更與三教九流相處甚密，以致被人稱作老饕、酒徒，以及稅吏和罪人之友。我呼喚義人反省，而他則號召罪人懺悔。我診治的那些人往往不需要醫生，但他所救護的卻全是病人。因此，我未能滿足人們的需求，而他則做到了這一點。」

▉ 三、杭州城

如今的杭州就像是凱薩手下的高盧，可以抽成三個部分：城市、督撫和人民。

杭州城的南北跨度為 2.75 英里，北面寬 1.5 英里，南面寬 1 英里。城內的運河縱橫交錯，而著名的人工湖沖刷著瀕湖中段約三分之一的西城牆。到處都能看到衙署和學校，但大部分湖濱地區均被八旗兵軍營所占，旗營一直延伸到了城內半英里之處。

杭城的水系十分發達。有五個城門的名稱都跟水有關：清波門、候潮門、望江門、錢塘門、湧金門。跟荷蘭一樣，這裡的運河大都運輸十分繁忙；但荷蘭的運河被用來排除低窪地的積水，而杭州的運河則為灌溉提供了水源。而且這裡的運河沒有被用作排汙的下水道，因為農民們太珍惜肥料的價值，經常疏通河道，用河泥來肥沃農田。在運河裡洗澡的人並不多，但淘米和洗衣服等都是在這裡進行的。當然，這會強化水中的營養，而本地人重視水中固體顆粒物數量的程度並不亞於密士失必河的居民，在那裡啤酒既是飲料，又是食品。中國人對於運河水的喜愛遠甚於雨水，但在運河水和西湖水（後者因寺廟眾多而摻有香灰）孰優孰劣的問題上仍存

有意見分歧。運河還盛產魚，河面上漂浮的菱角則為人們提供了點心。船閘在這裡並不為人所知，當需要把一條船轉移到另一個水平面不同的河道上去時，就用泥濘的滑道充數。在鄉間還可以看到水牛推磨 —— 這怪異而悲哀的動物。城裡有許多石橋橫跨水面，圍繞它們還有許多迷信：如橋下有船時，婦女不准過橋；還有在穿過某些啞橋的橋洞時，誰也不許說話等等。

假如我們認為這些河道是城裡最美的景色的話，杭州人則認為當地有七種最值得稱道的東西：扇子、洋人、脂粉、剪刀、絲綢、中藥和兒童。毫無疑問，這裡到處都能看到兒童；關注孩子會使我們得到中國人的青睞。這裡並不存在種族歧視；就連 6 歲的男孩在被問到「你長大後最想幹嘛」時，也會回答：「娶老婆，生兒子。」跟印度一樣，這種態度受到宗教的支持，因為祭祖的傳統根深蒂固，倘若沒有孩子，誰又能來祭祀你？一個孩子在其一生的各個階段可以取四個名字：家裡的暱稱、學校裡用的名字、商號和官銜。這就像一位英國小男孩小時候稱湯米（Tommy），在學校叫瓊斯（Jones），在《工商行名錄》中被叫做華興洋行（Messrs. Jones & Co.），在《名人錄》中又稱若格斯男爵（Baron de Jonghs）。

當中國的湯米仍在奶媽懷抱裡時，人們就會在他頭上點上一撮艾蒿，並在頭頂燒出一個疤；這並非像種牛痘那樣是為了衛生保健，而是為了迷信。一個月後，他的頭頂就會剃光，然後就會為他辦一桌酒席；不久，他就會戴上一頂小帽子，也許上面還裝飾著偶像，脖子上會套一個表示吉祥的長命鎖。湯米牙牙學語是從童謠開始的：當他躺在一個相當於我們的嬰兒車或童車的搖籃時，人們就會對他唱：

時而哭來時而笑，
三隻黃狗來抬轎。

在嬰兒室裡，人們會給他講月母娘娘的故事[026]，或教他玩嬰兒遊戲：兩個食指碰碰攏，兩隻鳥兒親親嘴；鳥喙碰鳥喙，然後展翅飛，大鳥飛上天，小鳥守家裡，飛到高山吃白米 —— 這最後一句是張開雙臂，用拖長的聲音說出來的。

湯米上學後變成了瓊斯。他學會如何拜神，向菩薩鞠躬；在學校裡他得知自己的守護神原來是狐狸精。作為智慧的象徵，狐狸能夠幫助他學習，尤其是幫助他通過考試。在真實生活中，他也許已經見過眾多極醜惡的情景，雖然下流黃色的春宮圖片是不能出版的，但淫穢的洋畫現在正腐蝕著他的心靈。然而當他學會閱讀之後，他就可以去逛城裡到處都有的廉價書攤，不幸的是，這些書攤裡盡是些道德淪喪的圖書。所以在 10 歲時，他就跟本來在一起遊戲玩耍的小女孩們隔離開來，直到他在 15 歲定親之前都見不到女孩子的臉。這種計畫保持了他外部的貞潔，但卻不能消除其內心的罪孽。然而在上學時，小男孩的動物本能主要表現在喜歡大嚼青梅、花生和糕點等更為無害的嗜好上。

那麼女孩們會怎麼樣呢？直到最近，幾乎沒什麼人去關心和注意她們[027]，但情況現在正發生著重大的變化。曾經有一名惠興女士關心八旗的女孩，她在杭州建立了一所學校，以教給這些女孩美德和學問。但她的努力沒有得到適當的響應，於是她試圖用死諫來喚醒滿人，呼籲大家來關注女子教育。在兩次吞食鴉片，以自盡相威脅之後，她終於成功了。她用自己的血寫下的絕命書在民間流傳甚廣，由此募集的資金使人們蓋起了兩幢寬敞而舒適的房子。這封絕命書全文如下：

---

[026] 據說后羿的妻子嫦娥從丈夫那兒偷了長生不老藥，帶著它逃到了月宮，並在那兒變成了一隻蟾蜍。據說月食是因為這隻蟾蜍吞食了月亮。

[027] 在中國，鄙視女孩的程度絕沒有像外國人所相信的那麼嚴重。人們只需閱讀一本普通的中國小說，就可以了解這一點。

眾學生鑑：

　　愚為首創之人，並非容易；自知力薄無能，初意在鼓動能事之人，如三太太鳳老太太，柏哲二位少奶奶，以熱心創此義務，誰知這幾位都厭我好事。唉！我並非好事，實現在時勢正是變法改良的時候，你們看漢城創興學務，再過幾年，就與此時不同了。你們不相信，自己想想，五六年前是怎樣？這兩年是怎樣？啊！我今以死替你們求領常年經費，使你們都依著忠孝節義行事，方與世界有益！我今雖然捐生，這不叫短見，這是古時定下規矩，名叫盡犧牲，是為所興的事，求其成功；譬如為病求神保佑，病好之後，必買香還原；如今學堂成了，就如同病好了；這個願一定是要還的；女學堂如病人，求常年經費的稟，如同病方，呈準了稟，如同病好了；我八月間，就要死的；因為經費沒定準，沒錢請先生，只得暫且支吾；我有些過失，幾乎把你們都得罪了，望你們可憐我些！不記恨我，則我雖死如生矣！你們不必哭我，只要聽我一言，以後好好侍奉先生，聽先生教訓，總有益於身的，與外人爭氣，不要與同部人爭意氣，被外人笑話。話長心苦，不盡所言！

　　婦女們還想在其他方面改善她們的狀況。有一位女士近來剛因為試圖為爭取婦女權利而獻身，但究竟是使用什麼方式，我還不太清楚。在中國有這麼多的女人，所以她們並不會花很多時間來撫慰其中的一個女人。下面這段文字選自一份官方報紙的號外：

　　初五早晨三點，秋瑾被砍了頭。她是由山陰區本部的衛兵押往刑場的。在行刑時她穿著一件白色的女式背心，以及用黑薄紗做的上衣和褲子；腳上穿著洋鞋。她的雙手被手銬和鐵鏈綁在背後。當她從監獄出來，穿過街道時，有一名士兵用一根鐵鏈牽著她走，還有好幾個人從背後粗暴地推著她走。到了刑場以後，她跪下身去，回頭看了一眼，便引頸就戮。第二天一早，有人抬來棺材，將她收殮了。

　　該報的編輯似乎沾染了西方人的情緒，否則怎麼會注意她穿著的細節呢？一個女人被砍頭是一條很引人注目的新聞，而且她現在還被榮耀地埋葬在西湖邊上。也許她的事業將因為她的犧牲而變得盡人皆知。這與民間的信仰非常一致。這種信仰還透過其他怪異的習俗表現出來，如代人受罰，以及替瘋子接受治療。

　　百姓們已不再受舊的佛教所控制，儘管在太平軍被消滅之後，有許多寺廟又得以重建。到處都可以聽到有關和尚偷懶和不道德的故事。其中有一個故事已經作為經典編入了靈隱寺的標準導遊詞。話說一個和尚去出售食品、香和蠟燭的地方逛街，在那兒買了胭脂、水果和糕點。他瞟見一個窗戶裡有個漂亮女子在看著他，於是便對她意味深長地舉了一下手中的東西。她把此事告訴了自己的丈夫，兩人串通一氣，要捉弄這個和尚。她便對和尚擠眉弄眼，但告訴他說自己的丈夫經常在家。所以和尚開始經常來光顧這個店，使店裡的生意大為改觀。最後她告訴和尚，自己的丈夫將出門做生意，並跟他約定幽會。她給和尚擺下酒席，接著讓他進她臥室去做好準備。和尚剛剛脫掉衣服，忽然有人敲門，原來是她丈夫回家來拿東西！她要和尚躲進一個箱子，不要出聲，然後她把箱子鎖了起來，直到天亮，於是夫妻倆抬著鎖住的箱子前去見官，結果那個官老爺判決說，既然是他們的箱子，就應該把它扔到河裡，讓此事有個好結局。

　　那些故事所講述的是杭州 800 年以前的狀況，但人們都覺得如今寺廟中的倫理氣氛並無絲毫的改變。已經不止一次地發生過民眾的起義，就像 1909 年在西班牙巴塞隆納所發生的暴動一樣。皇帝也不止一次地頒發詔令，要關閉所有的佛教寺院和尼姑庵，因為男人和女人過單身的生活畢竟是違背人倫的。「歸根結柢，這些生活放蕩的佛教徒懶惰成性；他們既不願在田裡耕作，也不願意在市場裡做買賣。由於沒有食品和衣服，他們便

巧言令色，欺騙民眾。」關於這一點，他們做得很成功。老百姓都相信，在和尚的縱容下，有香客留宿的那些寺廟裡，每天晚上都有見不得人的事情發生。而且他們指出的一個事實是，尼姑庵往往就建在寺院的旁邊。當人們不幹活的時候，往往就會沉溺於賭博、酗酒和抽鴉片。像「要見黑心人，念佛堂裡尋」這類諺語表明了民眾對他們絕無好感。

　　人們可能會問，既然和尚這麼惹人討厭，那麼在太平軍被剿滅之後，那些寺院為何還能得以復興呢？當基督教的僧侶們在被宗教改革的大潮逐出修道院之後，要想捲土重來，就必須洗心革面，重塑自己的道德形象。但這些佛教和尚的情況卻並非如此。最好的解釋也許是，正統的儒教對於來世生活持不可知的態度，而佛教徒已經背離了釋迦牟尼類似的不可知論，他們不僅對於地獄和天堂有確定的和煞費苦心的教義，而且還迎合了所有民間的迷信。佛祖招募信徒來做和尚，是為了讓他們拯救自己，而中國的和尚已經變成了為別人而祈禱的祭司。佛祖的和尚過著流浪和乞討的生活，他們聚在一起，是為了互相懺悔和講經論道，而中國的佛教徒建起漂亮的殿堂和寺廟，他們為別人的靈魂和自己的腰包而對菩薩頂禮膜拜。佛祖的和尚把釋迦牟尼及其高僧的教誨編纂成短篇經文，用心鑽研，身體力行；而中國佛教徒的經文要長得多，未經翻譯就用漢字寫出，所以他們背誦的那些經文就像是一種符籙，無論是聽眾還是他們自己根本連一句都聽不懂。僱用另一個人來為你敬神，遵照一種誰也不懂的外來儀式，用一種甚至在其發源地都已經失傳的拙劣外語發音，以及被佛祖明令禁止的習俗，這樣的祭司無論在其方法，或是他本人所擔任的角色上都完全違背了佛教的教義 —— 所有這一切都顯得是這麼荒唐，但在中國和歐洲卻又是如此真實。

　　和尚們欺騙普通民眾的做法，大家都可以輕易地猜出來。只要你出錢，就可以請和尚用一種誰也聽不懂的語言來唸誦經文，以便為你積德。

這些和尚太懶惰了，也許還未聽說過他們的西藏同胞專門為此設立水輪，一邊踏輪，一邊唸經。他們用更低的價格，將唸經的合約轉包給一些不能工作的老太太，後者為了表明不偷懶，就在街上圍坐在一張桌子的周圍，從早到晚大聲唸經，以便能賺到十文錢和做飯的稻米。她們與和尚之間的工錢差價在相當程度上支撐了杭州城裡大大小小上千個重建的寺廟，因為在太平軍占領時期，城裡只剩下了一個寺廟。這事聽起來就像是發生在加拿大的魁北克。我們不知道那些出錢請和尚唸經的人為什麼不直接跟那些老太太打交道，這樣就可以避開中間人。還有些儀式是必須他們親自參加的，例如放生日。其實這就相當於湖濱野餐，當乞丐們帶著蛇來賣時，富人們就將其買下放生，以便能夠積德；自然，這些蛇還會數次派上同樣的用場。

自從太平軍被剿滅後，有兩股西方的思潮影響到了杭州，這就是傳教使團和教育。現在已經有了六個主要來自美國和英國的新教傳教使團在這裡工作。他們在 30 年當中曾是唯一的西方思想媒介。但在最近 12 年中，情況已經有了重大的變化。這主要是因為北京清廷當局受了外國思想的影響，決定改革整個教育系統，並採用西方最好的方法。過去考中國典籍的科舉制度已經被廢止；那些已經花費了 10 年或 12 年來準備考秀才（相當於學士）的年輕人發現這個學銜已經不再頒發，而理學士的學位現在變得更為搶手。舊的貢院已被拆除，在其原址上蓋起了公立學校的校舍，關於這個學校我後面還得介紹一下。學生們現在要學英語、政治、經濟學和歷史、物理、醫學、戰術和策略、火炮製造和射擊學等 —— 除了宗教之外，其餘的西學各科幾乎都要學。（對於這一點，他們並沒有公開表示厭惡，但對於儒教倫理，他們卻似乎連一點面子也不願意給 —— 然而還沒有其他的信仰可取代它。）在我們看來，那些新建的房子，即經過改頭換

面的洋房，顯得醜陋而怪異，在中國人眼中無疑也是如此，但在生活和倫理道德中的建築又是如何呢？他們正在清除那個已不再受到尊崇的廢墟，但他們用什麼來在這片廢墟上進行重建呢？

四、巡撫

作為對上述問題的回答，讓我來講述一下自己拜謁浙江巡撫的一次印象深刻的經歷。他是來自北京的蒙古人，而且當時擔任各行省巡撫的也就他一個是蒙古人。幸虧我持有來自華盛頓的介紹信，所以得以面見巡撫，並成為省諮議局開幕式上僅有的三名西方人之一。而且巡撫還專門來到我所居住的美國南方長老會傳教使團駐地，作為我拜謁他的正式回訪。

拜謁巡撫的約會定於上午 10 點，後者派來接我的一頂官府轎子增添了整個拜謁行列的威嚴。人們開啟了省府的大門，我們的轎子在庭院的一個大門旁邊停了下來。巡撫的文書和省府的譯員就等在那兒。巡撫本人在下一個大門處迎接我們，並將我們帶進了貴賓室，那兒有一張外國風格的餐桌，桌上擺著西餐和中餐。他按照西方的禮節請我們入座，我們互致問候，出於禮貌，我問他貴庚幾何，並被告知他 49 歲。然後我們交流了各自的經歷。

我跟他講述了自己所做的旅行，作為蒙古人，他對於我全程考察長城很感興趣，並賞臉接受了我的這本新書。談到其他大陸時，他對我所講述的在中非那終日幽暗的原始森林裡發現俾格米矮人的故事，表示了極大興趣。聽到我稱讚杭州城的良好治安和秀麗風景，他感到非常欣慰，但又搖搖手，說這些不是他個人的功勞。我跟他一起嘆息古建築的消失，並希望他能運用自己的影響力來保護那些古塔。我問他是否能給我指點一下從以前朝代流傳下來的名勝古蹟，他遺憾地告訴我，每隔幾個世紀，都會有一

次大的暴亂毀掉許多古蹟，而杭州城就在 45 年前剛剛遭受過太平軍的劫難。當我請求他提供古史、方志和地圖等資訊時，他很客氣地答應在藏書樓裡幫我找一下這些材料。本章前面部分的許多內容便來自他所提供的數據。然後，我們回到了教育這個話題。他承認目前已經取得的結果並不理想，因為缺乏一個徹底的協調和等級制度，就像舊的科舉制度在一定程度上已經做到的那樣。我想到在過去幾個星期裡，巡撫陪同攝政王的弟弟在沿海地區挑選海軍基地一事，便問道：「你認為中國最急需的是什麼？」他的回答耐人尋味：「首先，我認為所有的老百姓都要學會識字；其次，所有人都得學會一門謀生的手藝。這兩樣是最重要的。」注意，他說的並不是自衛、海軍和宗教，而是一種善意而質樸的中庸抱負。我告訴他，幾年前我碰到端方時，他曾經講過中國需要一種新的精神。而在我最近的旅行中，我發現這種新的精神正在崛起。「是的，」巡撫答道，「百姓們識字越多，也就越明白事理，這樣就能獲得新的精神。我也努力想達到這個目標，但百姓在沒有明白事理之前，絕不會獲得這種精神。」他告訴我有一些貴冑子弟正準備去美國留洋，假如他的兒子也被派遣留洋的話，就有可能更好地報效祖國。他詢問，倘若中國跟外國列強競爭的話，美國會採取什麼方針。我告訴他，我個人希望中國繁榮富強，而且我認為這代表了普通美國人的意見。聽到這裡，他不禁向我拱了拱手。在談到傳教活動時，巡撫說他並不反對傳教士規勸中國人，但他認為，他們所傳播的宗教不夠深入人心，不足以加強兩國之間的關係。

在交談中，我得知他第二天要去參加浙江省首屆諮議局的開幕儀式，然而就在這麼重大的事情發生之前，他還專門為我擠出了一個半小時的珍貴時間。不僅如此，他還答應給我開幕式的入場券。拜謁結束以後，他親自送我到外面的轎子處，表現出了無微不至的周到禮節。

第一部分　南方的省府

歸途中，當我坐在轎子裡被抬著穿過從江濱開墾出來，作為皇帝和許多偉大學者的故鄉，以其學問、藏書和工匠手藝而聞名於世，並且是浩瀚卷帙描寫對象的這個歷史古城時，我感受到了一種變化正在降臨。我周圍的一切都表明了一個時代的結束和另一個時代的開始。這個曾經是大運河終端的城市現在成了一條鐵路的起點。然而，比這種外部物質進步更能使我感到欣慰的是，作為人民議會的諮議局，於 1909 年 10 月 14 日星期四這天正式開幕。民眾的願望從此有了表達。從今往後，文官的統治和八旗兵的野蠻武力都將被民主的希望和願望所制約。

第二天，我利用了這個特權，並與我的兩位東道主 —— 司徒爾博士和司徒華林教授，成為見證這個獨特儀式僅有的三個西方人。由於永久性的省議會大廈尚未竣工，開幕式便在師範學校的大禮堂裡舉行。會場裡插著黃、紅色相間的龍旗，以及皇帝的龍旗。身穿制服、腰佩長劍的衛兵將我們領到了樓座的中間位子，正對著皇帝的詔令和省諮議局的議長。

早上 9 點整，巡撫來到了會場，議員們紛紛起立歡迎他。接著，臨時議長讓大家安靜下來。當巡撫捧著承載皇帝詔令的黃色卷軸走到前臺時，議員們全體起立鼓掌。他在前臺宣讀了關於成立資政院的敕令。稍事停頓之後，他又拿出一個有關制定會議議程規則的白色檔案進行宣讀。這些就是開幕式的主要內容。然後，議長宣布暫時休會，到下午再繼續開會。

卡萊爾 [028] 曾使得法國議會的開幕式大放異彩，而這位凡爾賽老劇院的來訪者得以坐在整修一新的包廂裡，凝視著隨之而來的一系列事件。有這樣機會的人並不是很多：目睹一部新劇目拉開序幕，並對即將發生事件的重要性深信不疑。

---

[028] 卡萊爾（Thomas Carlyle, 1795-1881）是英國著名作家和歷史學家。他的《法國大革命》（1837年）出版後受到人們普遍的讚揚。1865 年，他出任愛丁堡大學校長。

　　在第三天，巡撫隆重地對我進行了回訪，花了很長時間穿越整個城市，並成為訪問美國南長老會駐地的第一位浙江巡撫。這可是杭州城裡的一個重大事件：由馬車侍從、步兵和騎兵護送的該省最高行政長官來到一個外國傳教使團的駐地。我們很難想像賓夕法尼亞州的州長會在國民自衛隊的護送下，出來拜訪一個借住在德意志城中國內地會的非官方中國旅行家。

　　他的舉止溫文爾雅。我們自然談到了秦始皇建造的長城，它在許多世紀以後又得以重建或大面積整修，以防禦蒙古人的侵略。他哈哈大笑地向我指出，無論如何，蒙古人還是來了，而且留下不走了。我告訴他，在長城的最西端，有一位中國文人刻下了幾個字：「當心俄國佬！」他有點臉紅，圓滑地把話題重新轉到了非洲的俾格米矮人上，問我是否有巨人住在他們的附近；這也許是一個東方的寓言故事。我們找到了一個由製造業所引出的一個不那麼微妙的話題。當看到桌上的一個瓷器時，他指出，當中國的瓷器掉在地上時，它就會摔裂成兩三個碎片，而日本瓷器就會完全破碎，無法修補 —— 也許這是另一個寓言故事。我們兩個都笑得很開心。他提醒我說，用銅絲來修補瓷器在中國是很普通的事，而且我親眼看到它們修補得簡直天衣無縫。他還告訴我，雖然日本瓷器新的時候樣子很好看，但它們壽命不長，對此我又表示贊同。在這次回訪中，他給人留下了最佳的印象。在場的一位美國人在重申了美國對中國的善意之後，又表達了想學習漢語的願望，巡撫微微一笑，並真的給他上了一課！他選了「天」、「地」、「茶」這三個字，來教這位美國人漢語發音。我同意對於初學者來說，它們可說是最佳的選擇，而且這三個字的順序排列也很得當。接著他又說，其實寫漢字也很簡單，這種看法很有趣，因為跟我們的觀點大相逕庭。「對於你們來說，」他這樣分析道，「英語中『天』這個詞是由六個不同的字母所組成的，你們必須先學會這六個字母，然後再把它們拼

寫在一起；而對我們來說，漢語中的『天』只需要一個方塊字。」然而我不禁想到，在漢字中也必須把不同的偏旁組合在一起，而且它們的含義往往很模糊。區區 26 個字母就可以拼寫所有的英文詞，而漢字中卻有成千上萬個不同的方塊字。他提起人口的問題，說杭州的人口有二三十萬，而我曾聽說別人猜想的這個數字竟高達近百萬。這件小事表明了他的節制中庸，毫無妄自尊大的傾向。但似乎還沒有從宗教角度出發的人口統計，恐怕這個連想都沒人想過。出於感激他對於一個旅行者所表示的禮貌和善意，我一直送他到了轎子旁邊，並鞠躬向他告別。歷史就是這樣的奇妙：這個曾經是宋代皇帝逃離金人的最後一個避難所和元代所挖大運河終點的城市，居然是由一位蒙古人來充當巡撫！中國的希望就寄託在像他那麼開明的人肩上。

五、御街

在拜謁了行省最高行政長官之後，下一件事就是了解普通老百姓的生活。要想做到這一點，御街顯然是最理想的地方，而且我的朋友費佩德教授 [029] 是最能幹的導遊和翻譯。

我們是從鳳山門出發的，之所以起這個名字是因為城門正對著不遠處的鳳凰山，在杭州城建立之前那兒曾是一個蠻族的村落。從鳳山門進城可以有三種不同的途徑，最普通的就是行人走的那個雙重大門；在旁邊還有一個水門，我們訪問杭州時，有大量運紙的船從那兒通過。鳳山門一側有雉堞的城牆頂上有一個轆轤上懸掛著一個籃筐，透過這個籃筐，人們在晚上花大約一便士的價錢，就可以把自己吊進城去。這個轆轤沒有棘輪，有時搖轆轤的人因為酒喝多了的緣故，往往吊了一半就搖不動了，結果就連

---

[029] 費佩德（Robert F. Fitch）教授，碩士、神學士，是一位著名傳教士的兒子。——原注

外國人坐在籃筐裡這個事實都不足以刺激他把籃筐搖到城牆頂上。我有好幾次被這樣吊在半空之中，就像穆罕默德的棺材那樣紋絲不動，可心裡卻七上八下的，不知道他是否能夠把我吊上去，或是會突然掉下去。然而，只付了幾個銅板，你又怎麼能指望保險平安呢？人們可以把跟御街平行的運河抽乾，在那兒建一條電氣鐵路；由於已經得到了這個水道的使用權，所以這個工程將會利潤頗豐。也許造幾艘汽船的投資會小得多，而且也不會引起太大的混亂。

杭州鳳山門和「夜郎擔」

在有雙重大門的甕城裡面，我們看到了一個不大的帳篷，裡面住著一位天朝的看相師、通靈術士或算命先生。我們畢恭畢敬地走進他的帳篷，

付了 12 個銅板作為報酬之後，便請他為我算命。他先問我的年紀，我回答說：「不到六十。」這個回答並不能使他滿意，於是他便微微一笑。我又告訴他，我比父親要小 43 歲。看到我在這些事情上就像一個待嫁的姑娘那樣忸怩不安，他便寬厚地繼續給我看相。他擰了我左耳朵三下，右耳朵兩下，在我鼻子上至少敲了七下，足以刺激那兒的血液循環。他說，1 — 7 歲，我的左耳便已長成，可以看得出我當時的狀態；8 — 14 歲，右耳成熟可顯；15 — 16 歲，我的天庭或天靈蓋發育完成；17 — 18 歲時，額角隆起；19 歲時，額頭中部長成；20 — 21 歲，太陽穴發育成熟；22 — 25 歲，太陽穴上面部分展現好運；28 歲時，兩眉之間出現皺紋，不太吉利；29 歲時，我的「偏陰山林」（pian yin shan lin）色相很好；30 — 32 歲，我的眉毛成熟得還真有點吉人天相；33 — 34 歲，眉毛上面那一小塊骨頭也發育好了，表明我運氣很好。接著我問他知不知道我的家庭情況，為此我必須從他桌上的箱子裡隨機抽出一個黃紙卷。頭兩個黃紙卷什麼也沒顯示，不得不扔掉；而當第三個黃紙卷抽出來時，似乎什麼都有了。他告訴我的第一件事是我將來要當大官。我提醒他，我問的是有關我家庭的情況。「你妻子活得很好的，不必擔心。」孩子們全都平安無事，並且已經顯示出將來當官的優異品格。我將來的年俸不是幾千，而是幾十萬。我要活到 90 多歲，而且耳不聾，眼不花。他是按下面三點對我的命運做了測算：權勢、財富和長壽。那人也許已經給成千上萬個人算過命，並且對生活的「盡善盡美」（summum bonum）已經形成了自己的看法。這可是傳教士向人說教的一個機會，傳教士所要傳達給人們的最簡單資訊就包含著好運氣。當我告訴他，自己尚未結婚時，他瞠目結舌，呆若木雞。

我們經過了左邊的警察局，來到一個生產剪刀的作坊，那兒有 4 個工匠，每天生產 100 把剪刀，每週工作 7 天，每人月薪為 6 至 7 元，由老闆

為他們提供米飯。有些服裝店裡出售著天朝子民所穿的那種袖子奇長的藍褂子；還有一些放著臉盆和毛巾的剃頭鋪。最令我稱羨的是用羊角來製作燈籠，做這種燈籠需要五六個工人，每人月薪在 15 至 16 元之間，再加上老闆的米飯。工匠們從上海買來山羊角，加工磨光之後，用燒紅的夾子把它們銲接成一體，整個製作過程中，工匠表現了高超的技藝，令人目不暇接。用泥土和鹽巴醃製的皮蛋每個要賣 19 文，而新鮮雞蛋則每個標價 15 文。

　　然後我們來到一個門面富麗堂皇的店鋪，牌子上寫著「胡慶餘堂」。整個垂直形的門樓都是用鑲嵌在牆上的方瓷磚所砌成的，它們立即給予人繁榮興旺的感覺。我們所進入的那個廊道裡掛滿了寫著金色字型的招牌，宣揚該藥堂裡所有中藥的神奇功效。每星期都有幾個特定的日子，會使這裡擠滿了成百上千的人，因為在這些日子裡，藥價可以打折──頗似美國的鐵路在特定的日子裡賣打折的火車票。醫院也遵循著這個計畫。這就使得藥店和醫院都把職工的精力用在藥品的銷售或製作的日常工作上，它所關注的是時間的分段，而非勞動的分工。可是對於某些美國藥店來說，後者也許更為重要。我們看到的不僅是金字書寫的藥品廣告，在那些金字招牌的下面，還擺放著盛滿中藥的大罈子，這些罈子排滿了整個長廊，一直延伸到那更為神聖的售藥部門附近。

　　除了親口嘗一下之外，我們被引導用各種方法來檢驗中藥的製作。我們發現中、西藥之間有一種區別：中藥的名稱說明了它們的用途和效力，而美國的絕大部分藥品名稱在表達它們的用途方面簡直比梵文還難懂，而且想像力還必須經過訓練，才能夠理解藥名所給予的暗示。十全大補丸是用十種藥品製成，自然可以作為普通的滋補藥品；雙祕丸專治象皮病，這種病無論對

誰都夠神祕的；六神丸有補腦安神的效用；清平丸可治療布賴特氏病[030]；千金丹是專門針對少女的，因為漢語中的「千金」[031]就是少女的美稱。

每年都有大量的原材料被運到這個藥堂，並被製作成在市場上銷售的中成藥。它的一個分店專門製作驢皮膏，另一個分店圈養了 100 隻鹿，而在總店則另外又養了 100 隻鹿，每頭鹿都養在一個狹窄的圍欄之內，吃桑葉，喝木槽水，睡在圍欄後面隆起的一塊木板上，腳下踏的是天竺葵的葉子。夏天時，鹿會長出新的鹿茸；到了冬季，鹿茸就會被鋸下來做成中藥；鹿身上的所有其他部分也都得到了利用。一頭鹿的價值為 500 － 800 鷹洋，每年大約要殺 60 頭鹿；沒有一家美國藥店會以這個價格每年殺 60 頭鹿的。用這種方法，隨時可以得到新的原材料。在街上，人們可以買到跟後面那座山那麼古老的罐頭牛奶，然而這個藥店不僅提供成藥，而且還賣新鮮的藥。在一些比屋頂還高的平臺上，我們看到了成千上萬粒正在晒乾的藥丸，這只是一天的產量；它們在晒了一天之後，還要被煮上一天。我們看到那些需要保持乾燥新鮮的藥丸被密封在漂亮的白色蠟球之中，這種做法要遠遠優於用膠囊儲存的蓖麻油，因為蠟不像明膠那樣容易變質。研磨藥材的工人全都是盲人，那樣他們就不會洩露祕密。在胡慶餘堂裡總共有 300 人在製作中藥，全部都是寧波人，沒有一個人是做廣告推銷的，這跟我曾經參觀過的一個美國大藥廠簡直是天壤之別，在美國藥廠的頂層有 13 個人在生產藥品，而下面卻有 75 個人在準備藥品廣告。

司徒爾博士與這個大藥堂的創始人有過一段交情，他告訴了我下面這個簡短的傳記故事：

---

[030] 布賴特氏病（Bright's Disease）又稱腎小球腎炎。
[031] 「千金」的本意為「一千盎司的銀子」，傳統上被用於稱譽別人的女兒。它也被用於日常對話。——原注

　　胡雪巖原是在一個錢莊拖地板和幹雜務的學徒。有一次錢莊著火，其餘的夥計都逃走了，只有年輕的胡雪巖堅守職位，留了下來。錢莊老闆為了報答他，便給他升了職。他很快就發跡致富，成了杭州城裡的洛克斐勒和大清國的首富之一。他創辦當鋪，這在中國是個一本萬利的行業。他娶了 30 個妻妾，建造了城裡最豪華的宅院。而且他還在有自己當鋪分店的各個城市裡都買了妾和宅院，以避免出門時還得帶家眷。他為皇帝籌措糧餉，一生過得瀟灑快活，在杭州的胡宅裡置了整整 60 個豎鐘。有一次他要一家藥鋪退款，後者拒絕以後，他就創辦了另一家藥堂與之抗衡。如今這家藥堂成了中國最大的藥店。他因囤積絲綢而傾家蕩產。胡雪巖喚來妻妾，給了每人 100 元，讓她們各自回娘家；然後他吞金而死。然而他的大藥堂卻仍然生意興隆。

　　胡雪巖從一個窮人變為富翁，頗有點做美國夢的意味。由於過於貪心而喪失一切，又不能忍受失敗，於是便吞金自殺。

　　御街的兩端都是村落，它穿越整個大都市，是城裡旱路的主動脈。最近的一次火災燒毀了一些店鋪，於是當局命令，凡是要在這條街新造房子的話，街面都必須拓寬一半 —— 這正是一個最明智和及時的法令。中國人不喜歡過於筆直的街道和運河，彎彎曲曲的道路和運河要更吉利一點，因為這樣的話，水鬼和惡魔便更容易迷路。

　　我們在御街上只穿過了一個相當大的橋，橋上有一個財神爺的神龕。附近還有其他的兩座橋，更重要的那座橋稱作眾安橋。在朝拜財神爺之前，我們來到了位於保佑坊的清真寺。它建於 7 世紀的唐朝，是城裡的三個清真寺之一，也是被太平軍放過的僅有的兩個寺廟之一，因為在那兒找不到任何偶像。這個清真寺已經修復過好幾次，每次大規模整修時，人們

就會豎石碑把這件事記載下來，這也是佛教寺廟的慣例。這些石碑之一首先記載下了捐錢者的姓名，捐錢最多的是昌善行（Firm of Prosperity and Goodness）的馬先生，他認捐了 1,939.96 元，外加 1 釐；認捐最小的數額是 2 元。碑上銘刻的捐錢總數為 2,209.96 元 1 釐。

杭州大街上琳瑯滿目的豎寫商店招牌

杭州大街上製作角質燈籠的工匠

再往下是關於費用的說明。第一塊醒目的石碑內側是一段御筆題詞，石碑的正面用紅色和金色字型寫道：「皇帝萬歲，萬歲，萬萬歲。」

這顯示出穆斯林對於皇帝的忠誠。在屋外的院子裡，有一個特殊的日晷，表示一晝夜的 12 個時辰，每個時辰包含了我們的兩個小時。在杭州共有 2,000 個穆斯林家庭，他們愛好清潔，眉目清秀，具有一種正直和獨立的精神，這是大街上的普通人所不具備的。

普救堂也坐落於御街，在大門的一側有一個接受嬰兒的小門洞。很少會有男嬰，或是健全而又健康

杭州清真寺院子裡的日晷

的嬰兒被送到這個地方來。嬰兒從收容室被送進救濟院，那兒已經有 200 個嬰兒得到了自願捐款者的資助。倘若誰想收養其中的孩子，他就必須提供好的保障，即他將為孩子的身體和道德提供適當的照顧。這並不是令我們感到吃驚的唯一的慈善機構，因為我們以前沒想到在一個異教徒的國家也會有這樣的慈善機構。城裡還有一個養老院和一個貧民收容所。有一個浪子回頭的殷實中國士紳現在貢獻出他所有的時間和金錢為孩子們辦了一個學校！現在城裡還可以看到師範學校、中學、文法學校和大約 50 個小學。

　　我還走進了一個賣冥錢的店鋪，那兒的鷹洋是用紙板做成的，外面再用錫紙包裹。這種錢是用於在死人墳墓前焚燒的，以便它昇天後能被存入銀行，供死者在冥間使用。五個月之前，當一位親王下葬的時候，總共花了一萬塊鷹洋，其中很多錢被用來購置紙做的物品、家具和冥錢，以便死者在冥間過上富足的生活。這些是由王府的女輩們所做的，以便能體面風光地把死者送別到來世。

　　我從城裡坐轎子來到忠臣袁昶的墓地。當朝廷密詔各地屠殺所有的洋人時，他還是一位朝廷命官。他高瞻遠矚地看到強大的艦隊從太陽昇起的東方開來，列強的武裝力量正在集結，前來復仇，所以他把密詔中的「殺」字改成了「保」，並且公開宣布了詔令，這份偽造的詔令就這樣發揮了作用，在這個省份裡很少有外國人遇害。當然，慈禧太后不能容忍這樣的叛逆行為，因而下令將他處以腰斬極刑，他的屍體被隨意裝殮在一個簡陋的木箱裡。後來他的先見得到了證明，民眾對他的感情也起了一百八十度的變化，那個木箱被放入一個沉重而華貴的棺材，並由皇帝下詔令為其舉行了國葬。送葬的隊伍抬著眾多的祭品經過了很長一段御街，袁昶的名字也被寫入了忠烈祠。每一位外國人都應該去這個恩人的墓地朝拜一下。我折了一根常青樹的樹枝，畢恭畢敬地將它放在墓前，因這位死者大智大勇，勇於違逆西太后的旨意，挺身而出，為無助的外國人和無知的中國人行善。

　　假如說這顯示了正在席捲神州大地的新時代的一個方面，另一個甚至更為引人注目的圖景可見於分別代表了往昔和未來的兩個寺廟。讓我們分別來看一下靈隱寺和青蓮寺。我們穿過為供皇親國戚及其朝拜者前往位於西湖中央孤山的皇帝行宮而修建的白堤，來到 1,300 年前一個印度和尚建立的寺廟。有一條銘文向走進靈隱山門的人們表明他們已經處

於「咫尺西天」，在飛來峰的巖洞裡，大多數的雕像旁邊都刻著「活佛」字樣。中國的寺院應被視作純粹是賺錢的生意；它們實際上應該被拼寫為「moneyasteries」[032]。官方關閉寺院，主要是因為那兒的淫亂過於猖獗。

杭州靈隱寺的「冥錢爐」。當作者勾手指向左面那個和尚示意時，他口中唸唸有詞地祈禱
著「菩薩保佑」。他的頭上有 12 個用火炙出來的斑點。

---

[032] 這是一個生造的雙關語。英語中的複數「寺院」一詞為「monasteries」，而「moneyasteries」一詞
　　　在詞典中並不存在，大致意思為「錢莊」。── 譯者注

第一部分　南方的省府

　　現在我們把這個就連反對偶像崇拜的太平軍也沒能打破的迷信圖景跟
正在青蓮寺悄悄發生的改革圖景來做一個對比。青蓮寺的建築跟其他寺院
十分相似，但奇怪的是，我在那兒沒看到任何偶像，也沒有任何具有偶像
崇拜色彩的物體。有一位男子非常有禮貌地出來歡迎我們，還沒等我開口
向他發問，他就高聲說道：「上帝保佑。」我問自己：「什麼上帝？」顯然
驚訝和驚愕已流露在我的臉上。他拱了拱手，臉上浮現出中國人特有的甜
美笑容。當他轉過頭去時，我注意到他還有根辮子，而和尚都是剃光頭
的。這個人非常會講故事，他出生於一個小販的家庭，13 歲時就被太平軍
帶走，去照看他們的馬；他有機會走遍了大半個中國，並有過許多可怕的
經歷。當他描述起自己經常看到的大屠殺場面時，仍然會全身發抖。叛亂
結束後，他回到杭州城來找他的父母，卻沒能找到他們。做生意失敗後，
他便想到去做和尚，以維持生計。所以他就「脫離紅塵」，到杭州的山裡
獨自出家「修行」，當了和尚。

杭州太平橋。李薇妮 攝

多年以後，他對其他和尚的卑劣行為感到不滿。生計的困難促使他將積蓄和募捐來的錢全都拿出來，買下了青蓮寺。他在這裡舒舒服服地住了十二年，收入主要靠出租寺院房屋、香客的捐贈，以及他經常為別人唸經做道場的酬金。

1898 年，火藥庫的爆炸震壞了青蓮寺的大殿，他便請了一個木匠來進行修復。這個木匠是位基督徒，並告訴他唯一的真神是上帝，以及上帝救世的方法。過了一段時

愛國義士袁昶，也稱烈士袁昶，「他因在義和團動亂中篡改命令消滅外國人的上諭電報而為洋人獻出了生命」。他的墳墓就在雷峰塔附近。D. C. 喬因特小姐 攝

間，他買到了一本《聖經》，甚至還陪同那個木匠去參加了幾次英國聖公會的禮拜儀式。後來他去參加了離家更近些的南堂舉行的晚間祈禱會。「究竟什麼是你決定成為基督徒的真正原因？」我問他。「我過去參加星期五晚上的祈禱會時，總是走偏僻的小巷，怕有人會認出我來。有一個星期五的晚上，人們一個個站起來請求祈禱，一是為外出傳教的傳教士，二是為一個生病的教友，三是為一個仍未皈依的朋友。當我聽到這些祈禱時，就對自己說：『這正是我這些年來苦苦尋找，但仍未找到的東西，即真實無誤的愛心，這就是我所要的。』我就是這樣成了基督徒。」一次令人昏昏欲睡的祈禱會改變了他的信仰，而且是一次星期五晚上的祈禱會。從那以後，他不知道該怎麼處理他的寺院和菩薩，以及他拜菩薩的行業。由於他拒絕外出唸經做道場，他的老顧客們也不再相信他了。當然，作為基督徒，他也不能容忍自己再去維持一個滿是菩薩的寺院！他問當地的一個牧

師，自己該怎麼辦。後者回答：「要跟隨基督，你必須拋棄一切。」這位質樸的老人從字面上理解了這句話，便拿著寺院的地契，把它們放在牧師的腳下。傳教士們不知道該怎麼處理這個寺院，因此他們便把地契儲存了起來。這位老和尚又忙碌起來了，但他現在是老寺院裡一個教會學校的老師，他的收入要比以前出租房產時少得多。他說要把餘生都貢獻出來，以幫助中國的孩子們獲得真理。

杭州靈隱寺的理公塔

杭州靈隱寺美麗的春淙亭

第二章
福州

Foochow, "Happy Region".
福州，意為「幸福之地」。

第一部分　南方的省府

■ 一、到達與尋訪

　　福建是中國人自認為最發達的省份之一，位於浙江東南面的海岸邊。它最大的水道是閩江，也叫蛇江（Snake River）[033]，美麗的福州就位於閩江的入海口。1842 年，根據中英簽訂的《南京條約》，它成為對外貿易的開放口岸。在短短 40 年中，它的茶葉出口貿易總額就達到了幾乎 1 億英鎊，接著就爆發了中法戰爭[034]。外國的軍艦從閩江入海口開進來，幾乎摧毀了軍火庫；為了阻止其進一步騷擾，人們就在閩江河道裡鑿沉了一些裝滿石頭的大型平底船，這確實阻止了大型軍艦進一步逆流而上。從那以後，船隻都停泊在福州上游約 10 英里處的羅星塔錨地[035]，然而貿易並沒有完全終止。1908 年，有 400 艘輪船和 100 艘帆船通過海關，運走了價值 80 萬英鎊的茶葉，並創造了 11 萬英鎊的稅收。除了茶葉之外，其他的出口產品種類並不是很多，主要有手杖、木材、木箱、絲綢和樟腦。進口的除了貨品，還包括每年 500 名外國人，他們主要來自上海。

　　從上海到福州的航程花了兩天半的時間，颱風即將來臨的警報迫使船長兩次把船開進了避風港。穿越臺灣海峽的黃色波濤（在海峽的那邊，日本人正試圖征服習於獵頭[036]的原始部落）之後，我們的船通過沙洲，進入閩江入海口的外部港灣。接著又穿過金台要塞，進入第二個更為溫暖的港灣。然後，在途經閩安要塞之後，便來到了我們這個錨地所在的、被群山環繞的第三個港灣。馬上就有人來找我們的醫生去照看一位被某種怪物，

---

[033] 閩江至福州後一分為二，南為烏龍江，北為白龍江。
[034] 「1882 年，我住在寶塔錨地。當時的茶葉貿易已經開始衰退，過去著名的運茶快船經常繞過好望角的日子也已經結束。所以說 1884 年的中法戰爭並非茶葉貿易的首要因素。」 —— 翟林奈（Lionel Giles）—— 原注
[035] 「由於河道太淺，凡是大於中國式帆船和大汽艇的船隻都不能直接到達福州城。」 —— 原注
[036] 指把敵人的頭砍下來，作為裝飾品排列起來的原始習俗。

據說是海龜^[037]，所傷害的潛水採珠人。周圍的一切都顯得是那麼古老，在港灣入口的川石山（Sharp Peak）後面豎立著一個高塔。它是一個妻子為了盼望出外遠航的丈夫早日歸來而修建的，但是當那個丈夫看到這個奇怪的標誌物時，他以為弄錯了港灣，於是便駕船離去，再也沒有回來。這裡有一根標明沉船的柱子，還有一個舊燈塔已經被電報中轉站所取代。再往前即是防守通道的要塞。這裡還有一位清朝官員在熔岩上留下一雙腳印中的其中一個。褻瀆神靈的採石工剛試圖用鑿子去鑿這塊石頭就傷了手，但這並未阻止他們鑿走了帶有另一個腳印的那塊石頭，並把它拿去築橋。可是那石頭上的腳印反守為攻，將那些石匠踢進了河裡。人們理解這個暗示，將那塊石頭也扔進了河裡。而這個腳印則保留了下來，以證明這個故事的真實性。現在我們到達了作為遠洋航行源頭的這個安全而又寬敞的海港，羅星塔與對面美孚石油公司的儲油罐和美國傳教使團駐地等嶄新的建築隔岸相望。前者的名號為「美麗的孵化場」^[038]，後者的傳教士中有一個詩人名叫許高志^[039]，駐地前面的那條江給了他詩的靈感，而他在〈閩江頌〉中的一些詩行讓那些乘汽艇來到福州城的遊客聽了之後感到如痴如醉：

美麗絕倫的閩江！
你滔滔不絕的江水
祝福著人類的辛勤勞作。
巍峨雄健的閩山！
在我們欣喜的目光中，

---

[037] 中國人總是用巨龜的形象來表示海蛇怪，牠的中文名字為「鼇」。——原注
[038] 這是作者對於「美孚」二字的誤解。
[039] 許高志（George Hubbard, 1855-1928）是1884年來華的美國傳教士，隸屬於美國公理會。

第一部分　南方的省府

你那高高的梯田
就像是上升的梯階，
直達蔚藍色的天空。
蜿蜒曲折的閩江！
婀娜多姿，千嬌百媚，
忽而向北，忽而向南，
迎著朝陽奔向東南方，
從源頭一直流到河口；
然而在漫長的旅途中，
你不斷地勇往直前，
被神祕的力量所推動，
時而湍急，時而徐緩；
有時河道狹窄而深沉，
江水輕捷，動如脫兔，
有時江面寬闊，靜若處子，
藏在一大片羽毛般的
優雅輕盈的竹排下面；
還有黏著羽毛的青草，
那兒有棕鴿的咕咕啼鳴，
並有野荷花在含苞怒放。
啊，美麗絕倫的閩江！
你從武夷的崇山峻嶺
一直流向入海口處那

可隔岸遙望的金門島 [040]，

抒發著你對上帝的讚美

…………

　　當汽艇載著我們沿美麗的閩江溯流而上時，我們看到岸邊的風景也絲毫不遜色。這裡能看到使我們聯想到中國的圓弧形屋頂。現代信奉功利主義的本地人說它們被建成這樣，是為了不讓惡鬼降臨時有落腳之地，從而把它們再趕回空中。難道我們就不能希望採納這樣的建築風格是為了跟周圍的群山融為一體 [041]？然而，如今這裡還保留了許多奇怪的習俗。這裡你可以看到屋頂上塑了一個泥貓形象，用以避邪；那兒甚至還有一條魚的塑像，以招來福氣。還可以看到去年就貼出來的一張破舊紅色畫卷，頂部有一道白色條紋是為了哀悼已經滅亡的明朝，後者在查理一世殉難前五年就已壽終正寢。英國有些老派的復辟王朝追隨者仍然推崇那些被廢黜的斯圖亞特王室成員，然而整個省的人民都為一個滅亡了的王朝服喪，這對於現在的清朝統治者來說，似乎不是個恭維。從活人的住宅，我們很自然地把目光轉向了死人的墳墓。人們都喜歡把墳地選在背陰朝陽的半山坡上，這樣既可免遭暴風雨的沖刷，又能望見好風景。所以從江中看岸上，這些墳地便顯得十分搶眼。墳墓本身是馬蹄形的，一般都有高大的松樹遮蔽。

　　船駛到更為擁擠的水道時，便放慢了速度。在周圍的本地船上，我們看到了一堆堆的電線桿，說明他們十分注意保護樹木，只伐 15 年以上的樹，以便砍有所值。我們的船在萬年橋附近的碼頭徐徐靠岸，在那兒並沒有「謹防狗咬」這種粗暴的古羅馬布告，而是「出門平安」這一類對旅客

---

[040] 從地圖上看，位於閩江入海口處的應為馬祖島，而非金門島。
[041] 更為平淡無奇的解釋是，因為圓弧形屋頂代表了原始帳篷住宅的頂部式樣 —— 其實它是自古以來存留的一個遺跡。 —— 原注

的祝福。這些碼頭使我們對大宗原料的貿易有了一個概念，因為我們看到了從這裡出口的農產品數量驚人：稻米、小米、小麥、大豆、豌豆、洋蔥、甜瓜、無花果、白棗、李子和其他許多水果；蟹、魚和鱉；鹽、糖、硝石和白銀。工業品也不少，除了生的大麻纖維之外，我們還看到了棉布、毛紙和絲綢。福建從另一個省進口了一種可生產中國漆的樹液。漆器上的光澤就是因為使用了這種學名為 Rhus vernicifera 的漆樹樹液。這種樹液溶於泉水之後，摻上油和其他原料，然後在漆器上塗 10 — 15 層，才能達到最佳的效果。許多個世紀以來，這裡有一家人摸索出了一套祕密生產程序，使得福州的漆器品質無與倫比。桌子、茶具和其他家具組成了較為廉價的漆器；與金色相配以後，這種中國漆可以形成賞心悅目的碧綠、猩紅或橙黃等色彩來裝飾箱子、名片盒、花瓶或筷子。有些漆器是如此的精細雅緻，拿在手裡幾乎感覺不出重量。與這種罕見的藝術相似的還有裝飾著翠鳥羽毛的荷花式樣銀飾。然而這個地區最大宗的產品還是茶葉，即工夫茶和小種茶。不幸的是，商業部門沒有規範茶葉的貿易，當一批新茶上市之際，福州茶葉好不容易得來的聲譽便給一些做工非常粗糙的劣質茶葉所糟蹋了。由於同一原因，向西伯利亞和俄國出口磚茶的貿易也幾乎喪失殆盡，英國人也正在放棄這個難以確定的市場，並轉向購買等級較高的印度茶葉和錫蘭茶葉。有一個大買主對於中國人的目光短淺幾乎感到絕望，他甚至建議對現行法律進行修改，以便能允許外國人擁有獲得和監管大型茶葉種植場的權利。

　　離開了熱鬧的商業區之後，我們來到了殷勤好客的美國傳教使團駐地。傳教士們熱情地歡迎來自祖國的同胞，並且齊心協力地盡量滿足那愛刨根問底的好奇心。「從哪兒能夠了解到這個地方的發展史呢？」一會兒就有人捧來了厚厚的 32 冊，共 76 卷書，從中可以了解這個地區 1776 年

的情況，這些材料是由最好的翰林學者篩選、整理和改編的。此外還有補編，就像第 9 版的《大英百科全書》那樣。我們到這個智慧寶庫中擷取一些內容，加以濃縮精煉，以供西方人閱讀和欣賞。這套書其實本身就是一部百科全書，描述了地圖、星野、疆界、市鎮、山水、田賦、私塾、水軍、兵勇、神廟、土產、百姓、植物、官吏、墓碑、習俗等各種內容。

　　要確定一個地方的位置，在西方是用經緯度的方法，而在中國人的書中則是根據天上的星座。據古代的《禮記》解釋說，九州的地理位置是透過對照星座來確定的。根據這個原理，福州屬於金牛座。然而不同流派的占星術地理學家對此也有爭議：有的認為只屬於金牛座，有的認為同屬於金牛座和大熊座，有的認為同屬於金牛座和處女座，或甚至是所有這三者的混合。我們不如做一個妥協，說它位於西礁島 [042] 的緯度上。

　　現在來看一下它早期的狀況。人們必須記住，孔子和秦始皇時代的古代中國文明只限於黃河流域，長江流域和西江流域是後來才獲得和開化的。更重要的是，後來遷往澳洲、太平洋群島和美國的中國人大部分都來自南方，而南方跟中原的關係有點類似於新墨西哥州和亞利桑那州跟弗吉尼亞州和新英格蘭之間的關係。就算中華文明已經傳遍了整個福建，可在這個文明到來之前，這裡居民的情況又是如何呢？下面是福州技工學校的一位老師為此提供的答案，我的朋友彌履仁（L. P. Peet）是耶魯的碩士，他將這篇文章譯成了道地的英文。但必須記住，有些當地人民仍然生活在山區，堅持不跟別族人相互混合。

　　明朝的時候，這個地區（當時稱作無諸）已屬於中國。嘉靖皇帝（西元 1522 － 1566 年）在位時，西部有個藩國叫做西域（Siu Iu），該國進犯

[042] 西礁島（Key West）是美國佛羅里達州西南部的一個島嶼城市。

中國，與明朝的軍隊交戰，並且重創了明軍，使得明朝的將領心驚膽顫，沒有一個敢請纓抵禦這個西部藩王。於是藩王變得越來越目中無人，而嘉靖皇帝則愈發惱火。所以他布告天下，招募壯士。布告中說：「誰若能抵禦和打敗這個西部藩王，就可娶公主為妻。我將把女兒送給勝利之師的那位將領。」

當時在無諸有一位驍將看到了這個布告。這位將軍養了一條兩尺高、兩尺半長的狗，這狗十分凶悍，人人都對它退避三分。這條狗跟主人寸步不離，吃飯和睡覺都在一起。這位將軍暗自思忖：「我明天要去向皇帝請纓出戰。」當他正在這樣想的時候，這條狗跑進來，在他身旁汪汪直叫。將軍問狗：「你能替我去打這一仗嗎？」狗點點頭表示願意。於是將軍便前去謁見皇帝。皇帝聽說有人請纓，十分高興，便給他發了禦敵的令箭。然後將軍又把這個任務交給了他的狗。這狗用嘴叼著令箭，鳧水來到了西部藩國。藩王見狗，大喜道：「中國已經一敗塗地，就連他們的狗也逃到了我這裡。快來坐在我的旁邊。」就這樣，藩王接納了這條狗，並讓他住在宮裡，這樣狗就與藩王朝夕相處。

這條狗心想：「雖然你給我吃山珍海味，但我心裡懷著復仇的精神，因此再也不能拖延下去了。」所以滯留藩國的第十天晚上，等藩王睡著以後，這狗一下子就把他的頭咬了下來，並且叼著這顆頭顱回到了中國，把它交給了那位將軍，而將軍又把它獻給了皇帝。

接著皇帝詢問將軍是怎麼殺死藩王的，將軍便告知了那條狗的故事。皇帝聽了之後又喜又驚，喜是藩王已經被殺，驚則是他不想把公主嫁給一條狗。由於皇帝不能食言，而這條狗也成功地完成了任務，可是他怎麼能把女兒嫁給一條狗呢？於是他便問將軍這狗是否能變成人。將軍問狗：「你能變成人嗎？」狗又點點頭。那天晚上，狗夢告訴將軍：「你必須把我關

在一個斗裡，等待七倍於 40 天的時間，這樣我就能變成一個人。」於是將
軍便去把這個夢告訴皇帝。皇帝聽了很高興，叫將軍把狗帶進皇宮。

　　然後皇帝命人把狗放在一個大托盤上，並在上面罩了一個斗，接著又
把盤子和斗放入一個大籃子，並將籃子吊在一個很高的地方，以等待七倍
於 40 天的結束。

　　可在規定時間到來之前，即只過了 45 天，由於久雨不停，天空電閃
雷鳴。皇后心裡十分害怕，她想那條狗這些天來一點東西都沒有吃，肯定
已經餓死了。於是她跑去開啟了那個籃子，想看一下狗是否還活著。然而
狗竟然還活著；除了頭之外，牠的全身都已經變成了人，這是因為規定的
時限還未到來，牠還沒有完全變成人。現在倒真是無力回天了！明世宗的
女兒只能嫁給籃子裡這個狗頭人身的男子了！但這個東西實在是嚇人，因
此人們在他的頭上罩了一塊布，想以此遮醜。

　　到了當今時代，那些居住在福建北部山區的婦女頭飾前面還有一個流
蘇代替了那塊遮醜布。她們一輩子都不能改變這種頭飾，除非改嫁。現在
每當中國過年的時候，這些山民就會用大張的紙來畫狗的形象，對其頂禮
膜拜，並且說它就是那個戰勝藩王的祖先，即便官吏們也無法制止他們。
這些山民種植茶葉和甜薯，還能製作掃帚。現在普天下凡是姓雷、鍾、
藍、潘的人都是屬於這條狗的後代！這些福建北部的山民還有他們自己的
語言。現在有許多人由於接受教育、學會認漢字和講漢語方言而有所改
變！但他們絕不會跟福州人通婚。他們的陰曆月分和節日全都跟福州人
相同。

　　　　　　　　　　　簽名：錢雙莘（Ch'ien Hsuang Shen）

　　遺憾的是，這個生動的傳說對於我們來說並沒有多大的幫助，因為它發生在大約400年以前。當我們必須調查蘇人和奧薩瓦托米人[043]時，也許可以在一定程度上依賴於卡特林[044]所收集的，或是被朗費羅改編成詩歌的傳說。然而史密森學會[045]為我們展示了一種更好的方法，那兒的科學家在研究霍皮族印第安人時，將後者跟現已絕跡的民族遺骸進行比較。對於福建的這些本地人來說，還沒人進行過這樣的重要研究，而我們所能做的就是來看一下中國人在美國革命爆發的那一年所收集的漢語文獻記載。

福州附近山上的拜狗族居民

---

[043] 蘇人（Sieux）和奧薩瓦托米人（Ossawatomie）分別是生活在北美地區的印第安人部落。

[044] 卡特林（George Catlin, 1796-1872）是著名美國畫家和作家，以描繪和研究印第安人的生活而見長。他的「印第安畫展」在 19 世紀中期曾經在歐美巡迴展出，影響很大。此外他出版了一系列有關印第安人的著作，其中還有他自己的版畫作為插圖。

[045] 史密森學會（the Smithsonian）是位於華盛頓市的美國一流博物館和研究機構，因一名英國科學家史密森捐款而得名。

拜狗族本地婦女的頭飾。金尼爾博士 攝

　　由於秦始皇燒毀了在他之前所有那些笨重的簡策和版牘，凡是早於那
個時期的材料都不是那麼可靠，除非它們湊巧跟孔子的生平有關，因為圍
繞孔子的許多故事就像華盛頓的短柄小斧那樣真實無誤。據說在秦始皇之
前就有個城市叫做七閩，但更有可能的是，這個含糊的名稱可用來指黃河
流域之外的任何地方。然而到了西元前 500 年，即孔聖人正當年時，中國
人對於七閩這個城市或地區的了解就已經不亞於普通美國人對於蒙特內哥
羅 [046] 的了解。過了六代人之後，中國已經有七國鼎立，其中最後一個就
是孔聖人所在的那個小諸侯國魯國。[047] 又過了七代人之後，有一個類似

---

[046] 蒙特內哥羅（Montenegro），即黑山共和國，位於原南斯拉夫境內。
[047] 七國為齊、楚、燕、韓、趙、魏、秦。魯國並非七國之一。

於德雷克[048]或雷利[049]的強盜貴族名叫無諸，他在探察楚國的過程中一直
來到了這裡的沿海地區，並像布魯克羅闍王朝[050]那樣在這裡扎下根來，
最終得到他以前國王的承認。他在福州貢院的原址上蓋起了城堡。然而隨
著秦始皇的出現，這裡的整個王國都被征服。

　　隨著拿破崙式的秦王朝垮臺，黃河流域的中原之國被分裂成三個部
分，其中之一是在西漢（西元前 202 － 24 年）的統治下；這部分國土後
來得以獨立，改稱為無諸。福州城中的三座小山之一因閩越王無諸曾經在
那兒祭祀重陽節而早已聞名於世，人們至今還於重陽節去那兒放風箏以示
紀念，但那兒現在已成為何氏兄弟的住所，後者的慈善義舉在當地廣為傳
頌。還有古時候曾有九個人從遠方來到這裡，在瑠蒼井附近住下來修煉仙
丹。他們用仙丹餵養鯉魚，使之長大成龍；於是這九個人便騎在龍的背上
登天而去。從此以後，當地人就稱這座山為九仙山，外國人仍然習慣於叫
它寺院山。

　　東漢時期，這一地區再次被征服；但它成為沿海吳國的一部分，該國
的都城在江蘇。然後到了西元 300 年的時候，我們發現這個城市又改名為
晉安郡。150 年以後，九仙山成為中國一位狀元陳誠之先生的住處，陳家
擁有一個遠近聞名的藏書樓，其珍藏中包括了一套 540 卷的《乾坤精義》
（*Doctrine of the Whole Universe*），所以藏書樓所在的這座山頭有時也被稱
作經山。山上的三十六景之一是一塊據說留有佛祖腳印的大岩石，因為當

---

[048] 德雷克（Sir Francis Drake, 1540-1596）是英國貴族和著名航海家，16 世紀後半期，他在海上大
　　　肆劫掠西班牙的商船，並且成為第一個環航世界的英國人。
[049] 雷利（Sir Walter Raleigh, 1554-1618）是伊莉莎白時代的一位英國貴族探險家，曾經率領遠征隊
　　　來到過美洲。
[050] 這是指統治砂拉越 100 年以上的英國白人統治。1838 年，當英國的詹姆斯·布魯克爵士來到東
　　　印度群島時，正遇上汶萊蘇丹國宰相穆達·哈西姆跟砂拉越人打仗。由於他幫助汶萊軍隊鎮壓
　　　了砂拉越人的叛亂，因而被授予砂拉越羅闍的稱號，他與他的後代便成為那兒的統治者。直到
　　　第二次世界大戰以後，維諾·布魯克才將其統治權交給了英國。

時佛教已經被介紹到了這裡。

589 年，所有不同的王國在經過了四個世紀之後，又重新得到了統一，但隋朝的都城被定於離福州很遠的北方[051]。人們開始對文獻和教育投入極大的關注，並編纂了編年史。正是在著名的唐朝，即 713 年左右，首次出現了福州這個名稱。到那時候，佛教已經非常盛行，當地有許多佛教的景觀。在烏石山上有一個地方叫做華嚴崗，那兒經常有一個和尚坐在石頭上唸經。有一天晚上，暴風雨的雷鳴閃電在石頭上劈出了一個洞穴，於是那個和尚就心無旁騖地坐在洞穴裡唸經了。另一處景觀叫做佛龕，雖然那兒曾經有過的一個金穗寺現已成為一片廢墟。另一塊大石頭所在的地方以前曾經有位和尚在那兒蓋了一個磚砌小屋，但他是個酒鬼，有人在一天晚上聽到了一聲巨響，第二天一早就發現那個小屋變成了這塊大石頭。同時代的另一個故事講述城東四英里處有一個洞穴，有一位樵夫在追逐一頭白鹿時在這裡發現了一條狗及其主人，那人宣稱他是為了躲避楚國的一場災禍而藏在這個洞裡的，而楚國那時已滅亡了 1,000 多年！他送給樵夫一根開花的石榴樹樹枝。然而當樵夫再去找他時，這位穴居者已經不在那兒了—— 也許他加入了以弗所長眠七聖[052]的行列。一個更為可信的時代紀念品是於 780 年為紀念一位皇帝的誕辰而建的黑塔。大約過了一個世紀以後，有一位來自東方的人蓋了一個與之相配的白塔，以紀念自己的父母。他採用佛祖的一個別號，稱其為「定光塔」，因為在蓋塔過程中出現了一顆閃閃發光的珍珠，所以該塔也常被稱作「寶塔」，寶塔其實是佛塔的一個普通名稱。該塔為磚灰結構，共分七層，高達 261 英尺，至今只需

---

[051] 隋朝的都城是長安，即現代的陝西西安府。—— 原注
[052] 據傳在 3 世紀時，在以弗所有七名信奉基督教的古羅馬士兵因皇帝迫害基督徒而躲進了一個洞穴。後因該洞口被封閉，這七個人在洞穴中沉睡了 200 年。等洞口被開啟之後，他們又醒過來講述了以前的事情，然後死去。為此，羅馬皇帝下令赦免因相信基督復活而受迫害的眾主教。

要略微地修補。近旁就有一個擁有幾十名和尚的寺廟，這些和尚的生計全都依賴於位於鼓山的這座著名寺廟。

　　唐朝滅亡之後，中國分裂成為八個部分，這個地區在閩王長達一個世紀的統治下又重申了它的獨立性。然而宋朝又重新統一了中國，先是在北方統治，後又將都城遷到了南京和杭州。宋朝時期一個最有趣的進步象徵是在閩江上建了一座大橋，雖然現在的那座橋是後來造的。

福州的白塔

在最後一位宋朝皇帝淹死以後，就再也沒人能阻擋蒙古人的入侵，後者的統治當時從太平洋一直延伸到了匈牙利。忽必烈汗野心勃勃，甚至要吞併日本，並且派出了一支載有十萬士兵的艦隊前去討伐。然而就像拿破崙的軍隊在埃及所遇到的命運一樣，這支載著元代軍隊的艦隊遭到了滅頂之災。除了來自福建省的一萬人之外，其餘的人全部被殺。因為日本跟福建以前就有貿易往來，所以日本人只是奴役了那些來自福建的戰俘。

這次的蒙古統治者給福州城帶來了一個很大的好處。由於閩江上那座橋的財產權已經屬於一個佛教寺院，元帝命令和尚們重建那座橋。顯然那橋以前只是一座舟橋，只能供行人通過，但由於經常發洪水，「把船拴在一起的繩索會崩斷，船隻也會沉沒，閩江兩岸會有許多人被洪水淹死」。當時有一位高僧曾是農夫的兒子[053]，他母親在生他之前「做了一個很奇怪的夢」。這個農夫的兒子在 12 歲時就出家當了和尚，面壁唸經。不過他也沒只限於唸經，因為他注意到閩江常常洪水氾濫，使福州城三面環水，所以他經常警告船民們即將到來的洪水和暴風雨，並祈望能看到有一座更好的大橋。1324 年，福建省的司庫向元帝上了一個奏摺，並獲準向公眾募集造橋的捐助，此舉得到了民眾的熱烈響應，人們積極捐款和出工。高僧計劃要建 28 個石橋墩，以便鋪設 29 個橋面車行道。橋還未建成，高僧就去世了，由他的吳姓徒弟主持完成了整個造橋工程。新橋落成後有 170 多丈長，兩旁都有石頭橋欄。橋的兩端還建起了一個寺廟和涼亭，並豎立起一塊石碑，上書「萬壽橋」。整座橋的工藝精湛，至今只大修過兩次。

福州後來的歷史說來似乎有些平淡無味，儘管在美國獨立那一年（1776 年）所編寫的地方志上記載了 168 次大的災難。方志作者按年代順序記述了洪武六年的一次地震和一次大雪；在另一年當中，山上的土匪侵

---

[053] 即萬壽寺頭陀僧王法助。

占了全省；還有一次，颱風造成了城市被洪水所淹沒；因東海龍王在城市下面掘洞而引起大地震；李子樹上長出了桃子，一位武將的妻子一胎生下了兩個兒子和兩個女兒；城市遭遇旱災；天降雷電；一股白煙升騰而起，形如長劍；1698 年，出現了彗星；等等。

總的來說，直到最近似乎沒有什麼特別的事情發生，前面已經提到法國人對福州的襲擊。那次戰爭的後果之一是望海樓的重建，此事刻於北城樓上的一塊石碑上：

有關光緒年間重修望海樓的記載，由長樂謝長廷撰稿，閩縣陳寶琛題寫。

這篇碑文的撰稿人後來到北京做了高官。

從烏石山一塊大石頭上的摩崖石刻上也可以看到西方思想傳入中國所帶來的影響。我們認為在醒目的岩石上刻字是西方常見的一種表達方式，儘管它可以追溯到尼羅河上游的阿布辛貝 [054] 和古希臘僱傭軍的遠征。但在位於遠東的烏石山上也留下了兩位遊客的手跡，他們登上烏石山來眺望在鼓山和旗山之間奔騰遠去的閩江，以及東方一輪噴薄欲出的朝陽：

群山猶如旗鼓開，閩江奔騰洪洞來。

海日破曉升不升？有人半夜登烏山。

（光緒二十一年十二月初二，陳曉和劉曉籟盤腿坐於烏石山頂上。）

然而也許同樣重要的事實是，這兩位登山家選擇在上面作詩的那塊大石頭原本是一個祭臺。他們居然勇於褻瀆這樣神聖的象徵，說明古老的宗教確實已經在衰亡。

---

[054] 阿布辛貝（Abu Simbel）是古埃及法老拉美西斯二世在西元前 13 世紀所建兩座神廟的遺址，這些神廟是在尼羅河西岸的懸崖上雕刻出來的。

■ 二、詩歌和通俗散文

從摩崖石刻我們轉向了對於詩集的調查，因為好的詩歌作品不會受本地趣味的束縛，而是含有某種共通的特質。下面這三首作品是描寫兒子與母親、新娘與新郎、母親與嬰兒這樣一些普適於全世界的人際關係的。

秋風落葉蕭蕭下，悲鳴北鳥疾南飛。
嚴冬山澗朔風勁，頓失仲夏綠蔭蓋。
□□□□□□□，夜來驟冷刺骨寒。
孝子思母心切切，萬里兼程把家還。
身背乾糧與鋪蓋，忍飢挨凍跋涉急。
家中慈母盼子歸，穿針走線縫冬衣；
針腳密密寄深情，自問「今日子歸否」。
佇立門邊心釋然，霧散光照香爐山。
母鳥攜子低盤旋，見此好兆望眼穿。

—— 陳壽祺

第二首是姑娘們在新房外面所唱的歌曲：

掀起紅蓋頭，好運即刻現。
舉起新娘冠，房田買進來。
好呀！好呀！
福祿又長壽，財富增榮耀。
雞胸餵新郎，早日得貴子。
雞背餵新郎，宅第用不光。
好呀！好呀！
生活好甜蜜，夫妻子女旺。

最後一首是專門用來給嬰兒們催眠的搖籃曲：

嗚嗚囉，賊公賊婆不要來囉，我命實在愛睏眠。

嗚嗚囉，眠公眠婆快快來囉，我命實在愛睏眠。[055]

杏花是中國藝術中很常見的一個意象。它的形狀和顏色都很像梅花，若不是有它濃郁的香味，是很難把杏花跟梅花區別開來的，而杏花的香味似乎包含了所有其他花卉的香味。在中國的陰曆年裡，杏花是開得最早的，通常在一月下旬或二月分開花。雨季陰暗的天空給南方強烈的陽光帶來了一種調劑，而且大家在一年中這個最長的節日中所享有的閒暇使得他們有機會去散步和串門。過年這段時間不僅是一個歡樂的季節，而且也是拜神的一個主要時節，而杏花作為供品不僅在每個寺廟裡，而且在每個家庭的神龕上都可以看到。人們自然期望它會帶來寫詩的靈感。但是與前面那些真正的中文詩歌不同，下面這首詩是一位著名傳教士的女兒夏詠美小姐[056]的作品。

福州的農婦

---

[055] 譯文參考劉春曙、王耀華：《福建民間音樂簡論》，上海文藝出版社 1986 年版，第 141 頁。但有改動。該搖籃曲流行於福州市連江縣一帶，記錄者為福建省藝術館。

[056] 夏詠美小姐（Miss Emily Susan Hartwell）是美國公理會的女傳教士。她的父親夏查理（Charles Hartwell, 1825-1905）是於 1853 年來華的美國公理會傳教士，她在福州傳教長達 41 年，在當地有較大的影響力。

福州的北城樓

杏花

芬芳的杏花，

比可愛的五月天更加美麗，

你的花瓣撒落在

多厥的小路上，琳瑯滿目。

在陰暗的天空下，——

冬天沉悶而陰鬱的黃昏，——

你使人眼睛一亮，

給人帶來新年漫遊的歡天喜地！

甜美的紫羅蘭，

比所有的玫瑰花都更加嬌豔，

雅緻的指甲花，

最親愛的昔日嬌柔花朵；

第一部分　南方的省府

　　　　　　沒見過有花像你

　　　　　　這麼漂亮、撩人和香氣撲鼻，

　　　　　　哦，極美的杏花，

　　　　　　你不愧為新年的心上人兒。

　　　　　　高高的寶塔，

　　　　　　儼然就是城市的監護人，

　　　　　　還有那私家祠堂，

　　　　　　帶有莊嚴庭院的佛教寺廟，

　　　　　　你聖潔的香味，

　　　　　　蓋過了那兒所有的祭品；

　　　　　　在每個幽暗神龕上

　　　　　　你都散發著頂禮膜拜的氣息。

　　至此，我們已經欣賞了一些標準的文學作品，是那種被用作應試範文的文字。在枯燥的應試冊子裡，它們被條分縷析，大多是關於意象情節、對仗和韻律等內容的無休止討論。讓我們來想一想西方的文學作品，到底是喬叟的《坎特伯雷故事集》、米爾頓的《論出版自由》、莎士比亞的《哈姆雷特》和朗費羅的詩歌賣得好呢，還是萊特・哈葛德的《所羅門王的寶藏》和迪克・戴德伍德的《血腥海洋的嗜血海盜》更暢銷呢？其中有些作品也許會得到文學教授的賞識，有些作品應該得到這樣的承認，但是不能忽視書攤上擺的都是些什麼樣的書籍，以及街上流浪兒真正在讀的是什麼內容。很多這樣的文學作品都是些由民謠歌唱家在唱的打油詩，有些是諷刺性的，大多是逗笑的。

　　當我們在城裡跟萬年橋和南城門連線的那條最寬的大街上散步時，看到有一位轎夫坐在商店前面的石板凳上讀一本書。他把一條光腿擱在另一條腿上，由於全身心都被書中的內容所吸引，他的身體幾乎摺疊了起來。我請求他把那本書賣給我，這是一本只值幾文錢和只有 30 多頁的小薄書，我付了他十倍的價錢，在他看的那頁折了一下，就把書帶走了。封面上寫著一個奇怪的日期「宣統元年梅月（10 月）吉日」。該書是第一卷，裡面又分作七回，每一回中都有題材各異的小段落，書名是《海棠花》，其大致內容如下：

海棠花

　　乾隆年間，有一位大臣作為皇帝的特使被派往國外。外國國王把一枝美麗而芳香的花朵送給了他。回國以後，他又把這枝奇異芬芳的花獻給了皇帝的母親。過了不久，有一位政敵在背地裡說這位大臣接受了賄賂，並且作為回報，把自己的國家出賣給了異邦人。這個謠言幾乎把大臣置於死地。

　　那位轎夫已經讀到了皇帝母親在跟皇帝說話的那一回：

「我的兒，你為何這麼生氣？

今天有誰惹怒了你？」

「我的大臣鑄成了一件大錯，

他們說他出賣了國家。」

「等一下，吾兒，我為他求情，

並告訴你他是清白的，

而且證明他不應該受這誣告，

他不肯賣掉那無價之花，
而是把它拿回來送給了我。
所以讓我來為他求情，
並要把他的仇敵抓起來，
讓他立刻不得好死。」

在下面一回中，那位仇敵已經被抓了起來，他正在哀嘆自己的命運：

「我怎麼能料到皇帝的母親
竟會親自介入此事，
我要是猜到這一點，又哪敢
跟那大臣一爭高低！」
「現在我可真是死到臨頭，
哎呀我的命可真是苦，
可怕的苦難和折磨，
現在就要緊隨仇恨而來。」

福州烏石山香爐峰（桃李石）上的冥錢爐

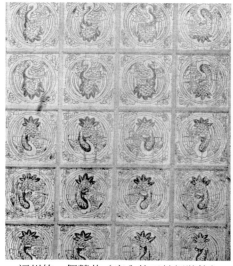

福州的一個藻井（室內的天花板裝飾）

這些故事書本來是用來警醒人們別去犯那几條罪孽的，但是書中用了大量篇幅來描述犯罪的方式，以至於它們在那些暴力傾向更為嚴重的社會階層中廣受歡迎，成為人們發現該如何去犯罪，而非怎麼避免犯罪的途徑。因此，上流階層現在對這樣的書頗有微詞，正如黃色小說在美國只有苦力階層的人才會去讀那樣。

九條罪孽外加一

1. 將土地出賣給敵人。
2. 欺騙皇帝和蔑視聖人。
3. 掠奪士兵的軍餉。
4. 賣官受賄。
5. 創辦私人的當鋪。
6. 懈怠海邊的防守。
7. 截留皇帝的貢品。
8. 威脅別人長達十天（通常是三天）。
9. 偷取別人的心。
10. 對別人施行報復。

《三十六樣婆婆》（一本在街上買的書）

　　書名：《三十六樣婆婆》，新出版，全本，共五頁……

　　南方的婆婆要面子，頭髮上愛插花。髮式像豬腳的婆婆手腳遲緩，老家在興化。做媒的婆婆鞋夾腳，走路鑽心地疼。給人當保母的婆婆沒得歇，半夜三更就出門。奸狡的婆婆啥都要，一桶水也不放過。婚喪大事上拎禮物的，準是連江的婆婆。山區來的婆婆一開口，誰也聽不懂。流鼻涕的髒婆婆，大模大樣不知羞。滿臉麻子的婆婆，就用胭粉來遮醜。婆婆貪

嘴愛虛榮，全家跟著倒大霉。廣州婆婆會做人，腳小心又好。算命的婆婆好周全，晴天帶涼傘。服侍蠻夷的婆婆，身上通常穿長衫。生痲瘋病的婆婆命不好，因前世作了孽。在街上喊「大人少爺」的，準是討飯子婆婆。蘇州婆婆人清秀，百看也不厭。山上的婆婆到城裡，不肯回家去。歹毒的婆婆會咒人，直罵得狗血噴頭。渡船上的婆婆油嘴滑舌，誰也不能比。唱戲的婆婆與鴇母，合穿同一條褲子。招搖過市的婆婆，會拉大旗作虎皮（即她是個旗人）。

總而言之，中國人的談吐可以跟任何一位受過教育的西方人一樣粗俗。

但是在書鋪裡，有時候也能夠找到一些比《逗樂葷段子》和《通俗驚險故事》更為嚴肅認真的書籍。

三、藥府

假如說城裡的商業區值得描述的話，那麼城裡的各個行業就更不能被忽略了。下面是有關一位著名中醫的廣告：

九仙山。在一個名為陸藥師的藥神廟裡。每月初一、三、九、十五、十九和廿四日為燒香日。在這些天裡，廟門就會開啟，風雨無阻。燒香活動午前開始，初三日下午，有一個義診的機會，除此之外只賣藥不看病。所有虔誠的香客和相信我們醫術、想參加義診的人必須提前掛號，並且敬備香燭，還有求籤時寫誓願的紙和費用。

這聽起來似乎是一個不可失去的機會，因為那天正是閻羅王菩薩紀年中的雞年九月十九日。由於我拒絕填寫生辰八字，扶乩時自然找不到我的背景數據，也無從檢查神醫的處方是否靈驗。但是他確實做出了如下診斷：

以下資訊供你參考。你肝火鬱積；木火太旺，中氣不足。診斷如此。引起這個問題的原因是你吃的煮食和乾食太多。治療的方法如下：用去掉花瓣的成熟玫瑰花，加二錢海蝦、二錢白米、兩個小甜橘、一錢麥芽、二錢黑豆、五分香片、二分五釐小乾橘（止疼用）、二錢護靈根、二分七釐香草。另外還要把三張寫有絳紅色字的黃色符咒紙條放入藥中一起熬汁。

處方中並沒有說明這些東西該抽成幾劑藥來吃。

在領教了「龍頭神筆」的扶乩之後，我有充足的理由來懷疑這一診斷的準確性和這個處方的正當性。由於肝臟確實出了問題，我馬上就去找了美部會醫院一位醫術精湛的金雅各醫生（Dr. Kineas）看病，他的診斷使我非常滿意。在這同一座九仙山上，有這兩個相互競爭的醫療機構，其中一個是純粹建立在慈善事業和科學的基礎上，而另一個則純屬是一個騙局，完全靠欺騙那些既迷信又無知，因而容易上當的民眾。那些靠「神筆」來看病的人恰恰就是那些一心想騙錢的傢伙，他們為了達到目的而不擇手段，在騙錢的同時還想逃避法律和公眾的憤怒。

當我看到金雅各醫生的醫療器械，儘管「處在悶熱潮溼的氣候下」（如肥胖的理查所形容的那樣），仍保持在第一流的狀態。我還發現他是一位醫術超群、日期計算精確的美國內科醫生和外科醫生，雖然沒有他推行明智的基督教宣傳所需要的醫院大樓（只要有一兩個富裕的美國人在福州居住的時間跟我一樣長的話，這件事本來可以輕易解決），但他仍然完成了大量令人滿意的工作——當我發現所有這一切以後，就決定深入了解一下這個美國醫療機構。

我可以明確地斷言，我從來沒有看到過其他有關人類活動的報告會像有關九仙山上那位外國醫生及其所屬的那個美國醫院的報告那麼有趣。說

真的，有哪個拯救生命的機構能夠涵蓋這位於地球兩端和被廣袤的太平洋所隔離的兩者呢？下面我將引用關於前者的一份報告。報告中講述的故事十分質樸，未經雕琢，而且按照我的藝術標準來說，無論用什麼文字去修飾潤色，都無法使那些故事顯得更加精彩動人。我很喜歡金雅各這個人，無論是他的方法、他的醫術，還是他所傳達的資訊！

在日期為「以 1909 年 1 月 31 日為結束的那一年」報告的第一頁上，他這樣寫道：「在過去的十一個月中，我們接診了 17,851 位病人，其中大約有 6,000 名是婦女和兒童。我們在治療這些病人時所感受到的巨大快樂，以及在醫學和宗教這兩個方面所取得的成就，全都證明了最好的事物並非有賴於任何外在的東西，包括醫院的大樓。這是我們來華行醫傳道所體驗到的最幸福的一年。」而且這還是在他沒有起居室的情況下，因為報告中的第二張插圖顯示這位醫生全家的私人住宅裡有一張現代化的手術臺，後者占據了整個起居室！他沒有醫院，所以不得不犧牲自家的起居室。但是報告中只提到他是怎麼休息的！說真的，就連在那炎熱的夏季，他似乎也無法使用家裡的起居室！「跟往常一樣，炎熱的夏季是在閩江河口的尖峰島上度過的，那兒離福州大約有 30 英里。對於一個醫生來說，這確實是一個偏遠的療養地，可是跟往常一樣，那兒每天還是有 10 − 20 個病人，所以我們在島上總共診療了 478 個病人。這個數目雖然不算太大，但也足以使我們記住一個事實，即擁有醫學技術使我們有義務用它來幫助我們的同胞們。」

福州的所有事物都是習慣以三為部門的。假如說城裡有山的話，那我們就知道會有三座山；而倘若是傳染病的話，那就會聽說有三種傳染病，即天花、痢疾和霍亂！對於這位英勇的醫生和他同樣英勇的妻子來說，似乎還缺了一樣，那就是他有時會陷入經濟困境！準備進天堂的基督信徒

們怎麼能讓這位基督教的醫師傳教士「一年到頭為缺錢而感到焦慮不安呢」？但是報告中有這麼一句話：「當時來自一位慷慨捐贈者的一張支票解除了我們對於經濟狀況的焦慮。」在福州逗留了十天之後，我願意對那位捐贈者說，倘若他能親自到福州去看看和聽聽，他就一定會養成習慣，每年都往那兒寄出一張數目慷慨的支票！

　　到他那兒去看病的人什麼年紀的都有，他所感受到的「巨大快樂」包括以下這樣的經歷：

　　有一位72歲的老婆婆，看上去比實際年齡還要老，來看她已經不聽使喚的右手中指，由於患了指頭膿炎之後沒有得到及時治療，她的指骨已經壞死。她很健談，把她指頭開始患病之後的那個月裡所經受的治療詳細地描述給醫生聽：（1）用在尿裡浸過的劍狀葉草當作膏藥敷了三個晚上；（2）用鹹炒飯敷了一個晚上；（3）用鹹海蜇敷了一天一夜，中間還換過一次；（4）用壓扁的青豆拌蜂蜜敷了一個晚上；（5）用豬的膽汁敷了兩個晚上，中間還曾經換過一次藥；（6）兩隻蜈蚣用紙包住後燒焦，磨成灰，用蜂蜜和硫黃攪拌成糊，然後敷在中指上三四次；（7）用蛇草、柿餅和生薑的混合物敷了四次，有時能夠減輕疼痛；（8）豬的膽汁跟硫黃攪拌成膏藥，用過一次；（9）生薑和蜈蚣再次敷用。

　　可以想像得到，這些中國人在未來的一段時間裡仍將在江湖郎中那兒接受這樣的治療，直到病痛越來越重之後，才會來外國醫生創辦的診療所。

　　但是我們再回到那份報告，來看看究竟是什麼使這位醫生感受到了「最幸福的一年」。

　　因暴力而遭受的最廣泛傷害可見於一個男子的病例，他因為保護自己

的果園而被小偷們打傷。他有一支舊槍，有一天晚上他開槍想把小偷們趕走。槍筒因有裂縫而爆炸，有一塊碎片穿透了他的下顎，從他第二顆臼齒的前面穿出，將他下顎的弧線擊成了一打碎片，將其舌根和嘴的下床撕裂，並將舌頭的左部和舌尖也給切掉了。舌尖、舌根和下巴仍然連線著頸部的皮膚，而整個片狀垂懸物從脖子上掛下來，就像是它跟頜的下部有鉸鏈連線似的。他的傷口看起來十分可怕，由於渡船不願意接受這樣嚴重的傷者，人們花了兩天時間才找到一條船，將他送到了福州。在這段時間裡，傷口的組織開始化膿腐爛，人們敷上去的草藥只是加重了發炎的程度。我們很少碰到這麼複雜和嚴重的傷口，而且將它清理乾淨需要極大的耐心。那些見習的學生從未見過任何像這樣發出惡臭的傷口，由於擔任助手，必須在手術間裡待很長時間，所以他們都噁心得要吐。那位可憐的病人十分聽話，默默地忍受了劇烈的疼痛。被擊碎的骨頭被剔了出去，撕裂的組織也被切掉，剩下的小塊皮膚得以修整。兩個月之後，傷口處的草藥殘留才被清理乾淨，傷口也逐漸開始癒合，最後剩下的那些皮肉終於使病人留下了一個可以吃東西的嘴巴。

上述描寫讀起來真夠血腥的，並且足以使任何執業的醫生面臨極其艱鉅的考驗。

但是這位把家裡的起居室充當手術室的醫生還得同時充當眼科醫師：

當醫生叫到了一位病人的號時，後者的兄弟和一位親戚各攙著他的一個手臂，跨進了中國房間的高門檻。當他走近醫生的桌子時，很明顯他的眼睛是瞎的。幾個月前，他在當地的江湖郎中那兒治療過某種眼病，而他現在又走了兩天的路程，以便能到我們這裡來看病。醫生一檢查他的眼睛，馬上就斷定他的右眼已經被毀壞得無可挽回了，但是左眼的角膜上部

仍然還算明淨，儘管他看不清任何東西，但仍能感受到光。那一小塊好的角膜是這位年輕人避免在下半輩子裡成為瞎子的唯一機會。當我們把這個診斷告訴他之後，他同意做必要的手術。在我們有機會給他開刀之前，他曾多次請求我們盡力幫他治好眼病。當所有的準備工作都做好之後，我們就在他那塊清澈的角膜後面做了一個新的瞳孔。手術非常成功，幾天之後，當手術的傷口癒合，蒙在眼睛上的繃帶被拆掉之後，他的眼睛又復明了，足以使他能夠去幹那些普通的農活。這個病例的另一個方面更使我們感到高興。自從他來我們這裡看病之後，便很專心地聽取了福音書的故事，並相信它是真的，他還開始祈禱，學唱聖歌，而且勸說其他人馬上就成為基督徒。當他的眼睛能夠看得見之後，他就開始閱讀學習《聖經》和聖歌書。在他的帶動下，許多其他病人也開始來閱讀學習《聖經》。那隻完全瞎掉了的眼睛情況很糟糕，我們怕它會給另一隻復明的眼睛帶來麻煩，所以就勸他動手術，將那隻眼球摘掉了。

　　然而我並不是沒有注意到，還有其他人在以西方基督教的名義進行著受歡迎的醫療工作。我之所以大量引用同一個報告的理由是我本人就在這個離我在福州城裡住處最近的美部會醫生那兒治過病。福州「三位一體」的事物不斷地令我感到驚奇，不僅城裡有三個新教的傳教使團，而且每個傳教使團都有三位醫生，即美國監理會傳教使團有三位內科醫生，通常被稱作英國傳教使團的安立甘會有三位能幹的開業醫生，美部會也有三位開業醫生。但願這三個傳教使團能作為基督教徒而長久地在一起工作，在未來的新時代裡對古老的福州城產生更廣泛的影響！

第一部分　南方的省府

第三章
廣州

Kwangchow means "Broad District".

廣州，意為「廣闊的地區」。

■ 一、羊城 [057]

　　我們坐在鎮海樓的第五層上面，從廣州城的最高點眺望中國最大的城市。當我們從北城牆的上面朝南面看去時，展現在眼前的是一幅全城的鳥瞰圖，因為這座樓就像雷哈布大廈一樣，是建在高牆之上的。所以當城門有人看守的時候，從這裡大概很容易就能把人裝在籃筐裡吊下去。

　　紐約人在廣州會感覺很自在，因為這裡到處都有摩天大樓。可是這些樓並非抄襲於美國，而是土生土長的。生性活潑的高盧人會把這些小山一般的高樓建築稱作「虔敬之山」（monts-de-piété），但是在我們辭藻貧乏的語言中，它們只是「當鋪」。這些位於地面之上的保險儲存場所過去只是靠堆放在樓頂的罐狀臭彈來進行防禦的，它們隨時都準備扔下來，砸那些企圖爬上樓去的強盜。可現在主要的防禦武器已經換成了最新研製的炸彈。我們將視線掠過那些獨特的倉庫大廈，從參差不齊的地平線東面轉向西面。廣州舊城就展現在我們的腳下，宛如一個有 12 個城門的新耶路撒冷城。這是一個古代的遺跡，其防禦性築壘的理念也是古色古香。我們所在鎮海樓的底層裝備了二十幾門古代的火炮，唯一比它更高的是觀音娘娘要塞，那兒四周都架設了火炮。位於舊城西南角的八旗兵軍營是另一個古代遺跡，這頗似於古羅馬軍團將安東尼亞置於耶路撒冷聖廟之上，或是在希帕提亞 [058] 的時代，他們隨時準備上街鎮壓亞歷山大城狂熱暴徒的騷亂。

---

[057] 此名來源於周朝（結束於西元前 250 年）有關五位仙人分別乘坐山羊進入廣州的傳說。這些山羊後來變成了石頭，迄今仍能看到。—— 原注

[058] 希帕提亞（Hypatia, 370-415）是古代著名的女哲學家和數學家，以及亞歷山大城新柏拉圖主義哲學流派的精神領袖，以雄辯、謙遜、美貌和才智而著稱，有大量的追隨者。但由於學術和科學被早期的基督教徒視為異端邪說，所以她於 415 年遭到一群教士和狂熱信徒的野蠻殺害。她的著作如今已經失傳。

這座樓位於城市的北面，被稱作「鎮海層樓」。這座樓是在明代洪武皇帝時代由兩個人建造
起來的。它共有五層，高 80 尺，一般被稱作「五層樓」。從最高一層望出去，遠處山林的景
色極其壯觀。樓四面的地平線是如此之遠，以至於它們消失在迷霧之中。往下看可以看到海
面，往上看則是天高雲淡。有人說，在這座樓建成之後，再也沒有叛亂發生，因此它又被叫
做「海防」（此語引自《羊城古鈔》）。我的老師說：「這些都是空話，並不是真的。法國人
　　不是有一座 1,000 尺高的塔嗎？他們是否就能指望永遠保持和平了呢？都是空話。」

　　隨處可見的一簇簇樹叢顯示出城牆之內的官府衙門。幾乎是在我們的正南方聳立著一座塔樓，塔頂裝配的玻璃窗折射著耀眼的陽光；在那座塔樓內有一座銅壺滴漏，即透過水珠滴入罈子的方式來計時的古老水鐘 [059]。高塔的底部一個具有兩千年歷史的圓拱門，拱門前即是廣州城的祈禱文街 [060]，所有著名的書鋪都集中在那兒。

　　城牆之內有許多地方留有歲月變遷的象徵。偶爾你的目光會停留在某一棟以外國風格建造的洋房上，其中有一幢新樓特別引人注目。這裡曾經是貢院的舊址，這裡曾有過一排排低矮的小屋，那些莘莘學子就是在這些小屋裡奮筆疾書，參加科舉考試的。整個貢院後來都被拆毀，而現在全廣東省的西式教育就是以這個古老貢院的舊址為中心發展起來的。然而舊經學的傳統仍然持續了下來。我們最近看到過的一份典型學校畢業考試卷上的作文題目為：「執法者自謂無法決定自己的命運」。這是一個很有趣的哲學命題，它的演繹程序使我們聯想到一隻追逐自己尾巴的小貓。

　　現在把你的目光抬到舊城的城牆之上。在舊城的前面，一直到珠江的岸邊，就是呈新月形的廣州新城。舊城有三個城門是通向新城的，那些城門的上面都有城樓。其他三面城牆上共有兩個大的城門和六個小的城門。有一條小河從新城的中間流過，在這條河進入和流出新城的地方都建有水門。從新城的外城牆有兩道幕牆一直展延到珠江，使古老的防禦工事成為一個整體。

　　在新城的城區內，有一座建築非常引人注目，它是羅馬天主教的大教堂，教堂的兩個尖塔直刺雲霄。我深知中國人的迷信，所以對於那些神父

---

[059] 這些水鐘，或稱滴漏計時器，似乎在很古老的時代就開始使用。但銅壺滴漏這個詞直到西元前 100 年左右才出現在典籍之中。 —— 原注
[060] 祈禱文街（Paternoster Row）是倫敦的一條老街，位於聖保羅大教堂的北面，那兒過去曾經有眾多的書鋪和印刷作坊。

是如何得到允許來建造這兩個尖塔一事感到奇怪，因為它們肯定會影響周圍地區的風水。原來是法國人以他們特有的幽默獲得了必要的准許：「廣州不是羊城嗎？但它的兩個角在哪兒？讓我們來為你們把這兩個角安上吧。」就這樣，這兩個尖塔拔地而起，其高度超過了那些到處可見的當鋪庫房。

從廣州的「五層鎮海樓」看周圍景色

廣州是一個商業城市，一條街專賣玉石，另一條街賣象牙，第三條街賣檀木家具。人們的生意已經做到了城牆之外，在城牆外的珠江上游聚集著許多絲綢織工。織絲是一個夕陽工業，儘管生絲仍然可以隨便買到，每年可收八次蠶繭，但西方先進的織綢機械正在緩慢地將那些絲綢織工驅逐出市場，後者每年仍然生產價值 75 萬英鎊的絲綢，而養蠶者每年出口價值 250 萬英鎊的生絲，就連絲綢工業的廢料都值 25 萬英鎊。

在絲綢工業區的前面，我們著實吃了一驚。在蒸汽繅絲廠旁邊匍匐爬行的那條毛毛蟲究竟是什麼東西？別讓這訊息使敵人高興，也別在埃斯科倫的街道上喧譁此事，以免讓非利士人聽了趾高氣揚。那原來是一條鐵路，一列火車正在鐵路上向北行駛。鐵路的附近正好是富馬利醫生 [061] 創辦並富有成效的中國第一所女子醫學院，所以萬一鐵路發生意外事故時可就近找到醫生。醫學院的旁邊是稻米市場，成百上千的大船從海峽殖民地 [062]、暹羅、東京 [063] 和海南運來穀物，因為這個省份所生產的糧食不夠供應其日益增多的人口。

有一條 60 尺寬的運河將廣州城與外國租界分開，其中三分之一是法租界，三分之二是英租界，有兩座橋分別將外國租界與廣州城連線。海關自然就在租界的附近，那兒在去年就收取了 42 萬多英鎊的關稅，還有一條本地的華爾街 [064]，巧合得很，本地的錢莊都是靠近城牆的，無論是在城牆之內或是之外。在珠江中有一個小島，它的來歷會使人們對於中國人在歐洲貿易的肇始所表現出來的狡猾而感到會心一笑。當荷蘭人開始在東亞海域取代葡萄牙人時，他們來到中國大陸並定居下來。廣州城的官員們說服他們，假如他們想避開乞丐們的強行乞討和當地居民的騷擾，他們最好還是要有一個自己的小島。當天真的荷蘭人在這個島上定居下來之後，便受到了強烈的抵制，就像是住在一個被隔離的醫院裡似的，直到他們接受婉轉的暗示，才離開了。

在這個島的對面，幾乎就是一條新大街的開端，即廣州城的御道。一

---

[061] 富馬利醫生（Dr. Mary Fulton）是 1891 年以前來華的美國北長老會女傳教士，她在廣州創辦了中國最早的女子醫學院。

[062] 海峽殖民地（Straits Settlements）泛指馬六甲海峽沿岸的新加坡、馬六甲、檳榔嶼等前英國殖民地。

[063] 東京（Tongking）是對越南北部一塊地區的舊稱。

[064] 華爾街（Wall Street）是位於紐約市的美國金融中心。英語中的 wall 是「牆」或「城牆」的意思，作者取其雙關語的意義。

第一部分　南方的省府

眼就可以看見那條街上的醫師傳教使團醫院，這個裝置真正第一流的醫院堪稱世界上第一個此類的醫院。很快我們就看到了基督教青年會，位於原來屬於浸信會傳教使團的地方。接著就是一個很大的發電廠，最初是由外國人建造並管理的，但現在已經被中國人收歸國有，並且自己管理了。與這個新事物形成奇怪對比的是旁邊的一大排竹棚店鋪，再往前就是通往英國九龍殖民地的新鐵路這項巨大工程了，可以看到前面的辦公樓和候車大廳。再往東是鑄幣局，那兒在去年為華南各省鑄造了 8,500 萬個銅板和銀洋，其價值大約是 100 萬英鎊。再往外，東南部的開闊鄉間是浸禮會傳教使團的主要駐地及其學校。

　　眺望更遠處，即過了前江灘的那塊背景，我們就看到了 12 英里長、2 英里寬的河南島 [065]。在浸禮教傳教使團的對面就是蔚為壯觀的嶺南學院校園，其教師隊伍由中國人和美國人組成，後者的教學活動受到了中國政府的正式承認。再過去就是鐵路終點站對面的水泥廠，德國人在那兒建造了一個極漂亮的新磚窯，並且教會了中國人每天燒製 1 萬塊 8 磅 [066] 重的磚，售價為 15 英鎊。一個蘇格蘭公司建造了這個水泥廠，而德國人將在那兒教中國人每天生產 500 袋水泥。在珠江的邊上有許多古老的寺廟、外國商人所遺棄的住所，以及一個由香港猶太人創辦的，有幾百個學生的一個新學院。在河南島西端對面的大陸上有一大群洋房，它們是精神病院、長老會傳教使團和美孚煤油公司的油庫。

---

[065] 在這個島的對面，原來聳立著著名的外國「十三行」（Factories），之所以這麼稱呼，是因為它們原來是東印度公司代理人（factors）的住處，並非因為那兒是生產商品的工廠。
[066] 1 磅 ≈ 0.4536 公斤。

108

廣州的一條運河

廣州的一角

　　以上就是對我們鳥瞰廣州城的一個描述，這就像是用好多不同雞蛋所做成的一個最兼收並蓄的煎蛋餅。假如我們現在就要從彎彎繞繞的樓梯下去，那麼為了使自己不至於帶走一個過於混亂的印象，讓我們再看一下尚未受到外來影響的老城部分吧。然後我們看一下這種傳統的中國生活是如何受到外國商人影響的，並讓我們來研究一下由外國傳教士們所造成的逆流。

■ 二、「古代的羊腸小道」

　　廣州本身究竟是一個什麼樣的地方，它的氣候又是怎樣呢？那天的夕陽是我在中國所看到過的最壯麗的景色。為了看一下日出的情景，我後來又起了個大早，看到一輪朝陽莊嚴地從東方升起，這使我聯想到巴珊[067]的原始森林和喜馬拉雅山聖母峰的皚皚白雪。下河南島寶塔矗立在水稻田裡，就像埃及的方尖碑矗立在埃及的沼澤地裡。寶塔後面的一塊雲彩呈現出金字塔的形狀，這更增加了我們的幻覺。農夫們用水車上的那一串竹碗將水從水渠裡舀到了水田裡。忙碌的勞工們哼曲子的聲音告訴我們，在這塊得天獨厚的土地上，氣候是如此溫和，就連在 11 月分，農夫們也可以在天亮之前去田裡勞作。

　　正如在《羊城古鈔》中所指出的那樣，「廣州離大海只有 200 里，八月分海潮最高。秋季颶風十分普遍；假如颶風碰上漲潮的話，就會捲走房子，毀掉農田，掀翻並打碎小船」。《南海志》中有這樣一段描寫：

　　廣州陽氣盛，陰氣衰（即晴天多於陰雨天）。在五六月分，晴雨天基本持平，但是大雨一場接著一場。夏季很長，惹人厭煩。春季當陽光普照

---

[067] 巴珊（Bashan）是《聖經・舊約》中經常提到的一個古代國家，以其豐盛的牧草和茂密的森林而著稱。

時，天氣就像夏季一樣熱，但是一旦下雨，就會像冬季那麼冷。一年到頭的天氣似乎都很舒服，然而冬天很短，夏天很長。春季和秋季也沒有什麼區別。冬天不下雪；所有的季節都很潮溼。但是在冬季，晴天的日子要比其他季節更多。

那麼，人類是如何在這塊如此美麗和充滿冒險的土地上定居下來的呢？請參看各種典籍，拿起《羊城古鈔》，書中第四卷的題目就是「古老的羊腸小道」。該卷所描述的時代是當華夏文明集中在華北黃河盆地的時候，當時著名的周朝統治著這塊唯一可以被稱作是中國的地區。從這裡往南，就是還沒有被大秦征服的荒蠻楚地。我們希望從這個傳說的時代得出有關廣州的、雅正的歷史記載，以便找出科學的事實，我們找到的是：

按照周朝的記載，有五位神仙身穿不同顏色的衣服，騎著色彩斑斕的五隻羊來到了南海。這五位神仙來到了楚庭[068]，每個神仙的手中都拿著一根有六個頭的穀穗。他們把穀穗賜給百姓時說：「你們住在這裡會長久和平，永無饑荒。」然後他們就消失了，但那些羊都變成了石頭。由於這件事，廣州城就被稱作了「五羊城」、「仙城」和「穗城」。在坡山的一個寺廟裡，甚至還可以看到這五位神仙的塑像，最年輕的那位神仙站在中間，手裡拿著一根稻穗，其他神仙則拿著高粱穗或非洲高粱穗。在蠻荒的時代，這些塑像受到了高度的尊崇，塑像前的石羊頭上經常有香霧繚繞。這些石羊由於信徒們的撫摸而變得非常光滑。

---

[068] 廣州古名。

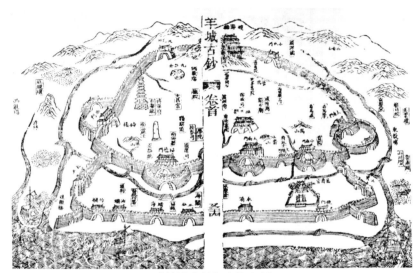

《羊城古鈔》中的廣州

　　如果這個故事還是不能滿足人們的好奇心，在古書中還可以找到另外一種傳說：

　　在周朝時，周哀王對楚侯說：「你不該讓南方的蠻子起來叛亂。」於是南海邊的這片地方就被劃給了楚國，並且從此被稱作廣州[069]，即廣闊的活動領域。於是楚國的官員便在這裡奠定了他們的權力。

　　我們很高興地發現，古典教育並沒有扼殺所有獨立思想的力量。我有一位才華橫溢的朋友，姓陳，是一位舉人，他直截了當地說，上述說法並非空穴來風，由於這片地區沒有文字，所以沒有任何紀錄儲存下來。這些故事是後來的北方人編造出來的。

　　我們再來看一本名為《廣東新語》的書，翻到描寫當地物產的那一部分，在「魚類」的標題下還有「龍」的小標題：

---

[069] 廣州就是跟 Canton 對應的中文，意為「廣闊的活動領域」。廣東則意為「廣闊的東方」。

　　南海是龍王的王宮。在乾隆時代，有一條渡船穿越海流去三島，渡船到達了島上之後，渡船的乘客回頭望了一眼陳忠碼頭（Chen Chung Landing），看到水裡有一根黑色的木頭。突然間，海水開始沸騰起來，天上降下了雲彩，海面上升起了驚濤駭浪，突然間狂風大作，大雨瓢潑。這時他才意識到，那根黑色的木頭原來是條龍。

五仙霞洞。背襯著朝霞或晚霞……五仙觀就在番禺十賢坊。洪武十年，布政司趙子堅以觀地為廣豐庫，乃於坡山建通明閣，塑五仙於其中。少者居中持粳稻，老者居左右持黍稷，皆古衣冠。階下有石羊五，又有一巨石，廣可四五丈，上有姆跡，跡中碧水泓然，雖旱不竭，似有泉眼在下，亦異跡也。參政汪廣洋建禁鐘樓於上，顏曰「嶺南第一樓」。圖中在五仙館的右邊可以看到一個鐘亭，還可以看到池塘周圍的五頭羊。

　　　　　　　　　　　　　　　　　　　—— 以上插圖和注解引自《羊城古鈔》

第一部分　南方的省府

　　既然我們已經令人滿意地確定了這一地區及其名稱的真正來源，我們可以繼續來探索一下有關它後來歷史的浩繁記載。為了公平起見，也許我們應該先來區分一下往往被編纂者所省略的地名語源學猜測（儘管這些編纂者對於其價值也有自己的看法）與引自地方志的段落，或對於目前狀況的現代描述。《南海志》一書針對以下主題共分為 14 個部分：緒言；城郭圖；輿地圖；疆域；涉及氣候、物產和習俗的筆記；衙門，涉及人口、農業、賦稅、倉儲、鹽、防禦等方面的沿革；河勇；梁代以降的名宦；古蹟、寺廟、祠堂；文學史和地方性著作選段；古代碑題；人物；閨媛；名勝仙境；雜誌。

　　我們把該書翻到了文學史這一部分，這一部分總共列舉了 76 位作家，及其所寫的 348 部書。這使我們相當吃驚，因為我們習慣於認為中國人只會勤勉地拼湊一些關於行為舉止和玄學冥思的成語，將其形成新的組合，然後充作一本新書。可我們發現在上述作家中有 54 位將注意力轉向了宏觀的歷史，本地的歷史也受到了相當的關注。在自然地理學的領域，書中有關於海洋、土壤、高山和溪流的專題論文，並且由此推斷出可以在溪流中養魚。社會學的理論在家譜和農村家庭的花名冊中得到了確認。海軍操練和軍事戰術也由專家們進行了論述。中醫們討論了脈搏、接種和種牛痘。推動了有關玄學、聖山和佛山研究的則是哲學和宗教。當然，除了這些具體的事物以外，抽象的事物也得到了尊崇，我們早先對於中國學問的評價到目前都被證明是正確的，因為書中有 198 位散文家就像溫德爾·霍姆斯、蘭姆、奧古斯丁·比勒爾、愛默生和 G. K. 卻斯特頓那樣，將哲學這件舊衣服掛在各式各樣的衣鉤上。你有興趣來欣賞一下這段優雅而乾

淨的文字嗎？有一位本地的哲學史家 [070]，就像 G. H. 劉易斯 [071] 那樣，著
手編輯了《程子語十二篇》。從其序言中我們可以看到，猶太人法學博士
們強調不能思考自身和強調每一種思想的純正系譜的做法並非絕無僅有。

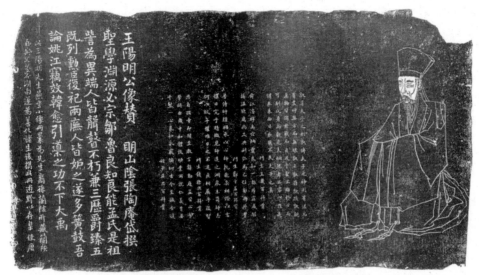

王陽明公像贊的石碑拓片，碑文由丁韙良譯成英語。

■ 三、國家傳記辭典

　　讓我們從哲學轉向國家傳記辭典，來看一下一部針對全中國的《家譜
總集》。我們將從此書中選取描寫廣州一位姓彭的進士的傳記，他透過科
舉考試，成為舉國皆知的人物。

　　明朝永樂年間，在廣東省有一個跟南雄州學府相關的邪惡寺廟，廟裡

---

[070] 可能是指明代的廣州文人陳獻章（西元 1428 － 1500 年），原居於都會村，後遷居靠近江門的
　　　白沙村，故稱陳白沙。19 歲中舉，後曾入國子監讀書。他綜合了程朱理學和佛教的禪宗理論，
　　　終於開創了明儒「心學」的先河。
[071] G. H. 劉易斯（G. H. Lewes, 1817-1878）是 19 世紀以多才多藝而著稱的英國哲學家、文學評論
　　　家、演員、編輯和科學家。他是女小說家喬治‧艾略特的情人，早期從事哲學研究和文學評論
　　　的寫作，後期卻轉向了自然科學和心理學的研究。

供奉著聖姑。按照習俗，學政要帶領學生前來拜這個菩薩。當這位姓彭的進士被指派為學政時，他對於這種迷信感到非常氣憤，決心要毀掉這個菩薩。在前來就任的路上，他遇到了一個來自南雄州學府的學生。他驚詫地問那位學生，他是怎麼知道自己要從這裡經過時，學生告訴他：「聖姑託夢對我說了你的名字、村莊、縣、稱號和官銜，她派我來這裡恭候閣下。」接著他歷數了聖姑菩薩的功績，試圖得到學政的歡心。但姓彭的進士勃然大怒，一上任就在寺廟周圍堆起了柴火，準備在某個晚上放火，讓這個寺廟被「不小心」失火燒掉。但就在這事發生之前，那位學生做了第二個夢，聖姑菩薩在夢裡現身對他說：「那個學政真是不知好歹，你去告訴他，我會給他帶來災難。幾天以後，他家的僕人就會死掉，再過幾天他的兒子和妻子也會死，最後他自己也要死。」學生傳信給彭進士，可他根本就不理睬這個威脅。幾天之後，他家的僕人果然喪了命。於是他家裡的人都十分害怕，不斷地向聖姑菩薩祈禱，直到僕人又活過來為止。當學政明白發生了什麼事以後，他義憤填膺，公開燒掉了寺廟。第二天晚上，他的兒子夭折了，很快他的妻子也過世了。所有的學生都請求他向聖姑屈服，他仍然毫不動搖。當學生們看到他的死辰並沒有按預期那樣到來時，心裡開始對聖姑有了懷疑。那個學生又做了第三個夢，他問聖姑為什麼最後一個預言沒有靈驗時，聖姑回答說：「我是一個脫離了軀殼的鬼魂，我怎麼有能力給人們帶來生命或死亡呢？彭先生的兒子和妻子氣數已盡，這一點我知道，所以便利用了這個資訊來試圖迫使他屈服。但彭進士功德齊身，鐵骨錚錚，前途無量，我又怎麼敢把他怎麼樣呢？」後來這位學政被晉升為兩江提學使，最終還得到了御史的職位，甚至成為後代文人仿效的楷模。

中國人是婦女權利的堅定信徒，只是他們對於那些權利究竟是什麼的概念也許有點獨特。下面是一個貞節守寡、被奉為典型的寡婦故事：

武將之女木姓戴，嫁一丈夫叫陳南。

容貌端莊性溫柔，丈夫夭折成寡婦。

回家侍奉親父母，贏得孝名揚四方。

轉瞬五載已流逝，忽有一人來提親；

貞婦之心永不變，寧死不嫁有情郎。

聘禮送到父母家，眾人勸其再續絃；

烈婦自殺上吊死，保全名節情真切。

宋代羅偉為表彰，貞節牌坊立街上。

　　古代也不乏神童。在唐代武后統治時期，一個 7 歲的小姑娘因她的哥哥赴京趕考進士而變得聲名大噪。當皇帝聽說了她的早慧之後，當即下旨將她召到宮裡，要她像艾斯特福德 [072] 詩會上的威爾士英格琳那樣，當場寫一首詩來表述自己與哥哥的分別之情。她隨即揮筆，用最純正典雅的古文寫下了一首短詩：

別路雲初起，離亭葉正飛。

所嗟人異雁，不作一行歸。

　　如此深厚的文學修養就好比有一位 10 歲的神童在哈佛大學開設講座，對數學教授們講解四維空間。

　　家庭的親情和對父母的孝心是中國文學中的永恆主題，一篇以最優雅風格描寫這一主題的選段可以表明中國人的心態。在宋朝之後的一個朝代，有個廉夫人帶著兩個女兒住在廣州的西門外面。她生了重病，似乎已經沒有希望痊癒了。她的一個女兒就從自己的大腿上割下一塊肉，另一個女兒從自己身上切下了一片肝，她們將這些煮熟了端給母親吃，母親吃了

---

[072] 艾斯特福德（Eisteddfod）是威爾士語，意為傳統的威爾士吟唱和吟遊詩人聚會賽詩和頒獎。

之後，病體霍然而癒。有位名叫康泌亮（Kang Mi-liang）的巡撫聽說此事以後，將它寫成了奏摺，稟報給了皇帝，皇帝降旨建造了雙女宮，以紀念這兩個女兒。一位叫張樹（Chang Shu）的人作了一首賦來讚頌這件事：

> 廉氏二女初長成，母親疾病忽纏身；
> 二女肝膽俱焚裂，欲為救母而獻身。
> 「母親病重命垂危，吾等甘願捨命救！」
> 孝女自割肝與肉，煨湯餵給母親吃。
> 天地為之而動容，取走病魔母痊癒。

為了不讓此事顯得過於難以置信，請記住這種形式的孝心已經成為一種標準，子女身上的肉被認為是最強勁的速效恢復藥。因此經常有人指控外國人和外國醫生拐騙孩子，用他們的器官來做藥。這種指控對於西方人來說駭人聽聞，可是中國人聽來卻是十分可信。然而我的那位翻譯簡短地評論道：「那女人肯定腦子有病。」

這些故事顯示了由男人為女人所制定的行為規範，讓我們來看一下男人們自己是如何贏得名聲的。這個省份曾經出過許多著名的政治家，我們來簡短地看一下「名宦」中所記載的一位政治家的生平。

唐代有一位叫張九齡的人，他 7 歲就能寫文章，他後來給廣州刺史呈交了一個有關裁減不效忠的官員，重建行省的計畫。這個計畫寫得如此之好，以至於這位作者被廣州刺史稱作該地區最能幹的人。當人們發現他只有 13 歲之後，全都吃驚得合不攏嘴。他年紀不大就考取了狀元，接著他給皇帝呈上了一個奏摺，提了兩個重要的建議：祭拜只限於上帝這位宇宙的創造者和保護者；官員們應該逐級提拔，使他們有下等階層的生活經驗，只有這樣他們才能了解人民的需求。他被升為宰相，在皇帝過生日的

時候，其他人都爭著送珍貴的禮物，包括花巨資從異國購買鏡子，但他卻只準備了一本《千秋金鑑錄》，書中討論了過去皇帝統治的方法，並且提出該如何運用這些方法來解決目前的難題。由於剛正不阿，他跟京師的官員鬧翻，最後帶著洞察國家事務的名聲回到了南方的老家。[073]

■ 四、舊中國的消逝

現在讓我們放下這些能夠增加我們對於往昔生活洞察力的文獻，透過我們自己的觀察來對它進行補充，並且寫下我們仍然能夠看到的舊中國，它正在飛快地消逝。

人類最永久的需求之一是食品。在羊城，我們可以去尋找一下多汁的排骨和羊肉餅。儘管它們的種類繁多，聲名遠颺，但這些廣受歡迎的肉食「出身」卑微，因為廣州的餐廳在整個東方都很有口碑。有很多菜的主要成分是貓肉，我得承認，從未在其他地方嘗到過如此鮮美的燉貓肉。一隻普通的肥貓一般可以花 40 美分買到，但是一隻黑色的活貓就要賣 60 美分。假如是已經宰殺好，馬上就可以進行烹製的貓肉，零售價為 20 美分一磅。宰殺過程包括剝皮和拔毛，接著整隻貓就跟雞、蘑菇、生薑、花生油和白蘭地酒一起燉。老貓很受人歡迎，但狗則是幼小的更值錢。狗毛的顏色跟價格沒有什麼關係，每磅價格在 6 美分以上，比豬肉價格要高得多。大老鼠肉的價格要高一倍，而且通常是跟黑豆一起燉，人們相信吃了這個菜之後，能促進長頭髮，小老鼠肉很少有人吃。蛇肉是非常緊俏的商品，它被當作可以治療風溼病的藥。它們經常是三條一起賣，價格為 3.8 個鷹洋，擺在櫃檯上隨便賣，購買者的籃子放在藥店裡，但不能派專人送

---

[073] 後來唐明皇得知他失去了一個賢明的宰相，便給張九齡封了爵位。當後來的宰相被推薦來的時候，皇帝總是要問他們是否像張九齡那麼好。張九齡年輕時透過信鴿來跟親戚保持聯絡，因此他稱牠們為「飛奴」。他也是一個出色的詩人。—— 原注

到家裡。這個藥方就是殺死蛇以後，讓蛇血跟燒過的白蘭地凝固在一起，然後再吃掉。接著將蛇肉和蛇骨用文火慢燉，加入甘蔗、生薑和雞，直到所有的東西都混雜在一起，盛滿一碗。其他常見的佳餚還有蜥蜴、海參、牡蠣乾、皮蛋、燕窩、竹筍、木耳和大蒜，還有牛肉和羊肉。

在《南海志》中，黃色和白色的小米被列為主要食品，然而現在各種稻米被認為是人們的主要營養來源。稻米並不是被磨成粉，然後做成饅頭吃，而是煮成粥或飯。米飯是廣受歡迎的食物，人們早上碰見別人打招呼時都會說：「你吃米飯了嗎？」這種禮貌的招呼形式在全中國都一樣，這個事實說明，米飯是中國人的主食。被稱作 congee 的粥主要是做給病人和小孩子吃。

《南海志》一書的結構跟西方的書大相逕庭，它緊接著就提到了蒙古大麻、「象眼」、一種絲綢織物、「魚塘布」和木棉。

緊隨其後的一長串植物名稱中有「黃石」（這是因為它的顏色和它長在石頭上）、「石花菜」、「紫菜」和「東風」。窮人經常被說成是「喝西北風」的人；他們不說「東風」，否則會被認為是靠吃「東風」這種植物為生的。

有兩種菌類是「石耳」和「木耳」，「山藥」只是山藥。還有「香瓜」和「枕瓜」，後者在睡覺時可以被當作枕頭墊在頭下面，這可是睡覺的好東西！一種像香蕉的水果被稱為「秋風」，它長在一種 20 尺高的樹上。李子是如此常見，以至於它在中國變成了一個最普通的姓。

除了食品之外，中國人幾乎每天都需要剃頭匠。從滿月的孩子到瀕死的老頭，剃頭匠都管給他們剃頭，但他的首要職責是傳播天花。

剃頭匠這個職業名聲很壞，他們的兒子甚至都不被允許參加科舉考試。讓我們把眼光從剃頭匠轉向算命先生，算命的技藝在中國受到了普遍

的尊敬。我們是否應該從中國的薩基爾[074]的智慧寶庫裡取出幾顆珍珠來示人呢？後者的冥思苦想在中國受到很高的尊崇。

　　秦二世二年，五星會東井，倍於南斗。說者曰：東井秦分，未分也；南斗越分，丑分也。丑與未相背，秦失王氣則越得霸氣，故尉佗應之而興也。按《星經》：河戌六星夾東井，當北兩河各三星。南曰南戌，主越門；北曰北戌，主胡門，則觀南越之星者觀南戌，觀南戌者觀南斗。故漢元鼎六年春，熒惑守南斗而建德以亡；梁大同五年冬，慧出南斗，東南指，長一丈餘，而李貴稱帝交州。隋大業九年夏五月丁亥，熒惑入南斗，其八月賊帥陳縝陷高要，九月賊帥梁慧尚陷蒼梧。十二年秋九月，有二枉矢出北斗魁，委曲蛇形，見於南斗，而豫章劉士宏自稱楚帝，地及番禺。宋皇祐元年秋九月乙巳，太白犯南斗而廣源蠻儂智高反。四年夏五月，寇封川，復圍康州，破之，直攻廣州；十月丙子，太白復犯南斗，而智高敗死，廣南平。[075]

　　在相信天體運動預示著對塵世的某種影響這一方面，中國人並非孤家寡人。當陽光照耀在地球的某一特定部分上時，那兒就會見證到更多的活動，這似乎是一個毋庸置疑的事實。然而中國人對於這方面的研究要遠比其他民族更為深入，就連老摩爾[076]也無法企及。他們還具有一個跟西方完全不同的天體系統，因為他們相信在人們頭上的天空中，有某種善或惡的力量會影響地球上的某些地區。由於這些影響都被認為是跟風和水有關，所以他們非常注意凝聚和吸引善的力量，以及如何能夠無害地驅散惡的力量，或將其小心翼翼地引向其他地方，以便去傷害其他的民族。西方人對於電有著同樣的

---

[074] 薩基爾（Zadkiel）是一位大天使，以預言將要發生的事而著稱。

[075] 《羊城古鈔》卷一。

[076] 即法蘭西斯·摩爾（Francis Moore, 1657-1715），英國的一位早期曆書家，他曾於1700年出版了一部名為《星球之聲》（Vox Stellarum）的著名曆書，在西方影響很大。

迷信，而非風水；我們相信裝在屋頂的避雷針可以吸引任何在周圍遊蕩的閃電，並將其無害地引入地下，而不是讓它任意地破壞其他東西。

中國人還以類似的方式利用了兩項外國的發明。在佛教徒於西元 250年左右來到中國時，他們帶來了自己的建築，並且建造了舍利塔，其尖頂十分符合中國人有關風水的概念。中國人很快就接受了這種建築式樣，並且更加強調了塔的尖頂，還在厚厚的牆壁上新增了樓梯。他們對舍利塔的興都斯坦語原文做了某些修改，稱其為「塔」，而在英語中最普通的名稱是 pagoda[077]。在廣州就有這麼一座寶塔。然後是穆斯林人，628 年，先知穆罕默德的叔叔帶著一支穆斯林人經海路來到了廣州，很快就贏得了很多信徒。為了他們的緣故，專門建造了一座清真寺，它那用裸磚砌成的光塔幾乎有兩百尺高，所有的回民信徒都到這裡來做祈禱。由於這兩個外來的宗教，廣州在老城中就擁有了兩座寶塔，一座外表光滑，另一座外表粗糙，它們必將會給這裡帶來好的風水。

寺廟並沒有像寶塔那麼引人注目和漂亮，但它們至少數量眾多。士文醫生[078]派了兩個中國人在廣州城仔細排查了那些有偶像崇拜的地方。經過一個月的調查之後，他們終於得出了一組不同凡響的統計數字。每一個相當於菜場的店鋪裡都會有專供崇拜的對象，但這些店鋪並不在統計範圍之內，那些在絕大多數商店門口的磚砌神龕也沒有專門進行統計。但是他們發現有 68 個店鋪是專門用來製作各種菩薩像的，跟一個義大利城市裡的塑像工場和莫斯科的聖像製作商店相比較的話，其比例似乎大致相等。

---

[077]「Pagoda」這個詞來自葡萄牙語對於興都斯坦語「dagoba」一詞的發音。但它也有可能是中文裡流傳甚廣的「白骨塔」這個片語的一種變體。後一個名稱提及了建造佛塔的目的是用來放置佛祖身上各部位骸骨（總共有 84,000 塊）這一事實。——原注

[078] 士文醫生（Dr. E. Z. Simmons）是美國南浸信傳道會的傳教士，1870 年來到中國，在廣州一帶傳教。

廣州城裡有 278 處露天的神龕，後者就像是布列塔尼或薩伏依[079]的路邊
神龕；還有不少於 500 座正規的寺廟，那兒供奉著廣為流行的佛教菩薩。

　　這些偶像崇拜既有私下的，也有公開的，兩者都牽涉很多費用。婚
禮、葬禮和店鋪開張都要用崇拜的禮儀來加以認可，其中包括放爆竹、點
香和蠟燭——也許每個普通家庭每年要花費相當於 2.5 美元的費用來進行
這種崇拜儀式，而且必須說明的是，相對較少的基督徒會在搬家或店鋪開張
時舉行家庭祈禱的儀式。除了家庭宗教之外，還有一種官方的國家宗教。
每個寺廟裡都有戲臺，人們必須支付專門的賦稅，以支持平時的宗教崇拜活
動。每逢乾旱或瘟疫，還會有一些特殊的宗教儀式，人們會對這些儀式的費
用做出估算，巡撫、都督等文武官員都會來主持這些特殊的宗教儀式。

■ 五、新廣州

　　現在讓我們告別舊中國，它很快就需要由古文物學者來進行研究了。
二十年以後，目前的狀況有多少會保留下來，這是一個極其令人感興趣的
問題。在牛津城的歷史上曾經有過一個時期，人們把那些曾經一直廣受尊
崇的大學教科書都當作了廢紙，而一整套新的學科和一批新的教員被引入
了大學。中國歷史上的這個時期剛剛過去。四書五經的舊課程現在已經被
廢除，許多原來供科舉考試用的貢院被拆除，就像廣州本身那樣。新的學
院紛紛崛起，在這些學院裡，各種科學科目都是按照西方的教育傳統來教
授的。這種革命將會引向何方，還沒有人可以預料到。然而讓我們透過商
業貿易這種可以接觸到的事物，來看一下新中國已經出現的證據。在郵政
局這個具體事物上，我們便可以看到新舊中國的疊影，就像是兩個燈籠的
光投射在一個螢幕上時所出現的那種重疊映像。

---

[079] 薩伏依（Savoy）是法國東南部的一個地區，它原來是義大利的薩伏依伯國所在地。

第一部分　南方的省府

　　廣州現在有一個由英國辦的郵政局，裡面櫃檯的工作人員全是中國人，有一個法國人的辦公室，還有一個德國人（因為德國現在也是列強之一）和一個日本人。後者每天要寫一打信件，但是從來也不試圖自己去寄，而是在信上夾一張半分錢的中國郵票，然後把它交給中國人的辦公室。這四種不同國家的人也許代表了過去需要的一種特殊存在，但現在則過時了。中國人自己已經建立了大清郵政，並且在創業階段僱用了幾位非常能幹的外國人，大清郵政局辦得如此之好，使得許多外國人寧願選擇只跟它打交道。與此同時，那些外國郵政局仍然在中國繼續存在。大清郵政局並非萬國郵政聯盟的成員，但它主要是發展國內的郵政業務。作為該領域取得進步的一個跡象，廣州本地信件的流通量從一年 44 萬封增加到了 55 萬封，另外還有 10 萬個包裹也得到了遞送。有 223.5 萬封信被寄到了中國的其他地方，增加了幾乎 100 萬封，它們是透過船、信使和火車來運送的。由於新郵路的建立，從廣州寄信到湖南辰州的時間從 30 天縮短到了 7 天。郵政分局和售票處的數量在不斷地增加，而且在遇到災難的時候也能盡量維持正常的服務，這些都為郵政系統的營業做了廣告，並增加了人們對於它的信任。

　　一個更為引人矚目的發展是三寧鐵路（San Ning Railway），這是廣州西南部四個地區中唯一的鐵路。該鐵路的起點是廣州北部的恭義府（Kung Yik Fow），當鐵路勘查人員選中這塊地方時，那兒還只是片水稻田。不到兩年，人們在那兒建起了筆直寬闊、有電燈照明的柏油馬路。在那條街上有大約 1,000 家磚房店鋪和辦公室，就這樣在那兒忽然出現了一個大型商業中心，還有一個大型旅館。這條鐵路一直修到了太平洋海岸，並且注定會對開發珠江三角洲發揮重要作用。值得注意的是，這條鐵路的計畫、建造和還債，都是由中國人自己完成的。

這些都是由外國貿易進口所造成的新中國的跡象。但假如說，這只是一些表面上能夠看得見的東西，另外還有一種重大影響所造成的結果並不是能用噸位和海關銀兩來計算的。必須在這裡專門提一下基督教傳教使團，至於被錯誤地稱作「聶斯脫利派信徒」的波斯人的早期傳教工作，以及羅馬天主教傳教士在明末清初時的工作，在這裡就不需要再說什麼了。第一位來華的新教傳教士是來自英國北部的馬禮遜，他受英國倫敦會的派遣，於 1807 年搭乘美國商船到達廣州。直到 1834 年他去世為止，馬禮遜幾乎都是在單槍匹馬地在進行工作，儘管他留下了一本漢英詞典和一部漢語《聖經》的材料，以及其他大約 30 部對於在華傳教士工作全都產生了影響的作品。人們還不應該忘記，早在 1820 年，他就開始給人看病送藥，正是沿著這條路線，傳教士們才在爭取本地人信任上獲得了相當大的成功。

1830 年，伯駕醫生在廣州開了一家診療所，從那時起，這種傳教工作的形式就一直不斷地獲得成功。基督教傳教工作的其他兩種形式也是在幾乎同一個時期開始的：為紀念馬禮遜而建立的教育傳教使團和益智會；這些主要是從香港和上海開展工作的。但我們不必去細說，傳教士們在隨後 30 年裡為了扭轉像鴉片戰爭和太平天國起義等事件所帶來的逆境而做出的努力。直到 40 年以前，基督教世界才開始將注意力真正轉向中國，而且平心而論，最艱鉅的在華傳教工作是由來自美國的傳教士完成的。雖然目前有 12 個傳教使團來自斯堪的那維亞和德國，22 個傳教團來自英國，然而來自美國的傳教使團卻有 33 個，而且美國傳教士很高興地看到，中國一半的新教教徒都是因為他們的傳教工作而皈依的。在廣州地區的 13 個美國、澳洲和歐洲傳教使團真該齊心協力，為馬禮遜立一塊紀念碑。

第一部分　南方的省府

　　在傳教條件如此有利的情況下，我們沮喪地發現，來到廣州的傳教士
與來到廣州的外國資本和商人並沒有任何的聯繫。各教派所有的新教傳教
士人數中只有 18 個未婚的女士、26 位男士，以及 17 位傳教士的妻子，而
廣州所有傳教工作的結果只有 10,000 名教友。但是從浸信會傳教使團在
過去八年的發展情況來看，皈依信徒的人數增加了 66%，這樣的成長率是
前所未有的。

　　在世界上第一個傳教使團醫院（這一直是廣州傳教工作的一個重要因
素）裡，我看到一位由嘉約翰醫生[080]訓練的年輕人正在一個重要的外科手
術中作為助手。這裡每年要對 2,500 名住院病人和 25,000 名不住院病人施
行大約 2,000 個外科手術。正是這項工作打破了中國人最初的偏見，並繼
而在十幾個城市和成千上萬個鄉村裡為傳教士們開啟了大門。

　　廣州是過去幾個月中我們所訪問的最後一個大商業中心，我們為從陸
地去四川成都的長途旅行準備了給養，並且開始穿越廣西和貴州這兩個偏
遠的省份，前往成都那個遙遠的城市。

---

[080]　嘉約翰醫生（Dr. J. G. Kerr, 1824-1901）是 1853 年來華的美國北長老會傳教醫師。他在廣州行
　　　醫多年，培養了許多中國醫生。

第四章
桂林

The name Kweilin is composed of two ideographs Kwei（桂）and Lin（林）·

「桂林」這個地名是由兩個表意文字組成的：「桂」和「林」。

「桂」又是由兩個表意符號構成的，「木」字旁的意思是「樹」，另一個表意符號意為「權杖」（圭）。

兩個部分合在一起的意思便是產肉桂和桂皮的桂樹，也用作表示文學榮譽的暗喻。第二個字「林」

是由兩個表示「樹」的「木」字所構成，意思是樹林或森林。「桂林」這個地名可以表示「桂樹林」。

■ 一、溯秀麗的桂江而上

　　桂林並不坐落在「無家可歸的大海」邊上，然而跟中國其他的省會城市一樣，它位於一條景色宜人的江河邊上。雖然這裡是廣西巡撫衙門的所在地，但桂林招徠遊客的主要原因還是它的山水特色和當地居民的好名聲。這個城市一直是或曾經是許多臭名昭著的盜賊、叛匪或革命家的老巢這一說法雖然很難成立，但是具有荒涼的高山屏障和覆蓋著茂密森林的秋林地帶的廣西這個省份確實為本地或外地的匪徒及愛國志士們提供了理想的集結地。廣闊的西部（即廣西）[081]，遠古時期曾是一個以神祕而著稱的地區，在神話傳說中這裡住著一些胡作非為的人，他們因受一些不道德的和尚惡意引導而墮落；60 年前，該省又因太平天國運動而再次獲得壞名聲。

　　廣西因太平軍而聞名於世，探險家們充滿著興奮的期望，急急忙忙地趕往該省常有野獸與惡人出沒的森林，及其無數的峭壁和洞穴，太平軍從這裡出發，無數次成功地襲擊了那些防範薄弱和毫無戒備的鄉鎮和城市。探險家來到這裡後，卻發現風光無限美好，人民禮貌、勤奮，且又愛國，就連盜匪們也都裝備精良，反應敏銳。人煙稀少的山區仍有野獸出沒；破釜沉舟的危險山民仍然占領著堅固自然屏障中的山洞和幽暗的角落；平原的居民則仍津津樂道於那些半夜驚魂的盜匪襲擊事件以及引起的恐怖故事，時而還夾雜著一些有關可怕生靈的傳言，跟天上、地上以及地下水中的精怪都不一樣，牠們多半在月夜的陰影裡四處徘徊，向所有那些有意無意激怒了牠們的人發起攻擊。

　　桂林位於廣西的東北角，位於作為西江三個主要支流之一的桂江邊上，桂江流過峽谷，穿梭於外形怪誕的巖體之間，最終匯入西江。梧州就

---

[081]「廣西」這個名稱原指「廣（州）的西部」，後者是一個古老的省份。　── 原注

位於這兩條河流交會的地方，在這個省的東部邊緣之內。它是廣西的商業中心，能在那裡僱到溯桂江而上，前往省會桂林的船隻。

這個繁華的通商口岸有醫院、傳教使團和外國商人。我們就在這裡做了準備，並從這裡充滿歡樂的美國租界出發，沿桂江溯流而上。由於事先得到警告要睜大眼睛提防土匪、江洋大盜和各種流氓惡棍，我們攜帶了一些武器彈藥。在異教的船長向他所信奉的神祇獻上適當的祭品之後，我們的船開始進入航線，真正開始了去往平樂的六天之旅。

在廣東時我們就已經聽說了許多有關船民的故事，於是我們決定調查一下我們的這位船長。這位姓羅的船長在我們的現場日記裡是這樣出場的：

這位船長不會寫自己的名字，但他知道在旅途的何處能找到可以獲利的貨物。船是平底的，船上三個有篷蓋的船艙是給我們住的，船舵前面還有一個小的船艙，那是他妻子和孩子住的地方。

由於船行走緩慢，我們就責怪他在為船的安全和速度獻祭時沒有看好風水。這位姓羅的老人堅決否認，聲稱他殺了雞，放了鞭炮，也「貼了紅」。我們就問：「如果忘記貼紅，那會怎樣？」他答道：「我怎麼會忘記貼紅呢？」「貼紅」讓我浮想聯翩，便去查詢相關的知識。事情似乎是這樣的：船長在船艙前貼上三張紙，正面入口處的兩邊各一張，門上一張，然後將獻祭的雞血塗在船梁和兩個門柱的紙片上。這就算是貼紅了。所以他讓我們確信，我們在這樣一個晴天裡出發，已經開了一個好頭。那隻雞已經死了，所以這條船和我們就能存活，並戰勝急流的危險。他花了200多文錢買了鞭炮，以便嚇走邪惡的精靈，引起神祇的注意，來享受他的犧牲和血祭。如果我們遭遇到了什麼不測，那肯定得歸咎於其他的事情，而

不是為起航所做的宗教或迷信準備有什麼疏忽。羅船長說船也是「有脾氣」的，在這一特定方面尤其像龍，因此他不允許妻子上船頭。當我問為什麼禁止他妻子去船頭時，他反問了一個令人吃驚的問題作為回答：「你會讓一個女人站在你頭上嗎？」[082]

　　我們稱這艘平底船的船長為「老闆」[083]。實際上，人們若是想對這條河上的船長表示尊敬，就得這麼叫。反過來，他稱奧德費爾德先生為「老先生」來表示敬意，雖然後者才 30 歲，正值壯年。

　　老闆今天下午四點之後就沒閒過，此時船正在下女灘上航行。那些在岸上走的縴夫都是些結實、強健的男人；竹繩子已經加長，船桅得以加強，尖頭的長竹篙也都拿在了手上；船員們全都脫掉了襯衫。如此準備好之後，我們進了下女灘。大家都顯得非常緊張。縴夫們都前傾得用手撐地，沿著江岸極其緩慢向前爬行，就像是奇怪的四足動物。平底船上的每個人都緊張到了極點，船在起著漩渦的水裡懸盪。我們也用尖頭的竹篙幫了一把忙，經過拚命努力之後，我們穿過了那個湍灘，船夫們的號子聲才停息了下來。

　　到了平靜的水面上之後，老闆往回指著說：「那兒全是鬼，雖然我看不見它們，至少也有上百個。有時候它們抓住船舵，就讓船停下來。它們抓住不放，直到船上的人累壞了不得不放手，船於是便沉了，上個月有條船上死了八條人命，鬼將他們捉去了。這些鬼又飢又窮，找的是那些有錢人。所以我丟了些米和紙錢給它們，這樣它們會放我們走，我總是投給它們米和紙錢。上個月送了命的那八人也成了鬼，人死了就會變成鬼，看護著這條江。每個鬼管著四十八斤水呢。」

---

[082] 這裡還有些更深層的原因。龍代表陽，而虎代表陰。——原注
[083] 在揚子江上，這個稱呼意思是「老大」、「老且大的那個人」。——原注

　　我們向老闆打聽閻王的事情，據說閻王把這個湍灘之處的水都分給了那些鬼魂去管，每個鬼魂分到四十八斤水。老闆說人死後都會變成鬼，倘若是個好鬼，三年之後便又投胎成為好人；但若是壞鬼，他便活了多久就得做多久的鬼，此後會託生為母牛、公豬或者其他惹人嫌的動物。

在廣西萬田用快照拍攝的當地婦女，共兩張照片。

　　我們也同樣過了二女灘，只是有好幾分鐘，老闆都唱著一首怪異的曲子來嚇唬走二女灘上的鬼魂。他說某天晚上有六個江洋大盜試圖攻擊他，然而他們卻全都喪了命。那天晚上桂江上又添了六個新鬼。他堅持說所有當官的肯定都會變成惡鬼，因為「他們的心歹毒」，「他們殺害無辜，死後會變成厲鬼」。老闆對於中國官員的看法跟其他每個中國人沒什麼兩樣。秀麗的桂江！美貌的兩位女子！這樣美的地方哪裡會有什麼鬼怪、黑暗和危險的惡魔啊！

　　這裡的山上沒人住，為什麼沒人我不知道，江岸邊倒是有數量極少的

第一部分　南方的省府

一些村落，也許是河水的肆虐嚇跑了人。這山上又陡又缺土，不可能開墾耕種。據說廣西全省都人煙稀少，只有 500 萬人口，就跟近來的加拿大一樣，倒是比蘇格蘭人口要更多一些。如果說岸上人跡罕至，那江面上卻承載了不少人，因為每天有很多船隻經過這裡，順流而下的船隻大小不一，載著各色貨物。我們溯流而上，穿過桂江上的各類船隻，主要是鹽船。桂山上光禿禿的，凹凸不平，不時能看到峭壁聳立。很少看到寶塔、寺廟和菩薩！岸上有女人在搗製油灰，那是用來填補平底船底裂縫的。人們緊盯著山上看，想找到虎、狼和其他大而強壯的野獸，可是什麼也看不到。

昨天晚上，船夫們大吃了一頓。到了每一個大的市鎮上，老闆都會好好地款待他們。一旦到了峽谷口，竹篙剛剛從船首插進了淺灘，人們馬上就會擺出火鍋。那上面有一罐豬肉和一壺當地的酒，因為他們喜歡喝燙熱了的酒。選單上還有蔬菜和米飯，我們為每個人加了一個柚子、兩個橘子，他們對我們拱手表示感謝。

船夫中有兩人是小農，每人各自都有一兩頭豬。這兩人種田一共收穫了 500 擔米，每擔約 100 斤。這就足夠養活他們和父母了，卻沒有多餘的錢來買衣服穿。於是這兩弟兄在這條江上繼續賺買衣服的錢。順流而下每人賺兩元，溯流而上則是四元。這兄弟倆跟其他船夫不一樣，我們輕而易舉地覺得他們要優越於其他船夫。在中國，農夫階層是僅次於文人階層的。

11 月的某天黃昏，天空的黑暗慢慢地籠罩大地時，我們的船悄悄地駛進了一片礁石群中的靜水區，這片礁石正好位於韶北灘的下游，我們船的竹篙尖頭就是在那兒觸到了硬實的河灘。我們看到河岸上支著一艘不幸正在修補的船殼。那撞裂的底艙、薄暮之中修船人影影綽綽的身影、急流湍灘的驚人咆哮，還有迅速遁去的日光，所有這一切都促使人們產生這樣的

感覺，即這裡也許是一個報復性鬼魂邁著致命腳步的出沒之處！突然間一個凶兆出現了：一個船夫從身邊跑過，急匆匆拔起作為泊錨的竹篙，拖著我們的浮棺（因為在昏暗的月光下它成了幽靈般裝載著逝去名人的靈柩）往一個更加荒涼的泊位走去。理由是岸上正在修理的那艘船的船長通知我們的船長，說是他的船員將會於當夜的晚些時候「唱水」，把鬼魂送往下游。若是我們在下游，鬼魂就有可能纏住我們的船舵，因為鬼魂總是順流而下的。

那艘底艙兩側被撞裂的船之前是載著稻米從平樂前往梧州，在湍灘的入口處被一個可怕的漩渦推著撞上了水下的暗礁，幾乎沉沒。在這樣古怪的晚上，如此拋錨在一片森林的近旁，這樣的情景煞是有趣，因為森林中有老虎出沒，近旁的湍灘上則有鬼魂居住，還有那似乎要給我們帶來滅頂之災的無休止的激流的咆哮聲迴盪在我們的耳邊。在高高的絕壁所投下的陰影裡，有人影在神祕地晃動。火堆、黑鍋、雞肉，還有豬肉。大束的香在水邊被點燃，迷信活動的儀式開始了。那艘失事船隻的船夫們說話僅限於耳語，他們吃著雞肉和豬肉，此前也向水深處的精怪們投去了一些，算作是別離時的款待。正當我們下結論說，這些只不過是鬼魂們的詭計，實際上它們正在策劃攻擊我們的陰謀，突然我們右舷近旁失事船隻的船夫們跳起身來，發出一聲淒厲的號子聲（我抓住了來復槍），在向水裡扔進更多的肉以後，開始燃放鞭炮，然後就悄悄而迅速地走了。將飢餓的鬼魂送往下游的儀式就此結束了！據船長說，只有餓鬼才會在桂江上毀壞過往船隻。我們的船夫在談論完江裡的鬼魂和船上的洋鬼子之後，請求我用來復槍放一槍，當我問他們要不要先焚香和放鞭炮以趕走水裡的鬼魂時，他們回答說：「不用，它們不纏洋人！」這話聽起來是一種莫大的安慰。

雖然西江自梧州以下的河段沒有什麼吸引人的景色，但桂江卻是風景

如畫，非常秀麗，有時也十分壯觀。從平樂再往上游走，遊客不會有一刻感到無聊沉悶，直至在桂林棄船上岸。假如說二女灘、銀鞋灘或螺旋灘還不算最引人仰慕的景點，那麼桂江兩岸令人驚奇的石灰岩山峰肯定就是了，它們在夜晚的月光下顯得風格奇特，在白晝的陽光下則雄奇壯觀，清晨薄霧環繞時光怪陸離。當高高的懸崖和一系列圓拱形、巔峰形和螺旋形的山峰以同樣鮮亮的色彩投射在清澈見底的江水之中，而本地船隻從這些倒影中輕輕滑過時，這景色美得幾近卓越而崇高。這些倒影將風送回到了神祇的花園裡，喜歡風景的旁觀者在那兒也可以看到金字塔形、尖頂形、塔糖形、馬鞍形和更多超俗世事物形狀的斷斷續續的線條。就連最漫不經心的人也會由衷地讚賞那些岩石、洞穴、懸垂的山體、藍色鳴鳥、魚、竹筏（五根竹子、六隻鸕鶿，再加上一個人），還有以在石頭上搗衣這種東方風格來洗衣服的女人（那衣服若非以這種方式來洗的話將會永遠也穿不破），在懸崖邊上陡峭危險的地方為冬天燒火而割草砍柴（因為樹木很少）的人們，以及生長於人們以為永遠也不會成熟之處的穀物 —— 我們還能說些什麼呢？當我們努力試圖將從平樂到桂林這一連串湖泊的神奇美妙告訴別人時，我們的詞彙頓時變得蒼白無力。清晨時分，當一輪朝陽將其半數的曙光投射於群山之上時，這裡簡直就是一個仙境。每一座山都令人聯想到古希臘神話中的某個神祇，那些由巨石形成的小山活像是仙境海岸上的燈塔，加上它周圍華美的倒影和其更為實在的景色，足以讓透納[084]的心陶醉，讓華茲華斯[085]的樂琴調出和美的諧音，給大衛王[086]的豎琴裝上動聽的琴絃。我們預言那些倦怠了歐洲之乏味的遊客在不遠的將來

---

[084] 透納（Joseph Mallord William Turner, 1775-1851）是英國 19 世紀初期著名的水彩風景畫家。
[085] 華茲華斯（William Wordsworth, 1770-1850）是英國浪漫派代表詩人，因長期生活在湖區，而被稱為「湖畔詩人」，詩歌以描寫自然風景之美而著稱。
[086] 指《聖經》中的大衛，曾為古以色列國王。

就會來到長城、揚子江、黃河，以及桂江上游地區那美妙的仙境。桂江，你好！我們沿著你溯流而上，來到了廣西的省會桂林，從揚子江流域這個分水嶺往南只有幾英里的地方。

廣西桂江的陽朔下游，從梧州去桂林的路上。

二、這座城市的故事

揚子江流域南面的南方地區並非屬於原來的中國，它在過去經常處於獨立的統治之下，正如英格蘭東半部所有地區曾為丹麥國王或君王獨立統治200年一樣。但由於丹麥人沒有留下文獻記載，所以當我們提及這塊地方時，總是按照英國人的說法，將其稱為「英格蘭」，無論在歷史上英國人曾被擠到多麼狹窄的一塊地方上。同樣，關於南方地區的知識，我們完全依賴於中國的編年史。

這些編年史告訴我們，史前時代這裡生長著一大片肉桂樹的森林。我們不知道，當秦朝的中國人已經驕傲地擁有了竹簡書時，這裡的居民是否

跟我們的非洲俾格米人[087]朋友處於同一個水準上，或者他們是否還在營巢的階段。北方的文明人所知道的一切就是，偶爾「南蠻」會入侵他們。

桂林城中有座寺廟是紀念舜的，舜被認為生活於西元前 2200 年左右。然而，這座廟卻是修於約 3,000 年之後，我們從紀念碑上抄下來的碑文準確地講並非同代人所寫。那石碑[088]現已破損，碑文中的許多字都已經消失了，下面這段似乎是它要講述的傳說，這個故事跟桂林城並沒有確切的連繫，而只是廣泛而模糊地提到了「南方」：

帝舜姓姚，名重華，暗示著他比先帝堯更厚德。他是顓頊的後代，20歲時因盡孝而聞名於天下。30 歲時他成為帝堯的大臣，後來他繼承了王位，並且挑選了大禹作為他的繼任者。50 歲時他登上王位，112 歲的帝舜巡視南方各省時崩殂。他的美德往下傳了萬代；他的精神蔓延到了全國，並非局限於本地。南方的人民深切地紀念著他，立了這個神龕，來供奉犧牲給他。此地在夏、商、周這三個遠古朝代（約前 2200 －前 255 年）也供奉祭品，秦始皇當政時也沒有斷過。唐大曆十一年（776 年）舜帝的後代居住在隴西地區……（石碑在此處被毀壞）對於歷史來說，這樣的碑文跟溫徹斯特最近豎立的阿爾弗雷德大帝千年紀念雕像具有同樣的價值。這塊地方不是遠古中國的一部分，這是個簡單明瞭的事實。秦二世派趙佗去往龍川時，這個地方才第一次接觸北方文明。趙佗征服了南海地區，將其納入了自己的統治之下，這之後不久他就不再效忠秦朝，而是在平定了更多地區後自立為王[089]。當北方的漢朝取代了秦朝之後，漢高帝劉邦認為最

---

[087] 非洲俾格米人（African Pigmies）是非洲中部地區的矮小種族。

[088] 這可能是指唐建中元年（780 年）由韓雲卿撰、韓秀實書、李陽冰篆額的〈舜廟碑〉，豎立在桂林的虞山上。因無法找到原文，碑文從原英譯文轉譯。

[089] 他是第一個「南海尉」，郡治設在現廣東界地，秦亡時他自稱為越王（「越」現在仍是廣東和廣西的簡稱）。除了呂后統治時期有過一段短暫的敵意之外，趙佗至死都是效忠漢朝的諸侯，他死的時候壽限很高（103 歲）。—— 原注

好承認事實，便派了陸琿楷[090]去授予圖符承認封邑。高帝崩，趙佗甚至自稱「帝」，「帝」是秦朝發明的，漢高帝劉邦照用，而當漢文帝也沿用這個稱號，並派使臣勸趙佗奉表稱臣時，趙佗同意了，又恢復了南越王的稱號，並將之傳於子孫。漢元鼎六年（前 111 年），伏波將軍路博德[091]殺了趙佗的最後一個子孫建德（Chin Tê），這個獨立的諸侯國就被朝鮮化了。

陶侃（西元 259 — 334 年）為南海郡一名官員（約 250 年）。他有一個習慣：每天晚上將一百塊磚從院子裡搬到房子裡，早晨再搬回去。有人問為什麼時，他解釋說自己過著的生活太安逸，怕自己會變懶、失去愛國之心。

人們認為陶侃應該有比這更好的事情去做，因為我們在編年史裡面發現了許多如下的簡短記載：「有 2,000 名盜匪從永寧來投奔一個姓龍的盜匪首領。與此同時，姓夏、譚、何的三名盜匪首領也拉起了一支由 3,000名赤膊戴紅巾的盜匪組成的隊伍。由 5,000 名戴紅巾的盜匪所組成的義善會在廣州南部 30 里處起兵叛亂，禍害了周圍整個地區，直到王海庭將軍（General Wang Hai Ting）將他們擊退了 120 里，然後將其招降入伍，豁免了所有對他們的懲罰。」但是讀者也得記住：在官方的詞彙裡，「盜匪」是指反政府的人，如抵抗諾曼底公爵的赫里沃德[092]，反抗愛德華國王的華萊士[093]，反抗喬治三世[094]的華盛頓。這些「盜匪」中有些人戴著三角形的徽標，上面寫著「溫良、氣和、心平」三個詞，就像他們是虔誠的基督教青年會會員似的。

---

[090] 「賈」是他的名字，「琿楷」也許是他的號。 —— 原注
[091] 跟陸賈不是同一個人，陸賈在此前很多年便已去世。 —— 原注
[092] 赫里沃德（Hereward）是於 1070 — 1071 年間反對諾曼底公爵入侵英國的盎格魯－撒克遜英雄，他曾一度奪得伊利島，但後來被諾曼底公爵所擊敗。
[093] 華萊士（William Wallace, c. 1270-1305）是蘇格蘭的民族英雄。1296 年，英王愛德華一世囚禁蘇格蘭國王約翰，並自封為蘇格蘭的統治者。華萊士率領蘇格蘭人進行了殊死抵抗。
[094] 喬治三世（George III）是美國獨立戰爭時期的英國國王。

廣西桂江邊上的平樂

　　著名的馬援將軍在世時，一個被稱為安南[095]的地方曾有徵側、徵貳等兩個女人領頭造反。當時漢朝的皇帝派遣大將馬援前去討伐。建武十一年（35 年）正月，這兩個女人被斬，南方重新平定下來。

　　這些是編年史裡面的一些片段。在西元 900 年唐代衰亡之後的動亂歲月裡，這片地區歸宋朝統治，其都城建於開封。就是在這個時期，南海郡被分為廣東和廣西，這種分法從那時起一直延續至今，已有將近 1,000 年的歷史。有哪一個歐洲國家的疆界保持了這麼久而沒有變化呢？

　　這裡我們所知最早的建築是隋代的一座寺廟，隋於 581 年建朝。有關這座寺廟的故事被銘刻在一塊石碑上面，巡撫送給了我們一份碑文的拓片，它是這麼寫的：

　　桂林寺廟眾多，其中最古老的就是這座萬壽寺。它的名稱經常被更

---

[095] 安南（Annam）現位於越南的中部地區，西元前 111 年到 939 年期間那兒曾為中國所統治。

改。在隋代剛建成時，它被稱為開元寺。唐代時它叫做善興寺；到了宋代，就成了寧壽寺。明洪武二年（1369 年），寺廟被焚毀，但在洪武十六年（1383 年）得以重修。清順治十六年（1659 年），廣西巡撫再次對它進行重修，並將其命名為萬壽寺，乾隆五十六年（1791 年），桂林的士紳和貴冑又一次將這座寺廟重修；其中一位著名文人李豐翁[096] 樂善好施，捐了一萬兩銀子。這項工程完成時，桂林知府特前來巡視，並寫下碑文，以銘記該寺廟的歷史。

廣西桂林一所名副其實的中學

　　上述碑文只偏重記述寺廟方面的情況。最好還能補充以下的事實：這寺廟剛建成時是在一片曠野之中，但在西元 1300 年左右的蒙古人統治下，這裡到處發生騷亂，後來似乎一直如此，紅巾軍把這個地區攪得雞犬不寧。因此當地一位主要官員提議在此地修建城牆，將寺廟及其周圍大片

---

[096] 即李宜民（西元 1704 — 1798 年），字丹臣，桂林富商，與子李秉綬、李秉禮和孫李宗瀚共享「臨川李氏」的盛譽。

土地圍起來。建城牆的這塊地方是經過精心挑選的，東面為大河，南面為支流，西部為泂流，北面為溼地，於是就不用修人工護城壕了。「民眾自願服勞役，人人爭先恐後。」桂林城就是這樣建起來的。

當漢族的明朝將蒙古人驅除之後，洪武帝立即派人來要求這個地區的人民臣服。額爾吉訥拒絕了，他得到了當地心存感激的人民的支持，然而楊璟率領著一支軍隊到來。長時間的圍攻並沒有什麼成果，因為有很好的水上防禦工事。但是將軍看到了如何將這些水上防禦工事為他所用；他在河裡修壩，然後讓水湧向那些防禦工事。當這些工事不得不被放棄時，他手下的士兵便攻入城去。額爾吉訥被俘，押到洪武帝面前，並因拒絕投降而被斬首。

圍著這廟後來又修了一圈內城牆，於是這個寺廟成了明朝靖江王朱守謙的堡壘，並改稱王府。朱守謙顯然經歷了一段困難時期，為了安撫本地人，被迫跟身分不如他的人打交道，直到最後他放棄了這樣的努力，將兒子叫回家來，將爵位傳給了他。靖江王的後代世襲在這裡統治著，直到李自成攻破北方的首都北京，於 1643 年結束了明王朝。然後一個叫做洪嘉（Hung Kia）的人統治了這裡，稱自己為總督。有七八年時間沒有人能推測未來會是什麼模樣，許多漢人揭竿而起，1618 年從東北部侵入中國的滿族人不斷擴展他們的疆界。這些南方的省份堅持反抗滿族人時間最久，直到 1649 年，清朝軍隊經過拚死衝殺終於攻破了桂林。

康熙皇帝平定全國以後，便僱用了一些地圖測量員，但是他的繼承人雍正驅逐了他們。所以廣西這個省份對於歐洲人一直關著大門，直到最近幾十年才開放，以前也沒有任何基督徒來這裡居住過，直到 1898 年美國人坎寧安的到來。在滿族人統治下，那個寺廟城堡曾被用來作為科舉考試用的貢院。這就不禁讓人要問這樣的問題：這裡的居民，準確來講，並非漢人，他們是不是更加願意接受蒙古人和滿人的統治而不是漢人的？但是

我們要記住，正是在滿人統治期間，太平軍或漢人的愛國者組織起來，開始了他們征服的生涯。

我們的同胞坎寧安舉家歡迎我們，並很快就把我們安置到他們舒適的好客之家裡，我們婉拒了政府提供的富麗堂皇的公館接待，而寧可待在這裡。我們為這座城市及其周圍的秀麗景色所打動，一座到處都是池塘、學校和詩人的城市在其地名上也都應該表現出詩意，這種詩意在街道名稱上便可一目了然 —— 五麗塘街、獅林街、普春街、鳳凰街、義井街、正陽街、螺線街、富珠街、福海棠街、閘塔街、拂曉街、伏波街、桂崖街、金魚街、敬德街、陽仁街、和睦街、百年坊。甚至那座橫跨桂江，把來自梧州的大路引向桂林東城門的著名浮橋也有一個迷人的慈善名稱：永施橋，這並非指乞丐不休的糾纏，因為乞丐是不許糾纏過往行人的。即使是罪犯也得勞動，我們遇見過這樣的犯人在掃大街，他們有一條褲腿是紅的。

我們爬上了寶積山，在那兒我們的視野更寬闊一些。那些山巒、孤巖、洞穴、溶洞、巖縫、溪谷、深谷、峭壁，說真的，這個省會城市周圍風景的所有方面和色調裡都隱含著詩人的氣質！華夏帝國沒有任何其他一個首府城市，無論是總督所在地，或是巡撫所在地，有類似於桂林的石灰岩地貌，即被這麼多的「岩石、小溪，以及有廟宇的小山」所包圍和充斥。我們之所以這麼說，是完全有把握的。那些峭壁、山峰和人民都充滿了冒險精神，非常適合於在這裡搞陰謀，為進行某項危險的事業而將人和武器聚集在這裡。距離這個南方政治影響中心很近的地方就是可供武裝暴徒輕易藏身的掩蔽所，後者可以在那兒安全地等待一個可以實施其大膽冒險行動的日子到來。

自然地理和精神狀況促進或阻礙了詩意進步的潮流。當有人遞給我們一本當地人寫下的詩集時，我們一點都不感到驚奇。無論在陸地上還是海

洋上，海盜和詩人有些什麼共同特點呢？想像力使得每個山洞裡、每條河和每座山上的居民往往變成了一些高於凡人而又非神靈的東西，他們既不適合塵世，也不適於天堂。

　　然而如果從名字上來判斷，這裡的強盜也具有詩人的氣質。就拿在「善本書」（我的中文老師對作為我資訊來源的那本書的稱呼）裡面第一次提到的盜匪來說，他們的名稱居然是白蓮教。一個被強人們所占據的山洞有個迷人的名稱，叫做晚日洞，還有青蓮洞、銀壇洞、地螺鑽洞和畫屏洞，以及包括七星山在內的一些小山峰。但是回到山洞這個話題上來，對於白龍洞、仙鶴洞和仙人洞，人們還能指望些什麼呢？這些名稱讓人想到的不僅僅是詩人的冥思，還有盜匪的安全感和信賴感。

　　我們的主人，來自宣道會的坎寧安先生，對於在這個盜匪活躍地區的工作盡心盡職。這對於傳教使團來說，是一項優秀的特質。他已經不滿足於分發基督教的小冊子，在小教堂裡主持禮拜儀式和創辦女子學校，儘管這些工作也值得去做；他時刻牢記自己要向被社會拋棄的人們傳播福音的使命。他告訴我們，安南一仗打完之後，許多兵勇沒有發給軍餉就被遣散，所以他們被稱作「游勇」。這些人自然心懷怨恨，於是便攜帶著火銃槍，上山當了盜匪。所以他們最痛恨的人是那些中國官員。清軍從其他省份調來兵勇，跟這些叛匪打仗。倘若戰敗，地方總督就會降那兒官員的職，然後派其他官員去，因為兵勇們通常會對自己的長官保持忠誠。就這樣，散兵游勇的數量迅速大增。

　　詩人李歡一定是在這個省份被盜匪們抓住的。他被命令作詩一首，於是即興寫了下面這首詩，之後立即就被釋放了：

> 暮雨瀟瀟江上村，綠林豪客夜知聞。
>
> 他時不用逃名姓，世上如今半是君。

桂林的廣西省諮議局新會堂。「王府」的廢墟依然屹立，背景為金紫福石。

桂林一個具有歷史意義的房間，廣西省諮議局第一屆代表大會曾經在這裡召開。

雖然盜賊仍是該省生活的一個顯著特徵，但是目前正在採取措施來進行治理。有一座模範監獄和一所武備學堂已經創辦，而各式各樣的教育機構則預示著一種新精神的降臨。這裡是省會城市，我們看到的不僅有小

學、中學，還有一所技術學院、一所師範學院和一所農業學院，配備有外籍教授，還有相對獨特的校務管理機構。

我們在請導遊這方面十分幸運。廣西省的巡撫是一位翰林，他從北京方面得知我們要來的訊息，殷勤地提出要為我們舉辦官方的招待會。我們謝絕了這個提議。於是他便在桂台山（Kwei Tai Shan）上設宴為我們洗塵，讓我們品嘗了燕窩湯、魚翅、鴿子蛋、甲魚、雞肝、蘑菇、河蝦，還有鴨掌等美味佳餚。我們後來聽說，退休後在此地度晚年的臺灣巡撫過去為了吃鴨掌，常常這樣來烹調這道佳餚：他會將鴨子趕進一個地板燒燙了的房間裡，直到鴨掌烤熟，然後將牠們趕到另外一間屋子裡，那屋子的地板上鋪滿了調好味道的香油，直到鴨掌上浸透了香油。但是這位前巡撫死於貧困，而我們的這位巡撫主人並沒有步他的後塵。

巡撫閣下從他繁忙的公務裡抽身了四個小時。我們周邊都能聽到鑿子和木槌的聲音，這座大房子的每一面都有該建築因主人的品味和雄心而發生變化的痕跡。在得知我們對於古文物有研究之後，他謙恭有加，給我們弄到了好幾處碑文的拓片。

其中有一幅拓片寬 10 尺，長 14 尺，前文已經提到過它對於古代神祕人物舜的敘述。那塊石碑受到了嚴重的毀壞，因為明朝在這裡駐軍的將軍曾邀請一位詩人陪他上山，在那兒他們遭遇了一場暴風雨。那詩人吟就了幾句詩，於是那位將軍便粗野地命令將這些詩句銘刻進了石碑裡：

> 雨過天晴孟春曉，薄霧散去山更奇，
> 衣袍捲起去採集，賦詩獻給重華寺。
> 四周靜寂聞鳥鳴，桃李繽紛欲迷眼，
> 深淵流水近旁現，千古潭府育龍蛇。

桂林的現代監獄學校

　　另外一塊石碑上面是一首有
1,000 多年歷史的頌詩。第三塊石碑
的歷史可追溯到 826 年，在一段散文
的下面，還銘刻著一首詩。關於這些
碑文我們附上丁韙良博士的譯文：

PORTRAIT OF CHANG MING-CHI, AGGRESSIVE GOVERNOR OF KWANGSI.
Presented to Dr. Gell by the Governor, at Kweilin, the Capital.

富有進取心的廣西巡撫張鳴岐

　　桂江舍南山而去的地方有一條溪
流叫做南溪……山坡上有個九間房那
麼大的山洞，自然風光無限好。這激
起人們的想像力。唐寶曆 [097] 二年，
唐敬宗李湛一個叫李渤的兒子被流放
到了桂林……李渤寫的詩中就有這麼一行：

　　峭壁之下度餘生。

　　除了這一行之外，他又寫了一首頌歌，被刻在石頭上，以讚美桂林景色：

南溪詩

玄巖麗南溪，新泉發幽色。

巖泉孕靈秀，雲煙紛崖壁。

斜峰信天插，奇洞固神關。

窈窕去未窮，環回勢難極。

玉池似無水，玄井昏不測。

仙戶掩復開，乳膏凝更滴。

丹砂有遺址，石徑無留跡。

南眺蒼梧雲，北望洞庭客。

蕭條風煙外，爽朗形神寂。[098]

從桂山亭上看桂林城，巡撫和著名文人在此設宴款待本書作者。

　　發配一位詩人去桂林，就像是把蜂鳥送到了長滿牽牛花的花園裡！然而在蘊義朦朧的其中一行詩裡，這位詩人似乎還在等待著北方「洞庭客」的到來。

---

[098] 原文中少錄了李渤此首詩的最後兩句：「若值浮丘翁，從此謝塵役。」

我們去看了七星巖，它就在城市對面的桂江彼岸，足有一里遠的地方。在四個手持汽油火把的導遊和保鏢陪伴下，我們從巖洞的魚龍口進去，便開始欣賞以下這些景點：親王臺、魚龍口、太白羅漢。「這個羅漢，負責看守桂林的東城門。」那名精力充沛的嚮導說，他的聲音足以驚醒佛陀。接著他大聲喊道，聲若滾雷：「天堂祥雲！」雖然我們告訴他，我們的聽覺都很好，但他迷信的內心仍然驅使他大聲叫喊出來。仙境頭門、二龍戲珠、鐘乳石欄 —— 以上就是我們這位可敬的嚮導對於那些奇特巖層的闡釋。「無底深洞！」嚮導吼道。人們的注意力轉向這個可怕的景點，竟聽到一個更為可怕的聲音，這真是令人毛骨悚然。我們往那深不見底的洞裡望去，希望做善事的人們會渴望往裡投活魚。「龍鼓！」嚮導的聲音震耳欲聾。燈桿、三鼓、仙境三門……「天宮幕簾！」所有的嚮導齊聲喊道，那隆隆的回聲傳進了黑暗的石洞和潮溼的過道。猴偷蟠桃……「仙人床！」那老嚮導尖聲叫道。駱駝和獅子、青蛙、魚、老虎頭、吃石榴的仙女、風龍洞……「蝸後三星！」嚮導吼道。然後是一陣令人畏懼的沉默，此間我們都在嚴肅地冥思，那萬能的上帝之手如何在漫長的歲月裡精心塑造了這些鐘乳石和石筍。不久，我們便從「八星巖」的口子裡鑽了出來，因為我們把嚮導也算作是一顆最大的明星。

■ 三、桂林唯一的外國人墳墓

在這個省會城市的老西門外，經過安息日朝著日落處的一段旅行，便可以在驅馬山一個可愛山谷中看到一座孤獨的外國人墳墓。神園門內大約兩箭之地處，有天上的風從風洞山的方向吹拂過來，就在那個長著奇異中國花卉的地方，安息著一位美國女性的羸弱身軀，她於冬季 11 月分便長眠於此。為了表示我們對於逝者的尊敬，對於一個美國同胞充滿愛國心的

懷念，以及我們作為基督徒對於一位傳教士長眠於這塊遠離家鄉的土地上的關心，我們沿著義井街一直走到了鼓樓，從那兒又沿著王府街走到老西門，在那兒我們停下來看一塊石碑，上面銘刻著乾隆時代的碑文，禁止人們觸動龍骨。重新上路後，我們出了城，穿過一座石橋，接近那些高聳的石山，後者守衛著美麗的長谷入口，並為西方女子那個孤獨的墳墓站崗放哨。

大路岔口處豎著的一塊石碑再次讓我們停了下來。這塊碑石是於光緒四年二月初五豎立起來的。它「永遠禁止」人們使用鑿子去動鄰近的小山，因為從長谷經過的龍脈會將可貴的繁榮昌盛帶給孔廟，實際上也帶給了整座城市。上諭宣布勿擾驪馬山。然後是一些可怕的言辭：「無論何人開鑿驪馬山，定要嚴懲不貸。」可是當我們轉身去遠眺那景色時，看，大膽的石匠們正在從驪馬山的山嘴上取石呢。因此，即使在中國，我們也是生活在當代，而非往昔之中。

我們沿著 11 月肅穆的送葬行列所走過的同一條道路，進入了長谷，脫帽站在傾斜的門諾派 [099] 女傳教士比尤拉·維吉尼亞·范可的墓前。來華短短的兩年之後，她就安息在這片遙遠的土地上，現在她躺在這幸運山脈南面的群山腳下，除了在周圍陪伴著她的本地基督徒圓丘形墳墓之外，只有她孤零零的一個人。那個扛著沉重棺材的送葬行列不僅從龍脈上穿過，而且還幫助碾碎了它！她用短暫的生命消除了一些迷信，正如這些圓土墩形的墳墓所能證明的那樣，而且她教誨世人，繁榮昌盛之道應該到比驪馬山更崇高的自然事物中去尋找。

---

[099] 門諾派（the Menonnites）是 16 世紀起源於荷蘭的一個基督教新教派別，該派信徒反對給嬰兒洗禮，拒絕服兵役等，他們還類似於清教徒，主張生活儉樸等。

第五章
貴陽

貴陽

Kweiyang can be translated "South of the Kwei Mountains".

貴陽可譯為「貴山的南面」。

■ 一、桂林至貴陽，從肉桂林到鬼魂之地

　　曾被稱為「鬼魂之地」[100] 的貴州省雖然地處高原，但卻並不乾燥。它那三條規模相當大的河流全都需要用來帶走在我們逗留期間所下的霧和雨。從桂林到貴陽差不多 300 英里路程所經過的區域很少有白面孔的外國人出現。一幫法國人遇到了一位英國人，對他說他們是里昂使團的，要去貴州的興義。這位英國人以為那裡的基督教力量又得到了增援，顯得特別高興，然而得知這只是個商業使團後，他又大失所望。無論是商業使團還是傳教使團，這裡都很少見，這裡的傳教使團只有 24 名成員，而他們所面對的卻是 700 萬人口。

　　雖然該省擁有五塊肥沃的平原，但我們的路程卻要經過一座又一座的石灰岩山脈。這些山上住著苗族人，這是本地居民中半開化的一個民族，模樣漂亮，動作敏捷。第一天晚上，我們住在一個叫做長坡的村莊裡，村子裡 80 戶家庭的人們全體出動，來看這條路上所走過的第一位外國人。我們懷著同樣的興趣，看到婦女們穿著露膝蓋的衣服，脖子上套著沉重的月牙狀銀器。讓我們頭痛的是從四周池塘蜂擁而至的昆蟲，牠們對於吸取新來者的血液顯露出極大的興趣。長坡的客棧是一幢破舊的房屋，客棧老闆對於自己為我們這隊旅客提供服務的能力不太自信，但是覺得我們既然來了，就必須住下來。他在用糞餅燒的火上加了大量的薰香，準備真正要做到客棧招牌上所寫的「賓至如歸」。

　　有關苗族起源的傳說，我們在旅途中就聽到了，以下的故事是引自《華西傳教士大會記錄》一書的第 172 頁：

---

[100] 漢語中的「Kuei」原意為「鬼」，由於作者也不清楚的原因，這裡也許曾被稱為「鬼魂之地」。但是它現在的名稱「貴州」中使用的是「貴」字，意為「寶貴的」。—— 原注

在大洪水的傳說中，有兩個人存活了下米，他們是兄妹倆，因躲在一個碩大的葫蘆裡而得救。哥哥希望妹妹做他妻子，但妹妹認為這樣做不合適而拒絕了他。最後她給哥哥提建議說，一個人拿磨石的上面部分，另一個拿下面部分，走到相對的兩座山山頂，讓磨石朝兩座山之間的山谷裡滾下去。如果發現滾到谷底的這兩塊磨盤就像原來那樣合在一起，她就同意做他妻子，而如果發現石頭沒有合在一起就不同意。哥哥同意了這個建議，但考慮到兩塊從對面山上滾下的石頭完全不可能碰在一起並且合上，他偷偷地在山谷裡面放了兩塊磨盤，一塊放在另一塊的上面。然後他們從山頂把石磨盤滾了下去，兩塊磨盤在山坡上就滾丟了。到了山谷下面，哥哥把事先放置好的兩塊磨盤指給妹妹看，然而她對此並不滿意，又提議說山谷裡放置一個盒子，然後他倆從兩座相對的山頭往山谷裡擲小刀，如果兩把小刀都被發現在盒子裡，他們就結為夫婦，否則不然。於是哥哥再次想到兩把小刀都擲到盒子裡是多麼不可能，所以在上山前就拿了兩把小刀放在了盒子裡。從山頂上擲下的兩柄小刀都丟失了，但是當妹妹看到了哥哥事先放在盒子裡面的那兩把小刀，就同意了做他的妻子。隨著時間的流逝，一個孩子出生了，又聾又啞，沒手臂沒腿，狂怒的父親就把孩子給殺了，砍成了碎片，在山坡上扔得四處都是。第二天早晨，這些碎片變成了男人和女人，這樣大地上又住滿了人。

貴陽著名的法國天主教寶塔教堂

貴陽附近的苗族（青苗）婦女身穿露出膝蓋的褶疊短裙

　　按照我們自己聽說的版本，人類的肉體和神聖的靈魂結合起來生成了苗人，因此苗族是眾神的後代。

　　當地人對於苗族起源的記述就是如此。中國的古文物研究者在貴陽府的這些苗族部落中辛勤地工作，把苗人粗略地劃分為 27 個組群，以女性服裝的特點來為其命名。從關於貴州的權威方志中我們摘出了以下這幾個段落：

　　白苗是以女子服裝的顏色而如此命名的。白苗人裹頭巾，但卻赤足。婦女們頭戴風帽而非裹頭巾，將她們的頭髮別在一個通常是 10 英寸[101] 長的髮針上。仲春時節她們盛裝集合在平坦的曠野中跳舞。她們稱跳舞的地方為「舞地」，中文是「跳場」。……跳舞的時候男人們吹竹笛或者蘆笙，女人們裙子上面的金屬鈴發出輕輕的聲響。到了晚上，每人都領著他或她的愛人回家。嫁妝的價值能透過新娘所戴項鍊的數量看出來。他們給祖先呈上又大又肥的公牛作為獻祭，並以觀看鬥牛的方式來慶祝節日。他們會殺掉鬥牛時表現最出色的公牛，將其獻給村子裡供奉的眾神……主持犧牲儀式的那個男人穿白色長袍，還有一件短一點的黑色袍子，外面有濃豔的裙裾。儀式結束後，整個部落便縱情地喝酒唱歌，最後形成用言語難以描述的狂飲作樂的放蕩場面。這些白苗人單純而又粗魯，耕作是他們的主要行業。

　　花苗住在該省省會[102]的南面和東南面（貴州的其他部分也居住有花苗），他們跟漢族人一起居住的情形並不少見。他們將布扯成條帶狀，然後將這些條帶織成地毯狀，用來做男人的衣服……這些被做成前後都不開口的服裝，只是頂上有一個孔，其大小足以能讓頭穿過去（我們實際看到

---

[101] 1 英寸 ≈ 0.0254 公尺。
[102] 即貴陽。

的花苗並非如此）。男人們頭上戴著黑頭巾，女人們將馬鬃嵌入自己的頭髮裡面，使得頭髮顯得濃密，整個頭看起來跟喜鵲巢似的……在女人服裝的面料上，她們倒上一層蠟，刻出花卉的圖案，然後倒上染料，把蠟刮掉之後，這些花卉圖案就顯現了出來！除了她們袖子上的棉線刺繡以外，這個方法還被用來做她們衣服上的裝飾。因此叫做花苗[103]。

仲春時節，他們在跳場中央植上一棵冷杉，樹枝上繫上了野花兒。那一天男人和女人都要穿上漂亮衣服。男人吹著竹簫，女人唱著情歌。他們就這樣圍著那棵「野花樹」跳舞，為選擇愛人提供條件。男女互相交換腰帶就意味著他們倆願意成為一對兒，之後送給新娘的聘禮根據她脖頸上戴的銀首飾的多少來決定。

新娘結婚三天以後回到娘家，直到生下第一個孩子才回到丈夫那裡。花苗人死的時候，死去的人的衣服掛在房間的角落裡，領頭的哀悼者會朝著它哭喊：「回來！回來！」然後親戚們都帶著酒和乾肉去祭獻和哀悼逝者。哀悼者都圍著屍體而坐，邊哭泣邊吃下逝者的家庭為他們備下的牛肉。

埋葬死者的時候不用棺材。挑選墓地時，人們會從一人高處丟下一個雞蛋，如果雞蛋落在草地上沒有破裂，那地方就會被認為是死者最佳、最幸運的埋葬地。生病的時候，貴陽府的花苗人並不服藥，而是向神靈禱告，向他們祭獻公牛和母牛。這種做法，使得一些人家裡負債累累，失去他們祖傳的財產。

他們認為六月是一年的開端。他們都是一些樸素、害羞的人，但他們也很辛勤。男人主要的勞作是耕種，女人主要是紡織麻布。

---

[103]「花」是漢人對於自己的稱呼。我認為叫「花苗」可能是因為他們具有高度的文明，這個稱呼使得他們跟漢人更近，事實上也的確如此。——原注

　　青苗人住在省會城市的南面和西南面。男人們無論去哪兒都會帶著一把刀，身穿藍色衣服，頭上戴著竹笠，腳上穿草鞋。女人們用一塊特殊的手巾蓋著頭，衣服和裙子落到膝蓋處，膝蓋光著。他們的婚禮風俗和跳舞方式都跟花苗相似。他們認為在婚禮和葬禮上殺掉許多頭母牛和公牛就會有很大的榮耀。生病的時候，他們向鬼魂和幽靈祈禱，戴護身符，而不去請醫生。他們會講漢語，是一個凶猛的民族，但是並不樂意做強盜。

貴州省府貴陽

　　仲苗人[104]戴藍色頭巾，頭剃光了，穿得像漢族的農民。婦女們穿多裙裾的裙子，用花手巾蓋住頭部。女人穿的裙子越多，她便被認為越富有。富有的仲苗女子會時常同時穿著二十條裙子，但是她們的上衣很短，腰部以下蓋不住多少，背上通常蓋有一塊有花卉鑲嵌圖案的土布。仲苗人非常辛勤和節儉，漢族的臘月是他們新年的開始。他們每日主要的菜餚是一種腐骨混合物，即用動物骨頭和米酒混合，然後一直存放到發出一種強烈的酸腐味，這種混合物存放的時間越久，味道也就越好。因此一個誇富的仲苗人會說自己擁有儲存了幾代人之久的這種酸腐骨頭湯。

　　他們沒有專門的結婚儀式。春天時在戶外的開闊地上跳舞，跟其他部族一樣，那裡未結婚的人們會聚集在一起拋彩色棉線球和唱情歌。扔球的時候可以扔給任何他或她喜歡的人。如果對方撿起了球，就被認為是願意跟拋球者結合。此後作為聘禮的公牛就會送往新娘家。根據新娘的美貌程度，公牛的數量也會增加或者減少。最漂亮的女子會得到五十頭肥公牛的聘禮。

　　葬禮上也是如此，他們殺公牛祭獻給逝者，並縱情飲酒。任何來悼念的人都是一大牛角的酒順著喉嚨倒下去，而不是慢慢地飲。但是領頭的哀悼者卻既沒有酒喝，也沒有肉吃。他們用棺材來埋葬死人，墳墓上要用一個紙傘覆蓋一年。他們主要的樂器是一種直徑為八英寸的銅鼓。

---

[104]「仲苗人」是從前中國士兵們的後代，那些中國士兵是於 10 世紀漢人征服貴州時來到這裡的。——原注

貴州安順的大花苗夫婦

威寧州內地會大花苗聖經班，威寧州離安順有
六天的路程。

在貴州建立的第一座醫院，也是苗族地區的第一座醫院。

藍哈田盛裝的花苗婦女

　　據說有些仲苗人養蠱，即一種有毒的蠕蟲[105]。蠱分為兩種，金飛蟲和蛙蟲。前者晚上出來飲水的時候發著微黃色的光，所以叫「金飛蟲」。後者只有女人會養，晚上跟她睡在一起，如果有人殺了蠱，那女人就會死。這兩類蠱都常常會為牠們的主人帶來財富，主人因此總是很富有。每隔一千天，那蠱就得殺死一人；否則，主人會被毒到。養蠱的房子必須非常乾淨。

　　仲苗也有一種致命的有毒製劑，針尖大小的一滴就會立即置人於死地。他們到哪裡都帶著硬弓和刀子，有強烈的復仇心。而且常常因受到很小的冒犯，他們就會置人於死地。一句話，他們是像豺狼一樣殘酷無情的人。所謂的苗民叛亂（1850年）[106]就是由於殘酷的待遇而引發的。

---

[105] 人們需要非常仔細，不能把兩種類型的「蠱」給弄混了。一種指腸內寄生蟲，不一定有毒；另一種是致命的毒藥，根據中國人的說法，就是將各種有毒的昆蟲和爬蟲關進一個盒子裡面，讓牠們互相撕咬，直到只剩下最後一個。一位中國作者寫道：「那些為蠱所咬的人全身發黑，腹部鼓脹。」──原注

[106] 當指1850年洪秀全領導的太平天國起義。

我們對於中文編年史中有關苗族記載的翻譯就到此為止，這個極其有趣的題材等著原始部落研究者去發現。在貴州省約有 80 個不同種類的苗族部落和其他所謂的當地居民；在這裡，一個民俗學的專家能夠做出很好的研究成果來。

■ 二、牌坊：為死人招魂的門樓

我們沿著起始於一座高山山腳下的古州大路向貴陽走去，一路上可以看到壯美的景色，在那條彎彎曲曲通向城市的路上，我們的眼睛被一連串橫跨在這條石板路上的牌坊所吸引。每個牌坊都是由三個方頂的門架所組成，那些門架上裝飾著人物浮雕和精雕細琢的圖案；它很難被稱為拱門，因為它沒有厚度，但是很像跟一座建築物本身相剝離的門面。石板路從牌坊正中央的那個門架中穿過，沒有能擋住陽光或雨水的遮蓋物，也沒有什麼低俗實用的價值來貶低匠人們精美技藝的純美感或被紀念者的功德。

因為這些牌坊不僅僅是裝飾物，它們是用來表彰該地區一些聲名卓著的貞女或豪傑的。這種牌坊也不是那些雄心勃勃的商號贊助者因急於贏得信用和好運而自己想立便立的。每個牌坊都須經過大清官員的審批，只有最高的成就才能成為受到這種永久褒獎的正當理由。

埃及的法老們建造了自己的紀念碑，即金字塔。阿特米西阿 [107] 據說透過建造陵墓而使得摩索拉斯 [108] 不朽，後者的名字為類似這樣的陵墓建築 [109] 提供了一個經典的名稱。羅馬人建造凱旋門，例如提圖斯 [110] 和康斯

---

[107]　為下面要提到的摩索拉斯的妻子和妹妹，是摩索拉斯陵墓的構思者。
[108]　摩索拉斯（Mausolus，？－前 353 年）是波斯帝國的總督，也是小亞細亞一個古國卡利亞（Caria，前 377 －前 352 或 353 年）的國王。
[109]　英文中陵墓（mausoleum）一詞便是來自摩索拉斯（Mausolus）的名字。
[110]　提圖斯（Titus, 39-81）是古羅馬的皇帝。

坦丁 [111] 所建立起來的那些凱旋門已經為世人所熟悉，法國人建造凱旋門和英國人建造大理石拱門 [112] 時全都抄襲了羅馬人。希臘人在雕像方面另闢蹊徑，許多公園都展示了當地名人的石雕像。國王、女王、凱斯 [113]、唐寧 [114] 都創辦了學院，以使得自己的名字流芳百世。地位較低些的個人則滿足於創辦一些孤兒院、救濟院和博物院。但這些都比不上中國的牌坊或者牌樓，因為前者紀念的是捐款人，並不表達公眾對他功績的認同。羅馬天主教在每次封聖之前都要舉行正規的審判，這種極好的計畫跟更為古老的中國方法不無相似之處。

新年在貴州安順，為本書作者表演的苗族樂隊，這支樂隊屬於安順北城門外的蔡家園。

---

[111] 康斯坦丁（Constantine，約 288 － 337 年）是時間稍後的另一位古羅馬皇帝，據說他首次承認了基督教在羅馬帝國的合法地位。

[112] 大理石拱門（March Arch）位於倫敦西區，建於 1828 年，作為白金漢宮的入口。

[113] 凱斯（John Caius, 1510-1573）是英國著名的人文主義者和皇家內科醫師學會會長。1557 年，他捐款擴充了母校劍橋大學的岡維爾學院，因而後者改名為岡維爾凱斯學院（Gonville and Caius）。

[114] 唐寧（Sir George Downing, 1623-1684）是英國外交家和金融家，他捐款創辦了劍橋大學的唐寧學院（Downing College）。位於倫敦唐寧街 10 號的首相官邸也是他捐款建造的。

貴陽城外翻耕水田的情景。I. 佩奇 攝

　　有一些牌坊是用木頭建的，主要是為了紀念某些孤立的和不那麼重要的功德，如果重建了某座寺廟，那麼建造牌坊的標準材料是石頭。這樣的紀念碑遍及整個國家，點綴在那些因傑出人物而榮耀，同時也表彰了傑出人物的街坊鄰里。但即使北京也沒有一條像此地這樣一眼望去看不到盡頭的一條牌坊路。別提從貴陽通往外地的那麼多條路，光是在這一條通向貴陽的路上，旅客就要經過 29 座牌坊，這使人確信，即使是在這樣一個偏僻和人煙稀少的省份裡，還是有男男女女在繁衍生息。

　　我們記錄了這一連串牌坊的細部特徵，這樣就使我們能總結出那些值得公眾尊敬的特質。我們發現，如果是從自己賺得貴族身分的遠祖那裡繼承爵位和財產，那就沒有什麼可誇耀的，靠從鄉下收地租發財和靠種麥子或稻穀成功的專家也沒有什麼可標榜的；就連創辦學校的人也不值得紀念，儘管這後者也許會在貴陽的將來得以實行。這 29 個男中豪傑和巾幗英雄似乎可分為下面這五個類別。

第一部分　南方的省府

紀念用跳井自殺或以其他方式結束生命，以保全自己名節的女人。就像西方著名的盧克麗霞[115]那樣，她的東方姐妹也能引起極度的轟動。

緬懷一位年輕漂亮的寡婦的過人美德，她雖年輕、迷人和富有，卻執意拒絕再嫁，即使她的追求者就如追求潘妮洛碧[116]的人一樣多，而且個個都很出色。她對自己第一個也是唯一的丈夫忠貞不貳。這就足以成為在這條主幹大路上豎立巨型牌坊的理由。

獻給充任翰林院編修的狀元。這位在全中國科舉考試中脫穎而出，幸運地獲得學界最高獎勵的人也同樣值得永久紀念，那牌坊通常是建在他的出生地附近。整個村莊、城鎮、城市、郡縣和行省都會為此而感到驕傲。對於那些不讀書的公眾來說，它提供了一個目標，可以激發大家對於教育和在帝國中出人頭地的嚮往。

為了使全城人都永久地記住一位將軍的英雄行為。由於他的運籌帷幄和英勇氣概，使得這個地方免受進犯敵軍的洗劫，或者把受圍困者從死亡的威脅下解救出來，或把婦女們從地獄門口拉了回來。只要戰爭不可避免，武士就應該受到懷念。

為紀念這樣的一位慈善家：即使旱災使生存成本增加，但他仍然拒絕抬高米價，相反還慷慨地賑濟災民，以減輕饑荒所帶來的可怕後果。

在上述概述性的總結之後，我們再補充對一個單獨牌坊的描述，它位於洪邊門的城門之外，設計典雅，雕刻精美。我們拍了這個牌坊的照片，也找了全城最好的畫家給它畫了速寫。當我們問他要多少錢時，他說如果我們把它發表在當地的小報上，並說這是他給我們畫的，而且他是省會裡

---

[115] 盧克麗霞（Lucretia）是傳說中的古羅馬烈女。在被暴君姦汙之後，她要求父親和丈夫答應為她報仇之後，隨即自殺。

[116] 潘妮洛碧（Penelope）是古希臘英雄奧德賽的美貌妻子，丈夫遠征特洛伊 20 年，她在此期間拒絕了無數求婚者。

唯一能畫這幅圖的，我們就可以不用給錢。人的本性，在哪兒都是一樣啊！我們更願意付錢，就給了他二兩銀子。但是我們還不願就這樣離開這個牌坊，於是又僱用了另一位中國人，將上面所有的象形文字都抄寫了下來。

在牌坊最上面的那塊石板上刻著以下字樣：

誥封宜人陳饒氏節孝坊

牌坊中間的兩個石柱從上而下刻著這樣一副對聯：

天道憫貞心孝以事親豈第尹邢堪比美
皇恩旌苦節名成教子應隨陶孟永流芳

當地人告訴我們，寫這副對聯的人是全省對聯寫得最好的一位，他寫的那些對聯現在仍可賣到五十兩銀子一副。

另外兩個石柱上的對聯是另一個人寫的：

割股療親孝維天鑑
苦心教子節宜世傳

牌坊上的其他一些漢字大意如下：

慈母教子三十年，子愚頑皮不肯學；
母斷紡錘絕後路，撫育後代肩重擔。
嚴守倫理幾十載，彰顯貞節一千里；
母子恩惠似雨露，功德猶如皓月光。

這是陳家一位姓胡的親戚所寫的。

貴州安順東北邊的石牌坊

最後一副對聯顯然表達了全城人的普遍看法，而非僅僅是官員和親戚們的意見：

溫綸表節七千皇恩濃雨露
洪邊坊高柏操松齡昭大節

這位貞節的陳寶熙得到了規格如此之高的嘉許稱頌。所有的榮耀都歸於這座城裡的人，城中女子們功德的光彩只有在她們死後才能得到承認，而非生前。就這樣，我們可以確信，在這個偏遠的城市裡至少有 30 個人的高貴行為為大清帝國增添了光彩，這個數字比規模大十倍於它的城市還要多。讓我們繼續前行，把它看得更加真切一些吧。

■ 三、鬼魂之地及其首府

史前時期，整個貴州地區都屬於被稱為梁州 [117] 的南界。西元前 1100 年左右的周朝稱之為雍州，周朝末年的楚國（即現在的湖南省）之王稱它為黔，這個名字至今仍在使用，正如古羅馬人所稱呼的不列顛（Britannia）在 2,000 年之後還在繼續使用一樣。當時整個貴州地區完全處於華夏中原帝國的體系之外，正如不列顛在羅馬帝國之外那樣。但由於楚王有一次曾襲擊過中原，所以秦朝破了先例，征服和兼併了南方，漢人將其邊界向外拓展，把這個地區也包括了進去。當然，隨著 190 年東漢的結束，漢人在這裡的統治也停止了，當地人又回歸了他們自己的生活方式，正如羅馬軍團退去之後不列顛人所做的那樣。

貴陽洪邊門外的牌樓

[117] 梁州為古代中國九州（冀、袞、青、徐、揚、荊、豫、梁、雍）之一。

第一部分　南方的省府

　　隋朝和唐朝似乎並沒有吞併這塊鬼魂之地的企圖，但是當中國黃河以北為韃靼人所征服以後，定都開封的宋朝就試圖透過吞併南方來彌補領土的損失。有一些部族名義上歸順宋朝，於是這塊地方便成了貴州。當蒙古人於 1280 年完成了擴張時，他們在這裡發現了八個主要的部落，每個部落都有一個領袖。

　　明朝派官員進駐這個地區，並且將其組織成一個行省，儘管一切事務都需透過部族領袖們來完成。漢族人認為貴山預示著吉祥好運，所以在貴山往南兩里路的地方，他們用土牆圍起了一塊土地，並稱為「貴之陽」，即貴陽。這就是這個城市的開端。後世的一名說教者評論道：「古代的君王常唯恐人們不滿於他們愚昧和卑賤的生活狀態，因此在建城區時，總是會起一些聽起來冠冕堂皇的名字，這樣就有可能使人們想到更高尚些的事情，以此來激勵他們的精神，振作他們的活力。」

　　當漢族人重新獲得了獨立，並趕走蒙古人之後，他們繼續維繫了對貴陽的統治，而且在明朝治下，這地方還成了一個轄區的首府。如今，用土修築的圍牆已經被一條 22 尺高、9.7 里長的石砌城牆所取代，在城市北邊圈入了更多的土地，而且還有五個城門。在最後一個當地部落衰亡的歲月裡，曾建起一道土牆來將北郊包容進來。但在滿族人征服貴州時，這裡顯然有過激烈的戰鬥，因為那道土牆需要重修成石牆。這個城市就是在那時被選作貴州省的首府，並為此在防禦設施上做了大量的工作，最後形成的便是那個把整個外圍市郊都圈了進來的石砌城牆。滿族人在管理這座城市上顯示出了一定的機智老練，因為他們鼓勵附近所有省份的漢族人遷居於此，到目前為止，該省會附近的漢族人已經超出了本地的苗族人。

　　有兩批移民值得特別注意：中國內地會的信徒和羅馬天主教徒。後者的大教堂聲稱有 5,000 名皈依者，而且那大教堂具有一些有趣的建築特

166

徵，尤其是教堂門口的法國武士塑像。

　　按照中國的習俗，門神是以版畫的形式貼上去的，寺廟大門上的門神圖也一樣，只是更大一些，面露凶光，氣勢逼人。他們並非在威脅居民，而是保護住在裡面的人免受具有敵意的仇人傷害，或是避開邪氣的影響。這種方法幾乎在全中國都普遍採用。法國的傳教

著名的貴州巡撫龐鴻書閣下，這幅照片是巡撫本人贈給蓋洛博士的。

使團修建一座教堂來取代異教的寺廟，那些門神被法國武士的保護性臂膀[118]所取代，這難道不是很自然嗎？尤其這塊地方被認為是處於法國政府的特別注視之下，法蘭西共和國的軍團很可能會侵入並永遠地征服這個地方，這些同樣是武士模樣的法國神祇會在當地人不安的心裡引起深深的懷疑，即傳教士們（儘管他們從事的職業是不偏不倚的宗教活動）充當列強的間諜，以試圖將這塊鄰近的地區變成東京殖民地的一部分，難道這不正是預料中的嗎？當這種性質的懷疑普遍存在的時候，人們有理由警惕對於那些守護神的粉飾，除非有人真的想使它成為誤解的源泉。我們不會懷疑法蘭西民族贊成這種不可告人的動機或擴張計畫。

[118] 原文為「arms」，也可作「武器」解。

第一部分　南方的省府

　　貴陽的人口也許有 10 萬。大街上鋪設了打磨好的石板，生意看上去很興隆。商業街上排列著蓋得很漂亮的店鋪。貴州省已經出口了價值六萬兩銀子的豬鬃、牛皮和草藥，以及價值 350 萬兩銀子的鴉片。這便是一個嚴重的財政問題，因為中央政府已經禁止種植鴉片。巡撫已經派人去買棉籽，可是這裡的土壤並不適合種棉花。他正透過農業學院來做試驗，但到目前為止還沒解決要種什麼東西的問題。

　　各式各樣的學校都在創辦之中，包括亞洲唯一的諮議局學校。一個新式監獄正在建立。我們在路上看到了舊式的衙門，正好有一個犯人被從囚籠裡拉出來去砍頭。

　　貴陽的變化極其迅速和徹底。我們很幸運，因為我們的女主人，中國內地會的戴維斯夫人，正在影響女性生活的一些方面，她向我們講解了她在六年內所觀察到的許多事情，使我們豁然開朗。當然，人們應該記住，這是一個並沒有徹底被漢化的地區，只是在近幾個世紀裡才有了漢族人；波士頓的習俗不可能在密蘇里州的派可縣深深扎根。

　　六年前，所有女性的腳都被裹得緊緊的，不纏小腳的想法會遭到所有女人的笑話，她們會說：「我們永遠，永遠也不會像男人那樣。」但現在全省境內所有 10 歲以下的女孩子沒有一個裹足的。改革措施正透過迅速的法令程序在這個偏遠地區實施著，而在西方則須透過公眾騷動和選舉等緩慢的步驟來實現改革，這真是令人驚嘆！六年前，女孩子們從不上街，但現在她們排隊放學走出女子學校，到了自己家的街角處便離開隊伍。那時幾乎沒有女孩子會讀書；過不了多久，不識字的就會是例外了。

　　六年前，女孩子們穿色彩鮮豔、裝飾有珠花和價格昂貴的衣服；現在黑色的洋裝正廣為流行。街上有賣洋鈕釦的，女孩子們都用「珍珠」鈕釦。現在沒有女孩子再往臉上塗脂粉了，而以前這是通行的習俗；如果現

在女孩子再這樣做，她就會被認為是「放蕩的」或者是來自一個沒有教養的家庭。現在女孩子們有權利拒絕男孩子提出的求婚，或者實際上拒絕嫁人，這在古老的中國是聞所未聞的。在新中國，女孩子們可以挑選丈夫，就像美國那樣。街上所有的女孩子都穿長裙。

變化也不僅僅局限於女人們，文人們剪掉了他們的長指甲。

四、當地的方志和神話

考慮到貴州省在漢人的影響下只有 300 年的時間，它所累積的文獻作品數量是令人吃驚的。「紅種印第安人」[119] 只產生了跟苗人一樣多的文學，寫書的是進入北美的白種移民和進入貴州的黃種移民。

從成長如此之快的大量文學中進行挑選是件難事兒。也許童謠是首選的體裁：

瞌睡來，瞌睡來，
要我脫掉繡花鞋。
蓆子叫我躺下來，
被子叫我蓋蓋好，
枕頭叫我睡香甜。
好，明天吃糖果。
大姑姑、二姑姑，
蘸著蜂蜜吃糖果，
打破蜜罐生了氣，
彼此不再來往了。
小老鼠，爬燭臺，

---

[119] 即北美的印第安部落。

169

吃完燭油下不來。

打翻燭臺燭油淌，

弄髒太太繡花鞋。

別出聲，貓來了，

喵嗚！喵嗚！喵嗚！

當地版本的「小紅帽」故事太長，就不在此引述了。有一處很好玩的修改是那隻狼要坐在一個鳥籠上，而非椅子上，這樣牠的尾巴就可以在籠子裡面擺來擺去了。

我們還承文藻[120]先生的好意，得到了幾個碑銘的拓本，文藻先生為科爾切斯特[121]人，在貴州省生活了 25 年，對它的了解就跟本地人一樣多。

五、探訪苗寨

陸路是這裡唯一的交通方式，這裡的道路很多，而且有些鋪得很好。我們從貴陽往西南部走了 200 多里路，去探訪苗寨，那兒的苗族人把一位從丹地[122]來的純正蘇格蘭人當作了好兄弟。西方人對苗人真是體貼關懷，將亞當派到了這個原始的民族。在這位蘇格蘭人的引導下，我們明白了許多當地人的內心世界，聽到了更多他開始教化之前的苗寨情景。

那些當地部族的生活方式跟普通漢人的習俗幾乎沒有相通之處。然而他們自認為比仫佬族好些，仫佬族是個更原始的民族，我們聽說仫佬族女人只是在一塊方布上砍出一個洞，讓頭穿過那個洞，將頭髮像道士那樣束起來，就算是正式的禮服了。仫佬人數量正在迅速地減少，他們只生活在

---

[120] 文藻（Thomas Windsor）是英國內地會的傳教士，1885 年以前來華，在貴陽一帶傳教。
[121] 科爾切斯特（Colchester）是一個英國城市名。
[122] 丹地（Dundee）是蘇格蘭東部的一個港口城市。

一些零散的村莊裡。苗族生活在幾塊保留地的範圍之內，但這也是出於他們自己的選擇，或因為他們喜歡靠山而居，就像大多數自由民族一樣。松樹正被砍下來用作燃料，但是苗族人種植有很好收成的燕麥、小麥、蕎麥、玉米、稻米、靛藍和大麻。他們還飼養雞、綿羊、山羊和蜜蜂，蜂蜜是一項重要的收成。某一種類的竹芋、馬鈴薯、山藥、豌豆和蠶豆幾乎是全部苗族人通常的農產品。這些農產品都是用背簍運送，就像在瑞士山區一樣，用以換取現金或鹽。某些部族還用漁網、鸕鷀或其他方法來捕魚。

黑苗人善於做銀器首飾，黑苗新娘頭上的頭飾都有四十盎司重；鳥在前，花在後，都裝配在一個銀圈底座上，還有銀飾帶從那銀圈上懸掛下來。除此之外，黑苗便沒有其他的手工藝了。

黑苗人的舞跳得絢麗多彩。大銅鼓的一端是開放著的，拴著繩子，當一個人擊鼓時，另有一個人負責將鼓聲傳播出去。其他人都圍成圓圈，對於出圈人的處罰是讓他喝掉一杯烈酒。在露天下跳舞，他們所組成的圖案就不一樣了，像是輪子的一根根輻條，其中一根為女子們所組成，旁邊一根就是由拿著簧管的男子們所組成，那些簧管從幾英寸長到 10 英尺不等。在我們當時參觀的安順地區，只有男人才跳舞，但其中有一半人扮作了女人們的模樣。

另一些舞蹈是用來提供求偶和訂婚機會的。真正的婚禮可能會持續三天，最常見的時間是豐收之後，那時候宴請賓客更自然一些。新娘穿上她過去三年裡一直在準備的袍子；新郎清除一下牛棚，鋪上新鮮的稻草，讓新娘及其朋友們來坐。第一天的傍晚時分，新娘要拎著熱水四處走動，為所有的賓客洗腳。然後就分發給一些人烈酒，另一些人吹簧管，於是一場正式的宴會便開始了。賓客們會稱讚主人以及他所做的各項準備；而他則要自謙，轉而稱頌賓客們。這樣他們便慢慢地興奮起來，開始自己連續三

天的唱歌作樂，在這之後，新娘通常要回娘家，生完孩子才會回來。

研究婚禮風俗的人會發現古代的方法仍然在流行。婚姻結束了，或名義上結束了，就有一段公認的自由放縱時期，即男女青年混雜亂交，隨便地睡在穀倉或糧倉裡，或是一個村子的年輕男子打扮得像漢墨林那位穿花衣服的風笛手 [123] 一樣，用風笛聲將另一個村子的少女騙到月光下的林中空地。醫生們講述了由此種行為和隨處可見的酗酒所造成各種惡果的悲傷故事。

葬禮的儀式也同樣獨具特色。人死了之後，苗族人會用三聲炮響告訴周圍的村民，炮煙指引著逝者的靈魂到他祖先們的安息之地。下葬的那一天，每個嫁出去的女兒和每個兒子都會牽來一頭牛，最差的也得是一頭豬，全都獻給父親或母親的靈魂；一半肉歸屬獻祭的人，另一半歸死者的家庭。在獻祭儀式上，人們會用各種音樂來愉悅那逝去的靈魂。

苗族人的迷信是說也說不完的。他們仍處在萬物有靈論的階段，生活在對邪氣惡魔的永久恐懼之中，認為它們是所有疾病和災禍的原因。

然而這些原始的部族正在變得更加具有自我意識，並願意承認擴大規模的必要性。他們不僅向漢人學習，也對法國天主教傳教士的努力做出了反應，後者在他們中間派遣了一位牧師，建起了一座帶有寶塔形鐘樓的教堂，並且組織了一些皈依者。然而，最神奇的教化工作應該歸功於鄧迪基督教青年會。

---

[123] 這是引喻德國格林兄弟童話中的一個故事。一個風笛手來到了漢墨林，用風笛聲為這個地方消滅了老鼠。

第六章
雲南

"Yunnan" signifies "South of the Yun Mountains". "Yun" means "Cloud" or "Cloudy".

雲南，意為「雲山的南面」，「雲」指「雲彩」或「多雲」。

第一部分　南方的省府

▊ 一、海拔最高的省府

　　雲南 [124] 是中國西南角高原的地理名稱，雲南府則在中國省會或總督所在城市裡是海拔最高和最西端的一個。[125] 這塊犬牙交錯的鋸齒形高原面積比大不列顛王國還大，其空間則可容下現有人口的四倍，而且這座省會城市位於可愛湖區中長達 1,000 里的盆地平原，其面積還會擴大，重要性也還會提升，因為這裡氣候宜人，風景秀麗，絲毫不亞於國外許多著名的休養勝地。雲南就是中國的瑞士。

　　雲南這個內陸省份現在有一條法國的鐵路線通往省會，不久那兒就會有其他從阿薩姆邦 [126] 和緬甸途經雲南進入四川的鐵路線。有些人害怕這些鐵路會促進印度和中國合併的政治陰謀，當這兩個國家完全現代化之後，就會讓世界的另一半靠後邊站，並在採取任何行動前掂量一下。然而，這種合併意味著面積更為廣闊，並在書面語言和種族方面同質的中國會從政治上部分同化印度；但是在宗教方面，印度教就像一條大蟒一樣，能夠吞下並消化掉幾乎任何東西。這種作用和相互作用的過程很可能漫長而複雜，但兩個帝國孤單分隔的狀態將會消失。這就提供了一個顯示治國才能的機會。

　　雲南府 [127]，該省最大的城市，為周長 20 里，而且維護得不錯的磚牆所包圍。戴維斯少校 [128] 在他所寫那本有價值的關於雲南的書裡面，猜想雲南府人口為 8 萬，這跟我們自己在現場所做的獨立估算相差無幾。這裡的海拔為 6,700 英尺，這足夠有益於那些需要高海拔上稀薄空氣的人。

---

[124]　參見本書作者蓋洛的《揚子江上的美國人 1903》。 —— 原注
[125]　雲南和貴州為同一個總督管轄，該總督被稱作「雲貴總督」並住在雲南府。 —— 原注
[126]　印度東北部的一個邦。
[127]　即昆明。
[128]　戴維斯少校（Major H. R. Davies）是英國皇家第 52 牛津郡輕步兵團的軍官，1895 － 1898 年曾在雲南省進行過詳盡的考察，並且寫了一本書《連線印度和揚子江的雲南》（劍橋大學出版社，1909 年）。

　　這個省會城市裡有許多新事物值得誇耀，包括新建的諮議局大會堂以及南福門外的公園，那兒離法國人修建的鐵路終點站不遠。西城門內一座新的模範監獄蓋在了一塊合適的地方，而小西門附近有政府創辦的醫學校和醫院，到達那兒也很便利。北城門外，離城牆幾里地遠處是大型的兵營；南城門外面也是大兵營，再往前的南面和東南方向，也有騎兵部隊的寬敞營地。戰爭與宗教都是很吸引人的話題，這座城市裡還有許多座寺廟可以炫耀。在提到雲南府的新事物時，還應該包括彈藥庫、師範學校和新的兵工廠，它們都位於五華山附近，交通很方便。

　　所有這些變化和改進都顯示出，中國的過去正在迅速消亡[129]。要想追上這迅速消亡的過去，研究者必須加快行動，因為中國的學者羞於提他們的古代地方志，在對中國古代地方志感到厭惡和對其民間傳說感到驕傲之間的這個特定時期內，存在著古籍會隨時遭受毀滅的危險。這更增加了我們的熱忱，去尋找那些講述西南地區奇特往事的書籍，以儲存各個不同省會城市的典籍，我們為這些典籍首次被收集到一起的前景而感到了很大的樂趣。

　　這個幅員廣闊的紅土省份裡隨處可見的新建築，尤其是新氣象，喚醒了那些喜歡探究的人去思索這個省會城市的重要性。它是雲貴總督官邸所在地。實際上，中國人很聰明地將他們最有能耐的人放在帝國的京師和最偏遠的政治中心，所以蘭州、成都和雲南府等西部省府不僅有巡撫，而且還有總督。

　　我們認為這個省份是天朝[130]未來的礦工、牧人和農夫們可以大展身手的地方。這片土地上最重要的產品是作為絲綢工業基礎的桑樹。關於稻米，據說這裡足足有100個不同的品種。關於西南地區的穀物、蔬菜、水果和鳥類，我們費了一番工夫才了解了一些。較為引人注目的稻米品種有

---

[129] 原文此處為黑體大字。
[130] 中國的皇帝往往自稱「天朝」，因為他們認為自己是真命天子。

紅米、白米和糯米。然後這裡還有小麥、燕麥、珍珠麥和「西方麥」[131]。
小米有白、紅、黃等品種，以及長有芒刺的小米、蘆葦和一種叫「灰皮
粟」的小米。豆子過去在中國一直是重要的農產品，將來更會是如此，因
為許多以前的罌粟地已被指定來種植豆子。主要的豆子品種有羊眼豆、小
黑豆、茶豆、毛布豆、綠豆、大黑豆，以及蠶豆，又叫佛豆，它是在秋季
播種，第二年春天成熟的。

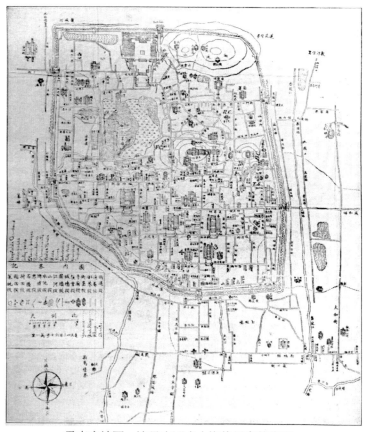

雲南府地圖，這是中國本土海拔最高的省府。

---

[131] 可能是指新引入的洋小麥品種。

　　蔬菜的種類繁多，色味俱佳，就跟中國的其他地方一樣。姜、芥菜和洋蔥的產量都很大，而且還有一位農夫所說的，「能留過冬的大蒜」。任何從僕人那兒聞到過蒜味的人都會希望大蒜能留過夏天，或直至永遠！還有高麗菜和紅、白蘿蔔，後者如果種植得當，能長到兩三尺長呢。雲南人也是果農，旅人們能看到甜瓜、南瓜、桃子、杏子、棗子、石榴、松子，還有「麥黃而熟」的梨。

　　這個地區以其草藥而聞名遐邇，尤其是那神奇的薄荷 —— 雲南薄荷[132]！此處因為有大量不同類別的竹林而顯得風景如畫，有「善心竹」、龍竹、水竹、毛竹、蘆滴竹、佛心竹和貓頭竹。還有被稱作「香花」的大麻品種，既有藍色的，也有白色的。

　　能夠看到的鳥類有鸛、雉、孔雀、鸚鵡、白色的鳳頭鸚鵡、鷹、鷸、大雁和鵪鶉。除了那些家畜之外，常見的動物有不同種類的虎、豹、河狸、狐狸等等。至於魚，名稱最容易被記住的是「千里眼」。

鸚鵡嘴山

---

[132] 參見《揚子江上的美國人》。—— 原注

在從昭通去雲南府的路上

■ 二、往事如煙：《昆明縣志》

《昆明縣志》既有序，也有跋！它的第一個序是這樣開始的：

文之玉者風霜不能蝕，水火不能殘，刀兵不能害。此非數也，理也。

天地間可貴之物，其成之也不易，而其生而顯於世業，又往往必經摧朽……雲帆[133]侍御前輩之昆明縣志稿也，乃不可磨滅之文也。其成也歷五寒暑，蓋其生平精神所結聚之處也。起付梓也，距脫稿時凡六十年。中間經逆回之變十八年[134]。

侍御生平所為他詩文各味雪齋，其板已譭棄，而無手抄之稿，獨留則天之獨珍重之，於其生平精神所積聚之處也。嗚呼。

---

[133] 即戴炯孫，字雲帆，亦作「筠帆」。
[134] 指 1856 年爆發的杜文秀領導的反清回族起義，響應太平天國運動，前後持續了 18 年。

　　《昆明縣志》付梓刊印之前，戴雲帆就去世了。他將手稿傳給了兒子，兒子又將它交給了一個大型的同業行會來出版，光緒二十七年，邑紳呂心源司馬和該行會中其他成員為此提供了經費，該書終於在 1902 年付印出版。下面這篇跋就是這位呂心源司馬寫於書的末尾的 —— 我們能否像法國人那樣稱其為 postface[135] 呢？

　　余之去鄉十六年矣，方時道光十五年（1835 年）夏，同裡謝教諭瓊以書抵予，曰：昆明至於雲南府也，為四州七縣之首，而府之於雲南布政使司也，為十四府、三直隸廳、四直隸州之首。顧有布政使司，通志有府志，而縣志闕焉。[136]

　　對於外來者，對於那些非常了解這個地區的人，對於那些了解方志訴諸口頭傳說的人，「書目」部分的內容非常有趣。

　　世宗嘉靖[137] 元年（1522 年）四月甲申，雨雹傷禾苗民居無算。嘉靖六年（1527 年）四月辛酉，天鼓鳴。嘉靖十四年八月，有星隕於官渡，聲如雷。……嘉靖三十五年七月，彗星見，長數尺，月終乃滅！……萬曆二十九年（1601 年）夏秋不雨，民大飢；九月，大雨雪；十一月，羅漢山岩崩。……萬曆三十五年，有異鳥鳴，其聲曰殺夏。秋，彗星見；田中有一禾，二葉，其實非穀非稗；相傳一槍二旗曰兵秧。……萬曆四十八年二月庚戌，地震。己卯，有雲氣黃紅，漸變黑霧，昏晦如夜，大雨如注。乙丑，夜月變黃黑色，星晦無光。三月戊子，產羊一頭如犬，三耳八足，黑蹄二尾，身皆白文。

---

[135] 此為法文，意思是「後記」。

[136] 這篇跋在書尾的跋沒有署名，從時間上來看，該跋寫於道光年間，而書刊於光緒年間，所以該跋的作者不應該是蓋洛所說的呂心源司馬，而應該是作者戴雲帆本人。

[137] 明代的世宗皇帝於 1522 － 1566 年在位。「嘉靖」為世宗皇帝的年號。

　　萬曆建了 1,770 里長的長城，在他漫長而富有進取心的統治年間盡是些兵荒馬亂的日子！

　　過去朝代所發生的這種種徵兆導致了當今清朝所出現的種種徵兆。我們在讀這部方志時，強烈地感受到要將這些記載儲存下來而非毀掉。假如不換一個視角，從一定距離之外來進行觀察，就不能夠完全意識到雲南府所取得的輝煌進步。

雲南府城東北一座廟觀中由明朝陳用賓建造的金殿，該廟觀的牆壁和屋頂都是用銅鑄造的，階梯和護欄用的是大理石。這座廟觀是專門用來祭祀真武大帝的。

順治四年（1647 年），南城外雌雞變雄！……順治十一年五月，城北
湧泉廟，龍門，壞僧舍山門及文殊寺。順治十六年三月，大雨，雹如卵如
拳，深二尺，傷牲畜無算。……順治十八年正月，太白經天，有小白蝶群
飛蔽天，自東南而西北，月餘乃止。

康熙十年（1671 年）五月，一隻大鳥降臨這城，一場大洪水毀了兵
營、幾千間房屋，死傷無數人和動物。康熙十二年元旦地震。三月五日，
北門城樓東脊鷗吻中出白煙，高五尺，寬四尺；察之乃蚊也，以泥塗之乃
息。西寺塔[138] 頂銅鳳有聲呼叫，數日不止，斷其首方已！又有異鳥來，
展翼方丈餘，擊殺之，貌狀怪異，博物者不能知其名。

　　這全是一個無可指責之人士於 18 世紀寫在嚴肅的歷史書中的。對許
多發生的事情也許能輕易地找到自然科學的解釋，還有一些則是豐富想像
的產物，其中摻雜著當時的許多迷信。而中國人正以前所未有的速度從對
神奇事物的崇拜中擺脫出來。

　　《昆明縣志》的作者「竭盡平生精神，終成此書」。該書有以下這些部
分：疆域志、山川志、風土誌、物產志、建置志、賦稅志、學校志、祠祀
志、官師志、選舉志、黎獻志、文苑、寓賢、閨媛志、藝文志、祥異志、
古蹟志、塚墓誌、雜誌。這個列表也許漏掉了許多人希望讀到的東西，但
以上所列很容易地就耗去了一位盡責編者的終生，看上去他可能放棄了遠
遊而去從事這樣的工作，因為他說：「我們雲南人不喜歡離開家，尤其是
那些住在昆明縣的人。只有少數人離開村莊，主要是去參加科舉考試求取
功名。其他的人終生耕田，種植桑麻謀生，便已經滿足了。只有 2% 的人
趕著牛車出外做買賣。這反映出民心和風俗之純樸。」

---

[138] 西寺塔為昆明市內建築最古老的寶塔之一，約建於 840 － 859 年之間。

第一部分　南方的省府

　　他很仔細和清楚地指出雲南所處的位置，他在「風土志」篇裡寫道：「京師北極出地四十度，江南北極出地三十二度，滇會城北極出地二十四度有奇。」

　　雲帆對於「閨媛」並沒有忽視，在這個標題下面他讓後世人得以一窺那個時代的女人。在題為「閨媛志」的小標題下，他寫道：「明，李仁山妻楊氏。仁山卒。楊年甫十八，生女。未逾月，舅憐之，風其嫁。楊嗚咽斷一指，曰：指續可嫁。竟不能強。」

　　在任何其他大國，都沒有像中國文人這樣密切地跟政府連繫在一起，並且得到政府豐厚的酬勞。

　　在「竭盡平生精神」的這本書裡，他寫了當時和此前雲南省所湧現出來的傑出人物，然而我們更願意從這些雲南人中挑選出一個典型，這樣一個人我們有幸在此後漫長而艱難的穿越廣袤帝國的旅行中遇見了。中國人不允許官員在本省為官，這一事實迫使我們到其他省去尋找目前已功成名就的雲南人。在訪問安徽省府的時候，我們特別榮幸地遇到了這樣一個人，下面我們就引述一段我們在安徽，安徽巡撫前來拜訪之後，我當時寫下的日記：

　　今天，管理兩千萬人口的安徽省巡撫在美國傳教使團的駐地拜訪了我。他來時禮節十分隆重，身旁有一大列的衛隊和幾名高官。拜訪持續了一個半小時。巡撫神情自若，談話很有意思。他說不出安慶確切的人口數，因為現代意義上的人口普查要到明年才開始進行。安徽巡撫生於雲南府正南方的臨安府，現為翰林。他的官職晉升得很快，先是被任命為縣令，然後為直隸的府臺，再後分別為甘肅省按察司、甘肅省布政司、滿洲裡的巡撫，作為揚子江畔安徽省巡撫，他極受人尊敬。據說他性格勇猛、反應敏捷且賢明通達，我得到的印象也是如此。他溫文爾雅，有時也很幽默，笑聲十分開朗，比大多數的翰林都要開朗，然而在安靜下來的時候，他臉上的表情帶著明顯的憂傷。我猜想，他生

活在危險之中。他所面臨的是一項最艱苦的任務，此時的中國正在捨棄舊的東西，但還沒有完全採用現代的東西！尤其是現在，有許多敵人想要推翻清朝，還有叛逆者的存在，人們正在放棄對於古老宗教的信仰，但還沒有因接受西方偉大信仰而穩定下來！這位勇敢而悲壯的雲南翰林實在有理由感到憂傷。這位雲南人具備了中國人心目中最珍視的所有德行，但他也需要基督教的德行。如果我沒弄錯的話，這個國家需要許多像朱家寶這樣的翰林和憂國憂民的巡撫！他說新式教育還沒有被證明對大清國帶來了多大的益處。他也許想說的是，對於這個泱泱大國的未來，新式教育倒是已經引發了許多令人不安的跡象。

　　我發現自己越來越同情在當前這個時刻正在掌舵的那些人，因為此刻變化無常，令人不安，且充滿了險惡，而且整個民族都在蛻變 —— 人們就像結繭的蠶寶寶，當他們咬破繭出來時將會長著翅膀！但是這個國家將飛向哪裡，它急切需要的幫助又是什麼？靜坐著的這位巡撫大人是憂傷的！這個印象縈繞著我，他離開之後已經兩個小時了，但他那憂傷的表情卻依然浮現在我眼前！巡撫的職責沉重地壓迫著他。若非他有時顯露出憂傷，極度的憂傷，我對他的仰慕會少一些。他曾經撲滅過一場暴亂，而且表現得非常勇猛，只帶了極少的軍隊；當他離城前往動亂發生地時，其他人本應該跟隨著他，但他們感到害怕。他只帶了人數很少的軍隊，但他成功了！他勇敢無畏，此刻顯得莊重嚴肅，富有英雄主義氣概，但英勇無畏的人們常常會感到憂傷，在目前這種環境下應該感到憂傷！面對危險時他毫無畏懼，然而他憂傷。如果我是一個受過教育的中國人，我也會憂傷！[139]

---

[139] 那場大的回民暴亂幾乎使雲南省崩潰。1856 年，雲南府的回民們遭受到一場野蠻的屠殺，1.4 萬人喪命，於是回民們起義反抗清朝的統治，試圖在雲南省以大理府為都城建立一個獨立的王國。1872 年他們派使節前往英國，但是沒有能夠使英國政府對他們發生興趣，並站在他們這一邊。1873 年 6 月 15 日，英勇的叛軍首領杜文秀在服毒之後，投降於岑毓英，後者曾聲稱只要他一個人的命，但 11 天後背信棄義地屠殺了 3 萬人。岑毓英也對 1875 年發生在雲南蠻允的馬嘉理凶殺案負責。—— 原注

霞神洞位於雲南府的西北部，1779 年由當地的士紳和一位叫佑宏的道士所修建。龍在此會聚。這裡的魚如此之多，以至於水都變成了黑色。這些魚被認為是神魚，誰都不許侵擾牠們。在某些季節，街上也有賣魚的，當地的雲南人都不敢碰這些魚，但是洋人和外省人對此美味佳餚競相品嘗。

　　除了基督教傳教使團，我們想不出任何其他更有可能幫助中國獲得真正力量的機構。在這個快速變革的時代，孫道忠 [140] 和雲南省的其他傳教士們正在進行著一場充滿英雄主義的事業。他們經常也會感到憂傷，因為 40 名基督教傳教士在雲南省的 1,200 萬人口中又能算得了什麼呢？然而，假如我沒有弄錯的話，曙光正在東方出現，中國將會名副其實地成為榮耀之邦。

---

[140] 孫道忠（Owen Stevenson）是英國內地會的傳教士，1883 年來華，在雲南傳教。

第二部分
揚子江流域的省府

第七章
蘇州

Soochow means "The Soo District", "Soo" signifies to revive an old state.
蘇州，意為「甦醒的地區」，「蘇」代表從舊秩序下甦醒過來。

■ 一、「蘇」指什麼？

我們從上海出發去探訪 18 個省府時，到達的第一個省府就是蘇州，它原是一個古老王國的中心所在，堪稱東方的阿姆斯特丹和威尼斯。

跟庇西特拉圖[141]、以斯拉[142]和孔子屬於同一時代的吳國國王名叫闔廬[143]，他刺殺了前任國王，決意要重新開始治理國家，他命令國相伍子胥給他設計一個治理方案。他在揚子江以南 40 英里和大湖以東 12 英里處的幾十個湖泊中間挑了一塊群島，那兒離海有 80 英里左右，他專門派了風水先生去檢視天象和地氣，還嘗了那兒的水。接著就在那兒築起了一道周長約為 47 里長的長方形城牆，城牆上有 9 個城門，以便與吳王身分相符，還有墩臺和角樓。在城內還有公園、宮殿、藏書樓和舒適的宅院，眾多的橋梁將群島連線在一起，河道縱橫交錯，8 英尺寬的街道密密麻麻地分布在這些運河之上。從其他三座城市遷移來了大量人口，作為這座新建國都的居民。這就是蘇州的由來。

闔廬不僅讓吳國新建了蘇州，他還讓孫子這位中國最偉大的軍事家，為不同的軍事陣勢提供各種正規化。孫子對於策略的運用以及《孫子兵法》所提出的理論，為後來秦朝的將軍們所熟習，秦軍據此把四分五裂的中國統一成為一個帝國。下面的引文來自翟林奈[144]介紹的《孫子兵法》這本有價值的著作，譯自司馬遷的著作。

孫子武者，齊人也。以兵法見於吳王闔廬。闔廬曰：「子之十三篇，吾盡觀之矣，可以小試勒兵乎？」對曰：「可。」闔廬曰：「可試以婦人乎？」

---

[141] 庇西特拉圖（Pisistratus，前 605 － 前 527）是古希臘政治家和雅典暴君。

[142] 以斯拉（Ezra）是《聖經·舊約》中的一位先知。

[143] 吳王的名字被稱作闔廬（史學家司馬遷是這麼叫的）或闔閭，後者用了一個不同的字。——原注

[144] 翟林奈（Lionel Giles, 1875-1958）是劍橋大學漢學教授翟理斯（H. A. Giles）的二兒子，出生於中國，任職於大英博物館圖書館，負責管理東方書籍。

曰：「可。」於是許之，出宮中美女，得百八十人。孫子分為二隊，以王之
寵姬二人各為隊長，皆令持戟。令之曰：「汝知而心與左右手背乎？」婦人
曰：「知之。」孫子曰：「前，則視心；左，視左手；右，視右手；後，即
視背。」婦人曰：「諾。」約束既布，乃設鈇鉞，即三令五申之。於是鼓之
右，婦人大笑。孫子曰：「約束不明，申令不熟，將之罪也……既已明而不
如法者，吏士之罪也。」乃欲斬左右隊長。吳王從臺上觀，見且斬愛姬，大
駭。趣使使下令曰：「寡人已知將軍能用兵矣。寡人非此二姬，食不甘味，
願勿斬也。」孫子曰：「臣既已受命為將，將在軍，君命有所不受。」遂斬
隊長二人以徇。用其次為隊長，於是復鼓之。婦人左右前後跪起皆中規矩
繩墨，無敢出聲。於是孫子使使報王曰：「兵既整齊，王可試下觀之，唯王
所欲用之，雖赴水火猶可也……」於是闔廬知孫子能用兵，卒以為將。

揚子江巫山峽的入口。中國有七個省府可以從揚子江及其支流到達。G. F. 斯圖克醫生 攝

　　闔廬死後[145]，入土安葬，他兒子夫差以慣有的東方式奢華揮霍了父王的財產——酒池肉林，歌舞昇平。宰相進諫，卻被賜予一把鑲著珠寶的劍，委婉地暗示他閉口。宰相於是自殺身亡，人們從運河裡打撈出他的屍體，為他舉行了國葬。從那天起，這座城市便以自殺而聞名——從城牆上跳下來、投井、從塔頂跳下來、投河，以及使用毒藥、匕首和天花結束生命。

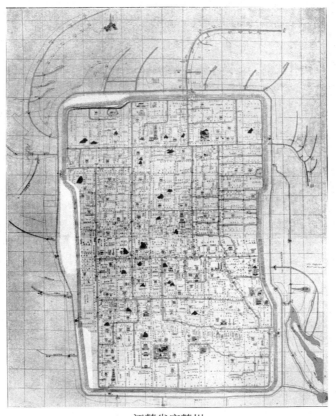

江蘇省府蘇州

---

[145] 闔廬於西元前 496 年被殺。——原注

變化自然是有的。也許是為了「好運」，人們關閉了原先的一些城門，又開了一道新的城門，現在這裡有六個水門和六個街門，每個城門都有一個占地約半英畝的甕城。城牆外面當然是廣袤的郊區，那兒有為最近遷來的人所準備的客棧。

這裡的陸地不多，主要是水面，抓住這個事實非常重要，有一些島嶼正好用來將不同的運河和潟湖分隔開來。跟威尼斯一樣，這裡的水路數量遠勝於陸路。這些地段的大運河可追溯到古代，從蘇州城出去的船舶遍布長江流域，它們還穿過原野，到達了黃河。

城市建築方面的下一個重大變化是由於佛教的到來而引起的。印度的和尚習慣於建造有尖頂的舍利塔，建塔以招徠好風水的中國觀念跟這種新的觀念頗為合拍，於是不久便產生了富有特色的寶塔。據說最早的寶塔是建在這裡的，我們特地引用南長老會的杜步西[146]的描述，來看一下最漂亮的寶塔究竟是什麼樣子的：

這個首府的榮耀全在於這座大寶塔[147]，它是中國最高的，從而也是全球最高的寶塔。從近處來看一下這個世界奇蹟吧！數一數那樓層，望一望那走廊，看一看那門洞，至於那麼多的視窗處，在那令人眩暈的高度上可以看到侏儒般渺小的遊人！再來看一下寶塔的地基，想一想有多少塊大石頭支撐著那高聳的石頭建築，要是將其尖頂包括在內，該塔有近 250 英尺高。圍著底部走一圈，它那帶有棚屋的底層，直徑足有 100 英尺，或者說周長在 100 碼左右。注意看那高聳在雲層中的浮雕，它們有的刻在石頭上，有的位於屋頂上，有的藏於壁龕裡，或威嚴地坐在聖壇上，那些屋內

---

[146]　杜步西（Hampden du Bose）是美國南長老會傳教士，1872 年來華，在蘇州傳教。

[147]　即位於報恩寺的北寺塔，報恩寺是蘇州最古老的佛寺，距今已 1700 多年。北寺塔是高 11 層的中國樓閣式佛塔，始建於南北朝梁代。

的佛家菩薩、屋外的婆羅門神 —— 總共有 200 個；這是異教的一座重要廟宇。設計這座寶塔的克里斯多福·雷恩爵士 [148] 式人物的姓名我們不得而知，然而我們對於畫下了這些線條的大師之精湛技藝讚嘆不已。那牆是八角形的，有一道內牆、一道外牆，即塔裡有塔；每一面牆都有 10 英尺厚，內外兩牆之間的臺階緩緩旋轉上升，走一圈之後又到了下一段樓梯，地面鋪的是兩英尺見方的磚。九層中每一層都有八個門，並有對角的交叉通道，使得整個大廳顯得十分明亮。而且這是多妙的比例啊！第一層的直徑為 60 英尺，第二層的直徑減為 45 英尺；逐級上升時，每一層都比下面那層稍矮一些，每扇門都要更小一些，每道走廊都更窄一點。沿著這些門廊走，看到城市就在你的腳下，向南一直延伸到孔廟的護龍街（Dragon Street），還有西邊的太湖、那些蜿蜒的山脈、在山頂聳立著的美麗寶塔，以及每隔四英里處便點綴著一個小村落的平原。看南面的那寶塔 —— 它象徵著吳江城。順著在陽光下閃爍的蘇滬運河往東，可以隱約看到一座山 —— 那就是崑山。山下，東北 30 英里處便是有 10 萬居民的常熟。沿著大運河朝西北方向 30 英里處 —— 那是惠山。那裡有無錫，人口 15 萬，方圓 30 英里的範圍內有上百個鄉鎮，人口從 1,000 至 5 萬不等，也許有 10 萬個小村落 —— 視野所及範圍之內有 500 萬人口！

　　自從這寶塔建造之後，其他的寶塔也都紛紛跟風仿效，但如今只剩下了 6 座寶塔，而且其中有些寶塔的上層已經遭到了破壞。據說盤門的瑞光塔就是吳王為 242 年來此的一位和尚而修建的一座 13 層佛塔。它經過了兩次修建，於 1119 年被拆毀，另一座 7 層寶塔取而代之，後者不斷得到修繕，但大體樣子沒有改變。

---

[148] 克里斯多福·雷恩爵士（Sir Christopher Wren, 1632-1723）是英國著名建築師，他設計的最有名的建築是倫敦的聖保羅教堂。

第二部分　揚子江流域的省府

　　城牆時常需要人們的關注。最引人注目的一個插曲就是 581 — 610
年，人們因躲避強盜與叛匪棄城而去。約 917 年，這裡的城市防禦系統得
以大量擴建，城牆被加厚到了 25 英尺，高度大約也是如此。與此同時，
除了通常建在城牆外面的護城河，緊貼著城牆裡面又建立了第二條護城
河 —— 這樣的事只有在運河城市裡才能發生。1278 年之後不久，蒙古人
下令拆毀所有城牆，以便不讓它們用以反抗元朝的霸權。然而大約在 1352
年，元朝的統治被削弱時，蘇州的城牆又得以重建。滿人征服中國以後，
採取了一個相反的政策，他們在許多城市裡為派駐八旗兵而修築了堅固的
要塞，於是 1662 年這裡有過一次轟轟烈烈的城牆重建。從那時起，最主
要的外部事件就是太平軍圍城，這導致了城內被大規模毀壞，戈登和他的
常勝軍收復甦州之後，又有過迅速的重建。最後一次重大事件就是從上海
鋪來的鐵路從蘇州轉向北面，直通北京。

蘇州城的盤門

刑場附近的大寶塔

　　在 2,000 多年的歷程中，蘇州自然也產生了一些名人。明朝的一位著名藝術家唐伯虎就住在桃塢街，他的畫作和手稿如今價格驚人。馬良生於廣東附近，但來此學習，他投身於繪畫，孜孜不倦地在崑山對著一尊菩薩練習，看到他的畫的人無不交口稱讚。一位叫臧納（Tsang Na）的友人將其親筆題詞寫在畫上，結果畫賣得非常好，他的名聲都被記載在地方志中。對於那些只能畫一個主題的街頭畫家來講，這一事例顯然給他們帶來了希望。

　　一位來自 30 里外無錫的曹氏在這裡潛心學醫，尤其精通兒科疾病。他將行醫的招牌掛在胥門之外，他的醫術非常神妙，可以預先準確地說出患者何時能恢復健康。他聲名大噪，是因為被招到一位年暮官員的家裡去「看病」，為他的孫子開藥方，而他卻寧願從那位老官員開始。「我太老

了，我的病已治不好了。」「不，如果我不能先治好爺爺的病，我又怎能治好孫子的病呢？」就這樣，他按照自己的方法，在兩天之內治好了兩個病人。後來人們才發現他行醫的祕密，即從症狀更為明顯的病例上來了解這個家族的病史。

另外一位姓曹的人出生於湖州。「他拿起筆，那筆似乎自己在寫。」有著這樣的天分，他很容易地就升為翰林，做了很大的官，既是偉大的學者，也是全國最傑出的藝術家之一。曹弗興是 3 世紀的吳興人，被視為當時最偉大的畫家。吳王孫權要他畫一扇屏風，他不小心在屏風上留下了一個汙點，然後用畫筆將那汙點靈巧地變為一隻蒼蠅，後者是那麼的栩栩如生，使得孫權忍不住要用手指去彈那蒼蠅。他畫了一條在清溪上凌波而行的赤龍，後來，在一次乾旱中，這條龍從畫上躍入水中，結果馬上就大雨傾盆。

長廊亭閣的石頭上刻著 500 位當地名士的名字，在這些歷史英雄的旁邊有一位現代英雄 —— 劉德森 [149]，他的名字意為高潔的德行。一位湖南人做了這裡的地方官，湖南為一個排外的省份，此人也反對外國人收購土地。美國南長老會傳教使團曾兩次想買地建立一所醫院，但耗費了時間、花完了錢之後，發現因他作梗而不得不罷手。於是劉德森就受命透過談判協商來完成這筆交易，但那位地方官弄明白了劉代表誰的立場以後，拒絕在契約上簽章畫押，而且傳喚劉德森，冠冕堂皇的理由是為了審訊他究竟將多少錢據為了己有。劉德森早就預料到會有麻煩，便找了一位朋友來照看他的家庭，然後來到衙門，準備實話實說。他被喝令下跪，一名衙役拿著一根竹槓站在旁邊。但是他能夠證明把錢付給賣主，並在當地錢莊變現

---

[149] 劉德森是德清新市人，美國南長老會傳教使團的華人牧師。

的那些銀票都是由戴維斯醫生[150]簽字的。「你這個騙子！手裡有那麼大一塊肥肉，你肯定會咬一口的！」然而事實太清楚不過了，處於劣勢的地方官威脅他，並命令對他用刑，結果一無所獲。一個時辰以後，這位堅貞不屈的基督徒被釋放。在傳教使團向外務部提出申訴之後，這位地方官接到了要他盡責、按章辦事的命令，於是他只好在契約上簽章畫押。

蘇州「放生園」裡的魚塘

---

[150] 戴維斯醫生（Dr. John Wright Davis）是美國南長老會傳教士，1882 年以前來華，在蘇州傳教。

第二部分 揚子江流域的省府

蘇州瑞光塔

范仲淹像，拓片。范仲淹是蘇州 500 個歷史名人之一。

■ 二、坐船遊蘇州

對於蘇州的探索得透過下面三個部分來完成：河道、陸地和天空。坐船顯然是一個正確的途徑，在主要運河幹線，我們僱用了「白姑娘號」（Annie Barr）這艘以一位英勇的女傳教士名字命名的住家船，而另一艘沒有頂棚的手划船將我們帶入狹窄的水巷之中，那兒只有靠划槳和撐竹篙的平底船才能夠行進。

在水壩處，收繳的船費被投進掛在一根長竹竿盡頭的一個口袋裡，那就像是在大教堂募捐用的口袋一樣。在這裡自然會有些耽擱，但這也使我們有機會觀察那些用鸕鷀來捕魚的漁船。這些魚鷹生來就有一個喉囊來放置牠們捕獲的魚，人們巧妙地在魚鷹頸脖上套了一個圓環，以防止魚偶爾滑入魚鷹的肚子裡。牠們雙排繞船站立著，直到被漁民用竹竿將牠們趕入水中；當鸕鷀發現魚時，會將其眼睛啄瞎，再裝入自己的喉囊之中；若是魚太大的話，牠就招來其他夥伴，一起將任何不超過十一磅的魚舉出水面。如果你覺得這種情景匪夷所思，請記住這是一個有關魚的故事（a fish story）[151]。

蘇州主要的運河河道分布十分規則，與那些作為城界線的寬闊護城河平行，然而，所有這些運河自然也有其死衚衕和後院。它們是被設計用來運輸的，在鄉間也被用作灌溉，偶爾它們也被用作其他各種用途。各種垃圾都倒在運河裡面，洗衣服，清洗食物，養魚，就連飲用水也是從這裡獲取。為了對當地居民公平起見，必須說明這些水總是放在銅壺裡面燒開並沏成茶之後才加以飲用的。所以說，這些運河不僅提供肉食品，也提供飲

---

[151] 這是一個雙關語，英語中的成語「a fish story」意為「誇張的敘述」。

料：因為在河裡可以輕易地捕得魚、蟹和小蝦。祁天錫博士 [152] 也證實，從運河中可得到豐富的蔬菜供應。藍藻類由念珠藻屬和顫藻屬為代表，後者是多年生植物；綠藻極為豐富，初夏有雙星藻，晚夏則有水網藻，所有的季節都有絲藻、剛毛藻和水棉屬的綠藻類。淺水處的石頭上長有豐富的竹枝藻，還有大量的帶藻。稻田裡面的裸藻常常讓水的外表看起來是綠色的。中國人對於所有這些美麗的水中植物都沒有給出明確的名稱，只是把它們都叫做水草。

令人驚奇的是，沿著這些運河有一套獨立和官方的下水道系統。有一名官員專門負責視察這套系統，這似乎明顯是一個多餘的差使。他採取了找人替代的省心方法，即將一人在下水道的一端放下去，然後走到下水道的另一端，等那人出來之後聽他的匯報。確實，在下水道裡很少有人能像地面上坐在轎子裡的視察官員走得那麼快的，但在等待一段時間之後，一個滿身汙垢的勞工就會適時地從下水道口爬出來，並向官員講述他在下面的冒險經歷。當然，從另一端鑽進下水道的跟眼前這位肯定是同一個人──只是下水道裡的汙垢和行走不便使他在外在形象上發生了如此巨大的變化。我們的烏龜兄弟不也是憑著大家庭的幫忙才贏得那場偉大賽跑的嗎？也許如果視察官讓那從下水道一端下去的人帶著或者在皮膚上刻上什麼記號，他可能得等許久才能等到那帶著同一記號的人出現在下水道的另一端。但是我們能指望蘇州的地下排水道比紐約的地下管道做得更好嗎？

據稱，這些深層管道下面還有更深的管道，至於為什麼會有或用於什麼目的卻沒有人知道，據說還有一系列的水下管道，除非有人奉諭旨來檢

---

[152] 祁天錫博士（Dr. Nathaniel Gist Gee, 1876-1937）是 1901 年來華的一位美國生物學家，曾任蘇州東吳大學堂生物系主任，著有《植物學教程》（1915 年）等書籍。

查，否則不會再有人去探查了。這兩套下水道系統我們暫且讓它們安靜地留著吧，以便繼續我們的水上調查。我們所做的探索都是透過調查一口自流井所鑽探出的土樣來進行的。這口井由蘇州的東吳大學鑽探，並由東城牆之內的美國監理會傳教使團來維護，井深 333 英尺，每英尺每小時出三加侖水。前面 292 英尺的取樣是藍、褐色相間的泥土，然後是 11 英尺的灰色細沙，再下面為 30 英尺灰色粗淨沙，那就是出水的地層。

中國威尼斯——蘇州的桃花河，遠處為香花橋。

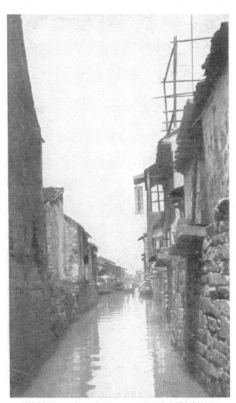

從蘇州的齊門橋朝北眺望美麗的蘇州

第二部分　揚子江流域的省府

內護城河岸上，靠著城牆，能看到一塊七面形的、上面掛著燈籠的石頭，每面都題著字。這是個記號，有人從這裡落下去，淹死了，做個記號警告其他人離遠些，防止那人的魂靈將他們拖下去。似乎是淹死的人的靈魂時刻張望著，直到弄到另外一個來替代自己，然後它就可以去其永恆的住處。

蘇州自然有許多的橋，為了不阻礙正常的運河交通，這些橋必須架得足夠高。有些古橋的橋拱聳然而起，顯得生動如畫。然而這並不妨礙馬從上面走過。既然新的鐵路橋就要修建起來了，他們也得按規則留出合適的空間，以便讓下面的駁船通過。雖然鐵路橋的建築風格新奇，中國人卻不相信，區區一個西方人沒有蘇州人的幫助，就能夠把它設計出來。有關布魯克林大橋[153]的描述顯然引起了當地人對於洋人撒謊本領的嘖嘖稱奇。

城外最大的橋之一以「寶帶橋」[154]，或稱「五十三孔」、「金鉤橋」而聞名。這座橋橫跨在玳玳河流入大運河的地方，而且橋上還有大運河的纖路，它位於這座城市東南角往南 3 英里左右的地方。橋的北端為一座佛教寺廟，那裡有兩個和尚賣給我們涼茶，收了三個先令，還有一隻鼓，收了一個先令。關於這座橋的起源，他們還講了一個故事。「李某這個大強盜，住在太湖旁邊的山裡。他鬍鬚很長，吃飯時鬍鬚碰到食物，所以他不得不用兩個金鉤將鬍子撐到耳朵上面。他手中有 1,000 嘍囉，對那些被勒索時乖乖交錢的人，他就發一種包票，可使他們不再遭到搶劫。」這跟西方市場上所用方法十分相似。「他也不會搶劫窮人，而是劫富濟貧，官員們對他望而生畏。現在他想積德上天堂，於是決定建這座橋，並在它的地

---

[153] Brooklyn Bridge，美國最古老的懸浮橋之一，橫跨曼哈頓和布魯克林。

[154] 建成於唐代元和年間，當時蘇州刺史王仲舒為籌建此橋，變賣束身寶帶，與下文作者提到的故事不符合。橋長 316.8 公尺，橋孔 53 個，猶如長虹般橫臥在大運河和澹台湖之間，是中國現存古代橋梁中最長的一座多孔石橋，有「蘇州第一橋」之美稱。

基下埋了珍貴的腰帶和珍珠。他 90 歲才過世，去了哪兒？我從未聽說他
去了天堂，也從未聽說他下了地獄。他肚量很大，充滿了正義。如果他積
的德超過了惡，那他就會上天堂。」

東吳大學（今蘇州大學）主樓，由紐奧良的美以美會教堂捐贈。

蘇州「風俗橋」

金鉤李所建的一座特別的廟和一幢寶塔，確保了這座橋的好運。這也許是中國的土地測量員在甲午戰爭之後的 1896 年希望將外國租界安排在此地的原因。但日方專員只是淡淡地說了句，這是個種稻穀、打野雞的好地方，於是租界就被設在了正對南城牆的大運河邊上，那兒有一英里左右的河段為深水區。蘇州的貿易十分興隆，海關的稅務司報告說，在這裡進口的貨物有 8,700 萬支香菸，還有將近 200 萬加侖的石油，以及大批出口的絲織產品，蘇州的絲織品聞名遐邇。郵政局在一年中要處理 5,634,750封信。

橋梁構成了從水上蘇州到陸地蘇州的過渡。我們越過了橋。

作為主要出口商品的絲織品是這個地方的榮耀，皇家的絲織品供應主要是從這裡得到的。看到這裡原始的環境，即生產這些絲織品的泥地草舍，再看看這些絲織品的精妙設計和完美手工，那感覺真是奇怪。在這些骯髒的環境中，一盆水使得織工的手保持潔淨。面幅一碼寬的絲綢他每天能織四五尺，即能賺 300 — 375 文銅錢，而這產品每英尺價值將近兩個先令。這是這個城裡最賺錢的職業。

放生園 [155]，即拯救生命的機構，是一個十分獨特的地方。它跟人的生命無關，那裡存有 1,500 具屍體，其棺材間的租金從 600 文到 30 元不等，價格因地點、方式和配套裝置而變化。最貴的停棺間裡有一扇玻璃窗和一口座鐘，另一個停棺間裡掛有絲綢的卷軸，上面寫著死者家族的歷史，以及故人和活著的家族成員的品德。第三個停棺間裡有紙做的僕人，供那死去的人驅使，還有吸鴉片的器具，讓他繼續塵世間的習慣。但這些停棺間只是附屬的。那兒有個養海龜的池塘，渴望積德的人們在那裡將龜放於安全處。一位老太太看到我僱了苦力去餵那些龜，就恭喜我以這種

---

[155] 將活的動物放生的花園。── 原注

方式為自己積了德。另一廳堂裡是豬，那兒有一頭夠族長輩分的公豬也
許正在納悶，為什麼都過了 14 年了，幹嘛還不把牠分解成豬肉和豬油。
其他地方養著鵝、鴨子、母雞和青蛙，青蛙顯然是單獨餵養，以確保牠
們的長壽。這個奇怪的動物園還有一個必不可少的茶室，裡面掛著一些
可以倒著讀的對聯，就像傳說中夏娃的丈夫跟她打的招呼，「夫人，我是
亞當」[156]；或者像拿破崙的悼詞，「我在見到厄爾巴島之前是非常能幹
的」[157]。

　　我訪問蘇州時，舊的貢院還在，算是一處閒置的遺跡。現在所有的變
化都來得太快，人們渴望孝道的精神不要因為西方的自由空氣在這片土地
上傳播而消失。楊先生給我們講述了一則典型的傳統故事：

　　一位中國士紳跟他的兒子打了一架，打鬥中兒子不小心敲掉了父親的
幾顆門牙。父親儘管受到了很大的侮辱，卻因為兒子力氣比他大，沒辦法
去懲罰兒子，於是就訴諸法律。這嚇壞了兒子，他就去請教一位姓楚的
人，請他想法子救他。楚某要他第二天早晨爬到一座高山頂上來。雖是深
冬時節，兒子卻穿著薄薄的夏服。當他坐在山頂的廟裡時，他那位姓楚的
朋友也上了山，在幫助他解決這場嚴重的打架問題之前，向他要兩千元。
兒子給了錢，然後楚掏出一把刀，割下了那侮辱父親的兒子的一隻耳朵。
兒子反對這樣做，而楚卻告訴他，沒有比這更好的辦法了。在衙門裡受審
訊時，兒子可以說父親咬掉他一隻耳朵，而且他是在掙扎中才敲掉了父親
的門牙。兒子修正了楚的說法：在打鬥中他沒有敲掉父親的門牙，那樣就
成不孝之罪。而是父親咬他耳朵時，他本能地仰了一下頭，不小心撞掉了

---

[156] 這句話的引文原文為「Madam, I'm Adam」，字母倒著讀意思完全一樣。
[157] 這句話的引文原文為「Able was I ere I saw Elba」，字母倒著讀意思完全一樣。厄爾巴島就是拿
　　　破崙在兵敗後被囚禁的那個小島。

父親的門牙。這個說法聽起來似乎更為合理，於是官老爺將二人都遣散回家。父親和兒子又和好如初，幸福地住在一起。後來父親就問兒子怎麼能想到這麼好的辯護詞，因為他根本就沒有咬兒子的耳朵。兒子告訴他是楚幫了忙。於是父親遷怒於楚，將他送上了衙門，但楚聲稱自己沒有幫過那個兒子。「不對，是你幫我想的主意。」兒子說。「你說我們在什麼地方碰的頭？」楚問道。「山上，你記得我那天穿著夏衣。」「什麼，在冬天穿著夏衣？」地方官插問。「是的，是在冬天。」這個細節是該案件致命的破綻，被告被當庭無罪釋放。像這樣的故事顯示出，我們離普通中國人的思想有多遠，離欣賞他們的標準有多遠。

我們高興地抓住了一次參與慶祝別人生日的機會，以試圖理解中國人的家庭生活及其娛樂方式。說真的，這是惠更生醫生[158]的生日，但是慶祝活動主要是由當地人來策劃的。

中國學生、護士和朋友在經過幾天的準備之後，把生日慶典辦得十分熱鬧。慶典上有歌手，由七個人組成的國樂隊帶了各種不同的樂器，此外還有一臺維克托牌的留聲機和送給這位廣受歡迎的醫生的禮物。一位魔術師表演了兩場節目，然後是有 20 道菜左右的宴會。出席宴會的有一位中國官員和其他中國人，大部分都是受過教育的，其中還有一位是某個百萬富翁的妻子。

晚宴以國樂隊的音樂為前導，樂師們同時也是歌手。這顯得有些奇怪，但他們的音樂和歌聲有時還挺好聽的。

在盛大的晚宴期間，那個維克托牌的留聲機和由當地人組成的國樂隊曾一度同時演奏音樂。兩者是多麼的不同啊！在我看來，在音樂這件事情

---

[158] 惠更生醫生（Dr. J. R. Wilkinson）是美國南長老會的傳教醫師，1899 年以前來華，在蘇州福音醫院工作。

上西方淵源優越於東方！東方和西方在此交會。

　　那魔術師表演了某些神祕的戲法，即東方的魔法。他在一個特製的硬紙板圓筒裡放一個瓶子，另一個圓筒裡面放上一個玻璃杯，然後用手槍開了一槍。再看吧！玻璃杯和瓶子換了地方。然後他扮演了一個蘇州人晚上出門沒打燈籠，於是便拿了蠟燭，點著後，取下頭皮，將蠟燭放進空腦殼裡！他講了幾個人爭辯蘇州瑞光塔是如何建起來的故事。有一個人說是從頂部開始的，從天空往下建到地面上；另一人說是從底部往上建的；第三個人說是在地面上造好以後，才豎立起來的；第四個人宣稱，它根本就不是在這裡建起來的，而是完整地從另外一個地方搬來的！講完這個故事後，魔術師即刻弄出了一個十五層的寶塔，約有五英尺高。

　　這宴會上我特別推崇的是，在魚翅和海參兩道菜之間上了一種藥膳——一種中國著名的草藥薄荷，那不朽的薄荷。真是個好主意——西方也應該在宴會中間提供一道藥菜，比如薄荷。

　　惠更生醫生在蘇州的福音醫院工作，那兒有裝置很好的手術室，是為了紀念兩位來華從業不久便撒手人寰的護士而建的。一個巧合是，緊貼著醫院就是回民的陵園，那兒有常青樹、雪松和橄欖樹，橄欖樹的樹葉遮蓋著那縮微清真寺造型的墓地。我們是否能說這樣的對比意味深長？伊斯蘭教只教人聽天由命，而基督教則提供希望和生命。

　　現在該從蘇州的陸地談到蘇州的空中了。有人堅信鬼魂的真實存在，它們在墓地附近鬼鬼祟祟活動著，為的是拖下別人來做替身。它們身上發著光，穿過橋，除非有罪人在場，什麼都嚇不倒它們。孔子並不贊同這些普遍存在的迷信，他完全忽視鬼魂的存在[159]，但只要去孔廟看看他的教誨和名聲得到了如何的尊敬，就可以理解為何他的話沒發揮作用。有一首

---

[159]《論語》裡面有「子不語怪力亂神」、「不知生，焉知死」一類的話。

馮諾（Vong Gnow）的有些誇張的頌詩以墓誌銘所慣有的坦率宣稱：「他的學說傳遍天下，他的教誨令天地合一。他選編並刊布了《詩經》。將他從廟堂之中所接受的伏羲（創世造物以來的第一位帝王）之德傳給千秋萬代。他以君子之德作為回報，並將其廣為傳播，直到他受到萬民敬奉，百帝朝貢。」這座孔廟現在似乎主要是給蝙蝠用的，成千上萬隻蝙蝠棲息在大點的天花板內，其糞便散發出非常難聞的氣味。這孔廟現已如此荒廢不堪，30 年前，有個著名的強盜頭子藏在匾額上面，竟然非常安全。

　　儒家現在頹廢的狀態跟過去形成對比。下面這些動人的話語為兩千年前著名史家司馬遷所寫的，最有力地描述了當時在中國人心目中孔子這位聖人所占的位置：

天下君王至於賢人眾矣，當時則榮，沒則已焉。孔子布衣，傳十餘世，學者宗之。自天子王侯，中國言六藝者折中於夫子，可謂至聖矣！[160]

　　從寺廟談到寶塔，有三座寶塔引起了我們的注意，其中有兩座是筆狀的，另一座呈墨水瓶狀。有位學者建了那雙塔，為的是招來能確保該城鎮有好學問的風水。然而，此後大多數的投考者都次第失敗。因此，他就找了風水先生們來商議。他們向他闡釋說，只有筆而沒有墨，這多麼荒唐啊。這一疏忽得以糾正後，眾投考者紛紛入榜。比起這三座塔，我們還是更喜歡那座九層的寶塔[161]，門廊上題有下列字樣：內射寶光。周圍都是菩薩像，戴著藍色的睡帽，以防止昆蟲叮咬。菩薩像都被圈了起來，防止上香的人將其一片一片地剝下帶走；數目也因此從 900 降了下來，現在幾乎沒有一個菩薩像不被保護著。一個手撫念珠的和尚在收賣門票得來的銅板。

---

[160] 見於司馬遷《史記·孔子世家》。——譯者注
[161] 即北寺塔。

　　幸運的是，長久以來矗立在這座寶塔前面的寺廟被太平軍毀壞以後再也沒有重建過，所以就留下了足夠的空間能讓我們來觀察這莊嚴建築的美妙線條。一位讓女士們覺得悚然的古怪老和尚舉著兩根蠟燭，照著我們走上了第一個木階梯。如果沒有蠟燭照明，我們就只能在黑暗中摸索了。我們一層一層地上到了第九層，從那個高度看下去，這個城市以及周圍的環境便構成了一幅令人賞心悅目的全景圖畫。

　　朝南便是這座偉大的城市，綠油油的樹木，高出民居屋頂的綠色小山丘，位於景德路上的城隍廟——那兒有小販們在叫賣著貨物，還有木偶戲表演，關在籠子中的鳥叫聲，熙熙攘攘的人群——這是蘇州的名利場。在雙筆塔和墨塔之間是東吳大學，外國租界那兒有西式繅絲廠的煙囪。蘇州南部還有一個大湖。

　　往西是美麗的獅山，此山屬於范家，為他們的祖墳所在地。直到范先生本人下葬以前，這裡的石頭跟他處的無異。可是當范先生的棺材抬到這裡時，所有的石頭全都以各種不同的姿勢站立了起來，而且從此之後一直就這麼站立著。為了方便來此地遊玩的一位吳王，曾經鋪了一條漂亮的路。那位吳王很想從這個高處欣賞一下大自然的神奇。這景色之中還有西北處的城門，繁忙蘇州之中最為繁忙的城門，在這塊肥沃而活躍的土地上所進行的貿易往來都得經過此門。除此之外，還有美國北長老會的教會醫院。

鄰近蘇州貢院，有幾千年歷史的雙筆塔。　蘇州南城牆內，靠近內城河的瑞光塔。

往北，在城牆之內是刑場，城牆外面是火車站、美國南長老會差會的駐地，然後是農田和村莊，每個村莊都有一簇神聖的樹林。在這個高度上所看到的景色裡有一長列這樣的小村莊，那風景就有點像是一座分散開來的森林。實際上，那些連綿不斷的小村莊，每一個都有自己的一個小樹林，拼在一起就是一幅賞心悅目的畫卷，讓人愉快地感受到中國終於有了許多的樹。位於虎丘山的那座斜塔指向了西北。遠處地平線上是陽山的山巒。

往東去，除了不斷向外延伸到婁門的房屋（戈登就是從婁門攻進蘇州的）之外，只有蘇州東30里外的那個湖泊引人注目。四處的景色都是那

麼美麗，我們在這個下午無論是朝著陽光看去，還是背著光看，無論是朝下看寶塔的地面，還是看遠方的景色，所有的一切都顯得那麼漂亮，因此我們想到，「蘇」這個字也許意味著芬芳，不管是對鼻子，還是眼睛！美麗的蘇州！[162]

三、一部蘇州的小說

為了從文學上深入洞察英國的生活，我們會推薦閱讀高雅的小說。實際的故事並不重要，但是那種氛圍、談話的方式、行為的觀念、人們的舉止方式，這些一般而言都是真實於生活的。因此，一部中國的小說也許會很自然地揭示社會的狀況。情節中也許充滿著不可能的事情，但是涉及中國人生活場景的對話很可能會十分忠實。最近蘇州出版了一部專門為揭露吸食鴉片之罪惡的小說，我的朋友、文學碩士海敦先生[163]，為我弄到了一本，並且翻譯出了下面這些頗為雅緻的譯文。它是「醒世小說」叢書中的一種。這套叢書的出版發行正是為了傳播改革的觀念，用流暢易懂的文體寫就，使全中國的百姓都能讀懂。下面是這部小說的一個概要，它也許能逗你發笑，但也能吸引你不由自主地拿起來從頭讀下去。

斷腸草 [164]

故事是在蘇州一家鴉片館中開始的，那個城市半數以上的鴉片鬼和遊手好閒者常常去那兒交流一下資訊，並吸上一口鴉片。故事的這位浪蕩子主角（？）是被他的一個親戚介紹到這裡來的，那親戚比他年長，沉湎於

---

[162] 一種一般用作會計方面的數字的縮寫形式，中國人知道叫做「Soochow characters」，或者「business characters」。跟尋常數字不一樣的是，它們為從左到右水平上寫的。據說來自大夏人或者腓尼基人。
[163] 海敦（R. A. Hayden）是美國南長老會的傳教士，1891 年來華，先後在無錫、江陰和蘇州等地傳教。
[164] 作者為不提撰人，書名又稱《蘇州現形記》，現已失傳，所以下面引用的序言全部自英文譯出。

鴉片和罪惡之中。這親戚給了這年輕浪蕩子很壞的影響，引誘他在邪惡的道路上越陷越深。

倫敦有一戶蘇州人家，家中有一女。這戶人家跟一戶英國人家關係很好，那英國人家中也有一女，很喜歡蘇州人。這個蘇州人發了財，準備返回中國的時候，兩戶人家同意彼此交換女兒。這英國的女孩子在蘇州開始接觸到了中國人的生活方式，並且還沒弄清是怎麼回事，就跟上面提到的鴉片鬼浪蕩子訂了婚。有人說服她裹了腳。她天生皮膚黝黑，輕易地就被看作是純種的中國人。

跟她訂婚的那人因吸鴉片成癮而患了重病，城裡最有名的醫師聲稱這病幾乎是治不好的，他唯一可能的希望是由一位年輕漂亮的女人來滋養自己。因此，他的婚禮提前進行了。但是被信以為真地當作中國女孩子的這位英國女孩對於正在進行的一切有一種預感，實際上她愛上了另一位有身分、有成就的年輕男子。於是她便寫信給在倫敦的中國朋友，讓她回來。這位年輕的中國女士受過完備的教育，由於學過醫學，可以應付這個場面。她做好了回家的準備，但是對於自己的動向什麼人也沒有告訴。與此同時，結婚的各項準備在隆重地進行著。

最後的安排已經做好，宴會也已經擺上，次日就要舉辦婚禮。英國女孩子寫了一封信給她的情人，告訴他自己到底是誰，還說信一送到他手裡，她就會吞鴉片。她的情人接到信後，也吞食了鴉片。混亂之中，外國醫生還沒從蘇州醫院趕到，帕克醫生又出了城，當人們正討論是否派人去請惠更生醫生時，從上海來了位外國客人——不是別人，正是那位年輕貌美的女醫生從倫敦回來了！當她知道了那英國女孩子做了什麼之後，馬上就明白了整個事情的緣由，並採取了措施來救治這兩位吞食鴉片自殺的人。她把這兩個人都救活了。

　　她接過了她的英國朋友一直扮演的角色,嫁給了那位顯然要不久於人世的鴉片鬼。她醫術高超,一個月之中就讓她丈夫康復痊癒了。而那位英國女孩子則嫁給了她的情人。

蘇州齊門河上的南馬路橋

鄰近雙筆塔的蘇州貢院

第二部分　揚子江流域的省府

　　這本書的大部分內容，正如此類文學作品那樣，深刻地展現了墮落、愚昧和偏見，使得人們在看到那些令人作嘔的畫面，都會嫌棄地轉過臉去。然而，毋庸置疑，該書展現了一幅當今蘇州生活狀況的真實畫面。大家也都知道，有外國婦女遭騙嫁給海外中國人、被帶回中國的事情發生。因此，故事的這一層面確實具有某種事實的基礎，無論它乍一看來是如何令人駭異。但是閱讀此書不是為了這些情節，作者對於鴉片罪惡的譴責語調才是最重要的。它揭示了一種新的精神，一種大聲吶喊的精神，這證明了中國對於鴉片買賣的抑制，或者至少是對於吸食鴉片的抑制。

　　該書的序言以輕快的筆調揭示出了蘇州人心目中的自我形象，因而在此全文轉載，只省略了一兩個句子：

　　據說江蘇省既美麗又富饒，被認為是東南之冠。每個人在描述這個地方的時候，都不會不提它的青山綠水。它也是一個人口稠密的地方。那麼，這塊神奇的土地上都產生了什麼新奇的東西呢？有三件：狀元、戲子和美女。這三類人江蘇出產得最多，沒有其他省份可以在這方面跟江蘇相媲美，甚至有一句古老的諺語專門表達了這樣的意思。本書作者首次聽到此說時並不相信，但經過調查，發現確實有大量的證據可以證明。可敬的讀者應該知道，自從清朝開國迄今，蘇州產生的狀元最多。關於這一點的詳盡論證請見另一本書 ——《孽海花》（顯然這是為同系列書中的另外一本在做廣告）。

　　最有名的「崑曲」唱腔產生於蘇州。實際上，整個帝國的戲子幾乎都是蘇州人。另外，教人唱戲的，以及戲院老闆也都是蘇州人。大量即將成為戲子的人，以及那些票友都是出自蘇州。這難道還不能證明蘇州出戲子嗎？

　　至於美女。沒有必要到上海或者更遠的地方去找。派個人去上海，遍訪那兒的富有家庭，有關美女的狀況就可以輕易得知。但是你會說：「我既非三姑，又非六婆，[165] 又怎麼才能進得了豪門呢？假如真的進了豪門，這些女人從早到晚忙地只是看戲和燒香拜佛。」但只要你一打聽，就會很容易了解到實情。

　　至於狀元。拿出一代人來比較一番，三百六十行，哪行不出狀元？即使在下層百姓之中也有那個階層的狀元。蘇州的文風是最好的，此地著名的散文家不計其數。因而狀元相繼被蘇州人獲得，這並不足為奇。

　　然而，為什麼戲子和美女這兩類人來自蘇州呢？這裡也有一條原因，我下面就要說了，是因為他們滿嘴謊言。為了實現自己的目的，沒有人不會奉承。他們巧舌如簧、油腔滑調地搬弄是非，使用一些陳詞濫調，似乎顯得更具有說服力。他們自以為得意地嚼舌造句，讓別人覺得他們智慧過人。但實際上，他們長著鋼牙利齒，只會引來別人笑話他們出醜。

　　看他們身上的衣服。他們只談論那些好看的料子，上面有著迷人的花紋。若是有人穿得不光鮮，那定會招來他們的蔑視。因此，那些家境普通的人也同樣得穿時興的款式。不僅僅豪門很在意穿著打扮，就連那兒的狗也都知道應該衝著哪個人吠叫，因為當牠們看到穿著短褂藍衣的，便會齜牙咧嘴；牠們跳來跳去，不停地搖著凶猛的尾巴，顯示出牠們也知曉鄙視窮人、討好富人的訣竅。因此，這個城裡的男女都塗脂抹粉，打扮入時。只要是時尚的，他們都會去做。若是自己買不起這些東西，他們也會花錢去租；若是租也租不到，他們就會用現成的嘴去借。

---

[165] 這句話的字面意思是：「我既不是三姑之一，也不是六婆之一。」在元朝陶宗儀的一卷筆記《輟耕錄》中，我們找到了關於三姑、六婆的一段描述：「下列人等進家門，定會招來偷盜和通姦。如有可能，當如同對待蛇蠍那樣，盡量避開她們。三姑是：(1) 尼姑；(2) 道姑；(3) 卦姑。六婆是：(1) 牙婆；(2) 媒婆；(3) 師婆；(4) 虔婆；(5) 藥婆；(6) 穩婆。」「三姑六婆」，在中文裡面就是「壞女人」的同義詞。──原注

他們一心的想法是，無論發生什麼，都要滿足自己的欲望。表面上曲意奉承，但實際上並非如此。在惡人面前，每個人都會是一位彬彬有禮的紳士。被罵時他絕不會張嘴，被打時他也會說：「我不還手。」若是有辦法能過得了坎兒，他們會隨時隨地用那辦法。他們的口頭禪是：「別搬天來獲取天下財物，平安是金。」所有這些都顯示了某種智慧，然而所有這些都是出於貪婪，想以最低的價錢得到某件東西，而同時得到表面上的預約。

蘇州人從未有過遠大的計畫，包括對各種可能性及後果的展望，以激勵自己去完成某項偉大的或者是值得努力的事業；也沒有什麼人有過人的勇氣、巨大的力量或者博大的同情心。當然，作為模仿偉人的紈褲弟子，他們只是供表演的合適材料，因此成了余氏和孟氏那樣的戲子（姑蘇有名的敗家子）。女人們溫順，因此受人愛憐，她們不辭辛勞地展示迷人的風采，因而適合於給人做妾。

至此，讀完序言全文的讀者將會理解為何蘇州產生了如此動人的文章。

然而在另一點上，蘇州人做得很糟糕，你想想看那是什麼事？那是一種與生俱來的偷懶傾向。因為他們不願意自力更生，而只想依靠別人。假如是出生於富裕人家，他就會指望活在祖宗的庇蔭下，享用父母留下的財產。若有豐衣美食，他就會當縮頭烏龜，什麼事也不去操心。他只會享用眼前的榮華富貴，根本不會想到利用父親的地位，去幹一番光宗耀祖的事業。倘若出生在寒門，他就會去趨炎附勢 —— 成為一條寄生蟲。他會到處裝出一副可憐的樣子，伸長脖子，眼珠滴溜溜地轉動，指望有人能提攜他升官發財。假如沒有可靠的親友或可揩油的傢伙出錢給他們買出門時穿

的衣服和填飽肚子的食品，那他的妻子和孩子們就只能受凍挨餓了。他怨天尤人，踉踉蹌蹌地在貧困中掙扎。直到自取其辱，仍然不思悔改。他會上天入地使自己鹹魚翻身，得到一些骯髒的錢來將自己裝扮成富人。蘇州男人會捨命來護衛自己的每一個銅板。每逢饑荒賑災或為公益事業捐錢時，他就會若無其事地在一邊拱手觀望。要他捐出一個銅板，那可就比從他身上割下一塊肉還要痛苦。此外，這種人在論及影響和利益時，嘴裡說的和心裡想的全都是錢。若是有人指出某一家族熱心於公益事業時，他們就會噘起嘴冷笑著說：「慈善之門難開啊。」

還有，那種只顧自己的人根本就無法理解涉及民生的公共事務的重要性。倘若有一位熱心公益者說，上面有人發來電報，召集人們開會討論公共事務，他就會翹起鼻子似笑非笑地回答道：「哦，那是屬於朝廷政府的大事，我們小老百姓不應參與其中。」假如有人告訴他，某人學識淵博，才智過人，他就會揚起眉毛，臉上浮出笑容，自鳴得意地說：「饑荒時文章和教誨不能拿來當飯吃，天冷時公共事務的禮儀和經濟也無法用來禦寒，沒有家產和財富的人到頭來總會忍飢受凍。」假如碰上一件公益事業，他們會以為官員試圖敲他們的竹槓，因而絕不會主動掏錢。但若是官員們施加壓力的話，他們就會爭先恐後地掏錢，出於害怕，他們會把成串的銅錢和銀子用雙手捧著交到官員手裡。因此每當官員下令要做某件事時，他們都會爭先恐後，盡心盡力地去執行命令。

但要是說到哪件事蘇州人最害怕，那就莫過於明令禁止他抽鴉片。因為他想抽鴉片的決心，強烈而不可動搖。富人們說：「讓年輕人去抽鴉片吧，這樣就可以避免他們去妓院和賭場。」這就是他們為保護家產而設計出的一種最有效的方法。為了執行這個計畫，他們向某個朋友或熟人提供錢，讓他們去引誘自己不賺錢的後代吸食鴉片，直到他上癮為止。除了提

供錢之外，他們還拿出更多的錢賞給引誘者。他們說，凡是抽鴉片上癮的人都會失去嫖賭的惡習。這樣就可避免敗家子無限制地胡作非為。可是一旦對鴉片上癮，人也就變得懶惰和無用，日夜顛倒，興趣全無。當然，他們也就不會再去光顧賭場了。

於是他們全家的男女老少就像仙鶴一樣變得臉色紫紅和瘦骨伶仃。他們整天躺在鴉片臥榻上，吹著類似於十字形笛子的鴉片槍，發出不符合樂理的聲響。不僅男僕和女僕會來偷他們的鴉片，就連家裡的貓和老鼠也都染上了鴉片癮。所以當有人提醒他們鴉片已經被禁時，難道不是等於告訴他們，生命岌岌可危了嗎？並且，他們把自己的生命看得如此重要，以至於為了縱容這種嗜好，不惜傾家蕩產！光是鴉片還不夠，在製作鴉片煙時，他們還要在鴉片裡摻入鹿茸，這是為了滋補的目的。假如有人勸他們放棄這種嗜好，他們會害怕戒掉鴉片癮後染上某種別的疾病而危及生命。所以，他們決心不惜一切代價保持這種習慣。他們這樣說來表達這種決心：「若要戒鴉片，比死了娘老子還要傷心難受。」由此可見，沒有比戒鴉片更為困難的事情了。

要記住，朝廷的禁令最近剛剛頒布，禁止人們吸食鴉片，並且定下了要他們完全戒掉鴉片癮的具體日期。光是在蘇州就有 3,700 個大大小小的鴉片館，所有這些鴉片館都被命令立即關門，這把那些鴉片鬼嚇得魂飛魄散。經過了廣泛的磋商之後，他們散布了種種謠言，說鴉片館裡的夥計一旦失去工作，就會造成騷動和流血。這些謠言是為了恐嚇官員們，使他們放鬆對於鴉片的查禁，在執行朝廷命令時不要那麼嚴厲 —— 與此同時，他們會找到一些方法來顛覆朝廷的禁令，這樣就可以多抽一天鴉片煙，多抽一天就可以多享受一天。然而，官員們並不為此所動，他們依然是那麼雷厲風行。那些屢教不改的鴉片館現在都關了門，那些沒有遵守禁令的人

也都受到了懲罰。於是乎無論城內城外的鴉片館都關門大吉，就連偏僻小巷的鴉片館也都一掃而空。然後又有謠傳說，即使是得到特許的店鋪也不能再賣鴉片了，那些鴉片鬼一個個如喪考妣。

　　大約就在這個時候，有人抓緊最後的機會，買下好幾箱鴉片，處理好之後把它們埋在地下，而且還把一件棉袍放在鴉片汁裡浸泡了三天，直到好幾磅重的鴉片汁被棉花吸收，然後才將棉袍慢慢晾乾。後來這個姓潘的男人開始把這件棉袍穿在身上，人們都很想知道他的用意，但卻思索不透其中深藏不露的祕密，這位潘先生每次都笑而不答。他的兒子後來洩露了這個祕密，說他之所以這麼做，是為了提防當局最終實施禁鴉片的法令，萬一因禁令斷了鴉片的來路，那豈不是要了他父親的老命？所以父親把棉袍用鴉片汁浸泡，這樣的話，當再也買不到鴉片的時候，父親可以從棉袍上割一小塊放在嘴裡咀嚼，以緩解毒癮。這麼一個萬全之計，他怎麼可以如此輕易示人呢？希望各位看官看到此處，可別笑破肚皮。

　　說到頭，蘇州人天生性格就有弱點。他們不僅不知廉恥，而且還吸食鴉片，沉迷其中不能自拔。既然這樣，我們又怎麼能因他們所做的那些可笑的事情而去責怪他們呢？看官倘若不信，就請先來看一下這些鴉片鬼。當下就在鴉片被禁之際，他們還口口聲聲地說著下面這些話：「禁鴉片？朝廷會因此失去對那幾百萬桿煙槍的賦稅，這可不是鬧著玩的。」內心裡，他們實際上是在指望蘇州以外的國人反對這個禁令，並且為了控制這個走私的大閘門而堅持繼續進口鴉片。所以當他們聽說，在那些開放口岸，煙鬼們仍在吞雲吐霧時，一個個就像老秀才還想考舉人那樣，心裡都偷偷地樂開了花。

　　當蘇州人這樣來表達自己的時候，難道不是狡猾透頂嗎？然而，各位看官，千萬不要相信他們對於鴉片的議論，以免上當。因為那東西就是斷腸草。窮人一旦吃了它，便會虛擲光陰，傾家蕩產。富人抽上了它，據說

能夠保住家產，可作為有效防止兒孫們出去尋花問柳的預防劑。他們不知道，剛剛接觸到鴉片時，就像是吃下一劑猛烈的春藥。這半數的鴉片鬼，本來沒有任何疾病，只是在逛窯子之前把鴉片當作壯陽藥來吃。只有當煙癮很深的時候，他們才意識到鴉片對於提高性慾實際上沒有幫助。任何人只要有一點眼力，就可以看到在蘇州有一幫沉迷於鴉片的敗家子整天無所事事，一心盤算著如何去勾引那些笨女子。鴉片一旦上癮，人們便一事無成。他們整天只想著如何滿足那可怕的鴉片癮，會不惜採取各種手段來達到這一目的。有兩種手段最為常用。那些小白臉鴉片鬼會去千方百計地娶一個有錢的女子，然後透過吃她的、用她的和靠她的，再多過上幾天舒服日子。另一種手段就是依賴如簧巧舌、甜言蜜語和騙人伎倆，這種鴉片鬼會煞費苦心地找一個有錢的朋友，騙他去賭錢，引誘他上妓院，透過曲意奉承和不擇手段，終其一生都會像螞蟥般叮在那個受害人身上，吸他的血。

顯而易見，抽鴉片會導致賭博、尋花問柳和各種邪惡——沒有別的東西能比它更引人墮落。俗話說：「懶怎麼能不導致淫慾呢？」因此我只能咬牙切齒地說，鴉片是一種傷天害理的毒藥，它毀損國家，拆散家庭。那個時候，有兩個愚蠢的蘇州女子被鴉片鬼們折磨致死。整個故事十分悽慘，令人嘆息，催人淚下，應該以民謠和詩歌的形式來加以傳唱。於是我便動手寫了《斷腸草》這本書。誰若讀了它，就會知道蘇州人的喜好和習俗確實糟糕。雖然這將遭到這個吸食鴉片階層的憎恨，但我仍然不應該因為公開抗議這種罪孽而受到指責。

對於這樣一篇序言，誰都會禁不住說「阿門」，並同時希望鴉片這種毒品不久從蘇州絕跡。

第八章
南京

Kiangning means "The River's Peace". This is the official name of Nanking, which is translated "The Southern Capital".

江寧，意為「江河的寧靜」。這是南京的正式名稱，南京直譯為「南方的京師」。

第二部分　揚子江流域的省府

■ 一、南方的京師

　　南京雖然不是一個省的省會，但它卻是掌管著安慶、南昌、蘇州三地巡撫的總督所在地。由於這三地都是人口眾多而且重要省份的省會，所以南京的總督是帝國最有影響力的人物之一，他的督府衙門自然備受關注。此外，南京現在雖然只是江蘇省的一個城市，但它卻曾一直是整個王國乃至帝國的京師。還有另一個城市也處於同樣的地位 —— 北京，這是一個直隸省的一個城市，而這個省名義上的省府是保定，然而北京卻是整個大清帝國的京師。我們可以把這種情況跟美國做一個比較。美國的每個州都有自己的首府，一次途經亞特蘭大、哥倫比亞、洛里、里奇蒙、安納波利斯、多佛、哈里斯堡、翠登、奧爾巴尼、哈特福、紐哈芬、波士頓、康科德的旅行堪稱是走遍了大西洋沿岸各州的首府。然而這或許只是在技術層面是對的，人們會對於忽略並非首府的華盛頓、紐約、費城而感到驚奇。所以我們打算在中國省會的名單中再加上兩個都城 —— 南京和北京。

　　還有一點是自相矛盾的，南京和北京只是頭銜，而不是名稱。嚴格說來，它們意為南方的首都和北方的首都，它們分別稱作江寧和順天。然而北京這個詞的由來還須做專門的研究。[166] 我們暫且不談名字的由來，還是著手展示一下對南京歷史的研究吧。下列材料分別來自口頭傳說、1690年一塊石碑上的銘文和江蘇省的地方志。對於這最後一個文獻來源，我們要對那些與我們合作收集和篩選古代文獻的古文物學家表示崇高的敬意。我們要告誡未來的地方志研究者們，這些迄今為止被人們忽視的書籍，等到我們想重新找它們時，將會很難得到。每個省的官員都在接受新思想，新的地方志也正在編纂中。然而為了消滅過去迷信和荒謬的東西，他們大

---

[166] 北京的真正名字是順天，「京師」僅僅意味著「首都」和「都市」。馬可·波羅稱之為「Kinsay」（行在），當然他所指的不是北京，而是作為宋朝都城的杭州。

肆刪去了一些信條。中國的傳統正在迅速消失，那些對此真正理解的人必須不惜代價地去購買這些舊版的地方志。這項任務不久將會變得和秦始皇焚書坑儒以後一樣困難，雖然人們很難相信許多書鋪老闆的圓滑藉口：「它們被強盜燒掉了。」然而事實卻是，這些書正在從圖書館和書鋪裡迅速消失。

南京地圖

第二部分　揚子江流域的省府

　　南京的故事是從偉大的征服者和改革家秦始皇那兒開始的。在那次對於所兼併屬國的著名巡視中，秦始皇將營地駐紮在大江[167] 的北岸。第二天一早起來，他拉開帳篷的門簾，發現對面的山頂正有一團玫瑰色的雲彩，雲團中顯現出一個皇帝的輪廓。他知道這是個預示：那座山裡一定有一條龍，而龍的任務就是產生皇帝。因此他必須去拜會這條龍，並且必須跟牠做出一些安排。「快來船！讓槳手和轎夫們把我送到那座山上去！」不久，人們就找到了龍的所在地。對待一條龍，就同對付強而有力的對手那樣，有兩種辦法：要麼把牠的珍寶全都掠走，使牠變得虛弱，但這可能會引牠發怒；要麼就送牠許多珍寶，以此來收買牠的善意。秦始皇選擇了後者。他在龍頸部的位置埋了許多財寶，讓牠去盡情享受，並且給牠留下了一支儀仗隊，以免盜賊們會將這些珍寶「搬走」（這是委婉的說法）。於是西元前 212 年，這裡建起了一座名為「建康」的兵營，牠在好幾個世紀中都守護著那些珍寶，以保證這裡不會產生與當時統治者爭權的皇帝。

　　還有一點可以補充到這個生動的傳說中，這是康熙皇帝在南京用硃砂親筆記錄在書上的，他對於兩三千年前事件的描述具有毋庸置疑的權威性。「據古書記載，該地方是禹的封地，屬於揚州地區。在秦始皇統治下，它變成了縣和府的所在地，當時稱為秣陵。漢朝時，孫權[168] 稱它為建鄴。」

　　當第二帝國 —— 漢朝土崩瓦解時，吳國在揚子江下游的流域建立了起來，它的首都曾一度建在蘇州，而在另一段時期它肯定就在這裡附近 —— 有人說就是在南京這個地方。那條龍到底是在做什麼呢？

　　當北方民族征服了作為中國文明發源地的黃河盆地時，漢人控制著揚

---

[167] 長江的舊稱，另一個舊稱是揚子江。

[168] 孫權（西元 181 － 252 年）就是我們在下一段中將要提到的吳王。他最先承認魏國的地位，但在 229 年他捨棄了忠誠，轉而自稱是吳國的首位國王。吳國一直存在至 277 年。—— 原注

子江流域，而東晉從 317 年起也曾定都南京。

當北方民族被趕走，隋朝建立起第三個統一帝國時，人們將首都遷移到了危險的北方。康熙言之鑿鑿地告訴我們：在隋朝之後的唐朝，「此地首次建立起城牆，城市被命名為金陵」。這個地點或許沒錯，但忽視了在附近曾經建成的首都一事卻很難說是準確的。

當吳國復興時，這一地區從 907 年起又成了它的首都。然而隨著 1280 年蒙古人的征服，它又一次變得不再重要。此時，口頭傳說又走在了前臺，遠比單純的事實要有趣得多。

有幾位大臣從大都（北京）來到了南京。於是許多謠言便開始流傳，說其中有一個人將來要成為皇帝。接著就來了一個賣黑梅的商販。這是一個身體強壯的男人，一位優秀的將領和一位權力越來越大的官員。他的手下士兵告訴他怎麼才能找到那個未來的皇帝，背紫頭綠，那就是天子。許多人都聲稱自己是天子，於是他們被帶到御碑所在處，站在御碑的前面。但是一旦被問及國家事務，他們或是啞口無言，或是滿嘴蠢話。顯然他們並非天子。不久又有謠言傳開，在紫金山（即好運山）上有個真命天子。於是許多人便去尋找，在秦始皇埋葬財寶的地方，人們看到岩石上坐著一個裸背的男人。他頭蓋荷葉，用以遮蓋陽光，並且信誓旦旦地宣稱：「我是天子。」許多人都嘲笑他。直到一位智者指出，他的背部被陽光晒得發紫，以及他的荷葉陽傘是綠的，然後說道：「背紫頭綠！」於是人們把他帶到了御碑處，他的智慧也在回答每個問題時顯現出來，秦始皇的預見得以實現。就這樣龍完成了祂的使命，因為洪武[169]率領漢人趕走了蒙古人。

新的明王朝中，這裡又一次被恰如其分地當作了整個帝國的首都，一

---

[169] 這是年號。他的名字是朱元璋，年幼時由於家貧而出家當了和尚。人們稱他為乞丐王。他獲取權力的故事比虛構更加怪異。但整體而言，他無疑是中國最偉大的人物之一。

座高大的城牆環繞著城市建了起來。一切設計都是大規模的。然而，除了營建皇宮外，除了把始皇藏寶之地選為皇家陵園——那地方被老子的廟和他的門徒賦予了新的神聖性——並沒有做出什麼真正的成就。在隨後的 35 年中，北部邊境不斷地受到侵犯，平均每年退縮一英里，北方防禦的緊急情況迫使明朝將皇宮遷移到了北京。

從此之後，南京一直是中國人情感中的首都，這裡從來也沒有外國人統治過，漢人一次又一次地聚集在這裡，英勇地趕走了侵犯者。其中一位侵犯者，清朝的康熙皇帝講述了他在巡視中發現的事情：「此地迄今被稱作金陵……巡訪期間我們在江寧（南京的正式名稱，大江的安寧，或江邊的僻靜之處）逗留了一段時間，打算上鐘山去祭拜洪武皇帝。我們看見那兒雜草叢生，宏偉的建築已經變成廢墟，映入眼簾的只有斷壁殘垣。」

1850 年的清政府看上去已經搖搖欲墜，八旗兵仍在把守著中國所有的重要城市，然而他們的實力卻未經受過考驗。一場跟西方蠻夷的戰爭爆發了，八旗兵就像被風吹起的稻殼那樣潰不成軍。接著，出現了一個認為自由時刻已經來臨的漢人領袖。他在廣西的大山中聚集著了一批擁護者，先透過另一個中國人所寫的基督教小冊子發明了一種新的教義，然後透過這種教義把追隨者團結在自己周圍。他提出了愛國的標準，並喊著「中國人的中國」這一口號，從山區進入了湖南。城市一個又一個地被他們攻陷（儘管省府的軍隊擊退了他們）。滿人從漢人那兒已得不到任何的支持，所以通常被斬盡殺絕。漢口是這次行軍中的一個重要臺階，一旦這裡的船隻被繳獲，整個揚子江流域的門戶就會大開。安慶陷落，總督被殺。起義爆發後的 32 個月之內，南京就被攻克。那位愛國者便於 1853 年 3 月 11 日作為中國天子在首都南京登基。他廢除了滿族人的象徵，不再把頭髮編成長辮子，並鼓勵人們恢復過去披髮的方式。他任命了一批親王和將軍，

其中有些人頗有才幹，但他既沒有成功地重新組建他實際上已經控制的，包括華中和華南在內的龐大帝國，也沒有成功地將異族的滿人趕回到滿洲。漢人逐漸對他喪失了信心；華北的滿人又開始施壓，組建了一支由西方人領導的雜牌軍，在華南和華中與之抗衡。他剛剛建立的太平天國不久就陷入一片混亂，一些不幸的城市在三年中就被圍困了六次之多。最後，在 1864 年，滿人逼近了南京這個搖搖欲墜的首都。在城市周圍建起了 140 個要塞，長達數英里的土堡壘被迅速建成。約瑟夫所有關於耶路撒冷的記載，甚至連人吃人的情景，都在南京城內得以重演。在為期六週的圍困隔絕之後，城牆被地雷炸開了缺口，大部分太平軍將士都被屠殺。

我們所採訪的一位倖存者是 78 歲的殷先生。他被自稱「和平賜予者」的太平軍抓住，保全生命的唯一條件就是參加太平軍。由於沒有武器，他只能充當苦力，他沒有參與攻陷安慶的戰役，也沒有參加接下來的那場接連三天的大劫掠，因為當時他逃回了 360 里以外的家，但後來卻被抓住了。在幹了一年苦力之後，他被派往南京，編入了禁衛軍，但那時戰事較少，只有挖道地。後來他被送回鄉下，在那兒他參加了 20 場戰鬥，最慘烈的一次就是常州保衛戰，雙方都有大約兩萬兵力。太平軍放棄城牆的防護，出城來與清軍在平原上決戰，戰鬥整整持續了 12 天。槍林彈雨，血流成河，屍骨遍野。然而太平軍將士們絲毫也不畏懼，他們崇拜上帝，所以並不害怕。城市最終還是陷落了。他背部被刺了一槍，但卻死裡逃學生，他現在想起來，覺得自己是受到了上帝的保佑，以便能見證福音。大部分守城者都被斬首，當他們前往刑場時，有些人始終表現出了大無畏的氣概，笑著拍拍脖子，說：「我頭頸這裡正癢癢呢，把我的頭砍下來吧！」

殷先生記起了太平軍內一次盛大的宗教儀式，軍官們帶領一群士兵跪下，大聲重複了 24 個句子，開頭的一句是：「歌頌上帝！歌頌耶穌基督！

歌頌聖靈！」儀式結束後，人們鄭重地將紙符付之一炬，然而這個儀式沒有向他傳達任何資訊，因為那兒沒有任何教義。外國人對這整個運動半信半疑，在利用它所提供的機會上也是猶豫不決。大約在十年前，殷先生在戶部的外面看見有一個外國人在講道，嘈雜的人群中有人喊道：「洋鬼子，說鬼話！」然而這個外國人逐漸吸引了聽眾的注意力，並且引起了他的興趣和同情。他向傳教士問詢後最終加入了教會，現在他已是一位虔誠的基督徒。

當太平軍忽視宗教儀式時，他們就開始失敗了！中國的崛起時機尚未成熟，還欠考慮！奇怪的是，這使我們想起了克倫威爾為了擺脫來自北方的外國人（斯圖亞特皇族）的桎梏而領導的起義，兩者都是愛國主義和宗教的混合物，都在戰場取得了勝利，同樣未能很好地組織起來，以贏得所有人的信任，同樣是在 12 年內土崩瓦解，同樣對外部的桎梏很重視，這種平行對比還能走得更遠嗎？英格蘭在 30 年內重新崛起，斯圖亞特皇族逃走。中國又會怎麼樣呢？讓南京來回答這個問題吧！一個牧羊人在明孝陵所在的荒蕪山坡上徘徊，突然他遇見了一位身著古裝的人。這人問他：「天明了嗎？」牧羊人一時弄不清，就只好照字面意思回答了一句：「已是拂曉，尚未天明。」那位明 [170] 人轉身就回去了，以等待玫瑰雲的再次升起，以及巨龍再次推出一個救世主。

■ 二、新南京

南京已不再是它舊時的那番模樣。著名的報恩寺琉璃塔消失了，因為它對於風水所產生的影響，太平軍將它徹底拆除。這裡的製造業也已衰敗，「南京」這個商標曾經跟謝菲爾德和伯明翰一樣如雷貫耳。過去宮殿金碧輝煌的地方，現在只有美麗的慄樹伸展著樹枝，慄樹的每個樹枝只有

---

[170] 明的原意為「光線」，或「明朗」。

七片葉子，初夏時花穗盛開，秋天後結出果實，「可治心口疼」。皇陵本應得到人們的崇敬，但人們為了藥材在那兒種起了人參。過去繁華的民居也已讓位於榿梓樹、杏樹和櫻桃樹的小樹林。在周長 30 英里的城牆之內只住著 14 萬人，這是一個遠離了光榮的城市。實際上這裡還有一個兵工廠、一個麵粉廠，以及海軍學堂和武備學堂，但是這些機構都不能為南京的未來帶來任何希望。現在人們正在努力使這座城市重獲新生。首屆博覽會已經在一個由全國博覽會的組織者精心設計的優雅建築（被稱作「白城」）中舉辦過了。

我們看到了有關老南京的兩件遺物：大鐘和剪刀。關於那口大鐘有一個著名的故事，講述一位皇帝命令工匠為他鑄一口世界上最大的鐘，工匠一次又一次失敗，只有他女兒的死才能扭轉乾坤。關鍵時刻，他女兒縱身跳入熔爐中，以犧牲自己為代價換取了鑄鐘的成功。這個故事還講了大鐘如何在鑄成之後一直發出動聽的聲音。但是這個傳奇故事還會長久地流傳下去嗎？新版的地方志中有這樣一個說明：「我們已經把貞女和孝女的章節併入了烈女的那一章。」在這個新版本中，「祥異」的章節已經消失，或許不久以後的修訂版又會刪去自殺的章節。

那把「剪刀」是兩塊呈 X 形交叉的鑄鐵，據稱是從天上掉下來的。近旁是用以支撐一根木柱的豎立石墩。所有這些遺跡都表明，這裡古時可能有一座廟宇或寶塔。

每一個新的朝代都向人們傳達著這樣一個資訊：公共陵園的神聖性已經結束。因為傳統觀念認為，參拜公共陵墓可以帶來好運，新的統治者希望結束這樣的參拜，以建立起能增強自己實力的好運。更為尋常的解釋是，這樣做的話，大量的土地就可以用來給人們耕種，就能有更多的稅收！也許這就是某些改革者們尋求變革的又一個動機。另一方面，保守派

採取了一系列預防措施。有一個從日本回來的留學生口無遮攔，發表革命性言論，當局專門派了一個官員去把他抓了起來。為了避免更大的麻煩，他當即就被砍了頭。

開明的兩江總督端方在明陵石像外加裝了鐵籠，以防外國人從石像上鑿下碎片，作為紀念品。

江南瓷瓶

　　墳地近來一直受到各種事情的侵擾。新的要塞在周圍的山上建立了起來，我們不知道其中是否有一個要塞會改變自秦朝至明朝對於那條巨龍的監管。但最顯著的改變還要歸因於外國人的到來。新成立的一些機構已經吸引了一些異族人前來建造房舍或是進行監理。但長久以來，美國人一直在緩慢地滲透進來，到現在為止，已經有來自 7 個傳教使團的 64 位男女穿越太平洋來到了南京。最早的美國人是於 1876 年來的，當時的人們對於太平天國運動依然記憶如新。面對人們的懷疑和辱罵，要得到一個立足點很不容易，在頭四年中，這個立足點非常不穩固。在六年內，美國人創辦了一個診所、一所全日制學校，還在城市和鄉村傳播基督教的教義。兩年後，他們又創辦了一所女子學校，這可以說是一個對信仰的冒險。因為男人們幾乎不敢吃外國人家裡的食物，女人們害怕自己會被地板門所吞噬，直到好幾天之後，才有一個怯生生的小女孩前來冒險嘗試。連續三天，她除了吃東西外什麼事也沒做，而頭一堂課就把她嚇跑了。

　　如今已經有五所這樣的女子學校和 300 名女學生，所有的孩子對於幼稚園和美國的教育方式都很喜歡。為了建造一個神學院，人們甚至將本地五臺山上的墳墓都給遷走了。

　　美國人在一個很重要的方面開闢了新天地。中國人堅信世上有鬼，他們認為吊死鬼會纏住一座房子。但是在經歷了兩次圍城和成批的婦女自殺之後，南京還能有哪座房子能倖免於鬼呢？曾經有一度，城裡的每口井中都是女人的屍體。所以在房產代理人手裡總是有一大堆被鬼魂纏繞的房子，傳教士們和皈依的中國基督徒們經常能買到很便宜的房子。有一次他們廉價買到了一座別人不敢住的房子，當傳教士的家庭變得人丁興旺時，以前的房主又以高價買回了這座風水得到改善的房子。一個算命先生吃驚地問，在美國是否有鬼魂或精怪，當聽到否定的回答後，他便自作聰明地

推測，鬼魂肯定是被我們的宗教全部都趕到中國來了。用基督教來抵禦鬼魂倒是一個不錯的主意。目前通用的驅鬼辦法是請巫師或道士、和尚前來唸咒擊鼓，將來或許找基督徒來做房客這個辦法會更加流行！

基督徒們已經做好了應對這種需求的準備。神學院已經有四個老師在教 40 名中國學生，這些中國學生在三年後將全部出去傳教。與此同時，他們正在學習知識，尤其是《新約全書》。學法律的學生也覺得如果要理解法律的話，就必須知道一些教會的歷史。從各個方面說，教授基督教神學的老師們都有大量的工作要做。願他們能使南京再次得到振興！

第九章
安慶

Anking means "Peace and Happiness" or "Peaceful Congratulations".

安慶，意為「和平與幸福」或「安詳地慶賀」。

「安慶」這個名字由兩個字組成，「安」也由兩部分組成，一部分是寶蓋頭（宀），另一部分是「女」字，兩者結合意味著安寧祥和。「慶」由三部分組成，一個「鹿」字頭，再加上「心」字和反文旁。慶在古時候是指在節日裡贈送鹿皮，現在則意味著慶賀，所以「安慶」這個名字意味著平和的祝福。

第二部分 揚子江流域的省府

■ 一、環繞城牆的散步

現代省份安徽的名字由它兩個主要城市名稱的第一個字組合而成。德克薩斯州也有一所大學簡稱為 Ad-Ran 大學，這個名字來源於建立這所大學的一對兄弟 Adolphus 和 Randolp 的名字，這種命名法很有安徽的特點。「安徽」這一詞語中第一個字的發音是如此困難，以至於它在英語中有時被拼寫成「Ngan」。

省府安慶位於揚子江的北岸，距離上海大約有 360 英里，距離南京 150 英里，所以安慶這個城市在古代被稱為「扼咽之地」。它的形狀是一個平整的圓形，西北和西南各有一個城門，江岸有兩個城門，西面也有一個城門。安慶最顯著的特徵是城內地勢起伏，這為完美的排水設施和華美的建築提供了條件。一個當地人把它的城牆周長形容為「九里十三步」，它的北面承載著一條「大龍」，城東有一個大湖環繞，城西被一條大河所限，城南可以眺望揚子江的對岸。這樣，它顯然是中國最小的省府之一，或許只能容納 7 萬居民。除了隨處可見的那些在職或候補的官員，它顯然也沒有任何屏障可以倚靠。

由於城市規模不大，所以李牧師和我決定圍繞城牆走一圈，以便研究城牆的特徵。但當走到一處時，我們很想從城牆上下來，去調查一下大寶塔，而這項調查是要單獨進行的。我們決定依照太陽昇降的情況來安排行程，這樣我們就能讓太陽一直落在我們身後，而且能讓我們一直注視著自己那莊嚴的影子。

北面的集賢門外是刑場，它用一塊銘刻著下列碑文的石碑明白無誤地向所有人宣告其用途 —— 「南無阿彌陀佛」、「觀音菩薩保佑」和「砍頭勒脖者，脫離苦海也」。那天沒有人被執行死刑，巡撫也沒主動要求組織一

場行刑給我們看，但據說砍頭的程序如下：一旦巡撫接到皇帝關於死刑的諭令時，他就會將諭令傳到地方官員那裡。一塊從衙門發出，上面刻有一個虎頭和囚犯姓名的虎符就會被送達牢獄。衙役們會恭喜囚犯即將脫離苦海。在酒足飯飽之後，上身赤裸的囚犯就會被捆在一張既無兩側扶手，也無頂篷的滑竿上，接著就被抬到城門的外面。這時，一個官員手裡拿著一把閃閃發亮的大刀走過來，站在囚犯的面前。囚犯則跪倒在那把被展示的大刀前面。突然，執刑的劊子手拿著一把行刑的大刀從後面出來，揮刀將囚犯的頭顱砍下。接著劊子手趕忙跑回城裡，將屠刀在關公廟裡洗乾淨，同時獻上一份便宜的祭品，以避免任何不祥的兆頭，然後他燃放爆竹[171]，最後才去衙門領取應得的 800 文銅錢。與此同時，在城牆上圍觀的群眾會用高聲呼喊和鼓掌等手段，把鬼魂擋在城外。這種有兩把刀的安排大有深意。實用的掃煙囪廣告就被認為很有噱頭。顯然在許多行業中，總是有一個人在擺樣子，而實際做事的是另一個人；後者是否總能得到那份報酬呢？

　　在西林中國內地會傳教使團駐地的後面有一個喜鵲的鳥巢，人們為了祈求好運而將牠小心翼翼地保護起來。烏鴉則因為預示噩運而被人們喝斥趕走：「烏鴉閉嘴。」其他表示好運的標誌隨處可見，例如等待風水先生擇地下葬的棺材，後者在等待期間上面覆蓋著草蓆或瓦片。

　　嵌在城堆上的是四個橫排的大字[172]：「天築宜城」。當地的一位學者解釋說，古代有一位著名的將軍偶然來到這裡，感嘆道：「此地宜城，天使然也。」所以傳說安慶最初稱為「宜」或「宜城」，「天築」則意味著不像開封和北京那樣，沒有一座山是人工堆積而成的，它位於這個丘陵地帶完全是「天意」。這種闡釋的對錯與否，我們無從確認。

---

[171] 爆竹是在唐朝才開始使用的。——原注
[172] 用「象形文字」（ideograph）這個詞來形容漢字並不恰當，因為它在漢字中只占了很小的一部分。——原注

第二部分　揚子江流域的省府

　　這一段城牆最近被修繕過。自從兩年前的那場叛亂以來，新的軍營和武備學堂便隨處可見。迄今為止，中國一直是一個崇尚文學的國家，它只需十年的時間就可以完全轉變成為一個尚武的國家。就如安慶的諺語所說：「打狗看主子！」這裡曾經辦過一次博覽會，其建築已被一所國立中學當作校舍。安慶有數百所小學、十所中學，其中包括女子學校，以及測量、法律和格致等專業學校。

　　再向前走一會兒，就可以看到這樣一所學校，即巡警學堂，在巡撫和其他幾位高官都出席的最近一次畢業典禮上，突然有人掏出左輪手槍向巡撫開火，但未擊中。一位道臺接過那把手槍，接連三槍擊中了巡撫。[173]巡撫被抬回衙門後，立刻請來了美國外科醫生泰勒，巡撫命令他立即在自己的腹部動手術：「把子彈取出來，把這顆子彈取出來。」然而他還是因為傷勢過重而死。一個中醫醫生也被招來，但他只是領了 800 兩銀子的酬勞，卻什麼也沒有做。似乎有人在精心密謀，以期舉行一場大的造反。然而第一個人的急躁卻使這個計畫無法再進行下去。密謀者之一鎮定地吞下了祕密組織的人員名單，雖然有人懷疑他，但卻找不到證據，他仍然留在了警察隊伍之中。但顯然有許多人預先都知道即將發生的刺殺，巡警學堂的學生排成兩列，巡撫從他們中間走過，而暗殺者就跟在他的身後。在暗殺者的手上寫著「欽護」（保護我），他還特地向學生們舉手示意，學生們也期待著接下來所發生的事。他確實成功地刺殺了最高指揮官，然後跟一群追隨者一起去了軍械庫，聲稱巡撫派他來取軍火。幸虧軍械庫的看守者沒見到巡撫的手諭，不願開門。暗殺者最終被捕，在省府衙門，他的心被挖了出來然後裝在盤子裡，交給了遇刺者的妻子，之後他又被砍頭。毫無疑問，那位巡撫死有餘辜，而且他生前就整天生活在被刺殺的恐懼之

---

[173] 這位安徽巡撫名叫恩銘，刺殺他的那位道臺就是從日本留學回來的同盟會會員徐錫麟。

中。在義和團運動的高潮,他在太原將羅馬主教的傳教士們帶到了省府衙門,假裝要保護他們的安全,然後在那兒將他們全部殺死。在安徽他是最多疑的人,所有的食物和茶水都要他親自在場時準備,他的門口總是有哨兵站崗,服務他的轎夫走路時總是一溜小跑,而且他臉上總是流露出警惕和害怕的表情。然而他在用人上居然如此昏庸大意,竟然親自任命了這個剛從日本留學歸來,後來成為刺殺者的革命黨人。當然,巡撫的人品,無助於減輕這起事件的嚴重性。他被暗殺的那個大廳現在變成了他的紀念堂,他的匾額被置放在一個非常顯眼的位置。

安慶北門外刑場前的佛石

安慶東門內著名的符咒石

　　不遠處就是土地廟，土地神是一種鄉間的神祇，祂比城隍神的等級更為低微。土地神在城裡的唯一職責就是照看菜園。而在城外，所有的農田都在祂的管轄範圍之內，還有每隔幾里就能看見的墳墓。通常，人們會燒香放鞭炮來祭拜祂，但在春秋兩季專門的節日裡，人們要敲著銅鑼，唸誦經文，而且還要在祂的神龕前擺放魚肉、雞肉和豬肉，而這些都會被道士和看園子的人吃掉。由於這些食物很快就會轉化為糞便，所以土地還是受益頗多。在老的鑄幣局房屋附近，人們正忙於挖塘泥，這是農家最好的肥料來源之一。所以當護城壕見底了之後，我們可以看見所有的園丁都在挖淤泥，以勞作來加強他們對於土地神的信仰。

　　繼續向前走，可以看到和平會的旗幟在飄揚，工匠們正在為窮人的墳墓做修繕工作，這個行會的慷慨捐贈都被用於各種慈善目的。它為死刑犯和乞丐提供棺材和墓地，還為赤貧者提供衣物、西藥、草藥，甚至稻米。人們要獲得這些東西，也需要付出一些代價，但如果是急需的話，它也會無償供應。和平會的成員中不僅有官員，一般還有商人和富人，會旗上印的字清楚地表達了它的宗旨。

　　東城門通常被稱為「樅陽門」，樅陽是 90 里外一個鎮子的名字，這就像是在曼徹斯特有倫敦路和牛津路的火車站。箭樓的兩側都有一塊約 5 英尺高的柔滑大理石板，當地人認為它們具有很高的藥效，尤其對氣喘病和消化不良十分靈驗。他們從白色的大理石上刮下少許石粉，然後注入開水飲用。所以兩塊石頭上都有很深的凹痕。

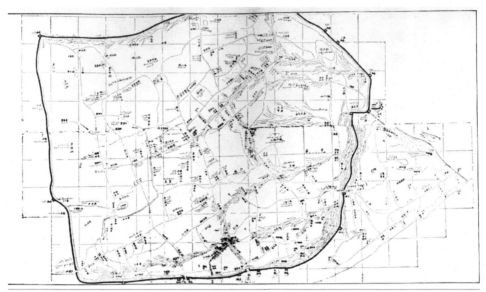

安徽省府，揚子江邊上的安慶。

　　城牆外有一家正對著寶塔的茶館，它目睹了幾年前一個騙子被當眾揭穿的一幕。一個聖潔的尼姑正在進香的途中，有一個旗人或兵勇保護著她。他們走訪了許多尼姑庵，顯然是收到了信徒們的大量捐贈。到了這裡，尼姑要為這位保鏢結帳，結果他覺得自己受到了不公平的待遇，於是去地方官那兒告密。尼姑被招來進行盤問，地方官命令尼姑在廳堂上脫光衣服。在中國，如果一個普通女人遇上這種事就會自殺，但這位「尼姑」居然是個男人。奇怪的是，他最後還被放走了。這件事很好地詮釋了「知人知面不知心」這句諺語。

　　沿著江濱往西走，很快就到達了小南門，即康濟門。城門上面的橫匾上刻著四個大字：河清海晏。對於這幾個字有許多解釋，「和風輕輕地吹拂著帝國的河流」是其中一種詩意的說法，以說明全國上下民風純樸、吏治清明，就連大自然也都擁護一位好官吏。故事是這樣的：在一場大水

中，這個城鎮被淹沒，巡撫命令手下官員去祈禱，但卻不見奏效。最後巡防走出這個城門，下令用鐵鏈抽打洪水，洪水馬上退去了好幾英尺。皇帝聽說此事後，下令要將這位巡撫的高風亮節刻在牌匾上，使之流芳千古。

再繼續向前就是最大的正南門 —— 城關，它連線那條通往所有省府衙門的大街，這條大街還經過忠烈祠。西門外是一片很大的郊區，郊區外被一道有三個城門的外城牆所圍住。

從城牆上很容易下到城裡最主要的那個清真寺，這是一座高大的建築，由筆直的木柱子支撐著屋頂。在公共建築中常見的皇帝牌位在這裡卻看不到。這個跡象表明，中國的回民儘管衣著整潔，談吐文雅，但卻並非安於皇權的臣民。安慶的回民社群龐大，有一個自己的學校，而且總人數達到 4,000 人，怪不得他們在城外又造了一座清真寺。這裡有一塊十分顯眼的石碑，撰文大意如下：

明朝開國皇帝洪武所書的百字頌文：穆罕默德的偉名被記錄在天國的卷宗裡。作為一個生於西方的宗教布道者，一個偉大的傳教士，他得到了天國三十部《聖經》，用以教導人們。他是無數黎民百姓的宗師和眾多智者和師長的領袖，能拯救聖教和護佑百姓。他每天祈禱五次，默默地為和平而祈禱，他的面前總是擺著真經……他無微不至地關懷那些窮人，並在危急時救助他們，他也知道地獄之事，並能拯救靈魂於罪孽。他的博愛和憐憫將改變世界。他比任何人都更為虔敬，墮落的教義將被這種虔敬所抑制。這種宗教的名字是清真。穆罕默德是一位最崇高的聖人。

碑文由鍾元慶以清秀的字型和崇敬的心情刻成。原來的那塊石碑在咸豐年間為兵勇們所毀，現在的這塊石碑是在光緒十二年重刻的。

這裡的特產之一是「印度墨」。在一個牆上和天花板上布滿了隆起物

的屋間裡點燃油燈，菸灰落在這些隆起物上，然後把菸灰刮下來，壓製成人們熟悉的長方形或其他一些精心設計的形狀的墨塊，上面飾有圖案花紋。經過趣味優雅的包裝之後，它們被作為禮物送給文人，正如在崇尚美食但稍遜風雅的西方，人們將一盒巧克力送給一位美麗的少女那樣。

一位姓胡的風水先生被介紹給我們，他在記錄碑文方面承擔了許多工。他的經歷很有趣，是我們見過的最好的活字典，他生於群山腳下的桐城，離安慶約 120 里的地方。他家裡有一座磚瓦房，父親是官府裡的信差，母親出身農家，他的乳名叫做「豹」，而他父親小名叫做「虎」，後來由於親戚少，而且他又是獨子，所以大名就叫做「長嗣」。他的父親和祖父母最先葬於城西，後來由於他的五個兒子全都夭折，人們認為這些墳墓的風水不好，所以他又將棺材遷到了城南。有一個風水先生對這個判斷也表示了贊同，因此就被邀請住在胡家，因為這樣可以確保好運。就這樣過了九個月，胡先生對風水先生那一套做法產生了興趣，他白天跟著風水先生看地形，晚上研讀相關書籍。後來，他自己也成了一位小有名氣的風水先生。鄰居來請他為兒子的墳墓看風水，因為自從兒子下葬之後，鄰居的兄長和牛在 20 個月之內也相繼死去。現場觀察和圖形顯示有山泉在棺材兩側流過，這顯然是個凶兆。他挑選了十里地之外的一個好地方，棺材從墳墓裡被挖出來，又重新下葬。一年之內，鄰居家又生了個兒子，胡先生的名氣也因此而奠定。

胡先生現已失去了對菩薩和郎中的所有信仰。因為當他第五個孩子生病時，他拜遍了所有能想到的菩薩，並在五個郎中那兒花光了所有積蓄，還砸碎了家中的鏡子，用鏡子的碎片來照房子，使自己家和鄰居家一樣高大醒目，以此來尋求菩薩對他家的保佑。在滕先生邀請他去傳教使團大廳聆聽唯一真神的故事時，他表示不屑一顧。結果他拋棄了所有崇拜，把錢

都花在那個有 14 本書和一個大指南針的書房上，並準備當一名給人提供諮詢的風水先生。順便提一下，指南針是古代中國的一項發明，它的標度盤被抽成 24 段，而且上面標明了南極 [174]，並不像西方海員所用的那種被分為 16 段的羅盤。雖然人們經常諮詢他一些關於祠堂和豬圈的選址問題，但他的專長卻是選擇墓地。他所遵循的首要原則就是要得到一個避風的地方，這樣墳地就會保持乾燥。在一個潮溼的地方棺材會腐爛，螞蟻、蠕蟲和蛇就會進入棺材。死人的靈魂就會因擁擠而感到十分不舒服，並會透過房子著火或其他災難來對生前的朋友進行暗示。

然而滕先生並未放棄努力，他力勸胡先生去買個墊子，在家中向上帝祈禱。兩個月後，在中國內地傳教團的禮拜堂外他倆偶然碰面，胡先生被帶進了教堂，於是便開始有規律地參加教會組織的活動。在羊年的第六個月，他皈依了上帝。危機是由他女兒生病引起的，在那天正好福音傳道士沒有去他家，後來這位傳教士聽說了之後立刻就趕來了，他發現孩子的母親正把病因歸咎於他的到來，實際上這更應該歸咎於他忘了來訪。福音傳道士把胡先生帶到了禮拜堂裡，他們在那兒齋戒和祈禱，第二天孩子的病情就開始好轉，不久就痊癒了。

胡先生後來取下了風水先生的招牌，並在做早飯時將祖上的牌位當柴燒了。他開了一家陶瓷店，門外掛出一塊牌子，寫著「耶穌是我唯一的主，我只是他一個卑微的助手」。在他所屬的傳教使團看來，他從前所學的東西和那些怪異理論的大雜燴對於做一個建築師和土地勘測員也許更有幫助，因為一些來自實際觀察的經驗其實是有很大價值的。所以那些不肯去請風水先生的中國基督徒，現在會有一位朋友來為他們挑選符合衛生標

---

[174] 據說指南針是由周公在西元前 1110 年發明的，其形式是一輛指向南方的戰車，這是為了給從安南的東京來中國朝貢的特使們指明返回路線。然而這只是一個傳說，雖然中國人或許早在基督的時代就已熟悉磁鐵的效能，但卻沒有 12 世紀以前用指南針作為航海儀器的確鑿記載。——原注

準的建房地點出點主意。

　　令人奇怪的是另一個傳教使團，即美國聖公會，在城中有一座令人稱羨的寶塔，它所在之處正好位於「龍心」，能為城市帶來好運。這當然是一個非常好的地點，從這裡俯瞰全城可以一覽無餘，也是一個喝下午茶的好去處。因為它位於二秀才巷 —— 秀才在中國是很少的 —— 所以這條巷被恰如其分地託付給了青樓女子，她們在同一塊區域內擁有四幢房子。那兒緊鄰著城隍廟，還新建了一座漂亮的教堂。

　　這個傳教使團的駐地靠近北城牆，我們就在北城牆附近一所嶄新的公立學校那兒結束了這次旅行。這個學校擁有大約 15 畝地，或是對它們擁有優先購買權。但是其中有一小塊令人垂涎的土地卻是被一個拿伯 [175] 式的人所擁有，他不願離開這塊他出生的幸運土地。大街街面上有一家診所。在診所的後面是兩座「孿生」的醫院，它們分別是為男子和女子所開設的醫院。一個中國的女醫生掌管著那座女子醫院。在擁有 500 萬人口的方圓 200 里地內，這是唯一的一所醫療機構，每年約有 2 萬病人前來就診。大街後面靠城牆的四層磚樓是一所很好的男子中學，城牆上新崗哨裡的士兵們可以居高臨下地監視校園裡的每一個角落。學生們來自城鄉的小學，他們畢業之後準備去上武昌一所相關的學院或上海的一所大學。這座學校辦得如此優秀，以至於政府官員喜歡它的程度甚於那些公立學校。它為 120 個學生提供寄宿教育的機會似乎總是被一搶而光。大街的另一角是城中唯一的女子學校，它可以容納 60 個寄宿生，而且招收到了基督徒，以及其他一些來自上層社會的學生。女校的畢業生很容易就能找到諸如教師和護士之類的工作。學校中央是一座漂亮的新十字形教堂，內設 600 個

---

[175] 拿伯（Naboth）是《聖經》中一個葡萄園的主人，由於他的葡萄園經營得不錯，結果引起亞哈王垂涎，最終葡萄園被其奪走。

座位，這是專門作為學校的小教堂的，校園內點綴著各種住宅，本地教師享受和外國同事一樣的待遇和住房。學校的外面是滕先生的家，他是一個樂於助人而博學的教堂執事，他住的是一幢半現代化的二層樓房。

我們的這次漫步頗具寓意——從那充滿殘忍和罪惡人性的刑場開始，最終在城裡最有人文氣息的學校結束，這難道不是很有意思嗎？

■ 二、珍奇的安慶寶塔

安慶所引以為豪的，除了東城門，就是大寶塔了。自從南京的琉璃塔被毀之後，它無可辯駁地成了揚子江流域最好的一座寶塔——至少揚子江上的船長們是這樣告訴我的。它高達七層，每一層的外面屋簷上都掛著一排小鈴鐺，三分鐘熱風吹來，就會響起悅耳的鈴聲。在寶塔的前面有一個迎江寺。這座塔王得到了很好的修繕和保護。它名為「振風塔」，假如它真的能夠駕馭風的話，也許就可以變成一個裝置精良的地震觀察站了，因為地球的每一次悸動在塔頂上都會得以放大。據說它的彈性是如此之好，所以在高層沒有懸掛沉重的鐘。然而在寺廟裡倒是掛有這樣的一口鐘，旁邊還有一根橫掛著的鐘擺錘；每當值班的和尚敲響這口鐘時，洪亮的鐘聲就會餘音繞梁，喚醒眾神，並撫慰崇拜者。當鐘聲逐漸平息時，緊接著又會再敲一下鐘，使得那鐘聲連綿不斷，同時還有不絕於耳的唸經聲。有一首短詩描寫了這種情景：

> 大江兩岸喧鬧聲，
> 車水馬龍廟門深，
> 俯向江流花草興。
> 香爐肅穆鐘聲急，
> 水自靜思默無語。

　　下面是一首本地人描寫登塔過程的詩歌，請注意詩中將螺旋形樓梯跟動物內臟進行了絕妙比喻。

> 為賞風景速登樓，討教和尚問古今。
> 兩岸青山展畫卷，半江碧水拂詩情。
> 登天我欲乘金龍，賞月更要擒玉兔。[176]
> 上樓遠眺宇宙小，萬千階梯凌絕頂。
> 羊腸小道蝸牛步，千迴百轉手攀援。
> 層層遊客題詩文，步步行者吟佳句。
> 高塔凌雲如援筆，飛船戲水似穿梭。
> 倚窗凝望燕飛跡，多少路程至月宮？

　　這首詩歌告訴我們，在塔內有許多遊人題詩填詞，或信筆塗鴉，所以在登上了塔頂之後，我派胡先生和兩位助手去抄寫這些詩文。他們帶回了105首詩歌，其中有些詩歌寓意隱祕，顯然包含了某種祕密會社的暗號，就如同共濟會成員給新會員留下詩文，然後讓他們去辨認其中的含義。大多數的詩文都是可以辨認的，而且由於中國人從小所接受的薰陶，或是由於鄰近寺廟，或是由於眼前風景對於心靈淨化的影響，沒有一篇詩文的內容是黃色下流的。有的人來登塔是為了求得好運氣，使自己的病痛可以痊癒；有的人則是來請求神靈滿足他們的願望。當然，大部分的題詞都是以韻文形式寫的，因為每一個文人都渴望成為一名詩人。我們從中挑選出一些例子，從最基礎的打油詩開始：

---

[176] 圍繞著玉兔這個動物有許多傳說和迷信說法，千百年來玉兔都是跟月亮連繫在一起的，第一個在詩中提及玉兔和月亮的是西元前4世紀的楚平（Chu Ping，即屈原 —— 譯者注）。後來人們相信玉兔在月亮上搗製長生不老藥，而且在繪畫中也經常有這樣的畫面。（參見第18章中的插圖）

第二部分　揚子江流域的省府

1

> 環顧四壁皆詩文，良莠參雜均痴語。
>
> 老夫不才來題詞，凡夫俗子共本性。

> （落款）洞庭湖人

2

> 江河山巒延萬里，詩情滿懷生百思；
>
> 無事能擾白日夢？耳邊驟然響銅鐘。

這首詩使我們聯想到了翟理斯[177]《中詩英譯》中的一首詩，〈天地間〉[178]：

> 危樓高百尺，手可摘星辰。
>
> 不敢高聲語，恐驚天上人。[179]

這首短詩的背後還有一個故事：詩人在童年時不會說話，直到有一天人們把他帶到了一座高塔的頂層上，他突然張口，吟誦出了上面所引的那幾句詩。

從落款來看，這第二首詩也許是我們所抄錄的詩文中唯一出自受過教育的女子之筆的作品。

3

> 千年古剎禪院中，參天古樹蔭蓋下。
>
> 隱士悠閒臥樹旁，無憂無慮度光陰。

---

[177] 翟理斯（Herbert Allen Giles, 1845-1935）是 1867 年來華的英國外交家和漢學家，1891 年在英國駐寧波領事的位置上退休回國，1897 年任劍橋大學漢學教授。曾編著過大量跟中國有關的書籍。

[178] 從譯文看，此詩為唐代李白的〈夜宿山寺〉。

[179] 因未能查到原文，譯者只能從英譯文轉譯。

4

> 猶如中流砥柱，此塔已逾千年。
>
> 莫要笑我無語，待到來日相會。

5

> 倚窗仰望塔頂尖，回顧羞辱心如焚。
>
> 洋鬼驕妄馭火車，何日華夏得自由？

6

> 眾多英豪登此梯，留下詩賦給後人。
>
> 青山不老美如畫，遙想古人心瀝血。[180]

7

> 掛在屋簷的小銅鈴發出
>
> 清脆悅耳的聲音。
>
> 在陽光的照射下，
>
> 地上顯現出寶塔的陰影，
>
> 此乃安慶的驕傲，
>
> 以博得遊人的微笑。

　　　　　　　　　　　　　　—— 約翰·貝文

古塔眺望

> 千古傳奇存世間，一朝展現在眼前。
>
> 縱然美名傳萬里，怎抵月下古寶塔！
>
> 回想千年眾豪傑，恰似江水東流去！

---

[180] 關於這首詩，可以參照上文引自翟理斯《中詩英譯》的那一首。

耳邊仍然響驚雷，眼前依舊落梅雨。

此處雄心高萬丈，空留虛名於後世。

我將永不登此塔，徒見花開人失憶。

以上這些是遊人即興寫下的詩文，足以與人們在雅典萬神殿牆上所留下的題詞相媲美，有些絕妙好詞甚至可以跟文人雅士們用鑽石戒指在莎士比亞故鄉的玻璃窗上所刻下的詩句一比高下。然而在寶塔前面的寺廟裡有一副對聯，匠心獨具，堪稱是具有最高文學價值的作品。當然，這副對聯的意義極為隱晦，而這正是許多古詩的魅力所在：

迎江寺[181]

面對青山思三千前世雲路綴峰平地起浪我乘觀音之船前來登臨觀看大圓滿；[182]

江心晶瑩聽八百梵音皓月當空繁霜覆鐘欲解命運謎團告慰些許別離苦海人。[183]

多麼富有詩意——其中包括了眾多的佛教教義——這正是天朝人所珍視的高度詩意化對聯的佳作！

遊人從這座寶塔的頂層所看到的安慶城居民慶祝元宵節的情景確實令人過目難忘。

---

[181] 由於歲月蹉跎，這副對聯的文字已經佚失，無處查證，譯者只能依據英譯文來進行轉譯。

[182] 觀音的渡船是佛教中一個常用的比喻，就像《聖經》中所說冥河上的卡戎渡船。「大圓滿」並不是指外在的眼睛所見，而是指心靈的頓悟。另外，剛渡過大江的作者把他所乘坐的渡船與觀音的渡船連繫了起來，接著他又登上了大寶塔，並認為登塔使他擺脫了俗世喧囂的紛擾。所以這裡所說的「大圓滿」是聖潔生活和思想的結果。——原注

[183] 我們常說音階有八個音符（古代音階中原有五個音符：宮、商、角、徵、羽。後來又加了兩個音符，變成了七個音符）。「繁霜覆鐘」表明在寫作這副對聯時，大鐘上覆蓋著繁霜。它所映照的不僅僅是可見的天空。「命運謎團」是常見的命運意象。最後幾個詞描述得到了赦免的悔罪者。——原注

■ 三、地方志

英國的《維多利亞時代志書》[184]可以在中國每一個省的地方志中找到原型。關於安徽地方志序言的直譯就非常具有典型性：

皇帝統治著一片遼闊的國土，皇恩浩蕩，沐浴著每一個角落。他詔令各省的地方當局繪製每個城市和地區的地圖呈交朝廷，這並非皇帝想炫耀其國土的浩瀚，而是他希望見到山河一統，以了解各地臣民的生活習俗和當地的特產。總之，古代的聖君們為了達到這一目的，都會巡視他們屬下的各國領地。

安慶地區是古代皖國[185]君王的所在地（安慶被認為是皖國的首府），懷城[186]則是其主要的城市。它的北部觸及了山西的邊界，南部是吳國。它豈不是被視為在這些敵國之間的一個壁壘嗎？皖國的首府懷城三面都被江河和湖泊所包圍，就像是它的袖子和腰帶，還有上百個大龍的子孫，即更小的湖泊，環繞著懷城，映照出後者昔日的輝煌。

眾多官宦和名士隱退於這些湖泊之間，在此頤養天年。這裡土地肥沃，民風簡樸，崇尚風雅，講究倫理——孝子、慈兄、貞女等摩肩接踵，比比皆是。

大江的左岸一向被認為易於統治，而懷寧尤其如此。在孔子誕生之前，這個地區被稱作舒，且被劃分為六個縣，在左丘明的古書[187]中已被提及。到了戰國時期，即孟子的時代，這個地區屬於楚國。秦朝時，舒隸

---

[184] 這是在 19 世紀出版的一套大型英國地方志，英國的每個郡都有專門的一卷來介紹它的歷史和人文地理。
[185] 皖國是古代封建王朝楚國的一個屬國。 —— 原注
[186] 懷寧是懷城的現代名稱，後者跟安慶府合併了。 —— 原注
[187] 這部古書其實是對孔子《春秋》或《魯國編年史》的評注，也許成書於西元前 5 世紀末。它一般被稱作《左傳》或《左注》。 —— 原注

屬於九江郡。秦始皇在其執政的第二十八年曾渡過了淮河……《漢史》記載，淮河以南的地區形成了一個盧江郡……潛山當時稱作皖山，山南的城市稱作皖縣……三國時期，它屬於吳國，而吳王孫權將它併入了武昌……呂蒙攻打皖縣，在現在稱作樅陽的地方建造了一個要塞，即離當今安慶的東城門兩里處，那兒人們仍俗稱為呂蒙要塞[188]。……晉代時，它被併入了榮陽，遼代時它又被納入鄱陽郡。在陳國統治下，安慶又成為一個單獨的郡，並且被劃分為四個地區。有一支軍隊被派去占領這個地區，率領這支軍隊的將軍把全郡的居民集中在建於皖縣以南的城牆之內。在隋朝（第三帝國締造者）的統治之下，它被稱作舒州，到了唐朝，又改稱為同安[189]。接著這個名稱又被改為盛唐，在皖城的原址又建立了懷寧……這座城市建於皖水的北岸……至今城壕與城牆猶存，該城的遺跡依稀可見……皖陽城位於目前該城以北三十里處，現稱為山口。在那兒附近，有一道城牆的遺跡據說是城池，那兒曾誕生過一位皇位繼承人，他後來成為皇帝。當第三帝國土崩瓦解時，到了宋朝初年，它被稱作同安，當時所鑄的銅錢上就是寫著這個名字。後來又改稱安慶郡。元朝時，它稱安慶路。明朝初年，又改名為寧江。自清朝以來，上述名稱都得以保留。

也就是說，這個地區在前後敵對的君王的統治下頻繁易手，它的邊界經常被改變，而城市本身相對來說較為現代。但假如說該城的政治史隱祕而微不足道的話，那麼有兩件事還是相當穩固不變的，那就是它的農業和特產。

在食品方面，有兩樣東西受到交口稱讚，那就是樅陽豆腐和桐城麻花，這些地方特產自古以來就名滿天下。就牲畜來說，每戶人家都養牛、羊、狗和豬。豬尤其是婦女和兒童的寵物，人們養豬是為了支付過年的費

---

[188]　即今之呂蒙亭。
[189]　安慶府在隋朝為同安郡，唐朝為舒州。

用，以換取「油和柴火」。如果說愛爾蘭人自稱為「付房租的紳士」，那麼安慶人也同樣清楚，家裡不養豬是無法興旺發達的。

就這一點而言，我們可以來看一下漢語中的「家」這個字。它是在寶蓋頭屋頂（宀）的下面加一個「豬」（豕）字。這就是我在前面已經提到過的，在漢語中為數不多的「會意字」。

說到穀物，品種有上百種。揚州的稻米特別有名，其中有一種是糯米，其他的都不是糯米。江西產秈米，湖北產粳米。有一種早熟的黃米只需要兩個月便可以成熟，因此被稱作「六十天」；另一種稻穀還被描述成「鬼米」。遂寧出產一種低矮品種的晚稻，其他的品種還有形狀像柳芽的「柳米」和因其顏色而被稱作「麻米」的稻穀。有一種稻米因其形狀渾圓而被稱作「大肚佛」。

安慶的名人留下許多軼事，但絕大多數軼事似乎都與最近的朝代有關，集中在從元代到清代這一時期。

明朝時安慶有一個貧窮的年輕人名叫王生，他娶了當地一個豪門小姐。他的兩個連襟都很富裕，只有他自己很窮。有一次豪門裡添了一個孫子，他的岳父便於孩子出生後第三天在大堂裡掛了一把弓，並根據習俗邀請了許多客人前來慶祝孫子的誕生。許多客人都帶來了禮物。王生的禮物頗為寒酸，而且他自己也衣衫襤褸。他的岳父覺得丟臉，拒絕讓他跟其他的女婿坐在一起，命令僕人將他的飯送到後面的一個房間去。就連外面的人大擺宴席狂歡時，王生也無緣參加。然而他的岳母可憐他，命令僕人在二樓的陽臺上為王生單獨設宴，並派人給他送去了一碗小米粥，但僕人忘了送筷子。當時在陽臺上跟王生在一起的岳母就取下了自己頭上的夾髮針，給他當筷子。她因為要招呼其他的客人，就轉身離開了。王生因在豪門家受到如此屈辱而感到憤怒，所以只喝了半碗小米粥就離開了那兒。第

二天，他的小舅子前來找他，要他歸還那一對金製的夾髮針。由於被懷疑偷竊，王生提出跟小舅子一起去城隍廟，以重誓來洗刷自己的罪名。在進門的時候，他絆了一跤，摔在地上，碰破了頭，血流不止。所有的旁觀者都說：「這還用發什麼誓？城隍菩薩已經給了騙子應有的懲罰。」王生無奈之下，只好離開了安慶，住到了京城。他在那兒得到了皇帝的青睞，高中狀元[190]，並且在名揚全國的同時還當上了大官。他回到了安慶，將妻子的親戚們召集在一起，說：「我這次回來，目的就是要跟城隍菩薩來算帳的。城隍菩薩把一位誠實的人當作了騙子，祂怎麼還配有『明智和公正』這樣的頭銜呢？我要讓大家都見證祂受到懲罰。」就在那天晚上，他和他的岳父母都夢見有人告訴他們開啟城隍菩薩後面的神龕。開啟之後他們發現，原來很久之前丟失的金製夾髮針就藏在那兒。這樣，不僅那位聰明的城隍菩薩逃脫了一場迫在眉睫的災難，而且豪門內兩個分支間由來已久的矛盾也得到了圓滿化解，就連狀元名聲上的汙點也永遠消失了。

原安慶鑄幣局，現為兵工廠和發電廠。

---

[190] 「狀元」大約相當於劍橋大學的「數學榮譽學位考試第一名」（現已沒有了這一榮譽稱號），這個稱號是指全帝國科舉考試的第一名。另一方面，在軍事科目考試中獲得的武狀元直到一兩年以前才開始受到人們的重視。——原注

《安慶地方志》的 28 卷中有兩卷是專門用來記錄為維護自身的貞潔或恢復自己的好名聲而不惜獻出生命的婦女姓名的。新版的地方志正在修訂之中，它就像《大英百科全書》那樣，每隔幾年就要重修一次。值得注意的是，許多這樣的故事正在消失。我們弄不清楚，究竟是貞潔不再顯得那麼重要，還是自殺的風氣受到了抑制，或是人們認為婦女的其他美德也需要得到同樣的承認。令人感到悲傷的事實是，自從西西拉[191]的時代起，一直到義和團運動爆發之後來到北京的法國人和俄國人，每當一個城市陷落之後，隨之而來的肯定是屠城、劫掠和強姦婦女。[192]下面的三個例子選自明朝被滿人所滅時的陣痛時期：

陳氏[193]是明末崇禎皇帝統治時期一位小官吏的妻子。她和丈夫都被流竄的匪徒抓獲。匪徒舉刀要殺她丈夫時，陳氏奮不顧身地擋住了他；她的四個指頭被砍掉，匪徒以為她被砍死了，就揚長而去。

劉氏在與丈夫嚴諤失散之後，跳進了一條小船，但是看到自己的親戚試圖逃走時，她不敢冒險，所以就跳入江中淹死了。

當安慶城陷落之後，蘇氏一家躲在皇家的糧倉裡。強盜發現他們之後，殺死了一名侍女。蘇氏把血抹在自己臉上，使自己顯得醜陋，以避免受強盜凌辱。然後她坐在井口，準備投井自殺。但是看到自己的公公和婆婆仍在強盜的手中，就摘下耳環和首飾，想用它們作為贖金來換取公公和婆婆的性命。當這個請求被拒絕之後，她破口大罵強盜不知廉恥，罪該萬死。結果強盜們惱羞成怒，把她砍成了肉泥。

---

[191] 西西拉（Sisera）是《聖經》中的一位希伯來婦女，她因逃入反對以色列人的一位迦南將軍雅億的帳篷之中而被殺。
[192] 根據唐朝一位《孫子兵法》評注家李筌的說法，「漢高祖攻克秦國時，沒有發生強姦婦女和劫掠財寶」。——原注
[193] 這裡的「氏」意為「夫人」。——原注

第二部分　揚子江流域的省府

　　在安慶的南邊有一座山叫做「和尚」，山頭上寸草不生，就像是和尚的禿頭。現在這個名稱已經變得不太合適，因為大多數的山頭都變禿了。俗話說：「不當和尚，不會感冒。」[194] 滿人強迫所有的漢人都剃掉了頭頂上的頭髮。這座山的名字來自一個楊姓和尚，他在一次大旱中唸經求雨，結果老天馬上就下起了大雨。後來有一次大旱，他堆起了三個大柴火堆，並立誓假如天不下雨的話，就讓他自己在柴火堆上燒死。結果天沒有下雨，他身上冒出三道火苗和濃煙，將他燒為灰燼。於是這座山便以「和尚」來命名了。

　　在安慶的著名文人中，有一位值得一提，這就是馮景（Fungking）。他曾在萬松嶺上秉燭苦讀，結果在鄉試、會試和殿試中均脫穎而出，拔得頭籌。宮廷的一位宦官得到諭令，要馮景在這位宦官的家族中挑選一人作為妻子，但是他拒絕了，結果娶了文仲親王的女兒為妻，因親王顯然是看中他的才氣和人品。最後他成為一名翰林，並且作為御史在針砭當局過失時常常直言不諱。

　　應該注意的是，地方志中並沒有記錄任何代表著真正進步的事例，這些 17 世紀的故事即使用來描寫 2,000 年以前秦朝的話，也完全可以適用。地方志中還有一個部分不是用以描述事實，而是用來描述思想的。詩歌大部分都獨立於時間和地點之外。關於安慶的有些詩歌經過了仔細的挑選，讀者時刻要記住的一點是，一首好詩往往是通向高官厚祿的入場券。

　　首先來看一下宋朝宰相文天祥的一首詩歌：

---

[194] 關於和尚的禿頭，中國人有好幾句詼諧的俗話，如：「和尚就是賊禿頭」，「禿頭變和尚」（指現成的東西），「和尚頭頂豎橄欖」（指某件事很困難）。——原注

安慶府

風雨宜城路，重來白髮新。

長江還有險，中國自無人。

梟獍蕃遺育，鱣鯨蟄怒鱗。

泊船休上岸，不忍見遺民。

在蒙古人統治的元朝，陳士謖（Chen Shih-ssu）作了下面這首詩：

停船過夜在西淮，嚴霜染白旅人袍。

江邊酒店門緊閉，對岸盜賊勢燎原。

白雲蓋日昇如月，風平浪靜蓄勢發。

城牆下面舊蹊徑，迂迴曲折通南家。[195]

　　許多像這樣有眾多隱喻的詩歌很難讀懂，然而這些隱喻也增添了它們
的美感。將它們譯成英語散文實際上是蒸發了作品中優雅的色彩；但若將
其譯成詩體的話，又會錯置重心，失去原作言簡意賅的特點。但李賢坊
（Li Hsien-fang）下面這首七律詩的風格還是可以模仿的：

雨過天晴日方好，水波熠熠顯魚鱗。

江岸逶迤蔽村落，雲海交融浪更急。

魚米購自趕集船，客家烹食在浮城。

漁村習俗增見識，船民無語自弄舟。

---

[195] 南家即長期被對立的宋朝所占領的地區。——原注

第十章
南昌

Nanchang means "Splendour of the South".

南昌，意為「南方的昌盛」。

■ 一、湖泊與淑女

　　江西省是水鄉。從揚子江到鄱陽湖很容易，該湖的形狀恰似一隻發怒的貓。河流從東、南、西三面注入鄱陽湖，而河流發源的山地則構成江西省的邊界。南面的邊界基本上跟贛江平行，贛江注入鄱陽湖之前，在南昌以南地區沖積出一個地形錯綜複雜的三角洲。因此該省水運發達，水運工具有舢板、帆船、汽艇、輪船等。在許多情況下，船隻的突然擱淺會給旅行平添不少趣味。在有的季節，尤其是在新年前後，船頭還會貼上對聯：

> 船行五湖四海，
>
> 槳過九曲三彎。

　　一艘中國輪船有幸運送我們一行，我們則有幸包下船上的交誼廳。交誼廳裡有乾燥的客艙，這在雨水豐沛，日夜下個不停，以確保航道能夠暢通的江西省是頗為難得的。我們和這艘船的船客彼此都對對方很感興趣，這些人包括攜帶奇妙機器的陌生洋人、在墳墓上放鞭炮的父子倆、透過窗子偷看的豔裝女郎、在甲板上玩耍的小孩子，以及緊緊擠在一起的大煙鬼們。中國舵工們堪稱大膽魯莽：這艘輪船作為舊船出售前的等級大概是 Z1000000，或是離 A1 最遠的一級，但舵工們卻操縱自如，直到船撞上岸，或者煤燒盡了，再划出一隻小船去運煤。交誼廳裡備有九件救生衣，它們仁慈地宣示著洋人的生命價值。在密士失必河上出現險情時，船長會讓一個黑人壓在救生閥的上面，而將所有買了票的旅客都小心翼翼地引領到救生艇附近，這種做法不也同樣如此嗎？

　　由於下了幾天的大雨，湖水漲得滿滿的，輪船可以整夜航行。但偶爾有的地方水不夠深，形成了一系列的淤泥淺灘。[196] 關於鄱陽湖水的深淺，

---

[196] 據說南部的湖水要深得多。—— 原注

難以捉摸的說法廣為流傳，有諺語說：「要渡鄱陽湖，帶足十斗米。」（意為免得途中挨餓）除了水道便利之外，鄱陽湖還出產鮮美的白鮭魚，讓我們大快朵頤。湖區的居民都習慣了兩棲生活，儘管左右上下全都是水，但他們活動自如，毫無窒礙。所以他們一個個都是浪裡白條，聽說他們中的許多人得了肺病，我們並不吃驚。

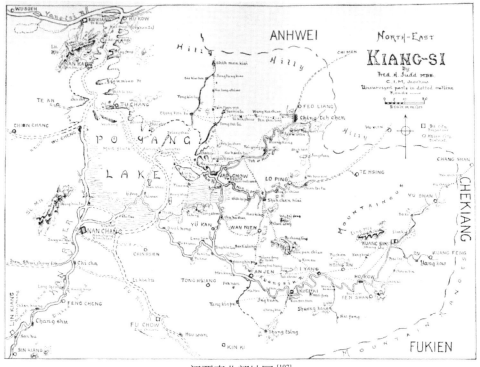

江西東北部地圖 [197]

作為萬國基督教傳教使團之一的兄弟會在此地的傳教工作相當成功。我們有幸參加了他們的一次特殊的禮拜集會，開始的儀式是由一位瘦高個的中國人主持福音布道，旁邊有管風琴伴奏，琴上裹著鐵皮，以防禦溼氣和螞

---

[197] 原書將此圖誤排到了南京那一章裡。

蟻。當儀式進行到要舉行浸禮時，就改由普賴斯先生主持了。這樣做或許是當地的環境造成的，然而使徒保羅說他的職責是傳播福音書，而不是舉行浸禮，他通常讓別人履行浸禮一職，就像彼得和耶穌那樣。中國人怎麼會認為浸禮儀式很特別，只有教會首領才能履行呢？這個禮拜儀式當然很吸引人，一個異教青年拚命擠到前面，想看清楚熱水傾入浸禮池的情景。

這個儀式對於本土觀念頗有衝擊之處。婦女們首先接受洗禮，一位華人教堂執事依次唸出她們的名字，聲音在敬畏的沉寂中迴盪；最後一位是洋人的漂亮女兒。這樣的做法有許多東西值得人們思考：外國人這麼有禮貌，不僅把中國人放在前面，而且把女人放在前面！我們的西方禮儀在這件事上表現如何？我們的理性是什麼，它有資格凌駕於中國理性之上嗎？我們曾讀到過，亞當於夏娃之前來到人世，《聖經》裡也沒有婦女優先的例子，相反的例子倒是有許多。假如根據原則來看的話，我們就會發現：首先是自然的，然後才是精神的；將善保持到最後的做法，並非像海軍那樣，只是把男人放到前面，而把後面榮譽的位置留給女士那麼簡單。所以需要質疑的是，沒有一個清晰明確、經得起檢驗的十足理由，就想去徹底改變中國人的觀念，這樣的做法是否明智？整個儀式過程中有許多唱歌的地方，儘管歌曲有一些變動；接著有四個男人受了洗禮，就在婦女們已經用過的水裡！中國人又有更多的東西可以感到吃驚了！

然而在該省更大的範圍裡，有一個例子證明人們可以成功地打破古老的偏見。在中國，婦女單獨旅行是很少見的，未婚婦女獨居幾乎是不體面的。但曾有一大塊地區，男性傳教士們無法立足，於是便有一些勇敢的女性傳教士決定前往。如今，有一系列的傳教據點是由女傳教士所主持的，她們克服了牴觸和反感，在那兒卓有成效地開展工作。因而在江西省的傳教士中，單身女性遠遠超過男性，這可謂是一個奇觀。

這是我們在中國看到的第一個浸禮儀式，和西方的儀式沒有什麼區別。現在讓基督教各教派聯合起來的呼聲很強烈，尤其在傳教領域，大家都認為武斷的區分不應該掩蓋基本的一致。關於吾主耶穌最初採納和命令的浸禮儀式是什麼樣子，學者們的意見從未像今天那麼趨於一致。然而令人感到遺憾的是，當基督教學者們對於浸禮的看法如此完全相同，當他們中許多人所屬的教會允許浸禮，而且也沒有反對浸禮的地方性原因時，他們侈談的聯合卻表現為分裂。「聯合」常常意味著要求每個聽眾改變自己，以趨向於說話者。為什麼不嘗試把浸禮這個質樸而富有表現力的儀式，變為在教派之間清除所有毫無必要和令人困惑的分歧的一個實例呢？

■ 二、陶瓷、天師和其他產品

景德鎮乃是瓷都，其名聲遠遠超過了德累斯頓和塞夫勒[198]。太平軍叛亂時，景德鎮陷落，工匠們四散而逃；叛亂平定後，工匠們陸續返回，重操舊業，儘管規模不比往昔——但那時仍每天消費「1,000 頭豬，7,000 擔米」。

這個著名的陶瓷工場創立於宋真宗景德年間（西元 1004－1007 年），故名景德鎮。它成為世界上最偉大的陶瓷業中心，歐洲幾乎所有精美的中國瓷器都是由景德鎮的瓷窯燒製而成的。在 18 世紀初的康熙年間，景德鎮有三千瓷窯和百萬工匠。耶穌會傳教士殷弘緒（D'Entrecolles）把夜間的景德鎮描繪成一個正在燃燒的城市。試比較朗費羅的詩作〈瓷都〉（*Keramos*）：

像鳥一樣，穩住翅膀，

在景德鎮上空盤旋，

---

[198] 歐洲著名的瓷器製造中心，前者在德國的薩克森州，後者則是在法國。

　　整個鎮子彷彿在燃燒一般 ——

　　三千座火窯日夜不歇，

　　空氣中煙霧瀰漫，

　　緩緩升騰，一圈又一圈，

　　映襯著熊熊火焰，絢麗耀眼，

　　那紅色火舌忽隱忽現。[199]

　　景德鎮富產黏土，附近山丘的灌木樹枝則提供了燒窯用的優質木炭。景德鎮瓷做工如此精細，以至於不同的瓷器都得由不同的木炭燒製而成。西方各國鍾愛的「蛋殼瓷」在中國卻備受冷落，中國藝人評定瓷器價值的標準是設計和著色。每一年的工作大約在三月開始，商人們帶著新設計，從四面八方聚集到景德鎮。假如說這種新設計的概念 —— 有點像把瓷器比作女上衣 —— 在我們看來似乎具有革命性的話，那就肯定得不到中國陶工的青睞，因為他們太保守了。冬季裡景德鎮有三四個月顯得冷冷清清，匠人們都在山上的老家過年；但現在他們彷彿從冬眠中甦醒，呼啦啦一起出現，害得四方來客只能住在河對面的小旅館和會館裡。新設計一旦選定，工作就開始了。

　　模製瓷坯是白天在鎮子裡的一處地方進行的，但制好的坯要運到另一個地方去加工。工匠們講，天黑後街上靜悄悄的，這有利於藝術氣質的調和，生產出恬靜素雅的產品。他們不喜歡那些看得出「火」的瓷器，認為畫工務必心平氣和。因此每個工作室都很小，免得藝人受同伴打擾。鎮子裡這樣的工作室數不勝數。瓷窯由低一等的工人照看，每一爐有幾百人，他們和少數幾位陶工一起擠在出租房裡。司爐工常常把三四十隻碗坯擱在

---

[199] 參見第 305 － 312 行。

五英尺長、幾英寸寬的板子上，扛到火窯去。如果他在擁擠的巷路上撞到另外一個司爐工，後果將是災難性的：大聲爭吵，乃至大打出手。畫工們當然遠遠避開這些司爐工和其他工人，通常一兩個人和學徒住在一起。寂寞時他們常常屈服於害人鴉片的誘惑，所以最近禁煙時發現鎮子裡有1,000多家煙館，鎮子裡經常有不幸的事件發生。

有一部分瓷窯專供皇宮之用。其中一種皇族徽章是五爪金龍，普通工人和窯主禁止在產品上使用它。可是有越來越多的洋人要求購買，雖然欽定的官窯不能供貨，但冒牌貨很快就現身，在市場上大行其道。

由如此多人口所構成的鎮子裡，女人很少見。她們並沒有受到製陶工藝的訓練，只是管理那些出租房而已。結果這個鎮子大體上就像是一個礦工的營地，人口流動，氛圍粗野，唯一能增光添彩的是畫工。由於有那麼多人從許多不同的地方湧入，不少陌生人也企圖混進來，但是四周門戶看守嚴密，而該鎮排外和粗野的名聲也使外來者望而卻步。

傳教士賈德百般努力，企圖進入該鎮，並且終於成功地抵達了河對面的一個客棧。從那兒，他去市場上講道，或去拜訪住在客棧裡的商人，不屈不撓地想爭取租到房子，儘管有人警告他，沒有權勢支持，一切都會是徒勞的。他的第一步是租下木炭倉庫的閣樓，但有人守住大門，一夫當關，萬夫莫開，儘管有理由相信，房租提成也許能夠解決問題。賈德先生即使聽說某地要「出賣」、「出租」之類，但等他匆匆趕到，也肯定看不到這類標示牌，人們會告訴他房子已經脫手了。終於有一樁生意談妥，契約都準備好了，宴席也已經擺下；然而在最後一刻發現契約有錯，代理人不肯簽約，賈德見勢不妙，攜錢袋倉皇逃離。可是最後他還是鬥敗了反對者：在聽說有一處地方只收現錢以後，他不惜步行700里路去取錢，在難纏的排外腹地獲得了一個落腳點。

　　另一種宗教的總部是在離景德鎮不遠處的龍虎山。道士們宣稱自己信奉的宗教是建立在老子教誨的基礎之上，老子也許會吃驚地發現他的教條已面目全非。在實踐中，道士遵奉道長，祖師管轄道長，天師任命祖師。天師住在此地的一座山上。從國家的角度看，天師是宗教首領，要為他的子民的行為負責。拿破崙發現，大有好處的是，有個天主教的教皇可任他欺負，以此來控制天主教徒。因此他宣布，如果沒有教皇，他會發明一個出來。[200] 由此看來，天師是最有用處的官員，並得到了適當的認可。從宗教的角度來看，天師異常威嚴，他自稱是上天玉皇大帝在人間的代理，駕馭著所有精靈。他能用符咒驅除鬼魅，用神劍擊退它們，用咒語囚禁它們；為了保證貨真價實，他出示了裝滿鬼魅的大罈子，上面貼著魔法封條，誰反對他，他就會把鬼魅釋放出來，騷擾那個人。天師不僅法力無邊，而且出身顯赫。張氏祖先熱誠地追隨至高無上的上帝，終於昇天，成為眾神的玉皇大帝。從此，天師都出自張家。當天師任期已滿，無法再贏得追隨者的孝敬銀兩時，一隊人會前往神井，丟進去一塊鐵，當鐵塊浮上來時，上面就會寫著新天師的名字。

　　道教的「教皇」在中文裡稱「天師」。據說天師的身體裡附著著名道士張道陵[201]的靈魂，張壽命超長，活了100多歲（34 - 156年），後來發現了長生不老藥，成了神仙。天師死時，寶貴的靈魂會投生在張家某個後代身上，這個後代的名字用上述方法可以得知。

---

[200] 有人說，如果善的上帝不存在，有必要發明一個出來。（原文為法語）　　── 原注
[201] 原名張陵，東漢沛郡豐人，本太學生，後棄儒習道，創「五斗米道」，其徒尊之為「天師」。

道教教皇張天師[202]，攝於南昌東 200 里的上清宮天師府。

　　正如薩克森州以德累斯頓的瓷器和馬丁·路德而聞名一樣，江西也有不同凡響的瓷器和天師；但江西當然也出產更為尋常的產品。值得一提的不僅有稻米和小麥，還有不太常見的芥末和苔蘚，內外兼治；有榲桲和石榴；給糖添香味，以供出口的玫瑰花瓣；用來做燈芯和編織蓆子的草；各種草藥；豐富的動物裘皮，有時在南昌的市場上甚至能買到珍貴的虎皮；鸕鶿和海螺，以及各種魚和鳥。但似乎礦物資源稀少，好像也沒有必要礦藏豐富，因為道士們自稱能透過神祕的魔法點鐵成金，這種勾當害人不淺。我們還記得羅馬皇帝戴克里先的著名敕令：「他命令手下辛勤蒐羅講述煉製金銀方法的所有古書，然後毫不吝惜地把它們付之一炬。」[203]

---

[202] 照片中的張天師就是 1904 年嗣位的第 62 代天師張元旭。
[203] 引自吉本《羅馬帝國衰亡史》，第 277 頁。——原註

■ 三、朝南開的城門

南昌城坐落在一條大河東面。1,000 年前，風水先生勘測過它的位置和形狀，認為南昌地處水鄉，應該在南方北方各建一座塔，以鎮住漂移的城市，而且所有的城門都要朝南開，以吸祥納瑞。所以，唯一的北門藏在角落裡，朝西的甕城遮住了它；東面的兩個門和西面的兩個門都開在甕城的側面，變成朝南開的城門；真正的南門當然不成問題。這樣，南方的祥瑞可以源源不斷地湧入南昌城。

南昌城內的水資源豐富，城中央醒目地分布著三個湖。城牆上有兵勇守衛，進出城門的每一個人都要經過仔細檢查。東面的大演武場是駐軍的中心活動場所。也許，北面和東面的美以美會教會學校、西面的兄弟會，以及南面的中國內地會也同樣確保了祥瑞，而且提供了更好的防衛。其陣容算不上強大，一共只有 25 名歐洲人，平均每人分攤 1 萬 — 1.2 萬名中國人。

我們環繞著城牆走了一圈，以研究古蹟的大致情況。按照西方的規矩，我們從北面出發，但沒有找到北方的鎮塔。不久以前，在河流的侵蝕下，塔倒塌了，沒有人想要去重修它。顯然，風水術在某種程度上已經不那麼時興了。在西北城門內，有一條用花崗巖鋪成的漂亮大街，向城中心延伸，然後猛地左轉，甩掉鬼魅後，在城牆附近又呈弧線轉向南門。很可能左轉發生在南昌城下屬兩個縣的交界處。偌大的西城門靠近河流，前來就任的官員都從西門進城。縣衙就在西門附近，在往裡面的花崗石街上，巡撫、布政使、按察使和警長的衙門彼此挨著；道臺的衙門在北面。

南塔比北塔更容易找到。唐朝的一個皇帝在高麗征戰時發現了一塊黑硬閃光的石頭，便將它帶回了軍營。結果他發現自己身體周圍雪花不落，

於是皇帝便把石頭帶在身邊，發現到哪兒都是這樣。所以當戰爭結束後，皇帝把奇石帶回了中國。後來，一個方丈治癒了皇帝的病，皇帝出於感激，把奇石賞賜給了方丈。方丈帶著奇石回到家鄉，在建南塔時把這塊奇石放置在塔頂。不幸的是，19 世紀初的一個巡撫不知道奇石的妙用，把它扔掉了。從那以後，暴雨經常侵襲南昌城，就在我們訪問期間也是大雨不斷。前任巡撫修繕過南塔，把塔建成了七層，塔頂還豎了一個九尺高的木質火炬，外面裹上黃銅，並花費了 50 盎司的鎦金。幾百年前，南塔和現在中國內地會周圍的房地產都屬於一位名士，他不願意在腐敗的朝廷為官，就垂釣東湖，撫琴作樂，湖中的龍聽得興起，躍出深淵，隨著琴聲翩翩起舞。

有個秀才為我們提供了有關南昌佛塔，尤其是這個南塔來歷的詳細說明。西元 500 年之後的梁朝時，太清皇帝[204]生病，發願說，如果病癒，他要做一件大善事。為了還願，他召見最鍾愛的和尚徵求意見，派他前往印度，取一部佛經，或請一尊精美的塑像。三年後，和尚回來了，帶回如何建造新式八角寺廟的細則，其中四邊是空的，另外四邊有開放的窗戶，燃著油燈，為漫遊的精靈和鬼魂照明。皇帝於是命令他屬下十三省的所有破敗佛塔都按照這個模型重修，並且派人照管油燈。皇帝死後，油燈不點了，但錢照領。南北雙塔建在一條向北蜿蜒的大龍身上，它們的位置恰好在可以觸控到龍脈的地方。

緊鄰著南塔的是貧民院，其資金來源是稅收、贊助和一筆捐款。捐款還提供了一所孤女醫院和一個免費的擺渡。貧民院有 400 人入住，還有 200 人每月領取一間房的房租和 900 文錢的院外救濟。有些領救濟的人富得可以投資，但這裡跟別處一樣，朝中有人好做官，近水樓臺先得月。

---

[204]「武帝」是他的廟號。他有七個年號，「太清」（西元 547－549 年）是最後一個。—— 原注

　　最近，與南塔有關的故事更加悲慘。幾年前，一個羅馬天主教傳教士鄭重索求一些法律上的權利，他的固執要求使他的傳教士同行們成為人們仇恨的對象，且直到最近所有的中國人都還怕這些傳教士。歷史會記住，1899 年 3 月 15 日，天主教傳教士們逼皇帝下達敕令，使每一個牧師的官階相當於道臺，每一個主教的官階相當於巡撫。於是，一夜之間，18 名巡撫變成了 64 名，而新任巡撫大人們享受起所有新權利來毫不客氣。1100 名道臺牧師是一種既新奇，又不祥的現象。上面提到的那位天主教傳教士將原來的道臺逼得忍無可忍，於是他莊嚴地走到牧師家門口，在那兒自殺了。道臺意在挽回自己的名聲，並喚起民眾。百姓果然群情激憤，揪出了牧師和他的五個代辦，把他們撕成碎片，扔進了南塔腳下的池塘裡。一場大動亂似乎不可避免，但中國人還是明智地把純粹的傳教士與政治傳教士區分開來，後者不斷地干涉法律與正義的實施。現在，1899 年的敕令已經取消，道臺牧師也成了歷史，任何羅馬天主教徒都沒有權利穿朝服，也不享受任何官方的認可。

南昌的霍恩聖經神學院在上植物課

中國內地會駐地附近的南昌城南寶塔位於一塊風水寶地

　　離羅馬天主教堂不遠的城牆內是天壇，南昌城內的 48 個寺廟之一。緊鄰著的是一個舊的私塾，真正的學術中心在城市的東北面，這裡最富麗堂皇的建築是孔廟，每月初一，學生們都要在孔夫子的牌位前跪拜。一位哥倫比亞大學法學院的中國畢業生決定他自己不必跪拜孔夫子，但是信基督教的學生參加這種儀式不免顯得尷尬。新學堂當然是建在貢院的舊址上，其建築足以容納 1,000 人，但政府撥款嚴重不足。校長是一位學問淵博的翰林，全省僅有的十名翰林之一。他認為，財政預算是夠的，因為美國返還了大筆「庚子賠款」用於辦教育，但公款使用有欠誠實，中小學校數量不足，所以江西省的高等教育舉步維艱。

　　巡撫友善地派遣他的祕書和一名譯員帶領我們參觀準備送交南京博覽
會的江西省參展品。除了原材料外，還有本地產的浴巾、各種顏色的草
蓆、農具、從地面操作的摘蘋果器具、用白漆寫在墨竹上的箴言、高階竹
木家具、勘測工具、素描、繪畫及其他各種學生作品，最重要的是琳瑯滿
目的瓷器。對於中國人來說，辦展覽是件新鮮事，但他們熱情很高，尤其
了不起的是，他們利用附近的湖水發電，在展廳裡用上了電燈。

■ 四、百科全書中的胡言亂語

　　在高等學堂裡有一件龐大的歷史文物，一套欽定刊印的百科全書，共
有 4,320 冊之多。我們翻閱了一下該書的自然科學史部分，裡面講的是飛
翔的牛和帶角的人。校長解釋說，書中講到的有些物種已經滅絕了。

南昌貢院的棚舍斗室

這部書不供出售，好像送了一套給美國。[205] 但我們買到了一套 40 冊的府志，一套 38 冊的縣志，還有另一套 40 多冊的縣志。

這些地方志裡包含著豐富的資訊。由於天師是這個地區的特色，所以應該選出幾段更具凶兆性的軼事：

道士陳師與一位梅氏住在一起，他向梅氏借了二十隻碗和筷子，用來舉行宴會。他帶著梅氏來到要在那裡面舉行宴會的山洞口，赴宴的人都穿著周朝時期的衣服。有一道菜是熟蒸嬰兒，梅氏驚恐地拒絕了，她連烹煮小狗也不敢吃。陳師嘆了口氣，就把碗筷還給了她。回家以後，梅氏發現那些碗筷都變成了金子。

秦國的王子和一個女孩一起私奔到了西山。在峰頂，他（蕭史）吹簫是如此的美妙動聽，鳳凰飛來，停在了他身旁，一名隨從想靠近仔細看一眼，但鳳凰消失了。蕭峰就是這一事件的見證者。[206]

章帝（元和）二年，白鳥現南昌。三年，海昏縣出明月珠，大如雞子，圓四寸八分，無疑是那隻白鳥下的蛋。

永嘉中，有大蛇長十餘丈，斷道，過者蛇輒吸之。吳猛與弟子殺蛇，猛曰：此乃叛賊之精，蛇死而賊當平。

漢朝興時，斬白蛇為新帝之兆。

（孝武帝太元）十六年，太守獻白鹿一頭。哲學家朱熹度過勤勞一生的江西山谷即以此白鹿命名。

---

[205] 「這部百科全書就是《欽定古今圖書整合》，正文有 10,000 卷，還有 20 冊總目錄。總目抽成 32 大類，大類下面又抽成 6,109 種小類。初版刊印了 100 部，其中一部現藏大英博物館。（我編了一本全文字母索引，現在正在排印中。）若干年前，上海印刷了縮略本，但我想縮略本現在也很難買到了。」翟林奈（Lionel Giles）── 原注 [1902 年，慈禧太后贈送給哥倫比亞大學一套 1890 年影印的《欽定古今圖書整合》，成為哥大東亞圖書館館藏之始。《欽定古今圖書整合》於 1726 年初版。翟林奈（西元 1875 ─ 1958 年）是著名漢學家翟理斯之子，他編的索引於 1911 年出版。── 譯者附注]

[206] 以上兩條，見《南昌縣志》（1919 年，60 卷，44 冊）卷 44，「仙釋」。方括號中的字是譯者所加；除非特別說明，下同。

安帝（義熙）七年，一男子變成了老虎。文帝（元嘉）五年，有大蜈蚣長二尺。落胡充婦前，令婢挾擲。才出戶，忽睹一姥，衣服臭敗，兩目無睛。[207]

不可忘記的是，道教的登仙是以點鐵成金開始，進而凡人成仙。佛教也有這種觀念，部分源於印度教中旋轉的命運之甕的觀念，部分源於它和道教的接觸。

唐朝貞觀年間（西元 627 — 649 年），馬孝恭入南山，化為虎。二十三年後，復為人。史書睿智地加了一筆：這是他的終結。應該注意到，他姓馬，馬變成虎不足為怪。

昭宗年間，掘出一木櫃，內金人十二頭。沒有什麼奇怪的，金人用於裝飾寺廟。

唐高祖七年，星隕於道觀前，有聲如雷，光彩如虹。石闊十丈。節度使設齋祈謝，以避災禍。七日，石漸小，止寸八分。

徐俊（Hsü　Chün）家屋子的一根梁柱長出葉子，院子裡生著用於占卜的「寶草」的幼芽。幾年後，他便中了狀元。[208]

值得指出的是，儒學對迷信的消弭作用甚微。就像前面的例子一樣，凡是考上舉人、進士的人，他的親戚們都能舉出吉兆來。這樣的高階學者，腦子裡會有科學嗎？

如果方志可信的話，南昌偶爾會出現白虹。

附近地區出現了三條龍，伴著一陣白風，白風摧毀了房屋。接著甘露

[207] 以上諸條，除人所共知的斬白蛇外，見《南昌府志》（1873 年，66 卷，40 冊）卷 65，「祥異」。以下三條同。其中一些亦見於《南昌縣志》卷 60，「雜傳」。
[208] 這一條沒有找到出處。以下關於龍的兩條也沒有找到出處。

大降。

　　過了一年之後，一條龍出現在豐城，體長四十多丈，頭和角頗似牯牛。七天後，祂飛走了，隱沒在雲中。

　　這顯然是雲雨天氣下胡思亂想的結果。

　　崇禎（明朝最後一個皇帝）十七年，虎渡河至德勝門外。……同年，有虎入城，蹲於街上，一隻小雞變成了廚師。[209]

　　南昌這個地方總是有驚奇等待著遊客。

　　唐朝時，被關在城外的魚販子聽到千百唸佛聲，結果發現是魚在唸佛，就把魚都放回河裡。第二天夜裡，他看到沙岸上有亮光，挖下去，得到一罐金子，他把大部分分給了窮人。從此，他家一直受到尊敬。[210]

　　這些故事也許對人類學家會有價值，能豐富《金枝》的內容。它們被當作事實，而非民間傳說，記載在正史裡，這說明了很多問題。這些傳說鬧了多少惡作劇！許多人「大山上不跌腳，卻被土坷垃絆倒了」。

[209] 見《南昌府志》卷65，「祥異」。又參見《南昌縣志》卷55，「祥異」。「廚師」（cook）可能是「公雞」（cock）之誤。
[210] 見《南昌府志》卷66，「軼事」，亦見《南昌縣志》卷60，「雜傳」，出自《報應錄》。

第十一章
武昌

Wuchang, "Military Splendour".
武昌，意為「武運昌盛」。

一、三城三山

如果紐奧良的居民在狂歡節後，沿著他所在的緯線向東出發開始大齋節的旅行，他能及時抵達耶路撒冷，參加令人激動的復活節活動。然後，如果他在下一段旅程交上朋友，他能抵達拉合爾[211]，去觀看奇妙的錫克教儀式。但他需要運用他全部的外交藝術和勇氣，才能繼續旅行到武昌。然而當他於聖誕節抵達時，他會看到地上有白雪。在這裡，他會重新置身於文明之中，因為武昌就像聖路易斯那樣，有遠洋海輪由此向揚子江下游航行。武昌是官方的省會，有常見的軍事和教育設施，還有 20 萬人居住在七英里長的城牆之內。

武昌還只是開始。有些許分隔經常可以使得官僚和貿易更加興旺。隔著揚子江還有另外一座城市，龜山腳下的漢陽。以前，漢陽城內遍布著倉庫和工廠，不斷擴張的生意突破了城牆，尋找新領域。在漢陽北面不遠處，漢江水注入了揚子江。這裡採用了一種新式的城防工事，從入江口沿漢江左岸上溯三英里開始，城牆向內陸延伸，圍下一大塊月牙形土地，大約在揚子江下游約兩英里處結束，但城牆沒有建到揚子江，沿江一帶也沒有河壩。結果看上去就好像是一隻刺蝟，一面都是刺兒，另一面卻毫無防護。這隻所謂的刺蝟就叫做漢口。漢口興起後，鋼鐵廠、兵工廠和房屋幾乎填充了漢江和漢陽之間的地帶。武昌、漢陽和漢口三個城市合起來稱為武漢，武漢或許有 100 萬人口。

漢口以北是不帶城牆的外國租界。英、俄、法、德、日等國獲得了面向大江的租借地，它們在商業區和居民區後面建立了一個高爾夫球場和一個賽馬場。再往西面和北面是經河南到達北京的京漢鐵路，在武漢有三個火車站。

---

[211] 巴基斯坦東北部城市，旁遮普省省會。

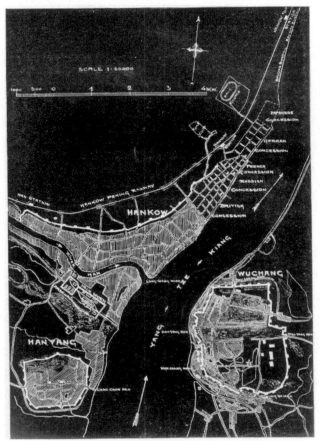

武漢地圖。漢口莫澤（I. H. Moser）繪 [212]

　　武昌城是湖北省會。蛇山東西橫亙，把武昌城正好抽成了兩半。南半部過去有九個湖，但其中五個已經被填湖造田了。蛇山從西面大約三分之一處很久以來就有一條隧道，那是為了一條連線宮殿和陵墓的大街。為了車輛通行，沿山脊炸開了一條新路；但是當總督在那兒安頓下來以後，脖子上長了個癰，怎麼也治不好。中國醫生認為，這是因為新的大車路割傷

---

[212] 原書將這幅地圖誤排到了杭州那一章裡。

了蛇的脖子，傷了牠的脊骨。總督趕緊召集所有的勞動力，花了 600 兩銀子填上了炸開的缺口，然後蛇也就讓他的脖子痊癒了。在下文中可以看到，這位總督非常開明；他理應記得，蛇形的路是最好的。[213]

在蛇山西端一個叫做花山（Flower Hill）的地方，有一座漂亮的三層塔，讓我們想起西藏邊界上的聖骨塚。城市的現代脊柱的北面有一條東西向的大街，街上有 7,000 家店鋪，堪稱武昌的百老匯。大街有一半多北面靠著美容山（Cosmetic Hill），山的東側面被大街包抄過去，以甩掉可能侵入的鬼魅。再往北面是花園山（Flower-garden Hill）；花園山到城牆之間的地帶集中了各個西方新教傳教使團的駐地，有美國聖公會、倫敦會、衛斯理會和瑞典傳教使團等。

■ 二、武運昌盛之城

武昌曾經是一個王國的首都。要記住，我們現在稱為中國的地方在歷史上只有六次建立了統一的帝國。秦始皇帝之前的故事無足輕重，但西元前 300 年之前這裡是楚國，從 25 － 589 年，吳國位於這塊中央盆地。[214] 這座城市顯得是如此永恆，以至於當所有漢族後代重新統一時，武昌仍然是湖廣這個大省的省會。這個省的南半部分現已分割出去，包括一個大湖，立為湖南省，其巡撫駐紮在長沙。剩下的另一半則重新命名為湖北省，只設了巡撫，但武昌人的自尊心受到了傷害，結果發現，只有廢掉巡撫重設總督才是明智的做法。

武昌和南京的總督權力巨大，並肩負重任，管理著這個最富足的揚子

---

[213] 這位總督是張之洞，丁韙良在《中國的覺醒》（紐約，1907 年）一書中敘述並評論了同一則故事（第 233、236 頁）。在丁的敘述中，填缺口沒有治好總督脖子上的癰。

[214] 此處有誤。吳國只存在了半個多世紀（西元 222 － 280 年）。西元 25 年，光武中興，東漢建立；581 年，楊堅建立隋朝，589 年，統一中國。——譯者注

汀流域的龐大人口。他們在轉折時代所面臨的困難值得我們懇切地同情。十年的變化超過了過去二十年的變化，人們現在無法預測以後五年還會有什麼樣的變化。關於舊的行為方式，我們已經有了填路治癰的典型例子，下面是舊習俗迅速消逝的另一個例子。

福吉街（Fuki Street）上住著一個姓王的人，他和鄰居有隙，一直耿耿於懷。最後，他採用了南昌道臺對付羅馬天主教牧師的辦法：他將自己吊死在仇人的門前，希望激起百姓的義憤和官方的法律行動。仇人聽說了他的計畫，暗中觀察著，等王某嚥氣之後，便上前把屍體解下來，拖到了跟王某也有仇的第三者門口。然後，他重新把王某吊成了標準的自殺式樣。次日清晨，第三者很早就起床了，看到屍體後嚇得半死。但他注意到夜裡下了大雨，街上滿是泥濘，就把王腳上的鞋子脫下來，換上了一雙乾淨的。很快，有人看見屍體以後報了官，父母官來到現場調查。人們的懷疑集中到了第三者身上，但後者表現出義憤填膺的樣子，堅持說不認識王。他宣稱，肯定是有人把屍體轉移到了這裡，因為鞋子是乾淨的，所以死者是不可能自己走過來的。父母官表示認可這個解釋，於是判決「死因不明」，最終第三者的人格就像他的鞋子一樣，沒有受到玷汙。

這件事詮釋了純粹內在的舊習俗。1882 年的一個事件則向我們揭示了，城市治安是如何得以維持的。三月底的時候，武昌謠言四起，說造反者將從漢口起事，大肆殺人放火。人們信以為真，十有八九逃到了鄉下，很快就出現了一座空城；外國租界發現，所有的中國警察都沒來上班，僕人們也都十分適時地不辭而別。官員們當然竭盡全力想減輕恐慌，宣稱人們沒有任何理由逃走。但 28 日那天，有人來到巡撫衙門，為懸賞而出賣了全部祕密。原來有個汪洋大盜真的一直在跟守城軍隊密謀，把 100 名盜匪偷運進城。他們都藏在官家的一個穀倉裡，穀倉理應盛滿稻米，但由於

某個小吏的需要穀倉都被搬空了。大盜安排好了一班放火的人，得到某個特定訊號後，他們就會在全城放火，而幾個營寨裡的兵勇們會同時起兵，按計畫在城裡趁火打劫。官府派出親兵，果然在穀倉裡發現了一幫流氓無賴，後者支支吾吾，說不出為什麼會躲在那裡，於是，他們都被當場斬首。第二天早晨，裝滿人頭的籃子在城裡各主要街道上懸掛示眾，以恢復民眾的信心。這一措施果然奏效。

　　中國的歷史總是得以重複，1900年拳亂時發生了一樁非常相似的事件。一群激進的赤色共和分子與無政府主義者在夏季來到漢口，租下了一座與英租界相鄰的大洋房。接著，他們向所有能招募到的流氓無賴頒發財產證書，要求他們宣誓絕對效忠，許諾他們將得到做夢都想不到的大筆財富。每一個無賴都裝備一把刀、一盒火柴和一個哨子，這些東西組織者帶來了很多。他們的計畫是：在8月19日夜裡發出訊號之後，四處吹響哨子；當人們出來詢問是怎麼回事時，就有選擇地殺掉一批人，使其他人驚恐地到處逃竄，然後再放火燒掉幾家窮人的房子，使大家紛紛撤離城市。這樣，陰謀者就可以接管武漢三鎮的所有財富，建立完全平等和普遍繁榮的共和國。但在預定時間的前幾個小時，官方得知了訊息，趕到指揮部拘捕了20名造反者首領，並於第二天一大早全部砍頭。繳獲的造反者物品中有哲學書（是否歐洲無政府主義者的作品？）、國際法專著、一捆捆的中英文公告、12支舊的史奈德步槍，以及總計20羅 [215] 尚未分發出去的警用哨子。雖然這些物品五花八門，但熟悉中國習慣的人認為，計畫很可能會成功，並導致可怕的無政府狀態。實際存在的危險使人們冷靜下來，有幾個狂熱分子此前一直在大談要割斷所有洋人的喉嚨，現在民眾意識到，任何衝動行為都會威脅大家的安全和穩定。從那以後，這裡的洋人便可以高枕無憂了。

---

[215] 計量部門，相當於12打或144個。

　　類似的把戲不可能一再重演了。中國的軍事系統正在重建，舊的方式已經過時。武昌城裡，一個師的兩萬名士兵正在大軍營接受訓練。具體訓練的細節在這裡不可能一一敘述，但這項工作顯然極其細緻用心，比如注重身體健康，每天洗澡；培養心智發展，創辦特別學校；經常進行技術性操練；為了預防「中國佬」只工作不遊戲，結果變得老成傻氣，士兵們還有相當多的娛樂時間。揚子江對面的兵工廠為士兵們提供了最先進的軍事武器，只要官員們保持一定的清廉，以及優質彈藥儲備充足，中國的新軍對付本國強盜和外國侵略者將不在話下。

　　雖然新軍是新時代的一個顯著象徵，但此地民眾迷信的例子還是很多。我們好奇地發現，活躍在城裡的算卦者使用的器物有十種之多。第一種是盲人彈奏的四弦鈴鼓。第二種是盲人愛用的直徑 4 英寸的銅鑼，他們怎麼使用所有這些樂器的，我們不得而知。第三到五種是兩弦、三絃的長柄，和四弦的提琴。第六種由一個短木板和一根棒組成。第七種是用兩片鐵皮做成的快板。有時讓一隻鳥來叼出寫著數字的紙片來，有時則會以令人費解的方式根據一張表來測字。高明的算卦者坐在家中，接待來訪的人。許多西方城鎮裡現在也有類似的活動，如看手相、測筆跡、諮詢投幣機、參與巫師降神會等。但西方的此類從業者被人側目而視，即便他們法律上算不上流氓無賴，但他們的主顧也被認為有點愚蠢，而武昌的公共輿論截然不同，可能五個男人中有兩個算過命，五個女人中有四個算過命。流動的算卦者要價很少超過 100 文錢，而當文人光顧體面光鮮的算命鋪子時，「哈里街的專家們」往往會收取 10 － 12 兩銀子。[216]

---

[216] 哈里街是英國倫敦的一條街道，許多著名的內外科醫生居住在這裡。所以，「哈里街的專家們」一般是指醫學專家，在這裡則是指高明的算卦者。

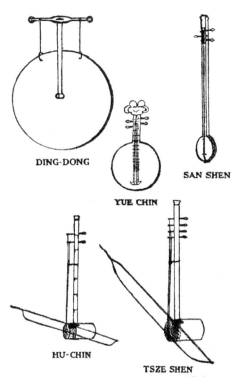

DING-DONG

YUE CHIN

SAN SHEN

HU-CHIN

TSZE SHEN

武昌城裡算命盲人所用的樂器：叮咚、月琴、三絃、胡琴、四弦。

　　近 30 年以來，有些開明的中國人一直在致力於改變上述狀況，提高民眾的素養。其中最早和最有影響的一個人就是張之洞，他的官場生涯在此地達到高峰，留下了許多先知先覺的印記。他是在中法兩國由於安南的邊疆問題而引起摩擦，戰爭一觸即發時脫穎而出的。中國在跟西方的戰爭中吃了不少苦頭，因此北京的朝廷傾向於求和，但首先得聽取高官們的奏摺。張之洞正好在太原為官，他的奏摺文采飛揚，認為應該宣戰。他說，與其乖乖地屈服於侵略，再一次丟掉面子，不如決一死戰；他進而指出，外國侵略者侵入內地的能力有限。用我們的話說，即便拿破崙也不能深入俄羅斯腹地，所以他很高興能不惜一切代價撤離，任憑麾下大軍的殘部在那兒拚死掙扎。海外

侵略者也許能占領紐奧良、查爾斯頓、費城、紐約和波士頓，但下一步他還能做什麼？一旦離開大海這個給養基地，他就會被吞沒在人民戰爭的汪洋大海中，結果就是他巴不得撤回到艦艇上，全身而退。張之洞進行了類似的論證，他的建議使搖擺不定的總理衙門堅定了決心。法國人果然如張之洞預料的那樣，表現得很差勁，於是張之洞頓時聲名鵲起。

張之洞被派到廣州擔任兩廣總督，廣州是洋人最會搗亂的一個大型開放口岸。在這裡，他對於外國一些好的發明和外國侵略或控制能夠區別對待；前者歡迎，後者則堅決抵抗。他計劃創辦一所大書院，聘請許多洋教授授課。他採取了聘用外國人時常用的巧妙辦法，決定從各國分別延聘，免得他們聯合起來，讓他無法駕馭。古老可敬的東印度公司對殖民地軍隊也有類似的辦法，至今仍有把錫克教徒、穆斯林和印度教徒的連隊摻雜在同一個步兵團的做法。但這個書院只是紙上談兵，因為張又一次升遷，被調走了。

李鴻章認為修建鐵路的時機已經成熟，於是他規劃了從廣州到北京的鐵路幹線。計劃交給督撫們評議時，張之洞極其贊成。但他認為中國應該自主投資和設計，不能再讓洋人插上一腳。這樣，他就提出了一個至今仍未解決的大問題。由於中國沒有任何國債，張認為，在國內籌資不難，至多也可發行國債；但不能讓洋人管理這筆資金。有些國家人才資金嚴重不足，無法開發自己的資源，所以允許外國財團修建、管理鐵路，甚至在獲利最為豐厚的地方更多地僱用外國人，利潤當然歸外國人。還有些國家，如澳洲，確實需要向外國借貸，但它們償付穩定的低息，自主修建、營運鐵路，僱用本國人，並享受利潤。這正是張之洞所希望的模式，他的觀點再次占了上風。因此他被調到武昌來實施他的計畫；武昌地處內陸，遠離任何可能的外國侵略，無論是來自西伯利亞還是來自上海、廣州和安南，

而且武昌有長江航運之便，是決定建造的京廣鐵路的中心點。

　　然而，也有兩三個困難。首先張之洞沒有貪汙腐敗，儘管他經手大筆金錢，但仍能清正廉潔。不幸的是，他的屬下可不是這樣，即使有他的人格力量也無濟於事。因此很難激勵信心，以取得必需的資金。建立棉紡廠的準備已經就緒，僱用了一幫各國洋人，在武昌建工廠跟在廣州建工廠一樣容易，所以很快建成了。但張之洞不能決斷他在何種程度上可以信任部門經理，結果爭執不斷，試驗失敗了。接著，其他「洋玩意兒」開始上馬，但也都在張之洞的搖擺之下逐一流產，直到他幾乎失信於民。就在這時，張之洞推出了令許多開明大臣著迷的貨幣改革計畫，使他的事業達到了頂點。

　　第一步是改革金屬貨幣。長期以來，中國人的零錢採用銅錢，中間留出方孔，便於穿起來。銅錢價值不一，一般 800 到 1,000 個兌換一兩六或一兩八成色的銀子。張之洞想出一個聰明的鑄幣辦法，用從前製造兩個銅錢的金屬造出十個來。即使鑄造的成本不菲，但利潤的前景十分誘人，而且利潤將全部用於愛國目的，資助中國民族工業的發展。於是張之洞建造了一座大造幣廠，產量不僅供應湖廣，而且足以供應全國。其他督撫很快意識到問題的關節所在，一時間鑄幣廠紛紛上馬，結果張之洞的廠子只能供應他自己的省了。

　　下面是戲劇性的第二幕。為什麼不選擇更便宜的材料呢？洋人用紙製造出支票、鈔票、美鈔和其他政府檔案。張之洞克制了他對洋人的不信任，委託日本人在他管轄的區域之外印刷紙幣。不久，一捆捆的鈔票運到了，一千元價值的鈔票在紙張、印刷、運輸和保險方面的成本只有一元！極好了！[217] 一紙命令規定，這就是法定貨幣，政府所有帳目都用它支付。

---

[217]　原文為古希臘語「Eureka」，相傳是阿基米德根據比重原理測出金子純度時所說的話，現用作因重大發現而發的驚嘆語。

結果顯而易見。新貨幣取代了舊貨幣，紙張代替了銀子；現在幾乎整個湖廣的貨幣都更換了。除了進貢北京外，所有金銀都用來購買「洋玩意兒」，有人曾擔心省財政將來會破產，幸好有銀礦，只要壞的流通貨幣可以召回，大力開採銀礦能夠補救局面。這樣造成的結果是，所有商品迅速漲價，但薪資漲幅不同步，貧困之苦前所未有。

鐵路呢？可憐的總督用意是好的，但是結果連一英里都沒有建成。比利時人得到許可，修建、營運從武昌到北京的一段；不用擔心他們是侵略者，而且這裡沒有橡膠的誘惑。但是有俄國人和日本人在華北，義大利人在華中，英國人和德國人在東北，英國人和美國人從武昌到廣州，英國人在廣東和緬甸，法國人在安南 —— 這一切都表明，總督從前的擔憂是對的，洋人們就是要尋求和平地滲透。

但湖廣省有豐富的資源。張之洞創辦的鋼鐵廠已經覆蓋了漢陽附近的一大片土地。大冶鐵礦的經營方法世界一流，還有便捷的水路交通前往漢陽，那兒的鋼鐵廠現在每日生產數千噸鋼和生鐵，品質上乘，其中一些直接發往加利福尼亞。在不久的未來，總督用意良好但卻往往是災難性的試驗將會帶來真正的繁榮。[218]

■ 三、新式教育

光是接受洋玩意兒但不消化外國人的智力，這種做法是毫無用處的。每個家庭都擁有一臺打字機和縫紉機固然不是沒有好處，但也許這些機器中的大部分不久就會生鏽壞掉。中國開始著手辦西式教育，以便能使自己操作西方的工具。

---

[218] 談到張之洞，不妨提及他寫的《勸學篇》，這一作品發表時朝野為之震動。一個法國人把它譯成「勸人向學」，實際上它的意思是「勸人改革」。美國學者吳板橋博士（S . I . Woodbridge, 1856-1926，美國來華傳教士 —— 譯者注）給出了另一種翻譯或意譯，為「中國的唯一希望」。—— 原注

第二部分　揚子江流域的省府

　　長久以來，西方人一直在武昌辦教育。武昌在地理位置上是一個引人注目的中心點，許多人紛紛前來。武漢三鎮共有 11 個傳教差會，118 名男女傳教士來自英國、美國、挪威和瑞典。英國循道會在作家林輔華[219] 的領導下在此地很成功，信徒的數量很多。但力量最強的還是美國聖公會，有 23 名傳教士在武昌，13 名傳教士在漢口，早在 1868 年就開始在這裡傳教。教會始終非常注重教育，三年之內就創辦了一所學校，校址是價值 30 英鎊的一座普通平房，主要訓練基督徒男童，以便為將來的傳教活動做準備，學校早期的費用全部由傳教差會負擔。1891 年，學校有了進一步的發展，除了訓練規範化之外，還教授英語和吸收非基督徒入學等。七年前，學校提升為文華學院，科目中有文科、神學和醫學，並且很快獲得了美國特許狀。由此控制和激發的武昌教育體系包括了 46 所中小學男校，有 1,600 多名學生。女孩子也能夠接受教育，500 名女生分布在 20 所學校裡，學校經費按時劃撥，每年的經費從 3,000 英鎊提高到了 3,500 英鎊。三分之一以上的美國教職員和一半以上的中國教職員都是專職教員，幾乎每一個美國人都教一些課。有技術學校、《教理問答》學校、師範學校、護士和《聖經》女講師培訓學校等。整個文華學院大體上採取了美國式的教育體制，其中包括了學習、娛樂和 ΦBK 聯誼會[220] 等諸方面；學校裡其他具有特色的活動還有禱告、避孕藥和軍事操練等，銅管樂隊和莎士比亞戲劇幫助本地人接觸西學，而大樓也是清一色的美式建築。

　　另一大新的看點是富麗堂皇的圖書館大樓，丁韙良博士對此寫道：「把流通圖書館介紹到中國，就如同介紹了像鐳一樣的新生力量，它會永遠

---

[219] 林輔華（Charles Wilfrid Allan, 1870-?）是英國循道會的傳教士，1898 年來華，曾在漢口、長沙等地傳教。他具有寫作的才能，著有《中國的建立者》（1909 年）、《北京宮廷內的耶穌會士》（1935 年）等有關中國的書籍。

[220] ΦBK 聯誼會是美國大學優秀生和畢業生的榮譽組織，成立於 1776 年。

在黑暗中閃光。」這個圖書館主要服務於武昌所有的在校學生。館舍動工前，就已經累積了 4,000 本英文書和 1,500 本精選的中文書。英國、德國和法國最優秀的作品將被譯成中文，在圖書館上架供人閱覽。

文華學院還出版一種英文的評論季刊，這個刊物深刻展現了美式基督教教育的成果。某一年畢業典禮上的畢業論文題目包括〈中國衰落的首要原因〉、〈中國最迫切的需要〉、〈國家與個人的自尊〉、〈中國之覺醒〉、〈教育作為一切真正改革之基礎〉等等。有一個畢業生在七分鐘的演講之中提到了孟子、畢達哥拉斯、米爾頓、保羅、洛克、迪斯雷利、莎士比亞以及約書亞·菲奇爵士等，[221] 還表達了以下觀點：一個人要想得到自尊，不能依靠別人，而要讓別人依靠他。某位聶先生所得出的結論表明他深受張之洞總督的影響：

從外國資本贖回鐵路的迫切要求至關重要，因為人民意識到外國資本的危險性。因為鐵路關係到國家的命脈，一旦鐵路落入外人手裡，主權就難以保障……所有這些危險人民都意識到了，所以他們希望迫使政府贖回鐵路。

另一位金先生則在演講開始便大聲疾呼：

改革的呼聲響徹全國！革命的呼聲來自四面八方！除非極端小心，及時補救，嚴重的後果將不可避免。

這位金先生說得非常正確。官辦學校和學院所推行的新式教育是改革的一個重要因素，其數量在武漢竟高達 100 所，有師範學校、農業學校和地質學校等。我們又應當記住，現在採用的計畫是「張之洞幾年前起草

---

[221] 迪斯雷利（Benjamin Disraeli, 1804-1881）是維多利亞時期的英國首相。約書亞·菲奇爵士（Sir Joshua Fitch, 1824-1903）是英國教育家。

並稟奏聖上的縝密出色的教育規劃」的結果，儘管張之洞並不完全贊成現行改革的方向和力度。為了體會改革帶來的一些效果，請讀一讀岑星岱（Tsen Sing-tai）自殺前致同學遺書中的片段：

> 我的思想改變了，開始提倡民主，因為我發覺漢人和滿人無法共存。要想挽救中國，我們，而不是滿人，必須立場堅定地統治中國。將來我們會顧及滿人，我們會給予滿人充分的公民權利和自由。世界文明進化至此，大批屠殺滿人的事情當然不會發生。只要我們改革政治體制，教育民眾，調整財政管理，培訓工匠和商人，十年之內，我們的一切方面都會有人妥善料理，我們的主權就會恢復。在宗教事務方面，我通常沒有成熟的意見；但如果有人說，我們不能沒有宗教，我寧願支持儒教作為唯一適閤中國的宗教。佛教同樣對中國人民有利。至於基督教，願意信仰的人可以自由信仰，但把它定為國教根本就沒有必要。

這類思想在許多中國人的頭腦裡翻騰著，致使一些西方領袖認為，在武漢建立一所基督教大學的時機成熟了。但危險是這個大學的規模不夠大。政府非常支持官辦學校，而基督教學校、學院和大學如果被國立學校和大學所超過的話，那將會是一個災難。若真要建的話，就必須建得最好和最富麗堂皇。

第十二章
長沙

Changsha means "Long Sand".
長沙，意為「漫長的沙灘」。

第二部分　揚子江流域的省府

■ 一、一個高地省份

　　湖南是一個放大了比例的新罕布夏州。它與另一半湖北分開，三條河的
上游在這裡，洪水時積成方圓約 70 英里的洞庭湖；洞庭湖是揚子江的水庫，
洪水時蓄水分洪，洪水後再行給水。東面的湘江有一段可以航運，所以省
會長沙坐落在湘江邊上，距離揚子江大約有 100 英里。該省的南部和西部被
群山分隔開來，山上居住著的山民部族，他們跟歐洲的庇里牛斯山和美國的
亞利加尼山上的居民一樣，非常特別，既不歡迎陌生人，又缺乏有教養的禮
貌，但卻能獨立自強。每一個山區都有各自特定的方言，其語彙和發音都不
盡相同，長沙街道上的行人語音混雜，彷彿這裡是中國的巴比倫塔。

　　湖南出口貿易發達，主要是透過湘江的水運，船上的水手形成了一個
很有特點的群體。萍鄉煤礦出產的優質焦煤遠銷美國。鉛和銻待價而沽。
稻米和豆類大量外銷，然而最引人注目的新貿易則是新鮮雞蛋！雞蛋運到
漢口，去殼，裝進密封罐，上船直達倫敦，用來製蛋糕，甚至都不用甜點
師傅對它們另行加工；去年便出口了五十萬隻雞蛋。這樣下去，湖南很快
就要出口帶著清晨露珠的萵苣和新鮮草莓了。出口的主要工業品有傘、鞭
炮、紙張、家具和金首飾。為了運輸以上貨物，數艘輪船一年中有九個月
在穿梭奔忙，煤則用平底帆船來運載。湖南人用出口所得來購買機器、
棉紗、棉布 —— 尤其是黑頭巾和白手絹，他們像歐洲人一樣使用這些東
西 —— 以及汽油和香菸。一項很可疑的貨物是重達八噸的印鈔紙，這說
明張之洞閣下的貨幣理論依然盛行。

　　該省有許多傳說。在洞庭湖中的小島君山上，有堯的兩個女兒的墳
墓。西元前 2285 年，這兩個女兒都嫁給了舜，舜治天下五十年後領兵戰三
苗，並征服了這一地區。接著舜病倒了，二女得知之後，匆匆趕來照顧丈
夫，在路上，她們聽到了丈夫的死訊，立刻自殺了。舜葬於九嶷山，山上

有紀念他的廟，人們每三年祭奠一次。關於堯和舜有許多故事。堯希望四嶽這位能幹的首領能繼承他的王位，但四嶽拒絕了，推薦舜為繼承人。舜經受住了考驗，並得以繼承王位。這同一本中國古代史書[222]中還記載著當時所進行的勘測，南至神聖衡山的南端，即綿延二十英里的岣嶁峰[223]。

湖南省府長沙地圖

---

[222] 該書應該是指《史記》。

[223] 著名的禹王碑（記錄了大禹治水的辛勞）傳說就是豎立在衡山的岣嶁峰。這塊碑據說是於 1212 年發現的，但幾乎可以肯定，上面的「蝌蚪文」碑文是偽造的。參見理雅各的《中國經典》第三卷，第一部分，第 66 頁以後。—— 原注

第二部分　揚子江流域的省府

　　湖南省的歷史十分悠久，多半像堯、舜、禹的故事一樣真實。現在許多活著的人還記得太平軍起義，湖南當時受到嚴重波及。太平軍的叛亂源於對滿人統治的反抗，它模糊的基督教傾向更增加了這一事件的複雜性。叛軍席捲全國，其成功也解釋了中國構築城牆這一政策的必要性。太平軍膽大妄為，迅速包圍了長沙，倘若他們找準了方位，或許能把它攻下來。但是他們看到一座高大壯觀的塔樓，[224] 就奔過去，以為是主要的城門，實際上那是城牆上最堅不可摧的一個堡壘，太平軍屢次進攻都以失敗而告終。與此同時，整個城防得到鞏固。太平軍屢攻不下，又施一計，挖了道地，塞進裝滿炸藥的棺材，進行爆破。但道地不夠長，只是在城牆前面炸了個坑。80 天過後，太平軍撤走了，前往漢陽，在那裡，他們成功地消滅了守軍。

　　太平軍運動有明確可知的目標，許多人同情他們。但有些過於激情的表現讓人聯想起當代德克薩斯州狂歡作樂的牛仔。30 年前的一天早上，在一個有 25 萬人口的大城市裡，集市上井然有序，突然間響起哨子，幾個一直在討價還價和閒逛的人在頭上紮起了紅布條，拔出短刀，開始向周圍的人亂劈亂砍。一會兒工夫，集市上就變得空無一人；縣官躲藏了起來，知府避到了鄉下，兵勇們自動放假，幾個小時內，整個城市紛紛逃散，只剩下 100 名強盜輕鬆地四下洗劫。每天夜裡都有壞人加入搶劫的隊伍，直到兩星期後馬將軍帶兵把他們趕走。強盜們滿載而逃，但都被一個個追上以後殺掉。盜匪頭子自稱有法術在身，刀槍不入。人們乾脆用油把他烹了，免得浪費時間。

---

[224] 指天心閣，這裡敘述的是 1852 年太平軍在西王蕭朝貴的指揮下攻打長沙，蕭朝貴不幸中炮犧牲的故事。

長沙城頭一門著名的火銃，名為「紅毛大將軍」。它曾擊中過一位太平軍首領，並炸掉了
炮口下方的一塊鐵。它受到迷信者的祭拜。

在長沙街上匍匐要飯的乞丐

為了與這個湖南男人的典型故事相匹配，我們選摘了《長沙縣志》中「列女」部分的序言：

婦人為保貞節，在夫死後自殺或不嫁，不是自然的傾向，而是乾坤正氣、朝廷激勵所致。貞節的衝動在婦人皆等，無論高低貧富。著名的李習之曾說：一女得到光榮後，天下勵其繼續光榮。

晉朝時，太守尹虞有二女，皆國色；虞戰敗被殺，勝者獲二女。二女云：父為太守，寧死，不為賊人婦。賊害之。

明朝時，叛賊張獻忠陷長沙，一女見亂賊登城而兵吏皆逃，遂執長矛寶劍，飛身戰賊。賊異之：兵士皆逃，女流何苦若此？女曰：羞盡天下男人懦夫。罵賊不止，以戈逐之，死。

城陷時，有男名周衝元，其妻常以善勸之。賊至，妻匿深室，聞夫被執，出，請代夫死。賊獲周並妻出城。妻哀懇再三，終夫妻異地，妻罵賊死。1536 年，妻後人為之立牌坊。

其時，有男子汪被殺。汪第二妻年二十，為賊獲，投河死。其子五里外聞之，亦赴水死。後數日，家人覓屍，母子挽手不脫。

常家二女無兄弟，因守貞不字，力勤女工，奉養父母。積財建橋梁，今尚存。二女一卒年六十九，一卒年七十。[225]

◼ 二、處女城

直到近代以前，外國人不曾涉足長沙城。長沙因有吉星高照，聖山相護，所以沒有受到過外人的玷汙。

在孔子的時代，某顆特殊的星辰據認為與長沙地區相關。這顆星

---

[225] 見《長沙縣志》（1871 年，36 卷，20 冊）卷 27，「列女一」。其中，「嘉慶十五年」（西元 1810 年）蓋洛誤為「嘉靖十五年」（西元 1536 年）。引文中只有第一段是序言。

辰[226] 居於軫宿正中，掌管生與死；如果它變小變亮，能保證多子、長壽。軫宿居於二十八星宿最後一位，與君臣有關係。如果關鍵的星星接近軫宿，則和諧占上風；如果遠離軫宿，君臣之間就會產生不信任；如果變亮，就會有和平；如果變暗，戰爭即將來臨，官員們憂心忡忡。所以這座城市不僅叫做長沙，還有「星沙」的別稱，就像波士頓是宇宙的中心一樣。

撇開然德基爾·莫里森[227] 一類人用大量圖表充分展現的占星術資訊，我們腳踏實地，找到了一篇稽古的文章，講述周圍鄉村在過去兩千年中的不同名稱與行政沿革。我們可以根據英國的先例，從 1066 年開始，這時此地首次設立兩個縣，善化從老長沙中劃分了出來。從此二者一直分而治之，長沙城（通常這麼稱呼）橫跨著兩縣的邊界，於是在長沙的城牆之內可以看到兩個縣衙，在這些官場龐大的地方這種現象並不罕見。普通的遊客根本就看不出邊界在哪裡，這樣尤其有利於互相推諉扯皮，就好比布特爾的市長讓你去找利物浦的市長。

長沙城本身的歷史更為悠久。西元前 202 年，長沙王吳芮用土磚和釉瓦建造了城牆，城牆據測算有 26,390 尺長。宋哲宗元符元年（西元 1098 年）將大西門至東面的瀏陽門一線以南地區劃歸善化縣。[228] 明朝時，漢人趕走蒙古人，邱廣重修了城牆，用石頭進行了加固加高。這次修繕不夠及時有效。1637 年，叛軍攻陷長沙，叛軍被趕走以後，挖了護城壕，在四個主要的城門修建了城樓。但這些措施仍不足以預防 1643 年的又一次陷落，1647 年修繕的品質太低劣，洪承疇把城牆全部推倒，重建了更高更寬

---

[226] 即長沙星。關於長沙的星相學，參見《長沙縣志》卷 1，「星野」。

[227] 理查·詹姆斯·莫里森（西元 1795 — 1874 年）是英國占星家，筆名然德基爾，出版了《然德基爾年鑑》。

[228] 原文中，年號元符被誤為人名，瀏陽門拼音有誤（Lin Yang Gate），吳芮誤為吳內（Wu Nei），下面的邱廣拼音有誤（Ch'in Kuang），洪承疇拼音亦有誤（Hung Chêng Chên）。四處錯誤的拼音都是把字母 u 誤寫為 n，譯文中已做了訂正。洪承疇修建城牆是在 1654 年。

的城牆。

此時，滿洲人正在征服中國，1664 年，當康熙坐穩寶座的時候，他把湖廣省一分為二，南半部的省會是長沙。這當然大大提升了長沙的重要性；城裡興建了巡撫、按察使、布政使、糧道和鹽道的公署官邸，並對全部城防進行了整飭。此後，由於城池陷落或者水的侵蝕，城牆又經歷了三四次修繕、擴展或重建。現在，城牆在面河的一面和東面共約十里長，南北兩面約五里長。兩個北城門中，只有西邊的那個城門是開的；面河的西城門中，有三個門開放，一個門關閉；南面只有一個城門；東面有兩個城門。

長沙看起來是中國最好的城市之一。這裡沒有常見的窄衚衕、氣味撲鼻、燈光黯淡的景象，房屋漂漂亮亮，井然有序，居民機警健康，精神抖擻。從苦力到哲學家，各個階層都自尊自愛；只要不染上鴉片和威士忌的外國惡習，長沙的人民將是大清帝國的一支中堅力量。

西面河對岸是嶽麓山，一座神聖的山，當地的一撥人陪著我們去那兒遊玩，其中包括了一位聰慧博洽的古文物收藏家。當我們看到了書院、亭子、神龕、垃圾爐、橋、農莊和寺廟時，就很容易理解為什麼人稱嶽麓山上有八景。還有那許多富麗堂皇的宗教建築使我們不禁想到了美男子腓力[229]，以及他財政緊張時大膽地向教士們徵稅的故事。長沙地區有數千名佛教和道教的和尚、道士和尼姑；即便他們不像西藏的喇嘛那樣靠收租過著奢侈的生活，但他們對國家也沒有絲毫的用處，無論是物質上、精神上，還是宗教上。對於他們的剝奪已經開始進行，例如把破舊的寺廟改建為學校；稍稍利用一下這些人的勞動力對於大清帝國的財政會有好處。

---

[229] 美男子腓力指西元 1285 － 1314 年在位的法國國王腓力四世。

蓋洛博士與岑巡撫（中間）和陪同巡撫前來拜訪本書作者的其他高階官員在長沙合影。葛蔭華醫生 攝

　　楊先生慷慨地為我們提供了幾篇出色的專題文章，文章很難進行壓縮。他在著名的嶽麓書院讀過三年書，可以說是自然地理、建築、傳記和嶽麓八景等方面的權威。下面是他那些文章的摘要。

■ 三、聖山

1. 山和水

　　此山名為嶽麓，它可一分為二，南為大天馬山，北為小天馬山。嶽麓書院依山而建，其優越的地理位置可以使學生以天馬的速度，日進千里。風水先生對這座山極為重視，認為它對應著天上的文曲星，堪稱是塊風水寶地。其餘種類主要包括武山 —— 葬父於武山，可保子孫力大無窮 —— 和財山，葬於財山則保財源滾滾。各種不同的山不僅標示墓穴的位置，而且標示書院、寺廟以及官私宅第的位置。私宅中自屋頂落下的汲水管道應該彎曲盤旋，以免筆直的水道使得財富嘩嘩流走，而書院中的水則可洗滌

人的無知。因此，書院的水管直通湘江，並且題名為「淨心」；水流愈速，心智無知去之愈速，科學考察功名高中愈速。現在我們終於明白了為什麼西方的大學辦得好，原來是因為它們具有筆直良好的下水管道！擔任主持時，張南軒是這座書院的主持。兩位書院主持有很多問題需要互相探討，於是便設了一個以他們姓氏命名的渡口[230]。師生們可以免費擺渡，普通人則需要付錢。

　　城南湘江東岸還有一所書院，當偉大的儒學評注家朱熹在嶽麓書院擔任主持時，張南軒是這座書院的主持。兩位書院主持有很多問題需要互相探討，於是便設了一個以他們姓氏命名的渡口[231]。師生們可以免費擺渡，普通人則需要付錢。

才華橫溢的楊希紹（Yang HsiShao），是內地會在長沙的第二名皈依者。

---

[230] 即「朱張渡」。張南軒主持的書院為城南書院。參見《長沙縣志》卷 11，「學校」。
[231] 即「朱張渡」。張南軒主持的書院為城南書院。參見《長沙縣志》卷 11，「學校」。

泛舟長沙的湘江。葛蔭華醫生 攝

2. 建築

　　聖山上主要有兩類建築：書院和寺廟。山頂有一座道觀，半山腰是一座佛教寺廟，山腳下則有儒教名人祠。這座山是紀念陶湘（Tao Hsiang）的，這是一位致力於提倡永恆法則的官員。由於別的官員都相信權勢、財富等世俗法則，他們捏造罪名，使陶遭到貶謫。陶被流放時經過這裡，書院主持請押送的兵勇停留了幾個小時，結果陶的講演給人留下深刻的印象，致使人們建了這座名人祠來紀念他。

　　另一座小的祠堂是紀念屈原的。屈原是西元前 300 年以前楚國的高階官員，他總是請求君王遵循崇高的原則，結果招致嫉恨。他的詩歌《離騷》[232] 廣為流傳，瑰麗的語言和崇高的思想催人淚下，至今為人們所敬仰。但同僚們非常不歡迎他，雖然君王仍寵信他，他還是投江自殺了，希

---

[232] 這是一首寓言詩，描寫詩人如何尋求樂於傾聽正確意見的治國君王。── 原注

冀以此喚醒人們。[233] 為了紀念屈原，人們設立了端午節，漸漸風行全國，成為中國的三大節日之一。每逢端午節時，在江河湖泊上都要舉行龍舟競賽，而大家都吃用小米和稻米做的粽子。人們最早是把穀物直接投進江河，以祭奠屈原，但屈原在夢中顯靈，告訴他們，穀物都被河裡的一條龍給吃掉了；於是他們按照屈原的要求，用某種葉子[234] 把米飯包起來，做成粽子，但大多數的粽子都自己吃了。

山上最好的一組建築是嶽麓書院。書院聲名遠播，居於中國四大書院之首，是中國的哈佛或牛津。湘江對岸的那座書院只招收湖南學生，而嶽麓書院則是對全國的學子們開放的。書院始建於 1130 年，一開始規模很小，但經過歷代不斷的擴建，直到原址已經顯得過於擁擠，於是吳巡撫後來又在原址外建了一座新樓。校園裡有一座孔廟，裡面供奉著孔夫子及其四大弟子的塑像。文昌閣裡有居住在大熊星座的神祇雕像。另一個亭子因刻有著名的箴言「登高必自卑」而名為「自卑亭」。[235] 這些書院建築不用作學生自修室和宿舍，所以學生一般在當地人家寄宿，僅有少數學生從前住在道觀裡。書院的主體建築是講席和職員的住所，最上面的建築是藏書眾多的御書館，裡面藏有皇帝的贈書。書院的聲名是如此卓著，以至於每年新年，巡撫都會親自來主持開學儀式。然而現在一切都變了；舊學問無人問津，舊方法也都廢置了。

---

[233] 屈原至於汨羅江畔，漁父見而問之曰：「子非三閭大夫歟？何故而至此？」屈原曰：「舉世混濁而我獨清，眾人皆醉而我獨醒，是以見放。」漁父曰：「夫聖人者，不凝滯於物而能與世推移。舉世混濁，何不隨其流而揚其波？眾人皆醉，何不餔其糟而歠其醨？」接著還有一些對話，漁父划船離去；屈原抱著一塊大石頭，自沉汨羅江而死。——原注：出自翟理斯《古今姓氏族譜》——譯者附注：參見《史記‧屈原賈生列傳》。

[234] 根據《欽定古今圖書整合》卷 1217，「長沙府部紀事」，屈原指示的葉子是棟葉。現在多用葦葉。

[235] 「登高必自卑」典出《中庸》：「君子之道，闢如行遠必自邇，闢如登高必自卑。」嶽麓書院的孔廟通稱文廟。

　　山上有 20 座小祠堂，分別紀念中國著名的牛頓、韋伯斯特、威克李維和聖安塞姆們。[236] 在道觀裡，人們展示了兩卷書法作品，文辭洗練，書體優美，作者因此聲名遠颺。那 20 個象徵所代表的是永恆的生命！

3. 校友

　　一個世紀以前，肖某決心成為大清帝國的狀元 [237]，這一榮譽每三年評定一次，其評選標準是文采和書法。他來到嶽麓書院求學，專心致志地埋頭讀書。他每天在硯臺上倒一杯水，研墨，練習書法，直到水用盡了才停下來，人送雅號「一杯肖」。家信來了，他看都不看就燒掉，直到信使趕來通知他參加葬禮，他才知道母親已經生病去世了。葬母之後，肖某又匆匆地返校學習，結果中了舉人，即省一級的最高學位。在另一個省份，有位書生同樣雄心勃勃，但他明白自己比不過肖某，就讓朋友打聽肖某哪一年會試。朋友發現肖某已經在北京準備應試了，於是這個書生三年後才趕考，果然如願以償。肖某不僅中了進士，而且高中頭名，狀元及第，喜氣洋洋。衣錦還鄉的路上，一些朋友在上海為他接風洗塵；他喝醉以後，衣服著了火，未及享受功名，就已命喪黃泉。

[236] 美國有兩個叫韋伯斯特的名人：諾亞·韋伯斯特（1758 — 1843 年）是詞典編纂家、作家，丹尼爾·韋伯斯特（1782 — 1852 年）是政治家，曾任美國國務卿。威克李維（約 1330 — 1384 年）是英國神學家、歐洲宗教改革運動的先驅，曾把《聖經》譯成英文。聖安塞姆（約 1033 — 1109 年）是歐洲中世紀神學家、英國早期經院哲學的主要代表人物。
[237] 英文原文「Senior Wrangler」是指劍橋大學數學榮譽學位考試的第一名。

年僅 6 歲的小兒李某能準確無誤地背誦耶穌的「山上寶訓」。葛蔭華醫生 攝

洞庭湖上

賀長齡[238]14 歲進入嶽麓書院，當時他已經在院試中得了秀才。他的母親在他的鋪蓋裡包了一大塊臘肉，免得他營養不足。考試時間來臨了，僕人從家裡趕來把他的鋪蓋搬到貢院，卻發現臘肉已經發霉了。原來賀長齡讀書太用功了，夜以繼日，從未開啟過鋪蓋，只是在床板上湊合著睡。結果他不僅中了舉人，而且獨占鰲頭。在翰林院的殿試中，他也名列前茅。最後，所有成功的候選人都向皇帝祝壽，他的名字列在第一位，「賀長齡」這三個字使得皇帝龍顏大悅，重重地賞賜了他。賀長齡的三世孫現在是此地一個洋人的餐桌侍從，飽嘗貧窮帶來的盛衰榮辱。

羅典[239]入書院時一貧如洗，不得不賣掉衣服來交納 1/6 兩銀子的註冊費。他決心改變這一狀況，當他成為山長後，最窮的人都交得起註冊費。他的作品現在仍被作為學習的典範，他書藝高超，能用舊的毛筆頭寫字；他智慧超群，連皇帝都曾向他諮詢過。任四川學政期間，羅典常常走到大街上，與青年學子交談。府臺請求他不要屈尊自辱身分，但他回答說他寧可做青年們的父輩，而不是統治者，而且在一個文盲大省，他必須激勵人們向學。羅典被聘為嶽麓書院山長後，有一個得意門生名叫彭鶚（P'êng O）。彭在考舉人時把作文抄了一份呈給羅典，羅讀後保證彭會中得頭名；然而發榜時彭卻名落孫山。當時會試最好的六篇文章總是公開印行的，當它們出版時，羅典特意檢視了主考官認為是最好的那一篇。最好的一篇明明是彭的文章，但卻署著傅今先（Fu Chin Hsien）的名字，羅典開始調查這是怎麼回事。原來，傅賄賂了主考官的僕人，僕人於閱卷時在旁留心觀察，當他看到上面那篇文章時，便偷偷地把原來的人名標籤扯掉了，換上了傅的。等到閱卷完畢，開啟密封的標籤時，發現第一名是傅今先，上面

---

[238] 賀長齡（西元 1784 － 1848 年）是長沙人，入嶽麓書院學習時師從羅典，後官至雲貴總督。
[239] 羅典（西元 1719 － 1808 年）是湘潭人，乾隆四十七年（1782 年）始聘為山長，歷任時間長達 27 年，在嶽麓書院的歷史上占有重要地位。

寫著他的籍貫、年齡、祖上三代姓名。信使連忙報告喜訊，傅在喝茶，聽到訊息後嚇得杯子跌到了地上，心裡明白自己中頭名肯定會引起疑心。他行動起來，使出大把的銀子，賄賂巡撫、主考，甚至彭鶚本人，彭請求羅典忍忍算了，但羅典絕不善罷甘休。他宣稱，掩蓋這樣的腐敗將後患無窮。「如果我們現在不追到水落石出，就會給後人留下考試腐敗的把柄。」而且，舉人的頭銜是仕途的敲門磚，如不追究將會導致壞人當權。羅典四處奔走，結果大獲全勝。巡撫、主考以及其他所有捲入醜聞的官員都被降職。傅今先判決處斬，但他故伎重施，買通一個乞丐替他上了法場，而他自己攜帶剩餘的家財逃到了大清帝國的邊陲。偷換標籤的僕人被凌遲處死，幾個同夥都被砍頭。最後，彭鶚也遭到流放；因為根據大清律法，對於後果極其嚴重的案件，引發事件的人必須受到懲罰，無論他是多麼清白無辜，或多麼人才難得。至於羅典，他覺得自己導致這麼多人死去，他們的鬼魂肯定會出沒於貢院，因此，他不允許後代去博取功名，以免他們在考場中暴死，屍體被扔出牆來。但廢除科舉後，他們中的不少人還是靠著天才和勤奮贏得了名聲。

4. 嶽麓八景

白鶴泉居首。六朝松有 1,600 多年的歷史，但一個世代以前，猛烈的暴風雪摧毀了它。響鼓嶺回聲優美洪亮。自來鐘嵌在樹幹上，我們參觀時它沒有在飛。飛來石也沒有在飛，但兩者以前都曾經飛過。禹王碑是南嶽山上原件的古代摹本。還有蟒蛇洞。北海碑[240]書寫於 1,000 年前，書藝已臻化境，不斷的拓寫幾乎把碑破壞了，所以複製了一個碑，把原碑儲存起來，摹寫者只能見到複製品。碑文記述了山上寺廟的歷史。

---

[240] 即麓山寺碑，唐代著名文學家、書法家李邕於 730 年書，因為李邕曾任北海太守，故又名北海碑。按，此處嶽麓八景迥異於羅典所建立的嶽麓八景，大約是民間流行的版本。

人們經常來嶽麓山消閒遊玩，尤其在陰曆三月三和九月九兩個民族節日時遊人如織。從孔子的時代起，人們就相信，三月三那天，應該走到山裡，在泉水邊洗濯，甩掉嚴冬的皮衣，享受如茵的青草、萌發的綠葉。九月九是重陽節，源於桓景的故事。桓景在夢裡得到警告，必須逃到山裡，他回來後發現雞和狗都死了。[241]

山上有很少的幾座墳墓，但多數已經年代很久了。在本世紀，一位留日青年投海自殺，希望以此喚起同學的愛國熱忱。[242] 他的棺材被運到這裡。整個長沙城的學生浩浩蕩蕩，來到聖山，選了一處風水好的穴位，埋了棺材；他們很清楚這會激起軒然大波。保守派不勝驚駭，結果起了騷亂，巡撫命令把棺材遷走。鬧事的頭目躲走了，從此杳無信息。

■ 四、進入禁地

學生也是驅逐洋人運動中的頭目。的確，就義的英雄呼籲他們憎恨洋人，當然的推論就是把洋人從長沙城趕出去。14 年前，有一艘汽艇載著一名外國旅行者來到長沙。學生們敲起木魚，緊急集合起來；他們把湯鍋打翻，這樣即便有人不願意參加遊行，也吃不上飯。一幫人透過免費的渡口，喚起童生們和其他生員，來到巡撫衙門，要求把洋人驅逐出去。他們沒有達到目的，就來到河岸，引起了騷亂，無疑他們與市井無賴們一起帶頭起鬨。

---

[241] 桓景是東漢時人，這個故事見於南朝吳均《續齊諧記》。蓋洛把桓景的名字誤為 Yüan，故事情節也有出入。

[242] 這個青年是陳天華（西元 1875 — 1905 年），湖南新化人，1905 年在東京投海自殺。他是嶽麓書院改制時期的學生，躲走的鬧事頭目當指甯調元。

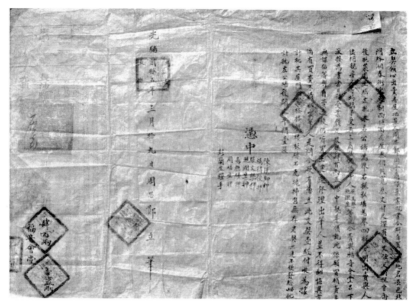

中文地契。這是長沙賣給外國人的第一筆房產交易，買主是倫敦傳教會。

長沙葛蔭華醫生醫院裡的潰瘍病人

　　看起來很奇怪，直到 1896 年為止，除了一個瘋子之外，沒有一個外國人來過長沙。但此後不久，三個衛斯理會傳教士放下手頭的工作，想來長沙碰碰運氣，地方上派了一隊兵勇護送他們，以確保他們的安全。之後不久，其中的兩個傳教士回到了長沙，想在此定居，經過一些周折之後，他們於光緒二十五年（西元 1899 年）三月初九取得了可終身保有的不動產。接著，「美國人」葛蔭華醫生[243]更勝一籌，在不可侵犯的長沙城牆之內得到了產權。

　　現在有 50 多名白人居住在長沙。美以美會傳教士們曾經遇到過一些麻煩，有一個皈依的教徒是和尚，他的私人祈禱室有一些偶像，他把它們燒了。第二個皈依者也是和尚，主持供奉菩薩的公共寺廟，他和三個同情者把菩薩給燒了。這些人很快遭到拘禁，那位和尚在交保候審期間死掉了，其餘的人被判了時間長短不一的監禁。刑滿之後，他們的族人不願意為他們交納保證金，法官也不肯接受基督徒的保證金，傳教士最後請求巡撫裁決。與此同時，教徒們在監獄裡被關押期間，每個週日都舉行禮拜，而且改造了幾名強盜，讓他們皈依了基督教，還有一位醫術高超的教徒，治癒了縣衙的妻子。因此，這樁奇事結果反而使傳教使團獲得了一批教友。

　　葛蔭華醫生的教友會成員中包括了運水工、文人、學生、商人、石匠、錢莊老闆、裁縫、畫家、屠夫、水果攤販等，男性人數是女性的兩倍。我們參加了他們的星期天集會。

　　這些傳教士中有一個是耶魯大學的學監。雅禮會致力於在中國興辦最好的教育。外國學院如果不能迎頭趕上，並且遠遠領先於官辦的新式學校，它們的苦日子就在前頭。

---

[243] 葛蔭華醫生（Dr. Frank A. Keller）是中國內地會的美國傳教士，1897 年來華，在長沙創辦醫院，並傳教。

　　官場的新氣象與舊方式的謹慎結合在長沙圖書館表現得十分明顯。2,000 年來，這個地方一直被用於紀念孝順的定王 [244]，定王常常登上東南城門內的一座高塔，每天向故鄉眺望。所以這裡建起了一座又一座的廟宇來紀念定王，到 19 世紀末，最後一座廟宇被文人們用來舉行詩會。20 世紀初，進步的巡撫又把它改造為擁有數個閱覽室的漂亮圖書館，館內藏有《大不列顛百科全書》和《古今圖書整合》，後者的卷帙如此浩繁，僅貼標籤就花費了數月工夫！

　　舊方式僵而不死，這在我們離開幾天後就可以看得出來。富人們和巡撫作對，故意抬高米價，當地的石匠和木匠反對外來民工建造西式的洋房和政府大樓，結果全城上下人心浮動，不安在空氣中醞釀著。當一個婦女不願意看著自己的孩子餓死，而把他們全都淹死的時候，導火線被點燃了。人群聚集起來鬧事，政府開啟官倉低價售米也無濟於事；暴民們衝擊了所有官員，最後只能動用新軍。新軍開槍殺人，偶然殺死了兩名巡警，結果惹得警察們也跟民眾們站到了一起。後來當然恢復了秩序，那位好巡撫被調離了湖南，但長沙仍然以中國最排外的城市而名聲在外。

---

[244] 定王指西漢景帝之子長沙定王劉發；「這個地點」是指定王臺。

第十三章
成都

Chengtu might be translated "A Perfect Capital".
成都，意為「完美的都市」。

一、政治家和軍事家諸葛亮

　　成都古老的光榮來源於三個閃光的名字，一位政治家、一位詩人和一位工程師，他們均是四川省的驕傲。政治家即指生活於古代蜀國（今四川）的諸葛亮。[245] 當時的另外兩個王國分別以洛陽（今河南府附近）和南京為中心。關於 200 － 300 年的這一段歷史，有人寫了一本通俗小說，其主角就像威弗萊和羅布·羅伊那樣廣為人知 [246]。這一「游俠時代」不僅透過小說，而且還透過戲曲廣泛流傳。在許多個舞臺上，諸葛亮頭戴樣式古老別緻的帽子，身披黑色大氅，背上繡著金色的神祕圖案，手搖鵝毛扇，扇中央有代表吉祥的圓圈。諸葛亮不是蜀國本地人，他來自遙遠的山東，自幼父母雙亡，在南陽長大，自足自立，抱負遠大。劉備在漢帝國分崩離析之際企圖再興王業，需要高階參謀，就去親自拜訪這位年輕的農夫，當時諸葛亮的智慧已經聲名遠颺了。歸依劉備後，諸葛亮很少親自上前線，但他運籌帷幄於千里之外，士兵在他的指揮下，屢戰屢勝。然而有一個有趣的場景，經常被搬上舞臺，講述諸葛亮如何親自督導實施了一個計謀。周瑜率領吳國的軍隊共拒曹操，諸葛亮告訴他，在水上作戰 [247] 弓箭是最好的武器。周瑜哀嘆缺少弓箭，請求「孔明」[248] 在十天內為他造一萬支箭。孔明知道周瑜想讓他出醜，便不動聲色，準備了二十隻小船，船上堆滿柴草，多備人手。在一個霧濛濛的早晨，船隊出發了，靠近曹營時，擊鼓吶喊。曹軍倉促應戰，朦朧中但見大船如林，不敢造次，只是把箭密密地射向草堆。等到箭射得差不多了，諸葛亮下令收兵，回到對岸查點收

---

[245] 諸葛亮（西元 181 － 234 年）的「諸葛」是複姓，姓中的兩個字不能分開。1724 年，諸葛亮的牌位配享孔廟。 ── 原注
[246] 蓋洛所說的「通俗小說」顯然是指《三國演義》。威弗萊是司各特（蘇格蘭小說家，首創歷史小說這一文學體裁）兩部同名歷史小說的主角。羅布·羅伊是蘇格蘭高地劫富濟貧的綠林好漢。
[247] 原文如此。「周瑜」的名字原文沒有出現，係譯者所加。
[248] 諸葛亮經常被稱作「孔明」，後者是他的字號，意為「一個非常聰明的人」。 ── 原注

穫。他啟程返航時叫道：「謝曹丞相箭！」借到的箭有十萬支，足智多謀
的孔明讓周瑜羞愧難當，不再節外生枝。最後，諸葛亮的策略成功了，劉
備終於登上了王位。接著，諸葛亮的注意力轉向了外敵，率領大軍翻山越
嶺，南征緬甸，直到當地人願意歸順，平定了南方。然後，諸葛亮前往吳
國首都，試圖與吳結盟，共抗曹操。這時有一場著名的戲，孔明在吳國宮
殿中舌戰群儒，終於說服百官，贏得了聯盟。但是，諸葛亮低估了困難；
蜀道艱險，使得蜀軍的糧草供應很成問題。而且，有一個策略家和他旗鼓
相當，使他經歷了災難性的失敗。一次撤退時，他在一個城市被敵軍追
上，城裡的百姓逃光了，他身邊只有幾個士兵。諸葛亮命令城門大開，幾
個人在門前掃地，他自己在城牆上撫琴。追兵趕到，不知就裡，害怕有伏
兵，主動撤走了，就像諸葛亮預料的那樣。但是總的說來，他的事業是失
敗的，在一次被敵軍包圍之中，他生病去世了。他的主公已早他而去，留
下的後主更是不堪造就，新興的王國在魏王的攻擊下，很快滅亡了。

二、中國最偉大的詩人李太白

在文人的眼中，武功並非最高的榮譽。但在文士階層以外，還有其他
的意見。為了證明即便透過文士階層的有限視角，成都也卓然獨立，值得
讚賞，我們特意推出李太白 [249]。李白生活在大一統時期的唐朝。跟諸葛
亮不同，他生於四川省。在孩提時代他肯定是個書呆子，10 歲時便已博
覽群書，開始吟詩作賦。他長大後唯一的嗜好是飲酒，和其他幾個愛喝酒
的文人結成一個文學社，叫做「竹溪六逸」[250]，定期舉行聚飲。此外，
他還學會了劍法，在各種有損信譽的冒險歷程中大顯身手。在一次尋找美

---

[249] 李白的真名，「太白」是他的字。——原注
[250] 李白與孔巢父等沉飲徂徠山，號「竹溪六逸」。又與賀知章等人酣飲，有「飲中八仙」之號。
　　翟理斯曾提及這兩個稱號。

酒的過程中，他在旅店裡放歌時被一名軍官聽到，軍官勸他專心從事文學生涯。於是李白來到首都長安（現稱西安），結識了一位翰林院學士。他和這位學士一起在旅店裡徹夜飲酒作詩，李白是如此的才華橫溢，到了早上學士便把他請到家中居住。李白宣布要參加下一次科舉考試，卻發現官場上腐敗橫行，除非賄賂考官，否則肯定落榜。可是李白不名一文，學士幫他活動了一下，但由於沒有許諾現錢，考官看都不看就把卷子扔到了一邊，而且說了一些很難聽的話。李白發誓要報仇，後來他的機會從天而降。

東方來了幾名使者，使者的文書無人能懂。唐明皇龍顏大怒，下令學士們六天內翻譯出文書，否則共承其辱。學士把這件事告訴了李白，李白毛遂自薦，說他可以，第二天學士報告給了皇帝。皇帝派人請李白，李白聲稱他沒有任何功名，無法優先於眾大臣。他的虛張聲勢奏效了，一名特使授予了他渴望的功名，並賜給他朝服。李白來了，接過文書，把考官大大羞辱了一番後，譯出了文書。原來是一個韃靼國王的抗議書，抱怨唐朝士兵侵擾邊境，要求道歉。在難堪的沉寂中，李白抓住機會，建議第二天與使者會面，由他充當口譯。使李白感到幸運的是，皇帝像他一樣熱愛杯中物，當天晚上在宮中大擺筵席，慶祝國書得解，李白當然應邀出席。第二天，李白大醉不醒，皇帝只得讓人端來醒酒湯，親自離開寶座餵他喝。李白醒來，心裡得意非凡，點名要求考官之一、著名的權勢太監高力士為他脫靴、繫鞋帶，迫使高力士收回前言。接下來，他要求另一名考官為他研墨，以便他起草回書 —— 李白要報仇的誓言一一實現。大獲全勝後，李白運筆如飛，一揮而就，從此成為這個放蕩宮廷中的一位大紅人。

四川省府成都

　　幸運的是，酒鬼的確有才華，如同艾爾郡的農夫[251]一樣名不虛傳，他不僅名盛一時，而且名垂千古。但即便皇帝給他面子，他的惡作劇還是招來一片譁然。關於他個人生活的故事不用多講了，這些故事的主要價值在於表明一個偉大的王朝是如何失去人民尊重的。當然，李白如此公開羞辱考官，考官們對他恨之入骨，最後他們暗中策劃了一場陰謀，使李白和皇帝的愛妃吵架。這位愛妃就是楊貴妃，她「傾城傾國，是中國四大美人

---

[251]　指蘇格蘭詩人羅伯特·伯恩斯，生於艾爾郡，務農，愛喝酒，愛女人，一生有九個私生子。

中唯一的胖美人」，即白居易偉大詩篇〈長恨歌〉的女主角。[252] 李白受辱後被迫離開朝廷，再次四處流浪，尋求冒險經歷。有一次在河上狂飲遊玩時，他醉醺醺地企圖擁抱水中的月亮，結果被淹死了。

　　李白的詩歌多數是像波斯詩篇一樣，屬於狂飲作樂的那種，還沒有評注家指出其中所包含的某種完美哲學的神祕意味，但也確有一些作品超乎其上。

行路難

　　李太白作，丁韙良譯，獻給蓋洛博士。

　　〔丁韙良注〕在唐代璀璨的詩人星空中，最亮的一顆星就是李太白，唐朝以後的中國詩人中也沒有能超過或比得上他的。中國人幾千年來習慣於創作機械性的詩歌，李太白是公認的最偉大的天才，他的抒情詩清新自然，一直為人們所喜愛。〈行路難〉很可能抒寫了他的親身經歷，要麼是在他陪伴皇帝巡視南京時所作，要麼是他在北方都城博取文章功名期間所作。他被視為四川詩人。

　　以下詩句主要講述三難，一是盜賊襲擾，二是浮冰當道，三是欲登頂泰山而不能，徒嘆奈何。第四難不那麼嚴重，講的是在周朝的創立者、文王宰相姜太公釣過的溪中垂釣。[253]

> 金樽清酒斗十千，玉盤珍羞直萬錢。
>
> 停杯投箸不能食，拔劍四顧心茫然。
>
> 欲渡黃河冰塞川，將登太行雪暗天。

---

[252]　見翟理斯教授《中國文學史》第 167 頁以下。——原注

[253]　「北方都城」當為「長安」（西京），「泰山」顯係「太行」之誤，「盜賊襲擾」是丁韙良望文生義。丁譯格律謹嚴但詩意走樣，往往自以為是，如「拔劍四顧心茫然」一句，鬱鬱不得志的英雄變成了抓賊的警察。一笑。

閒來垂釣坐溪上，忽復乘舟夢日邊。

行路難！行路難！多歧路，今安在？

長風破浪會有時，直掛雲帆濟滄海。

於北京西山寶珠洞，1910 年 7 月 5 日

三、偉大的水利專家李冰

諸葛亮、李太白和李冰並列為成都三傑，但其中最偉大的人是李冰，他為四川增添了光輝 —— 使得原來長一棵草的地方能長出兩棵草來，這樣的人才是人類真正的恩主。李冰的工作在平原上和成都城裡處處可見，可是為了理解它的源頭，我們還得沿著李冰開挖的渠道從成都上行 120 里。李冰生活的時代正是秦始皇剛剛統一了中國之後不久，他留下的工程經受了許多個世紀的風雨考驗。

李冰發現，在西面有大量寶貴的水資源白白流掉，而東面坦蕩的平原卻需要大量的水來灌溉，以供應蔥鬱的植物生長。岷江 [254] 自幽深的峽谷流到平原上，抽成兩股，幾乎流向正南方。李冰決心築壩攔水，把水分到東方和東北方。[255] 人工堤壩將承受巨大的壓力，尤其在洪水期，於是李冰採取了幾個聰明的手段。最讓人料想不到的、最成功的維修辦法是劈開一座山，讓岩石而非土堆承受水流的沖擊力。一旦分得的水流到預定的方向，建設大小水道就輕而易舉了。兩條主要的水道通往成都的北門和南門，三條水道都有輔助的運河在平原上交錯成網狀。這樣，在沒有水庫水閘的情況下，岷江的水被引進了另一條河的水系，不僅有灌溉之便，水路交通也大大便利了，真是令人驚異。

---

[254] 四川省的名字來自境內的四條河流，除岷江外，還有雅礱江、長江、嘉陵江。 —— 原注

[255] 筆者在此向詹姆斯·赫特森（James Hutson）先生致謝，他向我指出了灌縣的重要特徵，而且為我取得了二十八個碑文的拓片，這些拓片將在另一著作中出現。 —— 原注

但是，山地發源的河流會帶來大量泥沙，如果任其沉積，河床會抬高，只能相應加高河堤，直到多年以後，成為地上河。這種情況在義大利北部的波河可以見到；規模更大的，如荷蘭舉世聞名的工程使萊茵河及其輔助水道的兩岸保持良好的維修；密士失必河下游的居民懂得要看守好堤岸，以免大堤決口，洪水氾濫；黃河因其不定期的改道而被稱為「中國的悲哀」。一個簡單的方案可以解決這些困難 —— 雖然簡單，但人們經常想不到或不能耐心有序地施行。認識到這一需要並付諸實施，這是李冰的功勞。「深淘灘、低作堰」[256] 就是李冰設計的原則。年復一年，在水利指揮的督導下，進行固定的修繕工程，以保證整個水利系統再正常運轉十二個月。

枯水期到來時，在河的西半部直到峽谷那一段都沉入沉重巨大的木三腳架，以便把剩餘的水都引入灌溉渠。木架綁上石頭，沿滑板沉下去。河床將近乾涸時，由挖土工清理砂石，疏濬水道，保證暢通。然後清掃河岸，用竹子紮製的新梢捆填上石頭，小心地沿著水渠堆放。一切就緒後，把三腳架吊出來，重新放到河的東面，這樣所有的水都流到新疏濬的水渠，把灌溉渠排乾。同樣的過程進行將近一英里。挖土工往下挖到河床裡代表水位的鐵棒，別的人清掃河岸，準備填充新的石梢捆。重新修建從西面向劈開的山傾斜的幹堤，最後，全部工程得到整修。無疑，東面所有的村莊都抓住機會，趁著枯水期修繕當地水利，以保證水道疏濬到標準深度。這大概相當於英國農業的休耕期，人們會趁這個時間油漆手推車，修剪籬笆和疏通溝渠，只是在這個時節完成灌溉修理的重要性更為遠大。寬廣的水渠等工程表明，統治者可以調動數量眾多並心甘情願的勞動力來興修水利。

---

[256] 六字原則見於《成都縣志》（1873 年，16 卷，16 冊）卷 1，「輿地志·堤堰」都江堰條。

　　在這些水利工程的周圍區域興起一個人而重要的中心城鎮是不足為奇的。從成都到西藏的大道位於兩條渠道之間，與幹線運河交叉，直至劈山的北半部。這裡有一個縣城，築有城牆，每天都有集市，這種情況不同尋常。縣城裡經常住有一萬人左右。大道一直向西延伸，在藤橋峽谷有一座用竹子編成的漂亮的吊橋。

　　但山上最吸引人和最有名的是一座廟宇，不是供奉佛祖或普通菩薩的寺廟，而是崇拜李冰之子的廟，人們尊稱他為「二王」。每年五六月分，香客們從平原上或更遠處成群結隊地趕來祭拜他們的大恩公。最常見的供品是公雞和香紙，每年上香還願或許願的男人、女人和孩子有幾萬人。

　　廟宇的位置、設計和建造都極其漂亮。廟裡有堂皇的雕刻，美輪美奐的漆器以及大量的還願供品。更確切地說，有兩個李冰廟，一個供奉那位設計並開始興修整個水利系統的父親，另一個供奉完成了整個水利系統的兒子。根據中國習慣，兒子的功績為父親增光，因此不得不調停一些可笑的爭吵。最近，政府出人意料地解決了這個問題。雖然縣城有許多廟宇，偶像的數目還是大大超員，其中有一些偶像是在二王廟。現在政府將其全部收歸國有，清除了一些貪心的廟祝，徵收了漩渦對面下游廟宇的土地，建成了蠶種孵化場。上游供奉兒子的主廟的一個重要部分清理了外來偶像，金屬像搬到了別處，泥塑在搬運過程中大都破碎了，只能體面地埋葬。騰出來的空間建立了水利工程辦事處，這樣，二王廟比以往更好地紀念了那位偉大的水利工程師。這確實是最合理的宗教，連小孩子都能理解，一點都不魔幻和神祕，而是常識的勝利；這包含著中國人精神的特質。唯物主義，崇拜實體物質，尊重財富及其生產方式，這些會使許多人感到滿意。但是，正當一切歸於死氣沉沉的合理性時，往往會有某個懷特

腓德 [257] 出現，他訴諸更深層次的需要，並喚起令人驚異的響應。

然而目前的狀況是，對李冰的崇拜依然如故，儀式幾乎沒有什麼變化。年度維修結束後，渠道疏濬到了適當的深度，高官從成都趕來，黎明時分在廟裡舉行祭拜，點燃香燭，獻上供品。待下級供奉了一定數量的禮金後，高官就會前往河岸，在那兒，龐大的三腳架組成臨時碼頭，以護住用草墊和黏土構築的大堤。每個三腳架上都綁了一根粗纜繩，由一組苦力拉著。同心協力地一拉之後，三腳架翻倒了，水流迅速地捲走草墊和黏土。孩子們跑下去，在排乾的河床上造房子玩，老人和病人把石頭扔進潺潺流淌的水中，相信這樣就會保佑他們來年健康，而那位高官即刻啟程，沿陸路回成都，趕著去迎接水流的到來，因為他剛剛解放了流水。迷信認為，他要是落在了水流後面，整個四川省或者他本人就會遭到禍患。

渠道重新灌滿水以後，新的一輪農作開始了，在每一條溪流上，最南部的除外，都行駛著小船和木筏，把鄉村的農作物運往成都。成都的燃料供應都是來自山區，燒炭工在那裡工作，甚至還挖煤。人們把煤屑扔進深坑，蓋上土，讓它在底下悶燒。當周圍的煤層燒到通紅時，澆上水，在咻咻的白煙聲中，煤層被分解成長條的煤塊。這一古老的方法或許能給西方的煤窯主們一些有益的啟示。可是約翰遜博士敘述美國人的話經常被用到中國人身上：「任何其他人都無法仿效的一個民族。」

對李冰的崇拜並不排斥其他崇拜，這很容易理解，因為即便在李冰的廟裡也供著別的神靈。下面是兩篇古代的祈禱辭，大約成文於 900 年前，人們以佛祖為調停者向天帝祈求。這一點最為引人注目。

---

[257] 喬治·懷特腓德（西元 1714 － 1770 年），英國循道公會傳教士，曾在北美殖民地傳教。

燒香的老太太們在位於灌縣李冰運河上的南門橋所修建的神龕

　　今春以來，日光晦暗，雨水不至。麥子未熟，先遭乾旱。土地不生，庶幾無耕。人心不安，社會動亂。天意難測，吾輩戰慄驚悚。今借佛祖之力，祈求天神，令西天之雲，普降甘霖，生百穀，足民眾，來年興盛。

　　上天垂憐。小民豐年在望，而官吏無德，致使雨澇成災。今悲切哀號，祈請天帝。本省處江湖之遠，皇恩浩蕩而不至，百姓往往缺衣少食，況連年饑荒！奴僕雖愚鈍無知，而心憂天下飢。請上天可憐：去春播種，今年收成；待到秋天，倉滿囷圓。

　　這些祈禱辭用古代的莊嚴文體寫成，表現出在諸省中罕見的一種宗教，皇帝每年在天壇祭祀使這種宗教廣為人知。國教中並未正式支持偶像，但偶像在民眾中十分盛行，更加烘托出這種純樸崇拜遺留的祈禱文以及對李冰等恩主的崇敬。這些禱文提供了官員承認過錯的例子，並相信這樣會對百姓有好處。民眾期待官員們做出此類代理行為，官員們在口頭表示願意為人民而

死的例子也不是沒有 [258]，他們甚至以受害者的姿態登上祭壇。許多官員們似乎沒有想到，誠實而正直地為民眾服務要更高貴和更有益，李冰真正的獻身精神和他在歷代民眾中的感召力堪為後世垂範。在偉大的水利工程師興建的水源頭附近 100 處不同的地方都明智地刻上了「深淘灘、低作堰」的箴言。

■ 四、物產

「錦旗行省」四川的首府成都位於人口分布的西部邊緣。馬可·波羅 13 世紀時對它有記載，稱之為「地域遼闊，富甲天下」。自那以後，成都經歷了許多巨大的變化。滿人征服中國時，這一地區不甘屈從；「叛亂」受到了徹底的鎮壓，就像大多數東方民族所特有的方式那樣。鎮壓是如此徹底，以至於必須補充新的人口，從各地湧入的人群成為現在居民的祖先。原住民僅有少量遺留，零星地分散在省內。這樣的移民當然健壯自立，沒有源於依附土地的保守性。世界上一些最好的人種都來自移民，比如美國人。

今天，城牆圍著一個長方形的城市，幾乎是東西朝向的。城牆外面有水道。幾年之後，兩三條利潤可觀的鐵路將在這裡交會；現在的交通走水路，或者肩挑和用騾子馱。周圍遍布精耕細作的痕跡。平原常常得到雨水的潤澤，但這一地區的豐裕多產多半是因為灌溉和李冰的水利工程。這一點使得成都成為中國最大省份的首府。

在參觀期間，尤其是反覆穿越這塊多產的土地時，我們對平原的穀物和其他物產發生了濃厚的興趣。偏遠四川的人口超過了 5,000 萬，即便按傳說中的中國人一日兩餐計算，也需要大量的食物供應。

我們希望，物產的豐富多彩和許多名字直譯產生的怪異感將會消除冗

---

[258] 華盛頓曾說：「如果我下定決心，我可以把自己的身體獻給屠夫敵人，只要這樣做有利於人民安樂；為了拯救人民，我不惜面對野蠻凶殘，並忍受千刀萬剮。」—— 原注

長名單所帶來的厭倦。《成都縣志》列舉描述的平原物產如下：[259]

穀類。稻穀居首。一種叫做白麻穀，形似大麻籽；還有的叫做黏紅花穀、雁來紅、紅蓮稻、香谷，都是晚熟作物（意為種植早，成熟晚）。早熟品種有六十早、八十早、百日早。用於造酒的穀物主要是一種黏米，叫做糯穀，品種有蛇眼糯、豬油糯、紅酒糯、虎皮糯、黃絲糯、燕口紅糯、尖刀糯；還有三種白穀，與糯穀類似，但品質不及糯穀。

然後是麥。有大麥、小麥，後者分為有芒、無芒兩類，還有莜麥。

黍類中，高粱居首，其次是阿里巴巴的寶貝穀物——芝麻。芝麻有黑白兩種，主要用於榨油烹調，石油發現之前也用於照明。漢語中，伴有眼屎分泌的眼睛發炎稱為「芝麻油」，指學生夜以繼日地用功。

豆類。有黃豆（分大小兩種）、黑豆（分大小兩種）、白豆、絲豆[260]、硃砂豆和青豆。還有豌豆，外國人稱為 peas。品種有赤小豆、白麻豆、爬山豆、羊眼豆。

紡織用植物。有火麻、水麻和多種棉花。

食用植物。有薑，孔子特別喜歡吃薑；紅椒（中國人大量使用它）、黑椒、海椒（本係引進）、蔥、大蒜、蘿葡[261]。蘿葡，一個很方便的詞。蕪菁叫蘿葡，蘿葡叫蘿葡，各種根菜，無論紅的白的，甜的酸的，都叫蘿葡，可口的黃瓜也叫蘿葡！別的類別這裡沒有講到。

白菜分為幾種。有百合花和筍，即指竹子的嫩芽，是最美味的蔬菜，早春時不用栽培就大量生長。味道像第一穗青玉米，看起來像蘆筍的一大類。[262] 最後，有龍鬚菜（蘆筍的俗名），以及山藥。

---

[259] 見《成都縣志》卷三，「食貨志第三·物產」。
[260] 原文為「綠豆」，被誤為「絲豆」。
[261] 蘿葡的品種通常如下：白蘿葡，即蕪菁；黃蘿葡，即胡蘿葡；紅蘿葡，即蘿葡。黃瓜稱蘿葡我們很是懷疑，它經常稱為黃瓜或胡瓜。——原注
[262] 關於竹子的各種用途，請參見《揚子江上的美國人》。——原注

　　瓜類。pumpkin 叫「南瓜」；squash 叫「甜瓜」；watermelon 俗稱「西瓜」，據說是回鶻人引進中國的。這方面有一點很有趣。有人指出，「西瓜」這個詞很可能代表著希臘語中的 oíkua，意思是瓜。奇怪的巧合是，「西瓜」意謂「來自西方的瓜」，這個名字在雙重意義上都是合適的。

　　果類。有梅子、蘋果、梨和木瓜（即 wenbo）。pomegranate 是石榴。還有桃、杏、櫻桃、枇杷（一種小而甜的果實，果皮光滑，種子大，為西方所沒有），以及葡萄，這個詞是「葡萄牙」的粗略翻譯，葡萄的各改良品種都被認為來自葡萄牙，葡萄牙是第一個與中國通商的國家。別的品種名字來自希臘語 bótpus，一束、一串。

　　樹木。有松、雲杉、桑、槐（常見的遮陰樹種）、雪松、柏、梧桐、椿（分為兩種，香椿和臭椿）、柳（分為若干種）。竹子有斑竹、龍竹、白甲竹、苦竹、紫竹、鳳尾竹、水竹以及釣絲竹。無疑，「釣絲」是轉喻，其實指釣竿。

四川自流井[263]的鹽井，井架由大塊木頭和竹蓆拼接而成。附近有一個自流井，該地由此得名。平底船用來把井裡的鹵水運送到「煤」蒸發窯。李德良[264] 攝

---

[263] 蓋洛把自流井（Tzeliutsing）誤寫作了 Tzeling。—— 譯注
[264] 李德良（R. O. Jolliffe）是 1904 年來華的加拿大傳教士。

花。有玉蘭、山茶花、芙蓉，木質莖，高大、美觀；夜合，分為若干種；各種顏色和品種的玫瑰，如月月紅、含笑梅和著名的牡丹，大而豔麗，備受中國人的珍愛。[265]

鳥。桐花鳳鳥居首。接著是鷹隼，因年齡不同，分大小兩種；喜鵲、烏鴉、麻雀、燕子、鴿子、鳩鴿、白鶴子；魚虎，牠對魚很凶；啄木鳥，分大小兩種；白頭翁；護花鳥，這說明中國人了解到有些鳥在抑制害蟲方面的作用。

魚。鯉魚總是居首，也許因為孔子把他的兒子取名為鯉。我們傾向於懷疑某種宗教象徵。「木魚」是佛寺用於敲更的空心木塊，形狀像魚，代表著清醒，因為魚從來不閉眼睛。

還有桃花魚、白條魚、烏魚、黃頰魚和金魚。

甲殼類動物中，有龜和蟹。

蛇。根據顏色，蛇分為若干種，其中一種有腳，顯然是指蜥蜴。

蠕蟲類中，蠶理所當然位居第一，分為家蠶、野蠶等。

接著是蝴蝶和螳螂，後者有著長長的青綠的身體，前爪比後爪長出許多，動作類似鞠躬禮拜，受到外物驚嚇時，舉起前腿作防禦狀。中國人講「螳臂當車」，以此來比喻不自量力地反抗。

各種食物供應如此豐富，養活了眾多人口。沒有馬爾薩斯倡導人口論，也沒有饑荒餓死城市人口，使孤兒醫院繁榮昌盛。相反，黃昏時分在每一個衚衕都能聽到母親用兒歌哄孩子入睡：

乃生男子，載寢之床，載衣之裳，載弄之璋。其泣喤喤，朱芾斯皇，室家君王。

---

[265] 玫瑰、月月紅、含笑梅和牡丹在原文中是並列的，蓋洛的助手把並列關係誤為統屬關係。上文談到豌豆、蘿蔔和白菜時有類似錯誤。

乃生女子，載寢之地，載衣之裼，載弄之瓦。無非無儀，唯酒食是議，無父母怡罹。

—— 出自《詩經‧小雅‧斯干》第 8 — 9 節。[266]

〔注：瓦是女孩未來工作的象徵，她在膝上放一塊瓦，紡織麻線。〕

成都有不少穆斯林，許多人最近從甘肅遷來，但老人們懷念他們的土耳其血統。他們雖然向人提起自己祖輩在中國土地上有四十代人的繁衍，但仍然驕傲地說他們不是漢人；不管他們血液中的土庫曼血統多麼微不足道，他們還是回望遙遠的祖先，不承認本地的族屬。這種心態很危險。歐洲的猶太人發出這種言論時，常常導致反猶太人的浪潮；考慮到聖戰的教條，以聖戰傳播信仰的教條在伊斯蘭教中根深蒂固，顯然，中國人需要關注這一潛在的危險，以免發生外來干涉。

五、宗教的興衰

成都雖然地處偏遠的西部，但是有良好的公共設施，也有來自西方歐美國家的遊客和殖民者。領事們抱怨說沒有商人前來開闢市場，沒有人願意冒險載著滿船的貨物前來，四川的製造業和採礦業只得自力更生。成都城很小，但有白人人口，他們幾乎都與宗教相關。六個傳教會在成都駐紮了六打各式各樣的專職人員，其中有許多醫護人員。加拿大循道宗人數最多，自 1891 年起開始在這裡工作，中國內地會比他們早十年。有這麼多歐美人定居在如此遠離自己家鄉的地方，這真是讓人吃驚。對許多人來說，去上海的旅程費時費錢，已經夠怕人的了，上海的景緻也是夠新奇的；然而，要到成都來的話，上海只不過是第一站。

---

[266] 蓋洛上面引的譯文是丁韙良的，下面又引了理雅各在《中國經典》一書中的譯文和注。蓋洛把它當作兒歌是誤解。

　　沿揚子江的鐵路將把遙遠的首府成都及其 40 萬居民與緬甸、上海、北京便利地連線在一起。與此同時，成都發生了顯著的變革。舊課程被取消，整個教育規劃都是新式的：新學校，新校舍（常常是從舊廟宇改造而成的），新教員。教學品質目前一般，但幾年內肯定會大為改觀。從小學到大學，都有規劃。教育界的新氣象從試卷中可以看出來。

　　從前的試卷提抽象的問題，從經典中挑出一句話作為詩文的題目，牛津的考試今天依然如此。而現代的新式試卷問及自由貿易和保護、勞動力與資本、國債、鑄幣、海軍軍事力量的原則以及其他類似的實際問題。有一次考試的題目很富有暗示性：「洋人如何控制新聞媒體、郵局、商貿、鐵路、銀行、紙幣、商業學校及稅收？洋人如何任用可靠的人？」最後一個問題最重要。混亂中，舊宗教必須尋找它存在的理由。

　　「第一個統治人類的人在四川建立王國。」歷史紀錄如此開頭，我們未免失望，就把注意力轉向現在，而不是歷史。伊甸園肯定是在四川吧，我們的線索就是四川這個名字，即「四條河」。[267]

　　在情理之中的是，道教在這個多山的行省勢力甚眾。最有名的道教聖人老子屬於這一山區，和孔子分據中國相對的兩端。[268] 老子的一個追隨者名叫李八百，這麼稱呼可能因為他是一個 800 人部族的首領。傳統卻不這麼認為，說他在四川山中巧得長生不老藥，活到了 800 歲。

　　接下去列舉了歷朝歷代的道教名人，通常他們都屬於同一類，即服用了植物或金屬藥物以抗病延年。間或偶有差異，其中一兩個名人尋求長生不老時沒有完全忘記他們的同胞，這樣的善行據說有益於他們自己的長壽。例如，益州老人自己從未吞食過什麼，他售藥所得的收入都用來賙濟

---

[267] 從伊甸園流出的河分為四條，見《舊約·創世記》第 2 章。
[268] 但司馬遷稱，老子生於楚國，即今湖南。 —— 原注

窮人了。[269] 老子倘若看到他的追隨者們放棄了將人體人心恢復到原初狀態的崇高理想，而墮落為算卦者、驅魔法師和巫婆神漢，肯定會痛心疾首的。

成都的四川省諮議局議事大廳，其建築風格與北京天壇類似。

就如此的精神質素，道士很難有什麼未來。四川靠近緬甸，但佛教徒也沒有多少活力。的確，在我們停留期間，十個和尚剃度出家，儀式包括在頭上燒出九個點；但意味深長的是，最近的徵用寺廟波瀾不興，沒有激起多少反對。新式教育需要許多公共建築，官員們清除菩薩，把寺廟改造為學校和辦公室，比起重新建房容易多了。在義大利，僧侶被趕出修道院時，一時頗有呼聲，然而大眾的沉默表明，在民眾的心目中，這些「宗教

[269] 李八百和唐朝益州老人的故事見於《成都縣志》卷七，「人物志第八‧仙釋」。

派別」已經沒有用處了。但想像一下在英國和美國，如果把大量教堂徵用為學校和市政辦公室，會招來什麼樣的言論和行動！中國大規模的徵用說明，這裡就像是在義大利和法國一樣，舊宗教對人民失去了控制力，即使在想像中也是如此。

但寺廟與我們的教堂是無法相提並論的。寺廟從來都不具有任何特別神聖的東西，即內在的神聖本質，反而一向具有諸多用途，尤其是作為臨時客房。

確實，不僅在城牆外和集市日，而且在城裡的任何地方，傳教士只要在街邊租一張桌子，坐下來賣書或講話，立刻就會聚起一撥人來認真聽講。中國人對所有西學都如飢似渴，而他們自己的宗教卻失寵了。

波斯人最早的基督教傳教使團在這裡沒有留下蹤跡，除非是在本土宗教的某些形式裡。1704 年，羅馬傳教會在一個義大利耶穌會士的帶領下進入四川，但幾年之後遭到禁止，只能轉入地下活動。1822 年復興後，傳教工作蓬勃開展，目前完全由法國人控制，四川有 180 名法國人從事傳教工作，非常活躍。

其他的工作，請看一個局外人的報導：

洋鬼子教師大都是循道宗的人。他們有兩個營地，一個在城南，一個在城北。他們很有錢，非常有錢。出門坐四人抬的轎子，穿華貴的衣服，衣服式樣挺奇怪的。他們買東西時出手大方。他們的房子是新式的，比巡撫的還要高，很堅固。房子周圍有花園，裡面是洋家具。有眾多的奴僕。他們為病人建了寬大的房子，其中一座是吉祥高樓。我們對此感到不理解，還沒有人光顧過他們的「醫院」。每月四次，他們去他們的廟裡做禮拜，手上戴著皮手套。他們唸書、唱歌，音樂和樂器令人驚奇，最後祈禱

時他們摘下眼鏡。他們做出很多努力，互相拜訪，學習講中文，招待從別的省來的洋鬼子。過去半年中他們有過五次聚談會。這把他們拖得很累，只得到山上療養一個月。回來後，繼續祈禱、寫作、買東西。他們教書，補牙，在吉祥宮候診病人。

的確，循道宗傳教會，無論是城市一端的美國循道宗還是另一端的加拿大循道宗，物質裝備和員工配備都是最好的。他們吸取了時代精神，在教堂裡戴小山羊皮手套，開展各項工作，緊跟最新潮流。如果很快聽說他們印行了週報，人們不會吃驚。顯然，他們計劃像天主教徒一直做的那樣，透過盡力展示基督教文明，來影響權勢階級。他們組成的社會自成一個小宇宙，周圍生活著中國人，他們顯然認為他們最好維持高標準的美國禮儀。傳教新思維正在時髦起來，無疑對新興階級有吸引力，而舊式傳教沒有觸及新興階級。

中國內地會等組織延續著舊式傳教。我們在這裡看到的是傳統的微薄薪水，在中國人中間過幾乎中國式的生活，並在他們中間自由流動，不依靠任何裝置，而靠著熱誠、信任以及向普通人傳遞拯救資訊的力量。因此，受歡迎的各類傳教會都很容易在這裡找到。

教育的前景並不確定。由於距離最近的國立大學堂也是位於一個遙遠的省份，各傳教會有可能聯合起來，建立一個強大的基督教教育中心。在四川建基督教大學非常合適，但啟動資金至少需要 200 萬元。

積少成多是一種對時間的浪費。在中國歷史的現階段，這樣的計畫只會讓人嘲笑洋鬼子慈善事業的小氣。讓西半球文明的基督教會在這位於唐山的西方帝國熠熠生輝吧！

第三部分
黄河流域的省府

第十四章
蘭州

Lanchow, signifying "The District of the Lan Hwa." The "Lan" is the *Aglaia Odorata*, the most fragrant flower in China.

蘭州，意為「蘭花生長的地區」。學名米仔蘭（*Aglaia Odorata*）的蘭花是中國最香的花卉。

■ 一、鍋柄狀的省份

在十八個行省的省府中，蘭州是最靠西北面的。中國面積如此之大，從蘭州往西到中國新疆西部的喀什，跟從蘭州往北到蒙古境內的喀喇崑崙山和往南到雲南幾乎是同樣的距離。蘭州是中國的重心所在之地。

但西面的西藏人在歡迎客人時並不顯得特別的熱情，他們有一個討人喜歡的習慣，即讓客人騎桿示眾[270]或施以某種類似的刑罰。北面是戈壁沙漠，沒有什麼可以吸引遊客的。所以蘭州距離文明的邊界並不遙遠；往西幾百英里或往北一百英里，就出了甘肅省。

誰又願意走出甘肅省呢？我們沿著這條路線越是逼近亞洲的腹地，興趣也隨之越來越減弱。那兒的景色給人的印象是冬天一片白雪，夏天滿地黃沙，環遊世界的客人不會成百上千地湧到這裡來。牧民們只會擠牛奶和馬奶，吃一種特殊的酸乳酪，酸乳酪目前在西方很受歡迎。當奶類供應不足時，他們就剝下動物的毛皮，以供出口。農民並不種植和銷售有價值的農作物，除了大黃之外就是參與叛亂，甘肅的自然資源貧瘠，雖然是中國面積最大的行省之一，但只有 1,000 萬人口。

儘管該省的自然環境惡劣，可我們仍然從鍋柄狀的頂端走到了它最遠的邊界。貧瘠的荒野上零星地分布著一些可耕地，但給人印象最深的卻是陡峭和巉巖累累的山峰，上面終年覆蓋著積雪。山間的那些溪流全都注入了黃河，雖然在洪水期溪流的水位高達 40 英尺，卻不適合航運。沿黃河上溯的船隻只能艱辛地拉縴或拖行，否則無法克服泥漿水的漩渦。有時人們會紮成木筏，順流而下，但更常見的是單根的木頭和木板，即使是這樣也常常會出事，我們第一次走近黃河邊上時，就看到一具屍體在岩石的裂縫裡上下沉浮。

---

[270] 這是舊時西藏對勇於冒犯其邊境者的一種刑罰。

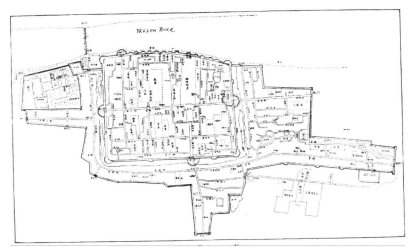

甘肅省府蘭州

　　黃河是不是中國的象徵呢？假設有人能夠窺見幽暗的過去，會看到一個來自偏遠西藏的民族創造了黃河流域的文明，為中國的繁榮發展奠定了基礎。向東去！直到大洋擋住了去路；接著又向南去！直到波濤洶湧的海洋再次擋住去路。而那些來自東部和南部，企圖建功立業的人們往往會發現自己舉步維艱。

　　這條大河肯定可以作為甘肅省的一個象徵。黃河之水從可可淖（Koko Nor）的高地流下來，與從乾旱的沙漠捲來的風交會在一起；來自神祕陌生地帶的各種宗教、道德、商業潮流也在這裡匯合，結果使得那些可塑性很強的當地民眾讓人難以理解和駕馭。這些山崖和高峰見證了從寺廟尖頂到魔幻流星等種種膽大妄為、不適宜記載在現代書中的事件。這裡的高原騎手熱愛自由，樂於廝殺侵掠，並且狂躁不安，但其能力卻無可否認。

　　中國有三條大河，都是黃色的，但只有這一條被稱為黃河。黃河和揚子江就像一對兄弟，是中國的以掃和雅各[271]。黃色的以掃 —— 這裡不是

[271] 基督教《聖經》裡的故事人物，以掃將長子的名分賣給其孿生兄弟雅各。

紅色的 —— 野蠻不羈，反覆無常，容易衝動，破壞性強。它並沒有給流域的居民們帶來好處，而是帶來了無窮的恐懼。另一個經常被稱作「帝國之子」的揚子江則平緩可靠，給流經的三個區域帶來豐裕。確實，揚子江在造福人民方面已經取代了長兄黃河。但中華文明源於黃河流域，這裡有神話時代的賢帝堯、聖人孔子，以及曾作為帝國京師的洛陽和西安，所有這些都誘惑探索者不斷地沿著黃河上溯，以尋找中華文明的源頭。

中國人自己感覺到了神祕的誘惑，民間流傳著張騫[272]探險的故事。在很久很久以前，大英雄張騫乘著木筏，沿黃河上溯，直到荒無人煙的地方，直到西藏的雪山，直到他發現黃河水是從銀河或天河上流下來的。無論中國人是否認為天上的銀河和地上的金水同出一源，這個故事就像《魯賓遜漂流記》一樣廣為流傳。清政府派往海外考察西洋列國的第一個欽差大臣[273]想暗示他的冒險旅行就像張騫的一樣勇敢和危險，所以把他在蒸汽輪船和臥鋪車廂裡的奢侈旅行記述為《乘槎筆記》！

■ 二、蘭州八景

蘭州這個城市可以與整個古代世界一決高下。古代世界不是自詡擁有從羅得島巨像和巴比倫空中花園到亞歷山大港的阿提米絲神殿[274]（後者外形象金字塔，用以埋葬其丈夫）這七大奇蹟嗎？蘭州這個地方則列出了

---

[272] 張騫在歷史上實有其人，西元前 138 年前後，漢武帝首次派他出使大夏（中亞古國 —— 譯者注）。匈奴人俘獲了他，把他關了十年。張騫設法逃出後，前往浩罕，從那裡把胡桃和養殖的葡萄帶回了中國。據說他還引進了大麻和多節的竹子。對於張騫被派去探索黃河源頭一事，據傳說，他溯游而上航行了許多天，後來到了一座城市，看見一個織布的女子和一個牽牛的青年。張騫問這是哪裡，女子把梭子交給了他，讓他回去後交給宮廷的星相師，這樣就能知道答案。張騫照辦了，星相師認出這是織女的梭子；並且宣稱，就在張騫接到梭子的那一天和那一刻，他曾觀察到織女星和牛郎星之間插入了一顆漫遊的星星。因此，人們真的相信張騫在銀河之中航行過！ —— 原注

[273] 即 1866 年率同文館學生赴歐洲遊歷的斌椿。

[274] 蓋洛這裡所列古代七大奇蹟中的最後一個例子可能記憶有誤，因為位於亞歷山大港的古代七大奇蹟之一是法羅斯島燈塔基座，而阿提米絲神殿則位於小亞細亞的以弗所城。

八大景觀，勝過西方蠻夷。我們按圖索驥，忠實地尋訪了蘭州八景，並將其一一拍照存檔。

1. 浮橋

出北城門，穿過西郊，不過幾十步路就到了黃河邊上。雖然離大海還有數千英里，但河水在 250 碼寬的河床內仍是波濤洶湧，對外國侵略者與和平貿易都構成了嚴重的阻礙。誰最先想到要架橋的呢？最初，心驚膽顫的旅行者跨騎在原木上，划水而過，或者是用獨木舟來運載貨物。後來某個大膽的發明家改進了這種方法，他在河的兩岸吊起一根繩子，並將船繫在這根繩子上。在巴塞爾 [275] 有這樣一個別出心裁的擺渡至今仍在賺不少觀光者的錢，因為人們想觀看激流是如何將船推過河去的。接著又有人想出了把許多隻船並列在一起，以便組成一座浮橋的主意，當波斯國王薛西斯用這種方式馴服達達尼爾海峽時，他實際上是侵犯了蘭州的一項專利權。

24 艘駁船，每艘長達 40 英尺，用纜索拴在了一起，12 根草繩和 3 根麻繩，每根的直徑都達六英寸；還有兩條當地鍛造的粗鐵鏈，它們都增加了浮橋的整體安全性。船隻似乎沒有單獨配備錨，但上述這些繩索和鐵鏈把它們牢牢地固定住，兩岸豎起了 24 根木柱和兩根鑄鐵空心柱子，索鏈固定在柱子上。各條船之間搭起了架子，架子上鋪設了通向下一條船甲板的木板。通道兩邊有簡易的圍欄，可以讓一輛手推車輕鬆地通過，而兩輛手推車交會時則有些困難。車輛、動物和人流源源不斷地通過浮橋。

浮橋在一年的大多數月分中都能使用，隨著水勢而漲漲落落，直到冬季水面的冰凌對浮橋構成危險時才停止使用。此時浮橋就會從中間分開，

---

[275] 巴塞爾是瑞士西北部的一個城市，位於萊茵河畔。

兩邊沿岸各 12 條躉船，被牢牢地縛在岸邊。知府衙門會提供免費的擺渡。等春天來臨，浮冰融化，浮橋又重新建起來時，人們會祭上一頭豬、一隻羊，而總督會親自來主持浮橋重啟的儀式。

2. 金山

浮橋直通黃河的北岸，那兒有一排低矮而陡峭的黃土山從河岸邊拔地而起。它們呈金黃色，這是黃土通常的顏色；在這個地區，偶爾有點變化將會是值得歡迎的。金山腳下現在聚集了許多房屋，居民差不多都是回民。回民們經常起義反抗，所以法律禁止他們在城市裡面居住。於是他們便在黃河對岸的城郊日益集中，他們的平頂房屋顯著地有別於中國傳統的建築。在金山的上面是一些熟悉的翹屋簷兩層建築，它們大都是廟宇，也散布著一些客棧。實際上，廟宇經常改造成客棧，倘若需要的話。山壁上可見一些樣式不同的小徑，有時候這些小徑是鋪設出來的棧道，而且隔一段就有駐足休息的地方；但放眼望去，全是單調的金色黃土，沒有樹木，沒有綠草，也沒有莊稼。

3. 金山塔

位於金山頂上。八景中有三個景點靠得這麼近，對於遊客來說真是方便。毫無疑問，金山塔是三景中引人注目的高潮，這說明了風水先生選擇這塊吉地的景物鑑賞品味。但走近了細看，金山塔是山崖邊上八層高的燈塔，塔內整齊俐落地置放著油缸及其附屬的照明裝置，以供燈塔的管理人使用。它便是當今亞歷山大港的法羅斯島燈塔。蘭州的燈塔有其獨特的風格。

4. 蓮池

　　蘭州官員們專用的休息娛樂花園，相當於巴比倫的空中花園。蓮池有供官員們用膳的小屋，建在長城腳下，其效果顯然絲毫不遜於幼發拉底河畔的空中花園。它的周圍點綴著寺廟，園子裡種植蔬菜，供官員們歡宴作樂。園子的中心是蓮池，蓮池足有 24 英寸深，池水來自一條狹窄的小河，這條小河與黃河相通。在這裡，可以研究當地的動物，尤其是像蚊子這類動物，還有生機勃勃和正在衰朽的植物。蓮池中建了幾座亭子，精美無比的磚橋將這些亭子連線在一起。沒有磚橋連線的亭子划船可以抵達，那是一艘方頭淺平底船，船艙裡裝著點心飲料。奧利弗·溫德爾·霍姆斯 [276] 曾與埃德加·愛倫·坡論戰，充滿愛國熱情地為波士頓的蛙塘辯護，但波士頓的蛙塘無法與蓮池媲美。

5. 臥橋

　　可別把這座懸空建築的精品跟黃河上的浮橋給混淆了。臥橋橫跨著城西的一條小河，一年四季開放通行，而不僅僅是在夏季。另一方面，小河通常無水，所以車馬可以從河床上通過。橋上僅供步行，行人從兩邊爬上去，會發現中間那一段是平道。橋的跨度約有 70 英尺。橋上的頂棚增加了臥橋的力度和美感，橋兩邊各有一座橋頭堡。橋的主要材料是木頭；除這點之外，它很容易讓人想起威尼斯最有名的一座嘆息橋以及劍橋大學聖約翰學院的図図橋。

---

[276] 西元 1809 − 1894 年，美國醫師、幽默作家。

西藏的經輪，位於蘭州西南面的洮州（Jaochow）附近。威廉‧N‧魯爾 攝

「蘭州八景」之一的伸臂木梁臥橋，即蘭州西面橫跨一條流向黃河的小河的步行橋。此橋
跨度 70 英尺，從兩邊的橋臺向上爬坡，橋中間是一段不長的平道。橋僅供步行，只有偶
爾發洪水時才有必要走它。平時水位低，車馬過河走河床。圖上橋下面的寺廟位於黃河對
岸的山上。

　　伸臂木梁臥橋是浮橋的進一步發展，大概也是對羅馬藝術的拓展。羅馬人嘆服於神妙的造橋工藝，曾把築橋的工匠任命為大祭司 [277]。世界上各個民族都對橋梁高度重視，印加人曾把破壞橋梁者處以極刑。

　　蘭州沒有出現過多拱橋，但在鄉間卻能見到一些原始的伸臂木梁橋，由中間的橋墩支撐起一長段橋面，與從岸上伸展過來，或由其他橋墩支撐的路面相銜接，所以這一類型的長橋呈現為一系列的 T 字形。然而無論這種橋的工程技術如何優良，它們都比不上蘭州的臥橋那麼優雅動人。

6. 五泉山

　　城南一英里半處即是皋蘭山脈，離城最近的那一端要略高於山脈的其餘部分。就像通常的情況那樣，山的上面部分是黃土。這種構造也許可以作為對中國某個「邋遢的彼得」[278] 的警告，以告誡粗心的女僕忘記每天撣灰塵的後果，因為黃土是世代以來灰塵的累積，從未被勤勞的家庭主婦清除乾淨過，現在就連最高階的真空吸塵器也無濟於事。但在黃土層以下，有礫巖和沙礫層，五泉即由此而出，該山也因此得名。每年春天，在山腳下要舉行連續五天的廟會，市民們紛紛前往廟會，度假作樂。小攤上擺滿了糖果和玩具，招攬法定假日的度假者；說書藝人取代了吟遊詩人或黑人說唱演員；小山谷裡樹林中的淙淙泉水吸引著人們去那兒野餐，還有人爬上陡坡，去觀看山坡上的一座座寺廟。

7. 後五泉

　　沿著山頂的一條小徑，可蜿蜒而至另一個長有樹林的美麗山谷。在更低處有別的泉水從同一沙礫層中湧出。由於風或水的作用，或兩者的共同

---

[277] Pontiff（大祭司）在拉丁語中的原意是「築橋者」。

[278]《邋遢的彼得》是德國人霍夫曼醫生（Dr. Heinrich Hoffmann）1844 年為他 3 歲的兒子所創作的兒童圖畫故事書。

作用，造成了一種奇特的侵蝕現象，一個頭頂黃上的礫岩石柱聳立在泉水之上，高達 50 英尺，幾乎形成一個石洞。溪流下游是通往臥橋的沖溝，上游可以看到陡峭的山坡，山坡上密密分布著寺廟，和尚道士在廟觀裡數念珠，唸經咒，過著忙碌的生活。

8. 十二層寶塔

在城市的後面，即不在蘭州城內，而在東郊有一座十二層寶塔，它列於八景的最後一名。該塔沒有什麼悠久的歷史，但卻非常美觀。

9. 鋼鐵大橋

八景之外，應該加上第九景，因為黃河上建起了一座現代化的鋼鐵大橋。這對中國人來說，的確算是一個奇景，人們除了對該橋的材料和構造感到新奇之外，還必須懂得鋼鐵跟石頭不一樣，它需要照顧和油漆。中國人多少個世紀以來一直在修築橋梁，但他們尚未明白這個事實，即鋼鐵時代的產品只能連續使用數十年。

10·長城

稽的是長城竟沒給算在八景之內。沒有其他任何一個省府能像蘭州這樣與長城的關係如此密切，因為蘭州依傍長城而建，而長城其實就是蘭州城牆的一部分。顯然是由於「親不敬，熟生蔑」，所以蘭州拒絕把它的城牆列為一景。這實在是大度非凡；小小的長城，無非是蘭州城牆 1,000 英里左右的延伸罷了，蘭州居然連長城都不屑於列入城市的八景，其他城市哪還敢與之競爭呢？蘭州自然是老大，其餘的城市只能敬陪末座。

▓ 三、過去、現在與將來

1. 過去

　　這條古老的長城能喚起人們對於消逝時代的多少回憶啊！我們從頭到尾探索長城時，曾兩次來到蘭州，發覺它連線著一個英雄的時代。這並不是說秦始皇最初建的長城經過這裡，秦長城今天幾乎完全見不到了，很可能在兩千年裡，歷朝歷代的重修已經使得它面目全非。的確，在當今的情況下，腳踏車手雖然完全能夠在長城頂上從蘭州一直到達太平洋，但同樣可以肯定的是，大部分路程他得步行，並不時地會發現有不止一條道路，在蘭州城北僅 90 英里的地方他就會遇到一個分叉點。蘭州在長城的一個分支或環形上，從黃河邊上有一條捷徑朝正西方延伸 120 英里，直到再次見到環形，然後折向北，經過梁州，繼續無止境地蜿蜒下去。很可能這就是最初的路線，呈弧線進入附近的西藏高原。關於這些特別情況的詳細討論，請參見筆者最近出版的一本書《中國長城》。

　　從同樣遙遠的時代，甚至比秦代更早的時候，流傳下來許多表現這些偏遠地區民眾思想的傳說。蘭州西南的果園裡有一棵棋盤樹，30 英尺高，4 英尺的幹圍，樹頂長出兩條樹枝，各 5 英尺長，形狀奇特像椅子。棋盤樹的樹齡很高，現在看上去像是枯死了。故事裡講，漢朝時棋盤樹已經老了，有兩位智者爬上了樹，坐在那兩個「椅子」裡下棋喝酒。他們的智慧氣息浸潤了古樹，產生了抗菌效果，所以古樹一直儲存至今。

　　在朝北的另一個方向還有一座山，自古被稱作金山。這倒不是因為那兒色彩單調的黃土，儘管寸草不生，土壤確實裸露著。據說很久以前，當蘭州還是京城的時候 —— 哪兒的京城？是秦朝以前的某個封建王國嗎？[279] —— 人們常常來到這裡，在黃河邊上撿金子。山裡有無數的金

---

[279] 周朝時，蘭州地區居住著一個半野蠻的部落，即所謂「戎」。 —— 原注

牛、金羊、金兔、金馬，但只有夜深人靜，牠們到山頂嬉戲或河邊飲水時才能見得到。這些動物不僅身體是貴重金屬的，而且拉的屎也同樣珍貴，被人們貪婪地拾取。有個南方人想捉住一隻下金蛋的鵝，把牠圈養起來，於是設計了周密的計畫。但他帶到現場去的一個同伴在關鍵時刻咳嗽了一聲，把鵝群給驚散了。天亮時，他們只看到各式各樣奇特的大石頭，整座山上到處都建起了寺廟，但最真誠和最堅韌不拔的崇拜也不曾喚醒那些石獸，使它們重新變成金獸。

　　這一類鬼故事多得不得了，但並非所有的故事都像下面這個那麼富有現實針對性。一個病人來求道士指點該去哪兒就醫，道士給了他抹上後就能見到鬼魂的眼膏，並讓他到每個郎中家裡去觀察，直到發現沒有鬼魂纏繞的那位郎中。於是病人便開始尋找，最有名的郎中所住的那條街上擠滿了鬼魂，其數量不亞於擠在他候診室裡的病人。在每一位當紅郎中的家門口，他都見到了一群一群的鬼魂，好像是在對那位把他們領入陰間的人行祭拜祖宗的大禮。他走了一處又一處，每個地方都很容易找到郎中的家，因為那兒鬼魂成群。正在為找不到沒有鬼魂跟隨的郎中而失望時，他終於高興地發現身後只有一個鬼魂跟隨的郎中。他立刻求見這名郎中，毫無保留地按他的醫囑去做。但後來他問這位郎中：「先生看病問苦多長時間？」郎中毫不隱瞞：「小人剛剛開業三天，高足是第二個踏進這個門檻的。」不久，郎中的門口便有了兩個鬼魂。

2. 現在

　　蘭州是中國的麥加，中國有 2,000 多萬回民，其中甘肅省最多，首府蘭州自然成了回民的中心。他們既不是阿拉伯人，也沒有阿拉伯人的血統，很可能是韃靼人透過陸路引入了伊斯蘭信仰，並在這裡定居下來。他們可以迎娶最多不超過四個中國妻子，而妾則能娶多少就娶多少。就像其

他穆斯林一樣，回民們繁衍得很快，子孫都信仰先知穆罕默德。但在其他地區，阿拉伯人常常規定服飾和說話的方式，使得伊斯蘭教通常與寬袍和顎音連繫起來，但在中國，保守主義在這些細節上占了上風。外表上根本就看不出回民與儒生、道士、和尚或基督徒究竟有什麼區別。

但伊斯蘭教有一個很明顯的特徵，即反抗任何非伊斯蘭控制的政府。在這一點上伊斯蘭教與羅馬天主教這另一龐大的國際系統相同。麥加和羅馬是兩者的宗教傳播中心，當民族與宗教發生衝突時，宗教往往因為人多勢眾而占上風。所以穆斯林給許多統治者帶來無休止的頭痛症 —— 在阿爾及利亞、埃及、印度、爪哇、突厥斯坦以及中國。

最嚴重的叛亂是中國回民大起義，起義的總部在甘肅。遭到鎮壓後，成千上萬人被流放，但問題仍沒有解決，最後動用了極端的措施。埃及法老不得不命令殺死每一個新生的希伯來嬰兒，但這樣仍有一整代正在成長和已經成年的人被放過了。中國皇帝決定採取另一個極端方式，即消滅所有 15 歲以上信仰穆罕默德的人。這一措施是否真的付諸實施不得而知，儘管亞細亞人並不憚於如此大規模的屠殺，但我們沒有聽到對付兒童和被分掉土地的措施。假如信奉儒教的新移民沒有教育小孩子祭拜祖宗的牌位，西藏的佛教喇嘛沒有把青少年招入寺院，道士沒有向他們灌輸對鬼魂的正當畏懼，那麼 15 年或 20 年後叛亂可能再度興起。實際上這已經發生了，不過規模略小一些。上一次叛亂 [280] 記憶猶新，雖然當時總督還算能幹，靠抓人質保住了蘭州城。目前在浮橋對面的金山腳下有這些可疑臣民的大片居留地，一直受到監視，但並沒有用圍牆圈起來。

除回民之外，蘭州的人口包括所有常見的階層，候補的官員尤其多。

---

[280] 左宗棠 1873 年平定了叛亂。他 1871 年包圍了位於鍋柄省甘肅的肅州，後者在經歷了長期包圍後於 1873 年 11 月陷落。此後，左宗棠又在新疆指揮了一個輝煌的戰役，這個戰役以 1878 年 1 月 2 日和田失陷為結束。—— 原注

故事的內容也不例外，如盜賊橫行，無力阻擋；毫不反抗的婦女上吊投河；傷心欲絕的寡婦追隨丈夫命歸黃泉等。奇特的風俗和神祕的觀念認為，當她們「昇天」[281] 後便可發現她們的丈夫在等候著她們！這是不是愛情這種強烈的半開化情感仍然在緊緊地束縛著她們呢？她們是否以為丈夫能在天上和她們共享幸福？可以肯定的是，她們對來世生活的期望根深蒂固，儘管智慧的孔子對此默然不語，但這些寡婦仍然這麼充滿期待。或者她們的目的並不那麼無私──她們是否想逃避無窮無盡的辛勞，去尋找在陰間閃亮的馬車，以便駛上星路，在狂野的至福極樂最源頭處分享那最美好的快樂？抑或我們冤枉了她們？她們是否覺得，只有這樣做才能撫慰伴侶的悲傷，因為沉重的命運之手把其從她們的臂膀中奪走，並拋進了毫無歡樂的死亡王國，而她們的忠貞將有助於照亮他的命運？她們除了無助的悲傷無盡的煩惱，對這個世界毫無期待，認為死亡本身並不會更可怕？現世的生活不再有任何幸福可言；寡婦的歡樂已被埋葬在丈夫的棺材裡；譏嘲的想法折磨著她；黯淡的家庭失去了丈夫的存在，自己將來注定要做牛做馬，不得安生，於是便下定了死的決心，以便掙脫專制公婆的嚴厲統治，投入荷葉寶地 [282] 愛人的懷抱中！解脫輕而易舉，愛情唾手可得，名譽顯而易見；就這樣，寡婦繫上繩套，在丈夫的棺材邊上吊而死。

3. 將來

那麼蘭州未來的前景又如何呢？是要從上述跡象中揣算呢，還是要考慮其他因素？在這個大省中有十三塊小小的西方人租界，蘭州城裡住了七個白人，他們勸大家要更好地過現世的生活。他們講述聖子獻出生命作為信託，以供利用，而非關閉；聖子就是戰勝了死亡的生命之主；他關心和

---

[281] 只有皇帝死才能稱「昇天」。中國人死後不上天堂，反下地獄。── 原注
[282] 中國舊式的墳墓形狀猶如一張荷葉，故稱荷葉寶地。

第三部分　黃河流域的省府

照顧孤兒寡婦；他在天國中為每一個人都準備了住處，還會在他所選擇的時間因為每一個孩子而來到人間。這難道不是未來的預兆嗎？

再來看看另一個有關現世，而非來世，最近前景的事實。滿人的前景會怎麼樣呢？

當秦長城無法再阻擋滿人時，有一個漢人將軍請滿人入關，清兵以征服者的姿態席捲而來，而作為征服者他們的行為有失於身分。在每一個城鎮，滿人都駐紮了軍隊，不是為了耕種土地，而是為了震懾百姓。正如征服埃及的阿拉伯人沒有去占領首都巴比倫，而是倚靠其北城牆設立了軍營，後者不斷擴張，直到阿拉伯人的開羅超過了科普特人的巴比倫；滿人也是如此這般地設立了軍營。正如阿拉伯人不屑於耕種土地，而是從農民、工匠、醫生和學生那裡徵收貢賦，自己做武士，滿人也不願意去觸碰他所征服的土地，而是迫使每個漢人都繳稅納貢，靠財政支俸來養活自己，以保持八旗兵的軍事優勢。英國的諾曼征服就是這麼做的，克倫威爾的紅衣鐵甲軍也有過幾年類似的情況，而中國的滿人從克倫威爾的時代起就一直是這樣做的。

那個時代已經結束了。目前正在進行重建的新軍中既有滿人，又有漢人；由於漢人數量遠遠超過其他民族，新軍幾乎就是漢人的。那麼滿人會怎麼樣了呢？他們不可能都在中國繼續生活，因為他們不曾擁有一畝土地。所以滿人正在被遷回他們所來的北方，不僅是東北，還有西北。健壯的滿人正在迅速移民到長城以外，他們的和平遷移為大清帝國增加了新的省份。幾百年來一直發放的津貼仍從國家財政中劃撥，但現在津貼則用來供滿人移民和墾邊。隨著幾百萬強悍的北方人後代遷入，土地重新得到開墾和種植。帝國真正的疆界超出了地圖上劃定的疆界，正在向北和向西拓展。俄羅斯可以從歐洲運來罪犯，可以用免費提供土地的許諾引誘移民向東遷移；但它卻不像中國那樣有幾百萬移民。從滿洲向南橫掃中國的滿人重新又回到了北方，他們曾經征服了中國，他們必將遏制俄國。

第十五章
西安

The name Sian signifies "Western Repose".
西安，意為「西部安寧」。

■ 一、城市的現狀

　　沿著黃河上溯 600 英里，在其支流渭河上坐落著歷史古都西安。西安何以成為今天的樣子很快就會得到解答，但西安及其附近地區濃縮了中國的歷史，一位古文物收藏家很難找到比它更好的古物中心了。他將從位於黃河大轉彎處的潼關進入陝西，從北京方向來的北路和從南京方向來的南路在此會合，成為通往俄國和西藏的西域大道。從這裡他將沿著蜿蜒的道路奮勇前行，穿越由粉塵堆積起來的黃土高原，一會兒走下陡峭的溝壑，這是河流切開原土所造成的地形，一會兒又氣喘吁吁地爬到高處，沿著這條世界上最糟糕的「路」，直到他高興地看到一座長約 600 碼的漂亮石橋，這說明他已經接近了一個古代文明的遺址。再走 4 英里，就會看到一座奇特的山，當我們從東面往上爬時，我們注意到山坡上有許多人工挖掘的洞穴，夏季人們常到這裡來度假。爬到山頂之後，我們看到了目的地的壯觀景象：3 英里外矗立著一座高約 60 英尺的磚塔，守衛著東面唯一的入城口，城的北面和南面 30 英尺高的城牆均有一英里長。

　　雖然旅行者至今都依賴於這條西域大道，但他們還可以使用把西安與其他省府聯結起來的大清電報局，另外大清郵政局每天接收近 7,000 份郵件。不久，西進的鐵路還將把西部和華北的省會連線起來，旅途的浪漫將會消失殆盡。初見之下，讓人感到奇怪的是遠洋輪船可以順揚子江航行到漢口，而沿著黃河卻無法航行到西安；黃河河道多變，沉積不斷，河床河岸需要更多的關注，而腐朽無能的官僚則無法依靠。黃河和渭河必須經過疏濬，才能允許遠洋輪船上溯到西安府。

　　安全通過了海關和移民官員的檢查之後，旅行者便來到了一條寬闊筆直的大街上，路面上鋪著花崗石，但整個街區冷落荒涼。這是屬於滿人專有的內城，兩個多世紀以來，滿人一直統治著漢人，在每一個重要的城鎮

裡都設立了八旗兵的軍營，並用城牆將它與漢人居住的外城分隔開來。直到最近，八旗兵還在這裡進行軍事比賽，扔石頭、擲樹幹、馬上騎射，但這一套已經過時，內城也被廢置了。內城城牆的南面是居民區，區內有碑林，即古代石碑的著名收藏，它們並不像大英博物館的石碑那樣，是從世界各國收集而來，而是當地兩千多年歷史的一個縮寫。從內城的西門進入外城，便是一個商業中心。這裡各式各樣的店鋪林立，最典型的是皮貨店。城市的西北部人口最密集，屬於工業區，那兒最顯眼的建築是兩座清真寺，西安是北方穆斯林的大本營。

　　向南轉彎，我們看到一個很大的露天市場，市場後面便是省府衙門，本來是為陝甘總督而預備的，但現在被陝西巡撫占據著。幾年前光緒皇帝和慈禧太后從北京逃到西安時曾住過這位巡撫的宅第。在南宮（省府衙門又稱南宮）的後面，西邊有漂亮的樓閣庭院，院子裡古木蒼蒼，就像在布朗普頓和肯辛頓[283]一樣，這裡是貴族區，大清國的官員們榮退之後在此過著悠閒的生活。但這裡的房屋狀況不宜近觀，街巷常常就是土路。漢人開的客棧倒是不錯，與省府的地位十分相稱。旅行者清洗滿身的黃塵，品嘗羊肉和小米飯，如果他喜歡地方小吃的話；這時，他會發現有一群嚮導爭著要陪他去古玩店和碑林博物館。登上城中央的鼓樓，就能看到西安城的面積東西長約三英里，南北長約兩英里，四周都有城牆，牆外是郊區。人口據猜想有 20 萬—25 萬，與諾丁漢、海牙、克里斯蒂安尼亞[284]和澤西城差不多。

　　到郵政局的訪問表明，官員們在接收來自西方的郵件時會有困難。這個城市的名字是兩個字，意為「西部的安寧」，但其發音卻不容易用英文來轉寫，「西」這個字可以拼作 Hsi 或 Si，而另一個字「安」則可拼寫成

---

[283] 兩者都在倫敦。布朗普頓小禮拜堂是倫敦的一個著名的天主教堂，肯辛頓宮是威廉三世於 1689 年首先創立的，曾經是維多利亞女王登基前的居所。

[284] 克里斯蒂安尼亞（Kristiania）是挪威奧斯陸的舊稱。

Ngan 或 An。目前，「西安」的英文拼寫形式得有一打之多，德國人還有別的拼寫方法。造成混淆還有另一個奇特的原因，即許多縣由同一個城市所管轄，而且就位於這個城市之內。西安下屬兩個縣，長安[285]和咸寧；所以西安的東半部有一個縣，而西半部則有另一個縣。如同里奇蒙區、布魯克林區和昆斯區都是大紐約的一部分。因此長安並不是一個獨立的城市，而是西安的一部分，即西安東半部的一個縣。長安是西安城內歷史更為悠久的那一半，讓我們來探索一下它的寶藏吧。

碑林裡有兩件重要的古代文物緊鄰著，秦碑和景教碑。秦碑的精彩譯文可見於《中國的長城》，在此不再贅述。景教碑記述了基督教最初進入中國的情況。西元 500 年前後，基督教在亞洲的傳播中心位於底格里斯河沿岸的塞琉西亞－泰西封，那兒宗教首領的稱號為「巴比倫的牧首」。牧首及其追隨者都是波斯人，但由於波斯文沒有便利的書寫系統，他們便使用敘利亞文的聖經，就像蘇格蘭基督徒不把聖經譯成蘇格蘭語，而是使用拉丁語的聖經一樣。現在波斯教會經常稱作敘利亞教會，除非給它貼上景教的標籤；但重要的是要記住，景教的大本營在波斯，景教傳教士從那兒出發，走遍了亞洲。有一個廣為流傳的故事說，有些景教傳教士研究了絲綢業，並在竹手杖裡偷運蠶籽出境，從而打破了中國人對絲綢的壟斷，結果使絲綢業在西元 500 年左右擴展到了波斯和歐洲。614 年，波斯國王占領耶路撒冷後，掠走了「真正的十字架」[286]，侮辱了他的基督徒臣民；當然，十字架最後歸還給了耶路撒冷，但基督徒們從未原諒過這一侮辱，當阿拉伯人入侵波斯時，他們裡應外合，使波斯帝國於 640 年滅亡。波斯帝國就是在日薄西山的時候，向中國派遣了強大的傳教使團。

---

[285] 西安在古代作為西漢和唐朝首都時稱長安，又稱西京，與南京、北京相類。—— 原注
[286] 當指耶穌基督被釘死在上面的十字架。

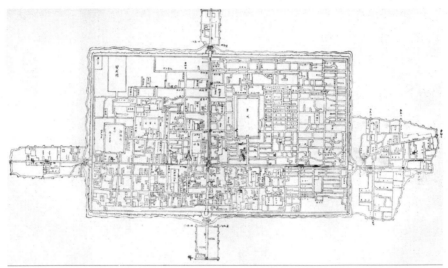

陝西省府西安

著名的大雁塔位於西安府城南約九里處

這塊景教碑約有 7 英尺高，立在形狀像烏龜的墊座之上。人們曾不止一次建起拱門來遮蔽它，最近一次建拱門是在 1890 年前後。有些白人認為如此重要的石碑不應該這麼暴露在種種危險之下，所以他們做了細緻的安排，要製作一個逼真的複製品。這個複製品做得太成功了，以至於當地有謠言說，洋人要把複製品留下，並帶走原件；一個自發的監督委員會成立了，留心督察，直到富有魄力的考古學家帶著寶貴的複製品離開。

在景教碑的頂部雕刻著一對駱駝或某種奇怪動物的裝飾圖案，還有碑銘。敘利亞文的邊款給出了西方紀元的日期、主要的波斯傳教士的名字以及巴比倫牧首的名字。這與中國紀元的日期相吻合，石碑立於西元 781 年，當時有一大批中國神職人員，有 61 個名字被銘刻在石碑上，其中有些人是朝廷的高官。皇帝在長安建了一座教堂，裡面懸掛著他自己的畫像。這座大教堂的牧師起初多達 21 人，這說明傳教士意識到配備眾多人員的價值。744 年以後，另一位皇帝命令修建了五座教堂，「城城皆有教堂」。然後，從恆河沿岸的重要佛教中心王舍城[287]來了一個訪問者，他在中國朝廷裡擔任高官，成為教會的大恩主。他的善行和品格在碑文裡有詳細敘述，景教碑就是因他而立，還有一名宰相創作了紀念他的詩歌。幸運的是，一名中國牧師起草了散文序言，讓我們得以窺見某些習俗和教條。我們讀到童貞女生子，波斯人按照星星的指引前往致敬，《二十四書》（敘利亞對舊約通常這麼稱呼）裡舊教規的實現，耶穌昇天，二十七聖書，浸禮，敲木鑼召集會眾，每日七拜，每七日祭祀一次，五十天的潔淨禮節等。

中國文獻在其他地方曾多次提到了這次波斯傳教的結果，儘管尚未發現其他的石碑。成文於諾曼人征服英國[288]前後的《長安縣志》提到了波斯

---

[287] 即羅閱，歷史地名，在今天的印度。
[288] 即 1066 年。

教堂，並指出哪一座是最初為牧師阿羅本（Alopun）所建造的，還引用了景教碑文記載的皇帝敕令。有 17 位本土異教作者在不同的地方提到了景教碑，但碑本身直到 1625 年才現身，中國勞工在挖地基時發現了它。巡撫把它立在了不遠處一個佛寺的院子裡，從此，它便漸漸為人所知。一個義大利人不久聽說了，前來參觀，向義大利發回了報導，到 1655 年，倫敦也有人發表了英文的報導。[289]

　　波斯人所領導的首次來華傳教使團在元朝宮廷裡受到了熱烈歡迎，但危險正在於此。漢人的自尊心特別強，他們憎恨外來控制；基督徒越是得到外族王朝的佑護，漢人就會越不欣賞他們。當漢人趕走蒙古人後，教會果然就分崩離析了。

　　當然，此後還有其他基督教傳教使團來華。除了遍布全國的中國內地會外，英國浸禮會在西安的勢力也很強大。一個書店、一間布道室和一個醫院象徵著現代傳教方式的普遍採用，而師範學校則為神學院的設立做好了準備。

■ 二、城市的過去

　　中國有四大中心，按羅盤上的方向可分為西京、東京、南京、北京，這也是歷史順序。先是西安，五朝古都；東京在河南，指開封或洛陽；接著是南京和北京，這後兩個城市真正的名字反而很少有人使用。

　　西安處在危險的位置上。它位於大沙漠邊緣，那一帶養育產生了無數殘暴的騎兵部落，有韃靼人、匈奴人、蒙古人、滿洲人等。在過去兩千年中，他們侵占了西安長達 1,200 年，其中曾經兩次統治全國；然而，西安幾乎一直保持著中國城市的特徵。正如亞歷山大城曾先後被羅馬人、希臘人、阿拉伯人和土耳其人統治過，但它始終是個埃及城市。

---

[289] 關於景教碑，蓋洛大概參考了慕阿德（A. C. Moule）〈大秦景教流行中國碑考證〉一文（載於《亞洲文會會刊》第 41 卷，1910 年）。

第三部分　黃河流域的省府

古都西安府內有美麗的私家花園

　　許多首都的選址靠近危險的邊疆，如君士坦丁堡、拉溫那、約克和伊斯法罕。[290] 直到近代，中國從來都不用擔心來自海上的侵略，將來也不用再擔心了。中國的敵人從未自中西部經過西藏入侵，但北方沙漠地區的野蠻部落一再大舉南侵，曾經有兩三次征服了它，正如他們向南侵犯波斯、印度，向西橫掃歐洲一樣。黃河向北轉彎後，便流向正南方，經過 1,000 里長的深谷 —— 黃河西面的省份陝西 [291] 的名字由此而來 —— 然後向東急轉，黃河轉彎之處顯然可以成為易守難攻的要塞。

　　在遙遠的古代，據說周朝認識到了這一位置的重要性，便於約西元前 1122 年把這裡定為都城，[292] 但缺少歷史記載，也沒有遺址能證明這一說法。也許認真研究歷史文獻，或仔細發掘西安城，或純粹的好運氣能讓

---

[290]　拉溫那是義大利東北部港市；約克是英國英格蘭北部城市，15 世紀時有約克王朝；伊斯法罕是伊朗中西部城市，它不僅是古都，還是古代絲綢之路的南路要站，建城歷史長達 2,500 年。

[291]　陝西的發音跟山西（山的西面）幾乎相同，在漢語拼音中均為 Shansi，在英語中為了有所區別，特將陝西的名稱拼寫為 Shensi。—— 原注

[292]　不僅周朝，據說此前的殷朝也曾定都於此，殷朝開始於西元前 1400 年。—— 原注

探索者知道該在何處發掘，才能找到邈遠周朝留下的遺跡。埃及和巴勒斯坦已發掘出了更為久遠的地下城市，巴比倫王國會笑話西元前 1122 年就已經夠久遠的想法，即便當時中國已真的步入文明。[293] 巴比倫古城吾珥（Ur）和尼普爾（Nippur）發掘出了寺廟和圖書館。西元前 500 年有一位考古學家稱，他挖掘到了一座有 3,800 年歷史的建築。既然如此，假設周朝已經進入文明時代，曾在西安附近建都，或許有一天能發掘到。傳統認為，西元前 770 年，周朝離開了這裡，遷到了河南洛陽，建立了第一個東都。唯一的古代遺物是在這裡發現 1,300 年前的一套 10 個圓石柱，石柱上面刻著盛大狩獵的記述。如果狩獵是統治者最重要的活動，他們在西元前 827 年時（石柱標示的年代）的文明程度肯定不高。

　　秦始皇開創封建制度時，就如普魯士國王在 1866 年所做的那樣，剝奪各諸侯國統治者的王位，吞併他們的領土，並建立至今仍然施行的中央集權制 —— 秦始皇意識到了這一地區的重要性（它距離他祖先的王國不遠）以及西安曾有四個半世紀作為統治中心的榮耀。但他顯然認為舊址不值得維護，轉而另選了附近的新址。這一習俗是純粹東方式的，德里周圍的平原覆蓋著從前許多個德里的廢墟，開羅鄰近科普特巴比倫，波斯人建的泰西封與希臘人的首都塞琉西亞相對，同樣地，秦始皇選址築牆，開始了建設新都咸陽的第一步。他在城內建造了各式各樣金碧輝煌的宮殿，文人們用閃光的詞句描寫他的皇宮以及他的妃子們居住的 36 個宮殿。然後他為遜位的王子們分別建造了他們以前宮殿的複製品，讓他們生活在他的眼皮底下，於是宮廷內大臣雲集，成一時之盛。為了建造如此奢華的宮殿，成千上萬的人遷到這裡，人民被迫做牛做馬。這一切歐洲人聽起來像天方夜譚，但我們要記得，亞美尼亞的提格蘭大帝在人類文明全盛時也做

---

[293]　西元前 770 年，首都遷到了河南。——原注

過同樣的事情，尼布甲尼撒興建巴比倫城時所做的與此如出一轍。把這些事例跟美國對比一下，新生的美國計劃修建華盛頓市，但發現自由的人們不願意建設紙上的城市——年輕的澳洲可以吸取這一教訓，它的新聯邦首都設在乾旱的沙漠中。

　　然而說真的，我們對秦始皇奴役農民的故事有所保留。這類故事出自作為他敵人的文士筆下，他們以此證明秦始皇的奢侈無度和暴虐專制，但故事並不符合秦始皇在全國不斷推行進步措施的事實。儘管一個能設想並確實建造了長城（宏偉的長城今天依然屹立著）的偉人當然是能夠調動建築師和苦力們為他修建首都的，但我們最好等到看見了他被指責修建的幾十個宮殿的廢墟再說。

　　來自揚子江流域的一個冒險家所創立的漢朝仍以西安地區為中心，而首都起名為長安，這並不是一個專有名詞，而是一個修飾詞，曾被用來指稱幾個不同的地方。漢朝人修建了幾條著名的大道，東進的大道沿著黃河翻山越嶺，一直通往他們的故國；西進的大道經過蘭州，漢朝軍隊曾沿著它一直進軍到裏海，來到距離羅馬人很近的地方。漢朝重新重視文人和學術，有一位皇帝意識到教育對政治的穩定不可或缺，於是便努力發掘和保護那些被秦始皇所焚之書，因此得名為「文帝」。他的一位繼承人派人從西安出發到印度取經，並引進了佛教。中國人的頑固也在這裡表露無遺：當他們發現了印度人所使用的拼音字母系統，當他們幾乎是在重新開創自己的文學時，他們仍不願意用字母表的少數幾個符號來取代自己古老而笨拙的象形文字。[294] 梵語學者當時最科學地解決了這一問題，一名聰慧的學生能夠很容易地為中國設計出類似的系統。事實上，當歐洲，甚至連未

---

[294] 用「象形文字」稱呼漢字不恰當，有些學者反對「笨拙」這一描述。漢語的奇妙彈性大多因為它不以字母構造詞彙，從而避免了屈折變化和黏著法構詞。當然，從藝術角度來看，漢語肯定是地球上現存的最美妙的文字。——原注

開化的西方，已經採用便捷字母表的時候，中國人卻把音節文字的枷鎖套在了本民族身上。

漢朝滅亡後，中華文明退出了這一地區，在 50 年的時間內，我們不知道這裡發生了什麼事情，接著匈奴人占領了它。讀過吉朋的人都知道他對於匈奴人的恭維：弓形腿，塌鼻子，身材矮小，蹂躪過歐洲大部分地區的文明。雖然我們知道中國的匈奴人與劫掠歐洲的同胞們保持了來往，但他們卻目不識丁。匈奴人也不懂建築，偉大的阿提拉[295]僅有一座木宮殿，多數王子住在帳篷裡。所以在這 400 年中，沒有人來撰寫西安的故事。

楊堅把西安從冷落中挽救出來，不僅把它併入統一的帝國，而且以武力保護它免受匈奴人的侵略。他希望建立一個王朝，以瀆聖的放肆自稱「高祖」。[296] 他的繼承者有一則有趣的軼事：他常常駕著羊車逛蕩，渴望獲得寵幸的妃嬪就在通向她們宮門的路上撒滿鹽，以吸引駕車的山羊。中國學者不乏常識，他們明智地指出，這只不過是「隋煬帝」（「隨羊帝」）這個名號的雙關語所引發的傳說罷了。[297]

唐朝繼承了楊堅創立的帝國，又一次定都長安。基督教傳教士從波斯來到這裡，狄奧多西[298]派遣的希臘使團來到這裡，在這裡討論實施一個偉大措施，即建設一個真正帝國，而非一個龐大而笨重的混合物。也是在這裡崛起了一位非同凡響的女皇帝！從 655 年起，她在幕後實際掌權，684 年，她正式登上了皇位。她似乎統治得很成功，不僅拓展了帝國的疆

[295] 約西元 406 － 453 年間的匈奴帝國國王。
[296] 此處似有誤，楊堅稱「文帝」而非「高祖」。
[297]「隋煬」肯定是指隋朝的皇帝姓「楊」。他真名楊廣，是中國歷代皇帝中最奢靡的一個。他大興土木，建造宮殿歡場，尋歡作樂，無所不用其極。冬天時，他園子裡的樹木都紮上絲葉絲花；為了拔下足夠的羽絨給他製作墊子，鳥類幾乎遭到滅頂之災。據說，他還禁止婦女在公共場所佩戴面紗，下令用頭巾取代此前流行的更謙恭的習俗。──原注這是晉武帝時「羊車望幸」的故事，非隋煬帝之事，作者弄錯了。──譯者注
[298] 西元 345 － 395 年，古羅馬皇帝，在位時定基督教為國教，死後羅馬帝國分裂。

土，還改善了廣大民眾的生活。但她對宮中的諂媚小人毫不客氣，而後者最終成功地逼她隱退。這與最近的事件是多麼驚人的巧合！[299]

唐朝毫無例外地走了下坡路，緩緩走到了它的盡頭。904 年的太監叛亂被鎮壓了，但一位將軍逼退了無用的皇帝，907 年唐朝滅亡。不幸的是，這位將軍的能力不夠強，無法取而代之，要麼就是人們不願意擁戴一個篡位者。經過了兩代人的混亂之後，黃河流域有五支人馬在爭奪那兒的統治權，最後韃靼人入侵，為西安罩上了野蠻的黑幕。

13 世紀時，成吉思汗和忽必烈把中原併入了元朝的龐大版圖，穆斯林乘機利用自由貿易的機會大量移民。西北諸省中，甘肅和陝西的移民最多，他們以通常的方式定居下來，並採用了漢人的服飾和語言，這一點非常重要。別處的穆斯林很容易從寬袍和阿拉伯語中辨認出來，但中國的回民乍看之下，與儒生毫無區別。這些穆斯林移民與當地的漢族婦女通婚，娶四個妻子和盡可能多的妾。他們很少帶來足夠多的婦女，不得不依賴於當地的供應。於是巨大的人口便成長起來，據猜想達到了 2,000 萬，除了 600 年前的些許外來血緣外，他們全都是中國血統，但感情上與中國不和。40 年前，帝國貧弱，西北的回民們起義反抗。外國人，除了諱莫如深的俄國人，都不太理解他們為什麼起義和他們做了些什麼。但可以肯定的是，西安是大清帝國對付回民起義的重要堡壘。西安城有大批回民人口，巡撫與他們談和，勸說他們保持中立，甚至支持他平定叛亂。西安的城防完美無缺，叛亂者沒有攻城的火炮，在據說斷斷續續長達六年之久的圍城

---

[299] 只是已故慈禧太后的敵人從未成功地逼她隱退。下面是有關唐朝武后的一些情況。674 年，她自稱「天后」，690 年，她把朝代改名為周，自稱「聖神皇帝」！她晚年時，益發自命不凡，目中無人。人們不准說女皇如百合般美麗，如玫瑰般可愛，而要說，百合像女皇陛下一樣美麗，玫瑰像女皇陛下一樣可愛。她以人工手段改造百花，在文武百官面前命令它們開放，企圖以此證明她就是自然的最高主宰。一次，她命令牡丹開花，牡丹沒有立刻開花，她勃然大怒，下令把全城的牡丹連根拔起燒掉，並且從此禁止種植牡丹。——原注

過程中無所作為。這是平定叛亂的一個轉捩點,不久,大清帝國的權威在各省重新確立,最終收復了邊遠的屬地,在伊寧暫時維持秩序的中立國俄國也在得到費用補償後退出,並由清朝官員接管了該地。

■ 三、西安地方志

　　從前的白人學者幾乎從未涉獵過西安的地方志,儘管人們以為跟如此重要的歷史名城有關的豐富描述肯定已經有許多人發掘過了。由於韓擬先生[300]的幫助,我們得到了西安府志以及足以揭示其重要性的譯文。這些地方志不僅僅是編年史,的確,對於事件的記錄本身有時令人失望,但書中對於民眾的思想感情、民眾對事物的看法以及對他們心態和倫理道德的洞察力卻是非常的深刻和清晰。

　　大家還記得,西安市分為兩個縣,東面是長安縣,西面是咸寧縣。紐卡斯爾和蓋茲黑德中間隔著一條河,曼徹斯特和索爾福德也是;但特克薩卡納不是跨著縣界,而是跨著州界,在麻薩諸塞州的波士頓市則是由艾塞克斯、米德爾塞克斯和諾福克這三個縣的土地所構成的。因此,我們研究西安的狀況時,不僅徵引長安縣志,還須徵引咸寧縣志。

　　下面從方志中引用一些片段,並加上了作者的一些評論。在選擇話題時,我們注重發掘民眾的內心生活,來表現他們的家庭觀念和私人行為,而不是進一步去闡述戰爭和征服等外在歷史。對於愚鈍者來說,這裡的數據足夠豐富,而愛思索者就會去研究這些材料所揭示出的思想內容。既然竹簡正是在這裡遭到了焚毀的劫難,我們不妨從一個文學社團的布告開始說起,而把隨處可見的預兆、風水及類似的神祕話題留到別的地方。以《咸寧縣志》為例。

---

[300] 韓擬先生(W. Henne)是一位在大清海關工作的德國人,1896 年來華。

第三部分　黃河流域的省府

在清朝，西安是文學思想活動的一個主要中心。康熙年間，1700 年左右，西安成立了一個文學社團，除了當時的中國文人對於科學一無所知，以及政治是禁忌的話題兩個明顯事實之外，這個社團的規則幾乎可以適用於曾在瓦瑟和拉斐特建立的最進步的白朗寧學會。

附則十，第一條：社團每月初一、十一、廿一舉行三次聚會，從中午開始。不設酒醴，不用柬邀。

第二條：會期講論，毋及朝廷利害，邊報差除；毋及官長賢否，政事得失；毋及各人家門私事與眾人所作過失。其言當避褻狎戲謔等語，以綱常倫理為主，其書當以四書五經、性理通鑑為主。

規則中提到有兩本書作為社團成員的精神訓練指南，一本是朱熹的《近思錄》，另一本是指導年輕人的。[301] 另外一條章程值得所有辯論會，包括國會，都銘記在心：「崇真尚簡。」

第三條：彼此講論，務要平心易氣，虛己下人。即有不合，亦當再加詳玩，不可自以為是，過於激辯。

請把這個條款與布雷特·哈特[302] 銘刻在一塊古老的紅砂石上，用以釋疑的辯論程序做一比較。西安文學社團的建立者們非常關心其成員的行為舉止，因為按照可敬的孔子教誨所訓練出來的人們理應如此；在上面的諸條款之後，他們又附加了一個檔案，題為「誡學生」，有點類似於十誡的風格，但卻將戒條擴展到了二十條：

---

[301]　對照原文，當指《小學》。文學社團章程條款及二十條「誡學生」見於《咸寧縣志》（1819 年，26 卷）卷 13，「學校志」，題為「馮從吾寶慶寺學會約」。關中書院建立、馮從吾講學是在明朝萬曆年間（萬曆三十七年建，1609 年），不是清朝康熙年間。康熙三年（西元 1664 年）重修了關中書院。

[302]　美國作家（西元 1836 － 1902 年）。

1·毋自恃文學，違誤父兄指教。

2·毋妄自尊大，侮慢宗黨親朋。

3·毋對尊長吞語、跛倚、睥視。[303]

4·毋在稠眾中高談闊論，旁若無人。

5·毋假以送課，遍謁官長，以希進取。

6·毋借人書籍不還及致損汙。

7. 毋結交星相士術及扶鸞壓鎮諸凡無籍之人。

在中國的這個地區，通用的乩板是把一枝筆鬆鬆地懸在兩個問卜者之間，吊在撒滿麵粉的桌子上方。據信是神靈，而非問卜者的意願，控制著筆的運動；如果氣氛合宜的話，筆會在麵粉上畫出神祕的符號，這被解釋為超自然的神啟。在別的地方有另外的占卜方法。

8·毋看小說及笑資戲文諸凡無益之書。[304]

9·毋替人撰寫訴狀，干涉私人爭端。[305]

10·毋沉湎於業餘演劇，以資取樂。[306]

11·毋作課之日，輕易告假等等。

我們以為這些戒條是為普通的學校所準備的，但它們卻是用來指導為了互相進步而聚集到一起的成年人的，這真是讓人感到驚訝。試想，新莎士比亞學會能發表這樣的戒條嗎？

然而，縣志告訴我們，當時的家庭生活是多麼嚴格地遵循古代聖人的

---

[303] 這一條的原文是：毋對尊長噏嚏咳嗽、欠伸跛倚、睥視唾〔左水右夷〕及撒手交足等弊。「噏嚏」（打嗝）被誤讀為「說話含糊、吞字」。

[304] 「小說」的原文是「水滸傳」。

[305] 原文中有兩條與這一條有關：毋替人撰造揭帖詞狀及私約書札；毋哄人罝人並議論人家私事。

[306] 原文中有三條與這一條有關：毋撰造詞曲雜劇及歌謠對聯，譏評時事，傾陷同袍；毋唱詞作戲，博弈清談；毋出入酒館，縱情聲伎，及更深夜靜方才到家。

教誨。有些禮儀規矩顯然制定於男女關係的處理必須極端小心的時候。首先，公公不能盯著媳婦的臉看。穆罕默德沒有生活在這一教規之下該是多麼的遺憾；對於扎伊納布（Zainab）而言就更好了，但很可能他還會得到神啟，把自己除外。其次，兄長不能觸碰弟媳的手。再次，男女遞交東西時手不能直接接觸，而要把東西放在桌子上，讓對方來拿。這些規矩當然引發了一些問題，為詭辯留下了充分空間，猶太教律法編纂者和經院哲學家肯定為此感到高興。有人向博學的孟子提出了如下機智的問題：「嫂溺，則援之以手乎？」[307] 但請不要忘記，在嚴厲的禮儀規矩下，家庭生活的純潔度非常之高；而日本則與此形成了令人痛苦的對比，這種對比正在引起日本政治家們的嚴肅關注；對西方家庭生活造成嚴重損害的離婚制度在中國幾乎沒有。

翻閱這些史志時，我們看到了一些引人注目的名稱，如有一個縣名叫做「萬年」，我們聽起來很奇怪，就像中國人聽到「好望角」一樣。你要是在村子的街上遊蕩，會聽到母親叫：「百歲，去把小鸛找來！」這大約相當於：「恩惠，去把討厭的慈悲找來！」英語的名字大部分都失去了意義，美國人大都要看他們的姓，而非教名；但中國人幾乎總是使用具有特定意義的普通詞語來取名，尤其是表達長壽和財富等願望的詞語。或許這比起改動數量有限的無意義表述詞語來更加合理，而採用後者只是因為它們在家族中長期使用而已。

《長安縣志》有一卷專門記述好官的聰明手段。下面有個例子。張松壽是長安縣令，他在任時，大清郵政的一個信差遭到搶劫，在昆明池邊被殺害了 —— 不是北京頤和園裡的昆明湖，而是長安縣境內的昆明池。上峰命令縣令十天之內把凶手緝拿歸案，限期破案通常被用來督促官員。在

---

[307] 見《孟子·離婁上》。

犯罪現場，縣令發現一名老婦人坐在樹下賣吃的，就把她放到馬鞍上，帶到衙門，好吃好喝地招待了三天。老嫗回去後，縣令安排了一個密探觀察誰和她說話。賊人感到心虛和好奇，便詢問老婦人在衙門都做了些什麼，他疑心長官審問了她，很想知道她招供了些什麼。探子一看到有外表緊張的陌生人向這位老婦人問話，立刻拘捕了他，用汗衫蒙住他的頭，把他帶到衙門「訊問」，其偵訊程序就跟宗教裁判所和紐約警察局別無二致，對受審人頗有不便之處。嫌犯很快認了罪，贓物被追了回來。張縣令以他的智謀贏得了高度尊敬，人們稱讚他實在英明。[308]

斯堪地那維亞聯合傳教使團教會學校的學生，在西安府南門外郊遊划船。

---

[308] 見《長安縣志》（1815 年，36 卷，6 冊）卷 25，「循吏傳」。

第十六章
開封

Kaifeng means "Opening of the Seals".

開封，意為「開啟封印」。

■ 一、到達開封：日記選段

　　駐馬店是個村子，從漢口到北京的火車慢車在這裡停留過夜。選擇這個地點的時候這裡還是開闊的原野，現在它發展成了一個像克魯或斯溫登那樣的重要中心樞紐。已經有一個小鎮在這裡建了起來。僅憑車站內穿長袍者的數量、聚集的乞丐以及賭博的人群來判斷，這個地方很是繁榮。乞丐的標誌就是以一隻手和兩條腿走路，有個乞丐以這種方式為他的老母親提供了一個體面的座位，他的孝心讓施主們大為感動，紛紛慷慨解囊，儘管這不算是公正無私的慈善，但他們覺得這樣做能夠積德。

　　這裡的客棧當然有很多，有人介紹我們住「第一樓」客棧。車站一個招徠顧客的人對我們笑臉相迎，自稱是「第一樓」客棧的人，但他差點把我們領進了「天堂」。真正的「第一樓」客棧就在車站對面，巨大的招牌占了整個當街的一面，生意火爆得很。老闆是上海人，鐵路通車之後來到此地，能講上海口音很重的英語。他有衛生的觀念，客棧前面有幾個青綠色的汙水池，我們以為或許是挖土築屋時留下來的，但店主自豪地解釋道：「不挖坑，髒水怎麼處理？」此後，我們很自然地發現這裡的刀具用草灰和唾液清洗，我們臥室的牆上有旅客的留言，寫著：「臭魚爛湯，老雞溼床。」我們對此不敢提出絲毫的不同意見。

　　第二天上午，我們在火車上遇到了一位和藹可親的旅伴，他一路上向我們講述當地的戰爭故事。車窗外的景色沒有什麼好看的；顯然，這裡要比南方揚子江流域的省份人口稀少。無論是因為連年饑荒，還是土地貧瘠，還是黃河反覆無常，或是出生率低，人口稀少這一事實是顯而易見的。一個中國人打趣說：這是因為百姓沒有三顆頭，一顆供叛軍殺，一顆讓洋人砍，還有一顆吃稻米飯。但請記住，河南省目前不僅比蘇格蘭和威爾士面積更大，而且人口更多。

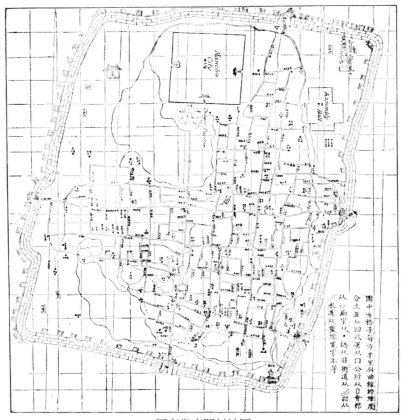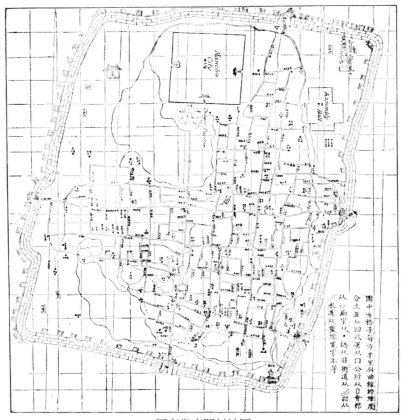

第三部分　黃河流域的省府

河南省府開封地圖

　　我們的車廂裡有位負責鐵路警衛的軍官；他有三套制服，軍裝、便裝和禮服。他當時穿著禮服，「非常好看」，他笑著說，只有在有可能見到貴人時才會穿禮服。他急切地提供旅遊資訊，預告了開封有三樣必看，兩樣必吃和一樣必飲的東西。三看是指大廟、湖燈（合起來算一樣）和一座堂皇的官邸。他告訴了我們參觀每一處所須付的費用。講起二吃時，他變得滔滔不絕，滿面紅光地回憶起過去的宴會。有一種黃河產的魚，味道鮮美，價格昂貴。通常買活魚，講價時魚吊在那裡掙扎著，講好了價，魚販

子便在一旁把牠撞死。一塊錢只能買一條小魚。第二吃是一種特產的鴨子，價格奇高，需要反覆討價還價。買時顯得很小，烹調時會脹得很大，要趁滾燙時享用，切下一片吞食一片。他所說的必飲的瓊漿並非我們最早在中非碰到的香蕉汁，而只是普通的外國啤酒！

這位好心的嚮導告訴我們，要僱一輛黃包車來遊覽城市。車夫會帶你到所有要看的地方，如果開始不先付錢，他就會老老實實地在外面等；如果他做得好，一天結束時在他的報酬之外加點茶錢，會讓他歡天喜地地離開。除此之外沒有任何別的交通方式 —— 既沒有運河，也沒有馬路。直到最近，什麼東西都得靠獨輪車運，除非能把它點化成豬玀，驅趕到市場上。火車並沒有給開封帶來多少好處，所有的車次都是向南開到漢口去的。

這位友善的導遊並沒有一路坐到底，而是在一個小站下車了，臨行時從另一節車廂叫出了他的妻妾們。在餘下的旅程中，我們一直想念著他。到了開封后，一輛騾車把我們載到了他介紹的一家客棧「中外大宮闕」，這是城裡最好的一家，他保證這家中國客棧「相當不壞」。可沒住多久，我們便認為壞還是占據了多半。首先是食品單一，我們讓人上罐裝沙丁魚，結果卻上了煉乳、巧克力和牛奶，我們責問這是怎麼回事，夥計一臉的無辜，解釋說這些都是罐裝的。客棧很會省錢，三頓不同的正餐都是供應牛排，我們在第三頓拒絕時，問是不是上兩次剩下的牛肉。「當然是啦！」難道還要殺掉三頭不同的牛，來為挑剔的洋人做適合他口味的牛排嗎？

接著就讓我們來探索一下這個城市吧，看看這個客棧是不是代表了整個城市的一個縮影。

■ 二、破落的城市

　　開封是一個衰敗的城市，它給人留下的印象要比君士坦丁堡最差的角落還要差。城裡沒有街道，只有晴時塵土飛揚、雨時泥漿遍地的寬直土路。「開封城裡沒有買賣。」一個失望的客商說。沒有製造業，沒有任何重要的進口產品。開封也許算得上是地方上的集鎮，但看起來更像個散漫的大村莊。這裡離黃河不遠，位於黃河水平面之下，但人們不敢從黃河引水，以得到便宜的水資源供應。然而大街上有一樣好去處 —— 澡堂，它所服務的顧客分三類，最便宜的價格是 100 文錢，約五分金洋，客人可以整晚都泡在裡面，還有一杯免費的茶。澡堂有 20 個房間，澡盆的髒水就倒在地板上，然後再給每位客人換上清水。

　　這裡乞丐成群。在東城門的外面，冬季三個月裡都有免費施捨的小米粥，任何人都能得到一缽。街上的乞丐幾乎赤身裸體。

　　開封城裡一個用牆圍住的院落裡有幾座大的寺廟，廟裡菩薩眾多，但香客稀少，每座寺廟裡有一個和尚似乎就已經足夠，而且他還不會累著。結果幾百名小販擠進來，擺攤設點，開起了集市。唯一剩下的宗教象徵是夾在拉洋片、變戲法和戲臺中間的一個宣講佛法的帳篷，有個和尚在為男人講經，另外還有個和尚是專門為女人講經的。一個已荒廢的寺廟可供人隨意遊覽，有一位好客的和尚請我們喝茶，這給了我們了解當地佛教情況的機會。

　　和尚給我們看了一個可保證驅邪的符咒。觀音像站在蓮花座上，旁邊有一些神祕的文字，和尚或別的中國人就跟普通美國人一樣無法識別。這種胡言亂語何以成為中國佛教徒的正式語言呢？佛陀總是用巴利文，他的格言至今仍然用巴利文儲存著，所有的佛經都是用巴利文印刷成書的。但

佛陀死了許多個世紀後，佛經被譯成了一種叫做梵語的死語言，印度學者認為梵語是經典著作唯一運用的語言，佛陀的經典也不例外。唐僧一行西天取經時，得到了梵文佛經的文字，當然對他們來說這與巴利文的文字沒有區別。但奇怪的是，他們並不學習梵文，也沒有帶回梵文學者。當他們為國人翻譯佛經時，只是把一種死語言的所謂發音轉寫成最接近的中文了事。因此，中國人讀佛經的最好辦法是高聲誦出咒符；只要他的發音還算接近，梵文學者就可能理解其意義！這讓我們想起吉卜林筆下的主角，他發現在喜馬拉雅山脈的某個國度，一家來自大吉嶺的紅髮雷布查人每天晚上都鄭重其事地唱道：

迪厄漢納瑪迪耶門迪厄
圖威裡阿拉吉。

Dir hane mard-i-yemen dir
To weeree ala gee.

只有當覺察到他們具有一點愛爾蘭血統時，他才聽出這兩句的發音是完全被扭曲的，原文是：

他們還在吊死男人和女人，
因為後者穿著綠衣。

They are hanging men and women too,
For wearing of the green.

「就連這些話我也搞不懂，但也許神會聽得懂的。」

符咒的下邊標注著平易的中文，告誡信徒們它是永遠有效的。最佳的使用方法是漱口持香，每日跪著誦讀一萬兩千遍；或者捐資印刷一萬兩千份。符咒不得毀壞，使用時務必誠心敬意。以這種方式所做的任何禱告都

肯定會被佛祖聽到，無論是保全自己和朋友，求幸福，求免災，求兒子，求科學考察得中，還是求免於洪水和瘟疫。符咒對遊客和陌生人有特別的功效。周徵（Chow Cheng）就是一個例子，他為了還願，出資刊印了許多咒符免費分發，我們拿走了一把。

　　略過中國城市那些更為常見的景象，我們專訪了開封的一些特別的景點。緊鄰著廟市就是鼓樓，在城市正中心，但登上去也沒看到什麼景緻。對猶太人的調查也令人失望。早期的地方志講到猶太人，有充分理由相信他們在中國已經有 2,000 年的歷史。但過去 300 年來，他們聚居在這個省會裡，與城市一起衰退了。200 年前，猶太人擁有整個街區的漂亮建築，還有一座長 60 英尺、寬 40 英尺的猶太教堂。60 年前，他們經歷了一次大洪水，只有 200 名猶太人活了下來。1866 年，丁韙良博士發現，他們推倒了所有的房屋，出售建材，在其中一些房屋的原址建起了清真寺。[309] 後來，有人報導說一些猶太人信了佛教，一些成了穆斯林，還有一些研究儒家經典，現在，我們發現只有七家猶太人了。那塊地方已經被賣掉了，泥土被運到別的地方做填料，一個臭水塘覆蓋了遺址。窮困潦倒的倖存者似乎靠運土為生，雖然他們還記得過去，有幾件從前碑刻的拓文供出售。他們的宗教已經消失得無影無蹤，他們不再擁有希伯來經卷，即便有也無法讀懂；只是他們仍然不吃豬肉，不拜偶像，不給祖先燒香。開封的猶太人已經散如雲煙。

　　河道總督許振褘建了一座二曾祠，用以紀念曾國藩、曾國荃兄弟，他們在太平軍叛亂時曾經是朝廷的棟梁。圍繞著天井建有許多高大的樓閣，還有曲折的衙術，長著灌木的小土堆，以及花壇 —— 但這一切都顯得寂寞荒涼。湖中央有兩座茅舍，由橋梁將它們跟主體建築群相連線。亭子裡有宋朝 149 位英雄豪傑的牌位，有一位遊客在牆上寫道：

---

[309] 參見丁韙良《花甲憶記》第二部分第四章「探訪猶太人居住地」。

　　亂雲遮長安 [310]，悲風迷四海。

　　高臺生叢莽，古園覆蒼苔。

　　可憐烽火日，無奈家國時。

　　念茲中心焦，天地誰遺懷！ [311]

　　這讓我們想起唐代詩人高適的一首短小精悍、令人印象深刻的詩，克蘭默－賓先生為此提供了很好的譯文：

　　梁王昔全盛，賓客復多才。

　　悠悠一千年，陳跡唯高臺。

　　寂寞向秋草，悲風千里來。 [312]

　　大殿裡掛著曾氏兄弟的肖像，栩栩如生，引人注目。可惜隨員雖然很願意為我們解說，但卻並不知曉是哪位畫家的作品。緊鄰著的配殿是海軍將領為紀念自己而建造的，這就如同講究經濟的美國人在捐建西敏寺的窗戶時，把自己的名字跟他所要紀念的名人的名字刻得一樣顯眼。配殿裡沒有肖像，但已故的光緒皇帝和慈禧太后留下了「福」、「壽」等題字。大概這是他們對已去世的海軍將領的祝福吧。

　　這些樓閣有點像艾伯特音樂廳 [313]，可供任何節日場合使用。我們參觀時，河南省的提學使正在那兒籌辦招待同僚的一場宴會。他動用 13 萬兩銀子對該祠堂進行了修繕，以備不時之用，一個當地人這樣告訴我們，顯然是想引起我們的注意。

---

[310] 北宋（西元 960 － 1129 年）時，開封府是帝國的首都，名汴梁。長安是陝西西安府的舊稱，後來成為帝國首都的通名。—— 原注
[311] 原詩已佚，譯者自譯。
[312] 高適，《宋中十首（其一）》。蓋洛所引英譯見於 L. Cranmer-Byng《玉簫集：中國古典詩歌選》（紐約，1909 年），題為「荒寂」（Desolation）。
[313] 艾伯特音樂廳（Albert Hall）是倫敦著名的表演場地。

第三部分　黃河流域的省府

　　開封有一樣值得炫耀的東西是龍亭，我們在火車上就聽說了關於它的神奇描述，事實證明這並非虛言。我們不想重複那位訊息提供者的原話，而只是敘述我們自己的印象。從遠處看，它就像是一座陡峭的山，山腳有一座廟，山頂還有另一座廟。我們從一條繁忙街道的盡頭走出來，看到兩個大石獅子守衛著入口，有大象那麼大，臉上帶有獨特的幸福微笑。石獅子後面是一個古雅的拱門，上書「萬壽無疆」。雖然這個希望有可能實現，但龍亭已經歷經三個朝代，很可能還會見證第四個朝代的滅亡。拱門的後面是一條幾百碼長的堤壩，它的一邊是碧波蕩漾的湖，另一邊則是呈黃褐色的湖，有人在那褐色湖裡洗東西。大概是在褐色湖裡先清洗掉塵土，然後再在藍色湖裡漂淨衣服。山腳的廟宇有兩個院落；外面的院落裡有一殘碑，上書箴言「唯聖為天」、「唯一為大」。清朝最著名的一位皇帝在那殘碑後面立了一個巨大的石碑，但上面的銘文已經無法辨認了。第二個院落裡主要是一個燒祭紙的火爐。

　　然後拾級而上，到達山頂的廟。兩邊是最近彩塑的偶像，神龕裡是一個鍍金的玉皇大帝，「與天別無二致」。廟裡的住持52歲了，一輩子待在這裡；趁著香客禮拜的間歇，他在讀一本借來的有關奇聞的書。從這裡再登臺階，就到了極頂的高臺；臺階中間有一排龍，個個擦得鋥亮，看上去顯然是香客們在向上攀登時吻著祂們。可是我們後來發現是男孩子們下滑時褲子摩擦所致，方才大悟。

　　從山頂廟宇周圍的高臺眺望，整個城市盡現眼前，如果說它還有什麼值得細看的話。城市的後面是內城的城牆，那個過去由八旗兵把守的堡壘現在已經成為廢墟。在廟宇裡有開封的鎮城寶物。它最初曾經是一盞燈籠，但燈籠後來固化了，現在成了一塊黑色巨石，5×4×5英尺，深深地雕刻著九條盤旋的龍。宋太祖就是在這塊石頭上登基，成為宋朝的第一個

皇帝，他坐在這裡和平地統治中國。現在皇帝的寶座被罩了起來，藉助燭光才看得到，那上面坐著一個偶像。哦，這些歷史上古老的石頭寶座！人們都去參觀斯昆石[314]，蘇格蘭國王的寶座都放置在這塊石頭的上面，直到後來愛德華把它帶到了英格蘭，於是英國國王加冕時就坐在該石頭上面；但許多國王都忘記了，沿泰晤士河上溯幾英里，在岸邊的金斯頓，露天放置著早期薩克森國王加冕時坐過的一塊石頭。然而無論是斯昆石，還是金斯頓的石頭過去都不曾是神奇的燈籠。

　　時代的變遷有三個跡象，其中有兩個跡像是本土的，第三個則是外國的，它們分別是大會堂、兵營和傳道會所。新的省大會堂就像通常那樣，是建在貢院舊址上，成千上萬的學子曾經來到這裡考舉人。這裡曾見證過多少個悲劇呀！因為苦讀和迷信仍然無法使人們通過這個嚴峻考驗，每過三年，那些堅韌不拔的父親或祖父還會再來，在經歷漫長的懸念之後，只聽到有人說：「哦，媽呀，大爺又落榜了！」現在這些狹小的考試棚已經被棄置不用，一組漂亮的新樓拔地而起，門口只有一名不帶武器的衛兵站崗。然而走近觀察又會使人幻想破滅：雖然外表美觀，大會堂裡面卻雜亂無章，滿是灰塵。

　　開封城裡有六個兵營。舊的內城已經不再有八旗兵的守護，新軍正在崛起，它主要是由漢人組成的。滿漢之分已不再重要了，新式武器和新式操練壓倒了其他一切。火槍的出現使諾曼人的重騎兵和英國人的弓箭手都失了業；西式操練和西式精確瞄準武器改變了中國的狀況。但為什麼設六個兵營呢？是為了防止類似太平軍的叛亂，為了警戒全省，還是為了防止更多的義和團暴亂？新模範軍會很快進軍西藏，使模糊的宗主權變為現實嗎？它會進軍滿洲，接替俄國衛兵嗎？它會北上北京，把使館衛兵請出去

---

[314] 斯昆（Scone）是英國蘇格蘭中部的一個小村莊，它在歷史上曾是皮克特王國的首都，那兒有一塊長方形的石頭是蘇格蘭歷代國王加冕時都要使用的。

嗎？它會南下上海，接管外國租界嗎？外國人企圖進入兵營、打探軍營士兵想法的努力是徒勞的，所有外國人一律免進。

開封有三座傳道會所，但我們沒怎麼去了解自由循道宗和美南浸信會的情況，而是主要參觀了中國內地會規模較大的會所，中國內地會在經過了九年的努力之後，最終於 1884 年在這裡站穩了腳跟。河南的傳教使團勢力不強，總共只有 29 個傳道站；當然，這些傳道站都是經過精心選擇的，都位於交通便利的地區中心。但請想像一下，面積達 39.5 萬英畝，人口達 31 萬人的蒙茅斯郡若是僅有一個基督教牧師，那將是什麼情景，而這就是河南的當地人口與傳教士的比例。

開封南城門外有一個醫院，那兒有兩個外科大夫。夏天時，他們有 150 個門診病人，50 個住院病人，我們去參觀的前一天他們做了 18 個手術。一個本地的助手十分聰慧，12 歲時開始參加科學考察，以第二名的成績考進中學。但他入了基督教，拒絕叩拜孔子的牌位。官員們不願意失去這麼一個聰穎的學生，提出可以免於叩拜兩三次，但他寧願校方在說明原因的情況下公開開除他。有許多像他這麼有膽量的人。很多年前，有一位書商來到這裡，但學生們圍攻了他，把他的書都扔進爛泥裡。有一個油漆匠撿到了一些，讀了之後很感興趣，希望能找個人談談。包崇德（Robert Powell）先生來到開封後被要求第二天一早就離開；他說他不習慣早起，待了十天。有好幾個人對他產生了興趣，其中有一個盲人、一個乞丐領袖、一個獄卒和一個被十字架圖片所吸引的 70 歲老婦人，後者為此放棄了以饅頭和水為食來拯救靈魂的嘗試。那個油漆匠現在 63 歲了，慈眉善目，他向我們講述了 26 年前的故事。

王先生的書被燒之後，不久他就瘋掉了，由於他會傷人，縣官便用鐵鏈綁住他的脖子，把他鎖到磨石上；他裸著身子，被蝨子叮咬，就這樣活

了十年之後死了。我撿到的書中有福音書，《基督教入門》，八章真言。在
閱讀這些書時，我覺得基督教教義是真實的，雖然我還沒有信，但卻把它
告訴了鄰居們。當時我抽鴉片，家裡人多數也抽。我想我只要祈禱，便能
得到上帝的幫助，但我不想被幫助。好多年以後，我聽說有一個洋人在河
那邊的衛輝（Weihwei）布道；我去了好多天，聽了，回來時他給了我不少
書。但直到包崇德先生到開封後，我才開始參加禮拜。鬧義和團時，我曾
幫助傳教士逃學生。包崇德先生從上海寫信告訴我，說那兒的猶太人希望
得到一些開封的猶太男童，我就帶上了兩個，讓他們到上海去接受教育。
他們又寫信來，我試圖再找上幾個男童，但這些男童只在乎錢，不想接受
幫助。八年前，我受了洗禮，現在，我全家都在教，都不吸鴉片了。

開封府一個黃種猶太人的家庭

■ 三、開封文獻

　　開封已經衰敗了。如果它不再小心在意，疏濬黃河，使水面降至城市地平面以下，開封城就可能會永遠消失。他們為什麼不去購入一些加利福尼亞州的挖泥船呢？挖泥船能挖出成千噸的沙礫，撒到肥沃的農場上，加利福尼亞州的農夫會感到高興。現在，擺在我們面前的選擇顯然是離開航髒的現實，到書鋪裡去尋找能幫助我們洞察過去的書籍。巡撫大方地贈送了 55 冊書給我們，這些書用精美的絲綢包裝，內容涉及各種主題。這些書籍代表著高雅的文學，而書鋪則揭示出了普通百姓的閱讀偏好。應當從嬰兒書開始，為嬰兒騰出地方來！[315]

　　其中一本書肯定像查瓦西先生的《對母親們的建議》一樣權威。[316]該書作於 1662 年，1910 年印行了漂亮的新版，書名很吸引人，叫做《鐵鏡》（Iron Mirror）。「人不能永遠健康；診治病兒，須看臉上的黃白；但 13 歲以下者心智或許尚未發育健全，難以理解此種醫療。」按摩嬰孩的手指、手掌似乎是老生常談，頭部顯然是診斷的重點。書中有一章專講如何透過觀察手指來探知疾病。其餘章節講重病、傷寒、發熱、驚風、高燒、嘔吐、出痘、夜啼等。諸如「治病時既不閉戶納賊，也不開門揖盜」一類的格言反映出這位中國查瓦西的見識和自信。匆匆瀏覽此書，可以看到對嬰兒手、腿、足、前身、後背的詳細圖解，用直線引出各部位的名稱和注釋，具有最規範的科學風格。對於何處下針，何處拔火罐等均給出了詳細的規則；其中透露的寶貴資訊有，倘若男人用手揉嬰兒的左太陽穴，嬰兒會出汗，但若女人用手揉的話便能止汗；揉嬰兒右太陽穴時，男女性別的

---

[315] 這一句原文是法語。

[316] 查瓦西先生的英文全名為 Pye Henry Chavasse（西元 1810 － 1879 年），著作全稱為《關於撫育後代對母親的建議：嬰兒、童年及青年期》，頗為流行。

作用正好相反。讓我們為中國內地會的醫院及其各式各樣的治療手段而歡呼吧！講完嬰兒後，再來看方志序言中的古代歷史知識。

　　開封最初開始為人注意是因為五代時期的梁王府就設在這裡。自那以後，開封至少是一省的首府。宋朝把它作為東京，金國的韃靼人也是如此，蒙古人把它定為南京。那時，它還在使用豫州 [317] 這個舊名字。漢人建立的明朝恢復了開封的舊名，但由於盜賊橫行，開封衰敗，荊棘叢生，黃河的洪水沖毀了它的遺跡。但此地的肥沃讓人不忍拋棄，一段時間後城市得以重建，成為跨越黃河兩岸各 1,000 里的一個郡的中心市鎮。有幾首輓詩充分反映了開封衰落時的困頓：

　　　　亂雲遮長安 [318]，悲風迷四海。

　　　　　高臺生叢莽，古園覆蒼苔。

　　　　　可憐烽火日，無奈家國時。

　　　　念茲中心焦，天地誰遺懷！ [319]

　　很顯然，對所有著名事件和人物的摘抄都截止於 17 世紀。下面從這以前的各個時代舉出一些例子。

　　秦始皇修長城時，范志田 [320] 被迫離職做苦工。他的妻子孟姜女背了一包冬天的衣服去找他，結果發現他已經死了，他的骨頭被築進了長城。孟姜女在長城上不停地尋找，直到長城裂開，現出她丈夫的屍骨。孟姜女仔細掩埋了丈夫的屍骨，後來民眾興建了一座廟宇來紀念她。

---

[317] 當為汴州。

[318] 「長安」這個具有詩意的名稱可泛指中國的任何一個京師。 —— 原注

[319] 正如蓋洛在原注中所指出的，這首詩在本章的前面已經出現過，這裡用的是該詩一個不同的英語譯文。

[320] 孟姜女丈夫的名字有數種寫法，如范杞梁、范杞良、范喜良等，蓋洛拼作 Fan Chih t'ien。

第三部分　黃河流域的省府

　　召馴在漢成帝時（西元前 32 年）是這裡的太守，[321] 頗有清名。由於貨幣稀缺，他把許多銅幣鑄成了刀子的形狀。90 年後，林鴻（Lin Hung）救濟災民，百姓對他又愛又怕。

　　這一帶曾發生過許多場大的戰爭。1128 年，金人戰敗；1141 年，宋人得勝。一次圍城中，冠吏部 [322] 要求賠償五百萬兩黃金，五千萬兩白銀，一百萬匹絲綢，一萬匹馬，一萬頭牛。數量驚人的要求說明了京師的富庶，但賠款的交付導致了開封此後不久的衰落，以及為什麼後人選擇了南京而不是它。開封所經歷的最驚險的一次圍城大概是在 1232 年，蒙古人兵臨城下，抬出了以前在戰爭中從未用過的新式武器，即裝著火藥的大砲。據傳大砲中還使用了人的脂肪，這個消息讓上天為之震撼。

開封府河南省諮議局

---

[321] 見《開封府志》（1863 年，40 卷，10 冊）卷 21，「名宦上」。按：召馴東漢章帝（西元 76 － 88 年在位）時先後任陳留太守和河南尹。林鴻事出處不詳。
[322] 「吏部」是這個人的官銜。 —— 原注

開封府紀念曾氏兄弟的「夏怡亭」

　　這裡有一座紀念七英女的廟宇，建於 1662 年的大洪水之後，此前該廟坐落在附近，並且只紀念六個人 [323]，七英女的故事由著名文人林德（Lin Têh）撰寫。若非羅伯特・白朗寧的歌謠，誰還會記得布列塔尼半島的埃爾韋・里埃爾呢？[324] 她們符合中國男性心目中理想女性的標準。七英女之一陳小姐 18 歲時與楊煥（Yang Huan）訂婚，楊煥不幸去世之後，陳小姐痛不欲生。她的父母不許她參加葬禮，她便剪斷青絲，讓媒人放到了棺材裡。當她父母替她找了新的人家時，她便上吊自殺了。她從未見過這位未婚夫。

[323]《欽定古今圖書整合》卷 378：七烈女祠，原名六烈女祠，在大梁門外。
[324] 羅伯特・白朗寧（Robert Browning）是英國維多利亞時代的著名詩人，著有詩歌《埃爾韋・里埃爾》。

第三部分 黃河流域的省府

　　另一個絕妙的故事是關於輪迴和多重境界世仇的。宋文（Sung Wên）皈依佛教，在白雲寺出家當和尚，被分派洗鍋。一個小和尚失手打碎了一口鍋，倒地死了；另一個新手也打碎一口鍋，倒地死了；宋文大驚，逃到另一個廟，活到年紀很老。一天，強烈的願望攫住了他，他想承認自己在30年前的一樁罪孽，許諾在正午時分公開懺悔。臨近中午時，一個帶槍的士兵來到廟裡，見到老和尚後勃然大怒，而老和尚說自己一直在等他來。「但我為什麼這麼生氣？一看見你，就想殺死你。我們之間能有什麼冤仇呢？」老和尚講了上面的故事，士兵哀嘆隔了這麼久，罪和恨還會得到報應。「我們和解，一起上西天不是更好嗎？」他說完就死去了。老和尚拿起一枝筆，寫道：「老僧假身遊歷，一去三十三載。誰料宿敵路窄？兩人雲霧撥開。」接著，那枝筆從他手中掉下來，老和尚也上了西天。

　　在中國的「玫瑰戰爭」中，兩位英雄在桃園相遇，發誓要擁立劉備登基。其中一位叫關羽，他因為忠誠和勇氣而一直被尊為戰神。他的對手曹操在此地統治，捉住了關羽，百般恩惠，企圖感化他，但關羽寫下一封感謝信，說他不能背叛主公。曹操十分欽敬，替他準備了大批禮物，親自把他送到了邊界。

　　方志中還有一部分專講奇聞逸事，像通常那樣。這一大雜燴其實可以稱作「挑戰信仰」，但它們也許是被記錄下來，以挑戰闡釋者的。所有的記載都有明確紀年。

　　黃河曾清過兩次，都在漢朝末年。大雨和冰雹像兩條青龍一般從天而降。在一次風暴中，冰塊和木頭從空中墜落下來。有人從池塘裡釣出兩條跟青苔一樣顏色的小龍，把牠們關進了紫禁城。其中一條小龍在夜裡不見了，天上雷聲隆隆，第二天早上牠又回來了。在一次大雷雨中，凍僵的烏

龜紛紛落在了方圓十多里的一個地區。一場紅雪[325]整整下了一天。氣象學的內容就是這些。有人捉住了三隻野獸，其形狀像水牛一樣，一紅一黃一黑；牠們相互爭鬥，黑獸被殺死，另外兩隻野獸跳進了河裡。開封附近還捉住了一頭白鹿，城內出現了四條龍，井水變渾。[326]一隻烏鴉變成了喜鵲，第二年，那隻喜鵲又變回了烏鴉。鄭州捉住了一隻九尾狐。黃河裡釣上了一隻雙頭龜。

值得注意的是，方志的最後一部分與法律有關，題為「如何決疑」。一個所羅門式的故事揭示出古老的箴言在人們心目中的位置，以及有時它們能帶來什麼重要的後果。

一個90歲的富翁有個女兒，但卻沒有兒子。他娶了一個佃戶的女兒之後，第二天早上便去世了。十個月後，寡婦新娘生了個兒子，這個兒子的身分受到質疑，富人的大女兒想獨吞財產。這個案子一拖數年，直到一個叫邴荻（Ping Ti）的縣官碰巧想起古語說「老來生子無影、怕冷」。當時是八月，天氣還算暖和。縣官命令帶來小孩，還有一個同樣年齡的小孩，讓兩個人都脫掉衣服。涉案的小孩很快凍得哆嗦，走進太陽底下，也看不到影子。於是縣官將財產判歸給了這個小孩。

[325] 我相信紅雪是由於微小水藻的存在造成的科學事實。甚至凍僵的海龜或烏龜也可以解釋。——原注

[326] 《欽定古今圖書整合》卷389，「開封府部紀事·祥異附」：「宣和元年夏，汴京茶肆，龍見城中，井水皆渾，宣和殿後井水溢。」蓋洛的助手斷句有誤，讀成了「肆龍」。本段記述的其他祥異均見於這一卷。黃河清過遠遠不止兩次；蓋洛和他的助手只注意到「桓帝延熹九年夏四月，河水清」與「靈帝建寧四年春二月，河水清」兩條。「雨和冰雹落下來，形狀是兩條青龍」的原文是「［晉武帝泰始］五年，陳留、滎陽雨雹，有青龍二見於滎陽」。

375

第十七章
太原

Taiyuan may be translated "Great Plain".

太原，意為「大平原」。「太」從「大」，「大」原指伸開手臂的成年人，加上一點後為「太」，意為「非常」、「極度」。「原」有兩部分，「廠」和「泉」，合起來意為高原，高而平的原野，源頭或起源。

■ 一、在狼鄉

根據《陽曲輿地詞典》1843 年新版[327]，在秦始皇之前的古代這裡稱為狼鄉[328]，兩漢時稱陽曲，後來叫陽直。太原這個縣名和縣治始於周朝。其歷史無足稱道，但宋太宗在位時曾有過一次慘烈的圍城；當饑荒迫使該城投降之後，全部人口都被安置到了直隸，新的人口均從外地遷移過來。該城市曾一度被降格為普通的地區城鎮。如此大規模的移民和殖民目前已不合時宜了，雖然安條克[329]人在其王國裡發現這些措施非常有效。羅馬人在迦太基和科林斯也做過同樣的事情，英國把阿卡迪亞[330]轉變為新斯科舍時不得不採取同樣嚴厲的措施。

此地的方志比其他許多地方志缺少連貫性，但有一段清楚地講述了該省在資源開發方面所取得的進步。

我們主要談山西特有的優質物產，這些物產到了大清國的其他地區品質就會衰退。名單開始是五種穀物，包括普通小米、黏小米、長莖小米、小麥和水稻。長莖小米，稱為高粱，是下層群眾喜愛的釀酒原料，它還是最好的建築材料，屋頂、牆壁和窗戶都要用到它。小麥是雨水較多、灌溉條件良好的地區的主要作物，雖然西北部十之八九的地方都不種植。水稻種植區有灌溉工程。在南瓜屬植物和葫蘆科植物中，南瓜尤其值得注意；其中有的叫冬瓜，有的叫洋瓜。[331]

太原主要的樹種與京西相同，有松、雲杉、柏、榆、楊、楓、杏、棗、桑，但沒有糖槭和竹子[332]。花類中，唯一的稀有品種是睡蓮，當地

---

[327] 當指《新修陽曲縣志》輿地部分，清道光二十三年（西元 1843 年）出版，16 卷。

[328] 《太原府志》（1612 年，26 卷）卷 3，「建置」：陽曲縣「秦時屬太原郡狼孟縣地」。

[329] 安條克（Antioch）是地中海沿岸佛里幾亞的一座古城，即位於現在的土耳其境內。

[330] 阿卡迪亞（Arcadia）是指 17 — 18 世紀法國在北美洲大西洋沿岸的一片殖民地。1755 年那兒被英國人占領之後，許多阿卡迪亞的居民被迫遷走，那兒的名稱也改為新斯科舍。

[331] 這裡作者很可能再一次把並列關係（南瓜、冬瓜、洋瓜）誤讀為統屬關係，所以才這麼理解。

[332] 《太原府志》卷 10「物產」中，「木之屬」包括竹。

人叫水仙，最香的花是蘭花[333]，兩者都是外來植物。甘草是種植最廣泛的藥用植物。菟絲子在少有人跡的路上茂盛地生長，各式各樣的大麻和亞麻可用作紡織原料。

太原鳥類眾多。除了家鳥之外，還有野鵝、燕子、鷸、鴿子、野雞、沙雞、鷦子、鷹、烏鴉、啄木鳥等。狐狸、狼、野兔、獾和鹿在平原上徜徉，但編寫方志的動物學家細心地提醒獵人，此地不產鯊魚和鯨。可是內陸水域產有一英尺長的鯉魚，孔子非常喜愛這種魚。[334]

礦物豐富，鐵品質優異，剪刀出口量很大。硫黃和鉀鹼儲量豐富，用來生產大批火藥。煤是塊狀的，內含雲母、石英和鋁。幾乎每一種有經濟價值的礦物都有儲藏。

但這位方志作者這樣寫道：「太原最引人注目的是人。土地肥沃，溪流深闊；人民殷實而正直。」古代的商人小心翼翼地避免欺詐行為和圈套，但這些年來，人口猛增，年景不好，錢莊老闆把利息抬高了兩倍。山西票號過去和現在都聞名於大清國的整個北方地區。

讓我們在方志之外再補充一些事實。山西有 1,000 萬人口，101 座城池，面積大約相當於英格蘭和威爾士或者伊利諾伊州。過去三年中，這裡的鴉片產量很大，年產約 300 噸；民眾的煙癮如此之大，以至於諺語說，10 個人中有 11 個抽大煙；更準確的數字是 10 個中有 7 個。但皇帝下詔改革後，局面有了很大改觀。

方志中常常看到一組組編年記略，讀者難免驚詫於其中的迷信。如果把一些「祥異」的記載稍加分類，能得到一幅奇怪可信的圖畫。下面打亂了編年順序：

---

[333] 蘭花是蘭科植物的屬名。——原注
[334] 孔子之子名鯉，字伯魚，見《論語·季氏》。

　　洪武四年，太原有異常的天氣現象。某夜，大風摧毀了在建的王府；據認為擇地不吉，因而移建他所。成化八年，地震。二十八年，有妖怪出現，索取酒食，舉起火炬，威脅要焚燒宮室；第二年二月，宮室被焚。另一時間，赤風受到廣泛注意。天啟四年，數人遭雷擊。火藥工匠胡（天佑）命令妻子留心照看孩子，胡妻回答說，她必須先照看好婆婆；這一句孝順的話挽救了全家人的性命。弘治十年，大雨下了十天。十四年，河水上漲一丈。有人看到鬼火，其光亮竟長達三十里。一次流星雨中，星墜如雨。嘉靖二十一年，正午日全食，天空漆黑，星星閃現。

　　天順年間，甘露降於太原府學門前和文廟樹上；這被解釋為才人將出的預兆。萬曆元年，府學門前生西瓜，瓜蔓一丈，結瓜十一；這一科學考察中了十一人。路汝（臣）的妻子一產三男，關帝廟一夜全毀。八歲幼男生出鬍鬚，渾身有毛。道光九年，一獸口噴煙火。[335]

　　方志就像日報那樣一直記述下去 —— 只是它不包括外國的事情 —— 把虛妄的報導、非常的事件和真正的自然現象堆積在一起，後者有時紀年精確，天文學家能夠從中汲取有用的材料。方志還一再記載可怕的旱災和暴雨後的大洪水，因為平原缺少樹木。1877 年的一次饑荒據猜想奪走了幾百萬人的生命！

　　民眾的無知和迷信不僅是過去的事情，而且現在也蘊含著危險。我們坐著騾車從太原前往汾州，一路上塵土飛揚，天氣炎熱，我們躺下睡著了，戴著頭盔，身邊放著連發來復槍。醒來時，騾車停在一個小鎮上，周圍有幾百人在圍觀。我們爬了出來，人群受到驚嚇，驚叫著逃散了。萬有引力的法則發揮作用，靠騾車最近的人群受到的排斥力最大，馬上就有成

---

[335] 參見《新修陽曲縣志》卷 16，「志餘‧祥異」，《太原府志》卷 26，「災祥」，以及《欽定古今圖書整合》卷 306，「太原府部紀事」。

堆的人倒了下去，就像是好幾場美式橄欖球賽正在進行之中。真沒想到這樣的事情會發生在懶洋洋的中國人身上，還沒等人們反應過來，車夫立刻揚鞭揮驟，車子狂奔而去。這一經歷幫助我們理解了 1900 年時太原發生的恐怖事件，對此大家似乎都緘口不言，但這裡必須簡略地介紹一下。

迫於外國駐華使節的壓力，山東巡撫毓賢被調離，慈禧太后在北京賞賜給他自己親手做的一件飾物，上面繡有「福」的字樣，並且派他到太原府去做山西巡撫。恩銘，一個正在候缺的滿人進士，正好用作毓賢的工具。恩銘以提供保護為名把 45 名傳教士騙到太原。毓賢按照太后的密令，把他們通通殺掉了。在太原一個拱形的門樓處，有一位女基督徒企圖挽救兩個孩子的生命。迷信的暴民因為血腥而瘋狂，一次次把他們擋了回去，並往這三個人身上堆上家具，然後點火慢慢地把他們烤死，一面狂呼亂叫，以發洩魔鬼般的歡樂。全省上下都是類似場面。當風暴平靜下來之後，外國人的影響似乎徹底遭到了破壞。沒有一個還活著的洋人，洋人的房產都被燒毀，洋人的同情者都被殺害或流放。恩銘後來升任安徽巡撫，他在安徽巡撫任上被漢人暗殺一事在本書的別處已經提及，但這並不是因為他的欺詐，而是因為他是滿人。[336] 滿人統治中國 250 年了，仍被漢人視為異族，必欲殺之而後快。

十年之後的對比令人驚奇——鐵路的修建，許多洋人，公開得賠償。一座按現代學制建立的山西大學堂得以創辦，從那兒畢業的 20 名舉人現正在英國從事六年的研究生學習。

作為對照，讓我們研究一下 500 年前在國子監留下的一些碑銘。有一份文告開頭便宣稱「士為四民之首」。當然這主要要看什麼是士。另一銘文稱「學習之目的在於增進知識」，仔細想一想這句話的深意。當時在歐

---

[336] 徐錫麟刺殺恩銘一事，參見本書第九章。

洲，經院哲學家已經功德圓滿；按照他們的方法，知識的界限幾乎已經窮
盡了，只是他們沒有意識到這一事實而已。他們費力地把麥稈脫成糠，而
剔除了全部的麥子。羅傑斯·培根本來可以走得更遠，但追隨者的言論卻
使他處於無用的狀態，直到君士坦丁堡解體和新世界被發現，學者們才獲
得新的事實和方法。但中國的皇帝並沒有顯得如此冷漠和無動於衷；他不
滿意抽象的八股文，告誡所有年輕的讀書人必須以進步和發現為目標。這
聽起來像現代規則，即若非對知識有原創性貢獻，便不得授予博士學位。
然而，當時刻板的保守主義和中國的故步自封使這一箴言成為一紙空文。
到 1729 年，一位清朝皇帝推出了一套新的學制。他說：「要注重對治國有
用的實學。」他下令每月舉行一次考試，不僅考文學，還考策論、民法、
刑法以及財政原則。大清律令修訂後重頒，並被建議當作重要的教科書。
這類課程的必要性在明朝皇帝的一段話中可以看出來，這段話刻在國子監
的一塊石碑上：

敬一箴

　　正大宗旨之尊崇曰敬。君主敬則寡失，臣子敬則盡職。要者乃清明智
性之施行，行之則盡在其中矣。一謂依乎理而無雜。古史云：「德一則動
和，吉。」……朕讀書而有得，乃述此理，自勵以為訓。

> 人有此心，萬理鹹具。
> 體而行之，唯德是據。
> 敬焉一焉，所當先務。
> 匪一弗純，匪敬弗聚。
> 元後奉天，長此萬夫。
> 發政施仁，期保鴻圖。

敬怠純駁，應驗頓殊。

徵諸天人，如鼓答桴。[337]

一個皇帝只能湊出一百多行詩歌來，作為訓諭頒發給臣民，而拿不出更高明的東西，這時候是不是應該改革了呢？極其意味深長的是，中國的所有進步都與朝代的更替偶合，尤其是異族突然建立的朝代。民族不能總是在內部繁衍，而需要外來的花粉授粉。丹麥人、諾曼人、蘇格蘭人、荷蘭人、德國人等外族的朝代一再地挽救了英國，每一次朝代更替都會打破英國的一些島國偏見。正是元朝和清朝才使中國從麻木中稍微清醒一下；現在，不用改朝換代，外國的影響已經非常深遠。

■ 二、城市與市民

沒有必要講述太原興衰的全部歷史。它的重要性關鍵就在於其所在位置直接面臨北方的威脅，所以北面有長城環線作為屏障，並形成了兩道防線；而且向正南方延伸的長城也成為一道抵禦侵略大潮的東防波堤。太原位於一道山脈的陽面，之所以在那兒選址是為了保護南面的肥沃平原，顯然從前那兒是個湖，現在卻養育了大量的人口。南朝的宋時，約 450 年，首次有人在這裡定居；1376 年，蒙古人被趕走不久，太原城的規模得以大大擴張，肖侯爺修建了周圍 24 里、35 尺高的城牆，挖了 30 尺深的磚

---

[337] 〈敬一箴〉，明世宗朱厚熜嘉靖五年（1526）作。原文見《皇明太學志》（12 卷，1557 年）卷 4。散文序言的原文是：「夫敬者，存其心而不忽之謂也。元后敬則不失天下，諸侯敬則不失其國，卿、大夫敬則不失其家，士庶人敬則不失其身。……其推廣敬之一言，可謂明矣。一者，純乎理而無雜之謂也。伊尹曰：『德唯一，動罔不吉；德二三，動罔不凶。』……朕因讀書而有得焉，乃述此而自勖云。」英語譯文與原文有所差別，由譯者自行譯出，以作對照。詩歌部分的翻譯直接引用了漢語原文，其中英語譯文把「萬理」誤解為「萬里」（ten thousand li），把「長」誤解為「兄長」（elder brother）等等。哈佛燕京圖書館藏有《皇明太學志》的縮微膠捲，譯者專程前往波士頓查到了〈敬一箴〉的原文。在查詢的過程中，李孝聰教授和我的朋友張穎提供了寶貴的幫助，特此致謝。

砌護城河。八個門中，有四個名為振武門、迎暉門、迎澤門和鎮遠門。[338]
但後來的明朝皇帝忘記了軍事的重要性，太原城防一天天毀壞下去。

奇特的反諷是，滿人攻下太原後，迅速修繕城池。重修和新建了一些
城樓城牆，所有的城樓都備足了七個軍營的補給。當然，滿人城防的目的
是在城市中布下八旗兵，就像諾曼的威廉在英國到處建諾曼人的城堡一
樣。明朝時，地方官曾夢見過一隻熊。熊是武力的象徵，而且不僅僅是象
徵，因為將士們試圖透過飲用熊掌湯來增加勇氣和力量；地方官於是在演
武場旁邊建起了一座戰神廟（關帝廟）。

現在，沒有跡象表明要建設新的城防；在城裡各處訓練的軍隊不再需
要用於警戒。中國正在甦醒，不再害怕任何來自北方的威脅，儘管還有日
俄的滿洲鐵路。它也不再需要時時防禦，而大連、威海衛和膠州的「承租
者」也許應該明智地考慮賣掉租借地或加強城防。

在舊秩序消逝之前，太原的城市及其居民都值得我們認真研究。下面
不妨來檢視一下當地的一些名人。

城鎮西北角有鳴犢廟，在那裡求雨的禱告常常應驗。竇鳴犢是古代一
位趙王的大臣，趙王哀嘆他的子民無可救藥的頑固：「麻雀入了海，變成
蛤蜊，雉雞入了河，變成青蛙；只有人，唉，什麼都不能變！」但是竇為
他們謝罪，贏得了聲名。[339]

朱廷郛曾是這裡的太守，極為清廉正直。一幫賊人攻陷了城市，賊帥
命令朱下跪，朱義憤填膺，罵道：「我宗姓頭可斷，膝不可屈！」賊人本

[338]《太原府志》卷五，「城池」：「國朝洪武九年（1376），永平侯謝成因舊城展築東南北三面，周圍二十四里，高三丈五尺，外包以磚，池深三丈。門八：東曰宜春、曰迎暉，南曰迎澤、曰承恩，西曰阜城、曰振武，北曰鎮遠、曰拱極。」蓋洛把「謝侯爺」誤為「肖侯爺」（Marquis Hsiao）。「外包以磚池深三丈」斷句有誤，所以才出現了「30尺深的磚砌護城河」；本來的意思是城牆外面包了磚，護城河深三丈。
[339] 見《新修陽曲縣志》卷13，「人物列傳」。以下朱廷郛、馬全、樊子英事蹟出處同。趙王（趙簡子）嘆語原文為：雀入海為蛤，雉入灘為蜃（大蛤），唯人不能化，哀夫！

想放了他，但朱因被擒而「丟了面子」，不願意苟活，所以最終被敵人害死了。

胡衍曾擔任各種官職，累積了眾多美德。他的兒子們在耳朵後面刻著以下字樣：「捨家報國，捨身效主。」他的妻妾和奴僕得到同樣的教誨。他受命組建民團，採取普遍武裝自衛的辦法，做出書面保證，忠誠勇敢，奮力殺敵。[340]

馬全生於甘肅，他的父親是那裡一個城堡的守備。孩提時，馬全豐額高顴，大口長耳，方鼻，其非凡的相貌預示著他將來必有出息。唸書時老師向他傳授孝經；他事親事王，堪為孝之典範，並總結為箴言：「人生有三：立身、事親、事君。」由於馬家世代習武，馬全勤練騎射，在比試中連續三次得獎，成為武進士。

《新修陽曲縣志》第十六卷有如下記載：

常八十，無法名，居南十方院，為眾僧服役，職炊爨，寒暑不少懈。背僂髮黑，口不多言，目不斜視，衣面垢汙，不知浣濯，或日一食，或三五日一食。人問其年，曰「八十」。歷數十年再問之，無異詞。訪之寺僧及年老更事者，皆莫詳其所自來，並不記其年果若干歲。因是稱「常八十」。當道諸公見其衲敝甚，易之以新，弗受。訪以休咎，搖手而已。後無疾而化。[341]

嘉靖四十年（西元 1561 年），太守抓到一批賊人，賊人控告說，官員下發的救濟不足，百姓奄奄待斃。親王下令，把賊人帶到吊橋處，打斷其腿，同時向百姓分發救濟。這樣恩威並施之後，秩序得以恢復！

萬曆年間大饑荒，有三個人討飯吃，一個老人、一個年輕人和一個婦

---

[340] 出處不詳。以下嘉靖四十年事亦出處不詳。
[341] 這裡採用了《新修陽曲縣志》卷 16「志餘·仙釋」中的原文。

人。他們撿拾了一些被遺棄的嬰兒，餵他們吃的；沒有孩子的人家給點錢，就可以把嬰兒裸露著抱走。這樣，許多孩子的生命得以保全。三人困厄之際，而能如此充滿人間溫情，真是功德無量。三人被稱作橋下仁人。[342]

李闖王造反時，樊子英是這裡的一名官員。李闖王手下稱闖王為「萬歲」，叛軍向北京推進，最終占領北京，統治天下十天。李闖王途經山西時，占領了太原。有一隊人馬遇見樊，樊獻上美酒，但拒絕下跪。他瞅見地上一塊大磚，擊向叛軍頭目，差點把他打死。叛軍拖著樊去見李闖王，樊破口大罵。當武力抵抗不再可能時，這樣的行為是很令人敬佩的。樊最終被勒死了。

這一類軼事揭示了大眾喜愛的行為，是世代相傳的品格典範。如果拿起一本英國史，記下一些大人物 —— 威克李維、黑王子、喬叟、霍茨珀、急性子、擁立國王者、卡克斯頓、沃爾西[343]、摩爾 —— 兩者之間的對比很值得我們細細思索。

英國的經典著作中並沒有留出相當篇幅專門用來讚揚女性。除了女王和王后之外 —— 她們若非地位高，也不會引起任何注意 —— 我們幾乎找不到女性的主角。但中國各省的地方志卻迥然不同；可以從我們瀏覽的那個時期舉出三個例子，而英國的史書中一個都沒有。

趙氏待字閨中時名慧寶，後來她有了字，叫做文修。她嫁了太原府學的一個教習為妻。待長者孝，待下人慈，做得滴水不漏。她知書達禮，聰

---

[342]　見《新修陽曲縣志》卷 16，「志餘·談藪」。

[343]　黑王子即愛德華（西元 1330－1376 年），英格蘭國王愛德華三世之子，曾在英法百年戰爭中大敗法軍。急性子，亨利·珀西爵士（西元 1364－1403 年）的綽號，莎劇《亨利四世》描寫其為急性子。擁立國王者，尤指英國亨利六世時的沃里克伯爵（西元 1428－1471 年）。卡克斯頓（約西元 1422－1491 年），英國印刷商、翻譯家，1476 年創辦英國第一家印刷所。沃爾西（約西元 1475－1530 年）是亨利八世時英國樞機主教、大法官、約克大主教。

明又賢惠，遠近皆知。婚後不久，她的丈夫生病，這位高尚的女人在床邊伺候，親自熬湯煎藥，親口品嘗冷熱。她還不分晝夜地為丈夫禱告，祈願自己能替丈夫去死，而讓丈夫活下來。但丈夫最終還是死了。趙氏把珠寶首飾都裝進一個盒子，對婆婆說：「請您收好；夫君死了，我要獨守空房，怕這些東西招來賊人。」接著，她請求前往夫家參加祭禮。她看準機會，在丈夫的棺材旁邊自縊了，年僅 18 歲。出殯那天，兩個棺材並行，觀看的人無不下淚。成化七年（西元 1471 年），有司向皇帝報告了這件事，朝廷命令，在趙氏門前立起牌匾，上書：貞烈復其家。[344]

另一女人名淑英，年幼時聽到父親談貞節與正義，說道：「兩個都不難。」她嫁給了百戶陳義，陳戍邊時早早死了。勇敢的寡婦派人把棺材運回家。她親手清洗了屍體，給他穿上了衣服。此後，她一連七天不吃不喝，說：「我答應過夫君，他要是死了，我們就埋在一起。我要遵守這個誓言。而且，我沒有孩子。即便活著，這些財產也沒有用。」她把所有的財物都分給了親戚，為佛祖準備了一面錦旗，上書「來生相會」。她的母親和親戚們苦苦相勸，但她就是不聽，在自己的屋子裡自縊了。晉王聽說了這件事，賞賜給她家大量綢緞，以便辦理葬禮。

韓潤姐是韓雲的女兒。因為家貧，住在郝三的後院；郝三素來不軌。一天，韓雲出去了，韓母到鄰家紡棉。郝三喝了點酒，趁機逼迫潤姐。潤姐大呼，韓母回來，壞蛋就跑掉了。韓雲回家後，潤姐哭訴一番，說：「女兒沒法活了。」第二天早上，她自縊而死，年僅 17 歲，因此得到特別提名的榮譽。

該紀錄的不足之處是沒有提到對壞蛋的任何懲罰。亂世時情況有所不同，但在和平年代，任何人做下如此暴力行為都該被處死。貧窮無助者有

---

[344]　見《新修陽曲縣志》卷 14，「人物列傳」。下文淑英、韓潤姐的故事出處同。

時無法伸張正義。

　　我們不能以色彩如此陰鬱的自私故事來結束這一章。另一個有關知縣宋時化的故事非常值得在此引用。[345] 天逢大旱之時，他赤腳來到各個寺廟祈雨，並獻上書面的請求：「乞賜一場雨，願減三年壽。」他對民眾的感情是如此深厚真摯，使得巡撫向皇帝保薦了他，從那以後，再也沒有像他那樣的人了。[346]

---

[345] 據《新修陽曲縣志》卷 12，「名宦政略」，應該是下一條紀錄、知縣載夢熊的故事。蓋洛的助手看錯了。
[346] 據說，勃艮第國王曾稱「臣民的不公正使他對土地的豐產負責」。那是在 4 世紀。但在中國卻是由於歉收、饑荒和旱災而導致官員們檢討自己的行為！—— 原注

第十八章
濟南

Tsinan means "South of the Tsi River". "Tsi" meaning "succor" or "relieve".

濟南，意為「濟河的南面」，「濟」意為「救濟」或「接濟」。

■ 一、前往省府的道路

　　教育和祕密會社過去就是山東的特產，現在仍然如此，不過其成分變得混雜了。如今，許多老的會社，如「三炷香」、「金槍藥」、「首義道」等，已經停止其荒唐的舉動，轉而投到了基督教的門下，曾經不止一次地，整個會社全體都申請入教。在教育方面，政府和傳教使團們都互相競爭，使山東領先於全國，以符合其作為孔孟之鄉的地位。

　　既然如此，我們決定在去濟南的路上停留一下，考察與首府同屬一個教育系統的兩個城鎮的情況。因為山東的齊魯大學分為三個校區：文理學科在濰縣，神學和教育學在青州，醫學和博物館在濟南。[347] 這種情況和加拿大的麥克馬斯特大學類似，英國北部也是這樣，文科和神學在達勒姆教授，醫學和其他科學則在紐卡斯爾。

　　山東的教會辦學享有崇高聲譽，調查和探究個中緣由是很有意思的。於是我們先在濰縣停留，參觀那裡的文學院，結果幸運地碰上安息日。不小的教堂裡擠滿了會眾，而且那兒的整個氛圍非常虔敬。我們曾在中國其他地方聽到過同樣經典的歌詠，同樣雄辯的布道，同樣熱誠的禱告，但這裡的總體效果堪與倫敦和薩摩亞群島的類似宗教儀式相媲美。那麼教授們如何看待他們的職責呢？他們講授中國古代的經典，歷久不衰的孔孟著作；他們對儒家倫理學感到滿意 —— 它與荷馬、阿里斯托芬和奧維德的粗鄙習俗截然不同 —— 並用基督的精神來傳授它，把對中國偉大先師的尊敬與對至上導師[348] 的忠誠結合起來。

---

[347] 山東基督教大學即後來的齊魯大學。1917 年，濰縣的廣文學堂、青州的樂道院與濟南共和醫道學堂合併，命名為「齊魯大學」。

[348] 即基督教的上帝或耶穌基督。

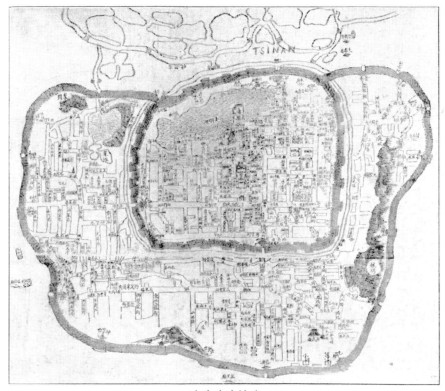

山東省府濟南

在青州，赫士博士[349] 曾有幸在擔任濟南山東省立高等學堂總教習時啟動了一項重要的改革。他頒布命令，讓學校每週放假一天，假日就選在西曆的星期日，即我們的禮拜天。其他學校紛起效尤，現在大清國所有的官辦學校都在每週的第一天休假。青州的神學院要培養肌肉健壯的基督徒。卜道成教授[350] 打算買下附近一塊平坦漂亮的土地，那塊地上有兩塊精雕細刻的牌坊，他也許在想，這兩個牌坊在他的學生們踢足球時正好可以當作球門。

---

[349] 赫士博士（Dr. W. M. Hayes, 1857-?）是美國長老會傳教士，他於 1882 年來到山東傳教，曾先在狄考文創辦的登州文會館任教，1901－1903 年間被聘為山東省立高等學堂的總教習。
[350] 卜道成教授（Prof. J. P. Bruce, 1861-1934）是英國浸禮會傳教士，1887 年來華，曾一度擔任山東齊魯大學的校長。

在青州期間，我們住在熱情好客的武德遜博士[351]家裡，與著名的學
者們進行了非常有趣的談話，而且瞻仰了孟子曾經授課的地方；雖然屋子
已經不在了，但還有兩個大石獅子象徵著那個地點。孟母在選擇住址上碰
到了一些困難，因為她的兒子極其善於模仿。住在屠夫家對面時，他就學
豬被宰殺時所發出長而尖厲的叫聲；當孟母搬到墓地對面時，孟子很快就
學會了像一個寡婦那樣哭喪哀號。孟母怕他愈陷愈深，像寡婦那樣去上吊
自殺，就搬到了一所私塾的對面。從此，孟子看到的是衣冠楚楚的君子和
舉止得體的學者，於是他便漸漸成長為一名聖賢，孟母終於如願以償。現
在，神學院非常重視對中國傳統禮儀規範的培養。

山東的教會學院跟其他地方的傳教工作一樣，拓展的空間很大。美國
人提醒他們的同胞，山東的人口與密士失必河以西的地區相當，而後者有
190 所學院，山東僅有 3 所，所以這三所學院的裝置應該是一流的。它們
的畢業生在全國贏得了良好信譽，其他教會學院和官辦學堂爭相聘請他們
去工作。要成為它們的學生，必須年滿 20 歲，通過八門考試：文學 ——
記誦一部分《詩經》和歷史，解釋四書，短篇作文；數學 —— 算術、代
數和二次方程式；普通地理學；歷史綱要；《聖經》史等等。通過嚴格的
入學考試後，要在校學習七年。

■ 二、醫學、博物館和人

大學的其餘部分在濟南，德國鐵路把我們載到那裡。鐵路路線的設計
顯然不是取距離最近，而是為了經過礦藏最豐富的地區，所以它繞著濟南
兜圈，不得不建三個車站。

濟南南郊據說有鬼魂出沒，但作為校區那個地點最好，所以有一大塊

---

[351] 武德遜博士（Dr. J. Watson）是英國浸禮會傳教士，1905 年來華。

地方都被低價買下，在那兒興建了一系列漂亮的樓房，並且圍上了裝飾性的牆，蓋上了好看的門樓。結果，這使得那兒的壞名聲煙消雲散，南郊的地皮行情迅速上漲。最近在那兒設立了一所堂皇的醫院和一個醫學院。醫學院主要招收不久將要搬到濟南來的文學院的畢業生以及年滿 20 歲的年輕基督徒；但任何人只要品行良好，通過嚴格的入學考試，遵守學校規定，都可以入學。學院明確宣稱，這是一所基督教教會學校。我們看到 12 名學生正在用現代高能顯微鏡工作。

在山東，正常學位考試的作文題目公布時，如果不是關於「阿爾凱奧斯四行詩和薩福體詩的相對價值」、「山東五聖人」或其他一些老掉牙的文學箴言，而是關於「溫度計及其使用」、「氣壓計」或「蒸汽發動機」，幾乎可以斷定這是出自山東齊魯大學的。但威海衛是個例外，那兒什麼樣的資訊都不會使人感到奇怪。

鐵路通車後，博物館遷到了濟南；四個月之內，接待了約 10.2 萬名觀眾。他們看到了什麼呢？透過各種放大的圖表，他們了解了關於人口、面積、資源和製造業的種種數據，徹底打破了中國乃「天朝大國」的幻覺。一個年輕的頭面人物也趕來參觀，他「頭頂雲端，腳踏宋代」。他被人領著在館內看了一圈，接著若有所思地提出再看一遍，然後對他的主人，即山東巡撫，說：「唉，中國唯一領先的是人口最多。」黃河擦著濟南城的邊上流過，河床老高，對百姓始終是個威脅；博物館展出了挖泥船的模型，裝上電池後，模型開始工作，鏟挖航道。一個齊魯大學本身的模型很容易被辨認出來，按比例縮小的聖保羅大教堂和國會山的模型表明了西方建築的規模。一個典型陵墓的模型說明在中國之外也有孝敬祖先的美德。館內還建了一個大地球儀，參觀者能看到中國在世界上的真正位置和重要性。

偷吃甜瓜的刺蝟。濟南沈殿知（Shen Tien Chih）畫

月亮，拓自濟南一塊古老的石碑。

第三部分　黃河流域的省府

　　神聖的泰山吸引了許多朝聖者，現在，來濟南參觀博物館已成為朝聖者的固定習俗。這些人尤為關心自己的靈魂，如果他們自己不主動提及信仰的話，傳教士們不妨直入正題。因此，傳教工作卓有成效，而且日益深入。去年有 21.5 萬人前來參觀。我們週一到訪時正好是婦女開放日，有 2,000 名婦女來到「珍稀物展廳」進行參觀。

　　博物館代表著傳教的努力一個非同尋常的方面，更為普通的機構也沒有受到忽視，後者的一個成功範例就是山東年齡最大的長老會教徒林靖三（Lin Ching San）老先生。他應邀向我們講述了自己的經歷。他於道光八年（1828）正月二十五日出生在嶧山腳下，當時他的祖父 60 歲了，所以他小名叫「六十」。孩提時，他在山裡遊蕩，採集醫治頭痛的中藥艾蒿，或在家旁邊的池塘裡游泳，喝山腰上沸泉裡的水。慢慢地，他長成少年，聽說了家裡對他的厚望。原來，他父親唸書三十載不第，直到為了養家的需要才不得不棄文從商；現在輪到他來補償父親的自我犧牲，光宗耀祖。但究竟是去考取功名，還是仿效 600 年前在嶧山上羽化登仙的那個人呢？

　　先是考取功名。他苦讀了十年，然後去貢院參加考試，貢院靠近登州有名的歡樂宮，位於海邊的懸崖上。他規規矩矩地在文昌星前燒了三炷香，祈求高中，但仍名落孫山。他痛苦地放棄了學習，在他父親的安排下去經商。但他記起那個羽化登仙的逸士的故事，開始醉心於神祕法術。平安是他精神流浪的目標，他最初的老師是道士們。又是十年，他按照道士的指教，潛心修煉；每天端坐很長時間，屏住呼吸苦練氣功，相信這樣他的身體會淨化，精神會提升。道士許諾這樣能夠達到「良心平安，心靈永潔」，但他卻始終沒有得到這些。

　　道士於平安無補，於是在以後五年中他又轉向了和尚，學習他們的方法，以求平安。但佛家的目標明確是以自我為中心，而人卻是社會動

物。他厭倦了種種虛妄的法門，徹底放棄了潛心靜修，毅然投入了火熱的生活。

其時太平軍正在變得勢不可當，他決定從軍旅生涯中求平安。他練習拳腳，學角鬥、廝殺，投軍之後訓練了一隊人馬，參加了十餘次戰鬥。結果他聲名大震，一名刺客受僱殺他，但刺客發現他是替罪羊，匆匆放棄了暗殺計畫。叛亂平定以後，他請求封賞，但吃驚地發現他所效力的頭目像他一樣是自由職業者，無權封官論賞。他心裡憤憤不平：兩年的出生入死，平安又在哪裡！

這位現代的聖查斯丁 [352] 四次求平安而不得，最後從佛家靜修和為國效力中解脫出來，嘗試著從洋人那兒尋求心裡的平安。他遇到了長老會教士，從關於耶穌基督的教導中找到了這麼多年來一直苦苦尋覓而未得的平安。他是山東最早入教的七個人之一，從此以後，他竭盡才智和家資從事各種慈善工作，如扶貧濟弱、興辦學校等。這位 83 歲的可敬老人和我們告別時，表達了他的信念：不僅他自己找到了平安，而且基督教，給人內心帶來平安的基督教，正在中國開花結果。

■ 三、新城市，新人民

對於中國人來說，浸禮會的博物館是一件奇事；而對於外國人來說，濟南也是一樁奇事，不僅僅是濟南城，還包括周圍的鄉村。這裡跟中國多數地方一樣，人口稠密，而且都擠在了黃河邊上。羅得島每平方英里 400 人，比利時每平方英里 589 人，而山東則是平均每平方英里 680 人，黃河沿岸每平方英里 1700 人。60 年前，黃河改道 350 英里。新河道有 1 英里寬，50 英尺深，原是大清河的河道。由於淤泥堆積，河工們在黃河新河道

---

[352] 查斯丁（Justin，約 100 －約 165 年）是基督教的早期教父。

的兩邊築起高壩，洪水期黃河水位竟高出平原 20 英尺。河工們不能無限地加高堤岸，他們承認，20 年內必須找到新辦法，否則黃河會再次改道。黃河兩岸稠密的人口正等待著一場滅頂之災。疏濬顯然是個良方。

除了黃河改道之外，還發生了其他一些獨特的變化。這裡最初是譚國的首都，但東面 25 英里處一個更大的王國把它兼併了，濟南的名字得自附近的一條河。據說從那個王國的首都到這裡站了一隊人，在一整夜之間，把那兒所有的城磚都用手傳遞了過來。原來 20 里城牆的磚頭經過路上的損耗，只夠修築 12 里的城牆了。也許城磚的短缺解釋了北城牆為何不得不穿越沼澤地，從而圍住了如今成為宜人的潟湖的那塊地方，周圍分布著餐廳、廟宇、園藝池塘和蚊子。70 個泉眼所提供的水超過了城市的需求，甚至連一條運河都無法盛載其溢流。這些泉既是濟南的驕傲，又是濟南的煩惱。

6 世紀時，這裡有人立了一尊帶有底座的佛像，長老會最近造房子挖地基時將它挖了出來。那底座上面銘刻有下列文字：

大齊朝癸未年，河清二年[353]，四月初二，息夫人（及其餘十名要人）誠心澆鑄鐵佛一尊，高一丈六尺，特銘文以記。願皇帝陛下及全省百姓七世永記，願佛國眾人同享賜福。

---

[353] 即 563 年，時在北齊。河清係年號。這段文字中括號內的文字譯自英文，不是譯者增加的。

濟南新建的公共圖書館

山東最年長的一位中國基督徒是濟南長老會的教徒

有 44 個善男和 25 個信女的名字附在後面，他們都是該佛像的捐助人。

在一條漂亮的東西向大街上，最近重建了許多兩層樓的店鋪。中間有一大塊地方是山東巡撫的官邸，水清木茂。西北面有一所師範學校，建在貢院的舊址上，而這只是許多新式學校的建築之一。這些新式學校包括私立學校、教會學校、公立中小學、一所農業學院、幾所武備學堂和一所省立高等學堂。東郊建了美國傳教使團的駐地；西南郊是一個武備學堂，其 300 名學生的居住條件甚好；西南郊還有英國人所設的博物館，不遠處是 3 萬回民的大清真寺。西面是一座政府的醫院和一座從舊鑄幣廠改造而成的棉紡廠。

新建的石頭城牆從東、南、西三面把城郊的這些建築大都圍了進來；但城市規模迅速擴張，一些新的機構不得不建到了石牆之外。所以擁有 400 名學生，並安裝了獨立供水系統和電廠（也供住宅區照明）的省立高等學堂校址是在離博物館不遠的地方；軍火庫離城約有 12 里，那兒存放著現代化的軍械和充足的彈藥。德國人則自成一體，全都住在一起。

■ 四、典籍之鄉的文獻

濟南府所在的山東省因孔子的生平和勞作而變得不朽。如果說有中國人重視文學的話，那就應該是這裡。山東堪稱大清國之亞芬河畔史特拉福和波士頓。這裡曾誕生過孔子，孔子曾檢視當時所有的書，把他認為不合宜的打入黑名單，並挑選出「百種名著」來刊印類似於「人人文庫」的大眾版。[354] 雖然孔子本人著述很少，但他是古代的約翰遜博士，一位無可上

---

[354] 亞芬河畔史特拉福是莎士比亞的故鄉，波士頓是 19 世紀美國文藝復興的中心。百種名著和人人文庫是 19 世紀末 20 世紀初倫敦印刷商推出的面向大眾、價格低廉的經典文庫，影響頗大。

訴的文學趣味評判者，他的文學觀念直到昨天仍被人們毫不懷疑地接受。

　　但是，當文人雅士們頂禮膜拜孔子的龕位時，總是存在另外一個識字的階級，他們的閱讀興趣不以「文化」為轉移，廉價出版品迎合了他們的需求。《天路歷程》和《司布真講道錄》[355] 在文學史中根本就見不到，大的出版商也不屑一顧，但書販們的銷售量卻大得驚人，德萊頓根本無法與之相比。布蘭克的雜誌也許沒有永恆的價值，但其發行量足以讓黑格爾和朗費羅感到汗顏。我們決定尋找這個大省府所實際提供的精神養料，於是走訪了一家又一家書鋪，購買了一大批書。巡撫友善地幫助我們尋找更為稀見的官方檔案，相當大的一批即將運到。我們在公共圖書館逗留了很長時間；圖書館靠近湖邊的國會公園，這一帶清澈的小溪在假山中蜿蜒，睡蓮池塘四處分散著，時而可見優雅的拱橋，幽深的小徑連線著小島。新建的公共圖書館就位於如此美麗宜人的環境裡。

　　圖書館的一部分藏書是當地作家的作品和關於當地英雄人物的故事，這一類書大約有 40 冊。牆上掛著一幅怪異的濟南城地圖，標著三個有陸路交通的城門和一個運河流經的水門。根據當地的方志記載，這個縣據信「古代」有 1,900,356 人，人口普查那一年出生人數比死亡人數多出了 2,452 人。但這個縣徵收每人一個銅錢的人頭稅時，僅收了 63,871 個銅錢。由於人頭稅不計外來人口和所有取得功名的人，我們推斷：要麼不識字的人非常少，要麼逃稅的本領非常高，要麼交稅的人數隨著特定稅項的重要性和交納責任而有變動。另一本參考書開列了一名學政的法定開支，和用土地稅支付的每一項開支數目。他有 4 個守門人，共年薪 22 兩有餘；12 名雜役，共 68 兩有餘；快差，共 68 兩有餘；4 名轎夫，共 22 兩有餘；

[355]《天路歷程》是 17 世紀英國清教徒作家約翰·班揚（John Bunyon, 1628-1688）在獄中寫作的名著，其受歡迎的程度與《聖經》同等。司布真（Charles Haddon Spurgeon, 1834-1892）是 19 世紀後半期英國最著名的牧師，其布道文迄今仍流行不衰。德萊頓（1631-1700）是英國著名作家。

3 名執傘人，共 17 兩有餘；兩名侍者，共 11 兩有餘；兩名護衛，共 12 兩有餘。所謂「有餘」妙在含糊其詞，但它並不是指從求情者和訪客那裡索取的大量金錢。

匆匆翻閱了普通參考書後，我們得到了別人推薦我們看的精選文獻。要不要把它們呈現給公眾，我們感到非常猶豫。儘管我們特意強調不擔保書中陳述的真實性及其文學價值，但我們還是利用了一名著名中國學者的譯文，它可以代表這一古典學術中心所發行的正式出版品的風格。

《歷城縣志》（濟南位於歷城縣境內）對於偉大的秦始皇記載了如下資訊：

二十八年，始皇東行至山東。登嶧山，立碑，嶧山近孟子生地。上泰山，從南路登頂，立石頌秦德。沿北路下山，至小山，立規矩，拜山神，供犧牲。復東行至海。當是時，蜀來書獻長生不老藥，始皇聽之，准所請。東海有仙山三，聞名已久，然無人知其所在。遣三百童男、三百童女求之，無人還。[356] 復沿海岸南下，泛舟揚子江，逢大風，幾不得渡。上慍，問廟何神，對曰「堯女舜妻」。始皇大怒，令盡伐山樹，赭其山。

三十七年十月，始皇再東遊，左丞相李斯及幼子從，幼子愛父皇，故從之。每至一處，輒立石頌德。後至一津渡，染重病。七月，崩。丞相斯祕之，不發喪。

臧陽（Tsang Yang）的詩歌中有一首抒情詩，每行七字。

秦始皇帝臨泰山，袞袞諸臣列兩邊。

金匣日誌記五松，優柔白雲浮行宮。[357]

---

[356]《史記・秦始皇本紀》：「既已，齊人徐市等上書，言海中有三仙山，名曰蓬萊、方丈、瀛洲，仙人居之。請得齋戒，與童男女求之。於是遣徐市發童男女數千人，入海求仙人。」三十二年，「因使韓終、侯公、石生求仙人不死之藥」。秦始皇染病的地方是平原津。譯者查閱了《歷城縣志》（1773 年，50 卷，16 冊），沒有找到這裡引用的有關秦始皇的資訊。

[357] 出處不詳，譯者自譯。「五松」指五大夫松，秦始皇避雨的地方，見《史記・秦始皇本紀》。

《山東古蹟》的散文作者評論道：

我曾考察道教神靈和泰山崇拜的歷史。鬼魂出沒於泰山的信仰始於漢末；《春秋》注家沒有提及這一點，也沒有談到皇帝登基始於登泰山。我們由此可以推斷，上古三代時，對神靈的信仰與泰山沒有連繫。漢朝司馬遷著的《史記》也沒有闡述與鬼魂相關聯的任何傳統。古史整合講，泰山稱為天孫，即天庭統治者上帝的孫子。泰山的道教首領能夠喚出死人的魂靈，計算、預測人壽幾何。這兩個事實是鬼魂傳統的起源。漢朝的書裡講，胡諄（Hu Chun）重病三年，前來朝拜泰山，求得卦籤，卦上說：在滿洲，死人的魂靈聚集在紫金山。同樣，在中國死去的漢人的魂靈聚集在泰山。

《濟南府志》中的「祥異」部分有如下記載：[358]

元鳳三年，萊蕪山南側有喧鬧聲，好像幾千個人的聲音。放眼看去，只見一塊大石頭直立著，十五尺高，周圍四十八尺。石頭入地八尺深，立在另外三塊石頭上，像個三腳架。有數千隻白鳥聚集在旁邊。

（元初）三年，東平陵有八瓜同蒂。

太康三年閏月，兩條白龍出現在歷城。四年，一隻白兔出現在富平。

濟南一石獸夜裡忽然移向東南方，一千多隻狼和狐狸跟隨著牠，牠們的足跡清晰可辨。

永嘉年間，像太陽那麼大的星星現於西南方，伴隨著許多一蒲式耳大的小星星；天作紅色，有聲如雷。

永和十年，自織女星座出一蒲式耳大的流星，紅黃色，有聲如雷。

---

[358] 除永嘉、永和條外，其餘見《欽定古今圖書整合》卷207，「濟南府部紀事一」，和《濟南府志》（1841年，72卷，40冊）卷20，「災祥」。

中興二年，長山王捕獲了一頭異龜。異龜一頭六目，腹下有萬歡的字樣，還有卦兆。

這些卦兆原本的確來自龜背，但在龜腹上發現，很是少見。不必過多引用這一類文字了，它們中間有最無聊的雞毛蒜皮，也有精確紀年、對天文研究大有助益的彗星報導。下面這組故事說明了男人理想中的女兒、妻子、寡婦和兒媳的形象：

衍綸六歲時能歌《詩經》，她從不信口開河、胡言亂語。長大後，她能讀孝子忠臣的故事。她的父親病了，她夜不安寢地守候著，為他梳頭、洗浴。粗心的女僕把窗簾燒著了，她大聲叫著，企圖把火撲滅，但是無濟於事。家人破門而入，把父親拉出來，但她為了救母親，和母親一起葬身火海。名為孝女。

喬夫人生病的婆婆想吃羊肉湯，因為下雪，喬夫人無法去買，就果敢地從左臂上割下一塊肉來，烤了，為婆婆做成肉湯。

薛繼宗娶了一個十七歲的女孩，過了兩年，拋下她死了。她侍奉婆婆三十年，過繼了一個姪子作為子嗣。在五十年裡，她始終是一名貞潔、有品行的寡婦。

郭廷魁死了，撇下十九歲的寡婦，寡婦生下一個遺腹子。她的娘家想讓她改嫁，但她刺破了臉，發誓守寡。公公婆婆死後，她沒有錢買棺材，準備把孩子賣掉。突然，她看到廢屋中有光，掘下去，得到五兩黃金，於是撕毀了賣身契，操辦了葬禮，守寡直至二十八歲死去。

劉夫人美麗有才。她聽說叛軍正在逼近城池，請求丈夫保全她的名節，不要讓她和孩子成為骯髒的鬼魂。丈夫好言安慰了一番，但幾天後，

城池陷落，劉夫人解下腰帶，上吊死了。[359]

　　我們就此結束對於當地官方文獻的摘引，最後加上淵博的莊延齡教授[360] 刊於《亞洲季度評論》1911 年 1 月號上的一段話：「最近斯坦因和伯希和運來的成千上萬件珍貴檔案愈益證實了中國正史的精確可靠，如果這還需要證實的話。」

---

[359] 曾孝女衍綸、朱氏喬天祥妻、張氏薛繼宗妻、蕭氏劉公翼妻事見《濟南府志》（王鎮等纂修，72 卷，1843 年，濟南府署刻本）卷 57，「列女一」，李氏郭廷魁妻事見同書卷 59，「列女三」。衍綸的故事中，是母親病了，不是父親。譯者查詢原文的過程中得到李孝聰教授和他的研究生畢瓊的熱心幫助，特此致謝。
[360] 莊延齡（Edward Harper Parker, 1849-1926）是英國領事官和漢學家。他於 1867 年來華，1895 年退休回國。曾擔任利物浦大學的漢學講師和曼徹斯特維多利亞大學漢學教授。

第十九章
北京：首善之地

Peking means "Northern Capital", and is of coursenever used officially less it signify that some-whereelse is another capital.

北京，意為「北方的首都」，除非別處另有首都，後者從未正式使用過。

▨ 一、從寶珠洞看北京

一個夏天的早晨，薄霧籠罩著北京城[361]，初升的太陽照耀在紫禁城的黃瓦上，我們從西山眺望這個中國最神奇的城市，只見其背景是一片金色的朝霞。群山自然圍成了一個半圓形，在海拔 1,200 英尺的高度上，坐落著一個觀音菩薩廟。200 多年來，周圍生長出繁茂的樹林和藤蔭，將寺廟籠罩在一片濃蔭之中。我們的目光穿過了平坦而肥沃的平原，越過京城，遙望遠處似乎能看得見大海的地平線，位於北方天際的長城連線著大地和白雲。一處處村莊點綴著原野，一簇簇的綠蔭標示著某個漢人最後長眠的風水寶地。在我們腳下，可以看到另外七個寺廟也被籠罩在肅穆的松林之中。

很久很久以前，在寶珠洞裡住著一位隱士，後人在他的隱居處建起了寺廟，現在這座寺廟也已經古蹟斑斑了。旅行者可以在寺廟內歇息，我們一覺睡到四更天，直到鳥兒的歌唱將我們喚醒。我們和現已近九秩高齡的丁冠西[362] 先生一起在谷地的橡樹林中漫步。乾隆皇帝也曾經在這裡散過步，並且專門作了一首詩，工匠們把它恭敬地刻在石壁上。冠西先生還作了英文翻譯：

> 極頂何來洞穴深，仙境疑非俗人居。
>
> 耳邊林語伴奇景，松間妙手奏琅音。
>
> 足下王土連天際，胸前輿圖映眼簾。

---

[361] 20 多年以來，直隸總督大多駐天津。但朝廷依然把保定作為某些省署的中心。由於直隸意為「直接統治」，筆者討論這個省時，只限於大清國的首都。—— 原注

[362] 丁冠西即丁韙良，美國北長老會傳教士，曾任同文館和京師大學堂的總教習，晚年居住在北京西山上的寶珠洞。

華蓋不足蒼穹代，金帶蜿蜒點浮雲。^[363]

華蓋不足蒼穹代，金帶蜿蜒點浮雲。[363]

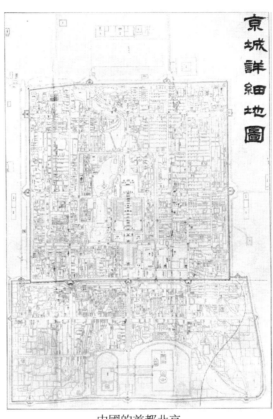

中國的首都北京

[363] 乾隆有關於寶珠洞的詩作多首，但丁韙良的英譯除了一些意象外，整體上不與其中的任何一首
　　相對應。由於譯者身臨其境，譯詩在相當程度上夾入了譯者主觀的想像和創作；只是在很自由
　　的意義上，丁譯才算得上「譯詩」。在丁韙良的譯詩集中，這一首題名為「御筆詩」，實為「洋
　　筆詩」。儘管如此，我們還是可以從丁的英詩中看出乾隆詩作的蛛絲馬跡來：「極頂何來洞穴
　　深，仙風吹送八琅音。個中疑有天龍護，時作人間六月霖。」（〈寶珠洞〉三首之一，見《乾
　　隆御製詩二集》卷七）「下瞰嵐氛色，上接顯元精。乘六龍御天，壯哉俯帝京。」（〈曉遊寶珠
　　洞〉，見《乾隆御製詩二集》卷十八）「延緣棧路到花宮，小憩精廬松下風。卻望寶珠憑眺處，
　　虛無疑在白雲中。」（〈香界寺三首〉之一，見《乾隆御製詩二集》卷十八）「蘿露霏煙細，松
　　風韻籟疏。」（〈遊寶珠香界諸勝即景詩二十韻〉，見《乾隆御製詩二集》卷四十三）這裡的中
　　譯採用了丁韙良《花甲憶記》的中譯本裡（沈弘等譯，廣西師範大學出版社，2003 年）惲文捷
　　的譯文，特此致謝。

京師是帝國首都北京的官方名稱，意為「民族的重鎮」。北京常用的名字有 7 個：1.「京」本義高丘，「京師」指適合做首都的遼闊的高原。2.「朝廷」，因為皇帝在凌晨接受觀見，「朝」即早晨。3.「北闕」或「鳳闕」即北門或鳳門（北京）。4.「首善」，最好的地方，讓人想起巴比倫自誇的稱號：王國的光榮及迦勒底人閣下的美麗……5.「幽燕」也指北京。6. 皇帝稱天子，皇帝的敕令乃「天命」，周圍的地區稱「順天」。因此天子的居住地北京稱「天闕」。7. 詩歌中稱北京為「燕京」，燕國是古代的封建王國，大致相當於現在的直隸。

　　緊靠著石壁有一個牌坊，上書「極樂天」。觀音廟旁邊的門框上，有文士寫道：

　　　　　　樂登極樂天，新春新開懷。

第三部分　黃河流域的省府

　　還會有比這更美的景緻嗎？眼前的綠茵和京城的氛圍之間隔著參差錯落的群山和山上的寺廟。巨大的城市躺在輪廓分明的城牆裡，薄霧中升起了黯淡的塔尖。遠處可見紀念馬可·波羅到訪的一座橋，他隨意寫就的遊記給這個古老的王國帶來了如許西方之光。遠處還可以看見頤和園裡的昆明湖，映照著初升朝陽的光芒，即將喚起人們進行日常的勞作。但此時只能偶爾聽到雞鳴和犬吠。廟裡的大鐘靜悄悄的，白天裡也不會撞響。

　　朝拜者寥若晨星，和尚們另尋活路，大鐘就像它們所致敬的泥塑菩薩一樣安靜。上帝之手掌控著這些大鐘，讓鐘聲除舊迎新。京城現已暴露在白晝的光輝之中 —— 北京城新的一天降臨了。

　　今天星期幾？是中國的星期日。很久以來，每隔七天就有一個星期日。現在，皇帝下詔，星期日是休息天，政府不辦公，學校不上課。星期日是安息日，對於基督教國家，這是主日。這個奇異的帝國已經邁出了第一步，這個不停勞作的國度採納了異邦的禮拜日作為休息日。我們能否教他們如何利用閒暇來從事崇高的事業，如何用他們時間的最初果實來尊崇天地之主？

　　這是一個什麼地方？這是作為八大處之一的一座寺院，幾百年來，和尚們每天都在這裡無數遍地唸誦那些不為人知的經文。他們現在不唸了；在我們逗留的這些星期中，我們沒有聽到過一次高聲頌揚佛祖的聲音，佛祖的福音書崇高但卻有限。快速成長中的中國拋棄了他；廟裡的方丈遣散了和尚，把寺廟作為旅館租出去，現在即便是基督徒也可以在這裡居住，每天在這裡向上帝大聲祈禱。上帝不僅是亞洲之光，而且是世界之光。

二、地方志中的北京

在遠古的時候，即封建時代的周朝時，這一帶稱為幽州。[364]《稽古》（*Book of Antiquities*）中記載此地的物產包括：魚、鹽，馬、牛、羊、豬，稻穀、小米，梨、棗。野獸有熊、貓、豹、虎，貂皮是貢物。人類社會的狀況可以透過下列陳述來衡量：男女人口的比例是一比三，這暗示著此地連年征戰，男丁匱乏。

在遙遠的時代，出現了一個封建王國——燕國。它的重要性不斷提高，其統治者九代為侯，然後八代為公，再後十代稱王。根據方志記載，燕王對宗教的要求漠然置之。一名北方人向昭王進貢了一頭豬，這頭豬的年齡為 120 歲，重達 1,000 多磅。牠太沉重了，幾乎難以站立。豬的肉沒有用處，有追慕者建議用來祭神。昭王命令廚師烤肉，為祭祀做準備。當天夜裡，神在昭王的夢中顯靈，責怪他不該收受沒有意義的禮物。誰能料到，這樣的種族竟會屈服呢？

秦始皇帝滅了燕國，將其建為三十六郡之一。這一建制延續下來，漢朝的第二個皇帝在位時，有人企圖重建獨立的公國，結果失敗了。後來北平的稱號流行起來，好像附近興起了另一座同樣名字的城市。但除了下列這個聽起來似乎很可信的傳說，沒有別的資訊：

元鳳年間，燕地有黃鼠狼口銜其尾在王宮大門前跳舞。燕王親自前往觀看。黃鼠狼繼續跳舞不止，燕王命令官吏以酒食祭祀。黃鼠狼舞了一天一夜，倒地死了，仍然口銜其尾。後來，這被解釋為王旦謀反及王子遇刺的徵兆。[365]

---

[364] 幽州係大禹時九州之一，時在西元前 2,000 多年，要早於正式的封建時代。——原注
[365] 據《欽定古今圖書整合》卷 33，「順天府部紀事一」，這件事發生在漢朝，燕王旦姓劉，當為劉旦。蓋洛的助手解讀有誤。

　　我們從中至少可以提煉出這一資訊，即西元前 110 年該地區重新獨立為王國。335 年，氐胡在此地發達，但都城遷到了洛陽。然後幕布降落，直到遼國（即契丹人）在約 937 年重修該城。這象徵著另一帝國的終結，整個北平落到了韃靼人手裡，他們統治了這裡約兩個世紀。請注意，此後的沉寂是因為這一地區處於漢人的統治區域和文獻以外。

　　1118 年，與滿洲人有親緣關係的金人取代了契丹人。1151 年，金人修整了該城，也許把它作為都城。80 年後，成吉思汗趕走了金人；1264 年左右，忽必烈以此城為其輝煌的首都，蒙古語稱為坎巴里克（Khan-baligh），意為「大汗之城」，西方人把這個詞的發音軟化成為堪巴魯（Kanbalu）。此後不久，忽必烈統一中國。整個中國首次定都於此。

　　漢人在明朝洪武帝的領導下擺脫蒙古人的枷鎖後，一下子產生了許許多多關於此地的故事。有關改朝換代預兆的一則故事是這樣講的：

　　有位宮廷大夫妙手回春，聲名遠播。他七十歲時，一個老婦人請求他到西山為她的女兒治病。大夫讓婦人把女兒帶過來，幾個小時後，婦人回來了，後面跟著兩個天仙般的女兒。大夫試了她們的脈，叫道：「這不是凡人！告訴我妳到底是誰！」婦人承認她是西山老狐，懇求大夫不要出賣她，並把她的女兒治好。大夫回答說他有責任這麼做，也想這麼做。但他疑惑為什麼他住在紫禁城裡面，皇帝有百神佑護，壞精靈還是能夠闖進來。西山老狐回答說，真命天子不在紫禁城，而在濠州，城神已經命令所有的精靈在濠州保護他。大夫驚愕異常，張嘴結舌，趕緊開了藥方，兩個女孩盈盈下拜，表示謝意。

　　洪武初年（1368），此地改名（漢名）為北平府。徵虜大將軍徐達攻陷城池、占領該地區後的第四年，他把軍政府的總部設在了這裡。徐達從

410

沙漠和荒野召集來尚存的逃亡者，把他們遷徙到周圍地區，分發土地，使其成為永久居民。洪武九年（1376），北平成為總督駐地。十二年，省城新建築落成，北平府向南京遞送了地圖和說明，標出天壇地壇的位置，報告說大小宮殿總計 811 間。這表明明朝的創立者意欲按照王者規模修復北平。接著，洪武帝任命兒子永樂[366]為燕王，將他派駐北平。

　　洪武駕崩後，朝廷動盪，年幼的長孫不適宜統治帝國。燕王起兵，爭奪皇位，占領了南京，找到一具屍體，指認為他的姪子，虛張聲勢地舉行了葬禮。燕王回到北平後，決定遷都北平。在這一階段，北平周圍地區稱為順天，北平城改名北京。

　　永樂四年，大臣們向皇帝上奏章，要求在北京大興土木，修建宮殿。十四年，召開國務會議，討論重修事宜。……城中城郊建起了寺廟祭壇，內城興建了宮殿，整體上大致模仿了南京，但在高度和寬度上超過了南京。當時，還為諸位王爺建造了十五座王爺府；工程花了三年。

　　北京的宮殿超過南京的任何一座，的確如此。事實上，這些宮殿是整個國家建築中的翹楚。[367]永樂新城與蒙古人大都之間的確切關係不得而知。《稽古》指出，現有的城牆是蒙古大汗忽必烈修建的。有一點是確定的：今天的城牆基本上還是永樂時的樣子，無論永樂是否修建了這些城牆。北京的城牆堪與南京媲美。

　　南京的城牆全長 25 英里，永樂時的北京城牆全長 14 英里，但城牆基部有 60 英尺厚，用石頭、城磚和混凝土構築而成，十分堅固。設九道大門，外有望樓，上有塔樓堡壘。現在，這樣的城防別的地方不存在。關於這些城門，書中明確寫道：「正統元年（西元 1436 年），詔令太監、東

---

[366] 即朱棣。永樂是他的年號，年號直到他登上帝位後才有。——原注
[367] 原文中，這一段的第一行重複了上一段，係誤植，譯文中略去了，但文義尚貫通。

京人阮（安）總督門樓的修建。此前，京城承襲了元朝（蒙古）的舊式風格；永樂重修時，沒有建門樓。」[368] 也是在明朝，北京所在的省份劃歸「直接統治」，稱為直隸。

又一個世紀過去了，南城牆外參差不齊地聚集了許多房屋。所以，1543 年，嘉靖建了一道新的城牆來保護這些房屋。外城只有內城面積的一半，但卻包括了著名的天壇。又一個世紀過去了，漢人的王朝走到了盡頭。人民四處揭竿而起，一隊叛軍自太原向北京出發。失意的皇帝登上景山（皇城之內一座人工堆起來的土山），用望遠鏡眺望到進逼的起義軍，於是用刀捅死公主，然後上吊自殺。城門被起義軍攻破之後，這個由永樂最初建立的明都城失陷了。占領者自稱皇帝，他殺害了山海關守將的家人。守將自己無力復仇，但他向滿人開放了長城的大門，結果滿人如潮水般湧入，十天之內掃蕩了北京。這兩週之內所發生的災難同樣有徵兆：「明朝最後一個皇帝崇禎年間，北京流行大瘟疫。一大家人一夜斃命。有人討價還價，請求棺材商收屍。接著那人不見了，喪葬人員由此知道他肯定是死去那家人中的一個鬼魂。天亮後，他付的錢變為紙錢，即冥錢。」

自從 1644 年以來，滿人從未返回到長城以北，而是一直控制著北京城，只有被外國軍隊占領時例外。滿人僭取了永樂京城的全部，漢人只能住在新城牆以內的外城。但慢慢地，漢人又在內城重新立足；過去，當他們居住在內城時，同樣也遭到過外圍俄羅斯猶太人的滲透。

50 年前，英法聯軍占領北京；位於東北城牆段的安定門隆隆而開，聯軍首領們和一隊貼身警衛占據了兩座漂亮的王府，以作為兩國公使的永久居所。很快，其他國家也在此派駐了公使，滿人的內城目睹了洋人以平

---

[368] 東京即越南北部。據《春明夢餘錄》卷 3，「城池」，阮安（蓋洛把「阮」誤寫為 Yuan）是交趾人，一名阿留，刻有《營建紀》。正統初年修北京城事亦見於《光緒順天府志》（1884 年，130 卷，64 冊）卷 1，「城池」。括號中的「1436」和「蒙古」來自英文，不是譯者增加的。

等的身分在那兒居住。皇帝無法忍受他在位期間的這一奇恥大辱，憤憤而死；與此同時，漢人的太平軍占領了南京。

40 年後，各國公使們被圍困在使館裡，只有一小隊外國衛兵來保護他們。一支西方軍隊再次以武力攻占了北京，清廷再一次出逃，外國軍隊蹂躪了紫禁城。這是北京最後一次經受這樣的屈辱。

■ 三、從城牆上看北京

仲夏的一天，我們騎驢沿著城牆頂上緩緩而行，詹森[369]擔任了我出色的嚮導。我們花了八個小時才走完內城全長 14 英里的城牆。由於內城的正中心是皇城，皇城有單獨的城防，屋頂覆蓋著皇家金黃明亮的琉璃瓦，所以內城的實際面積大概剛過 10 平方英里。城內縱橫交錯著寬闊而有序的大街，新裝了電燈柱子，街面用碎石鋪就，上面灑了水，還有巡警；在這方面，中國沒有別的城市更能讓美國人感到如此親切。但那城牆！還有城牆之內的森林！世上有什麼地方能與之相比擬呢？

如果能夠在城牆上生活，享受清風，在堡壘的陰影裡野餐，欣賞北平城的美好景緻，那麼北京是頗有吸引力的。我們看到了奇特的景象，新的舊的擠著碰著。

這裡一個舊的貢院被推倒了。讀經教育已經過時，一去不復返了，現代教育已經取代了它。資政院將要建在這裡，以統領 18 個行省的諮議局。

眼前這片廢墟是翰林院，相當於中國的古典學院和大英博物館的圖書館。1900 年拳亂時，翰林院被選作攻擊洋人的據點，當後者久攻不下時，有人在翰林院放了一把火，想以此燒死洋人。昔日的榮光現已片瓦無存，逝去時代的這一外在象徵做出了最後的奮力掙扎。

---

[369] 詹森（Erving Leroy Johnson）是美國北長老會的傳教士，1905 年來華，在北京等地傳教。

　　這裡是舊的御道，即每年皇帝南行到天壇祭祀禮拜時專用的大街。它太神聖了，普通人不得置足，就連那位一年到頭都需要這條通道的皇帝也只能透過一條狹窄的小道走到前門。到什麼時候人民才會廢止這樣的胡鬧？難道那個人是用更好的泥土做成的？整個城市難道常年不便，就是為了他一天的使用？

　　對比一下城牆上的堡壘吧，那是外國人的堡壘，給予洋人的擔保，洋人不但要求住進內城，而且還禁止中國人通行部分城牆段，以免外國租界受到監視！不妨想像一下，摩洛哥人和利比亞人占領了華盛頓的一部分，由土耳其人、阿拉伯人和波斯人共同居住，並由來自東方士兵保衛它，自由的美國公民禁止靠近，以免傷害了東方人的感情！在新軍建成之後，美國人還會長期忍氣吞聲嗎？

　　向下面看，城牆腳下一隊海軍學軍的士官生正在練習吹號。這些身著西式軍裝的黃面孔是什麼人？手持現代武器的士兵。那些穿著新式制服的人呢？新式警察。

　　附近，一條鐵路沿著前門直接進入外城。現在有五條鐵路線在這裡交會，將來會有更多；這能使大清國的軍事力量迅速調動起來。那兒有一根電報線的桿子，無線電波可透過這些電報線一直傳到海邊。

　　新時代降臨了。城裡出現了大煙囪，而且是在內城！電燈！但寺廟在哪裡？北京現有教堂的數目跟重要寺廟的數目不相上下！北京已經成為教堂之城！寺廟正在逐漸地消失！這裡有一所學校，這裡是教育署，這裡是新的譯學館，那兒就是財政學堂！

　　西北角的城牆為了能保住好運氣而有點偏斜出去，其怪異的理論依據是事物一旦完美便無法進步了。在這裡可以看到京師大學堂新的分科大學建築正在興建，全國要建四五所類似的國立大學堂，但京師大學堂的級別

最高。那邊的美以美會也正在建設他們的大學。[370] 要注意啊，我的朋友
們，請你們不要引起一場不公平的競爭。在擴展學校規模的同時，也要打
好學校的基礎。然後，以上帝的名義為新北京做出貢獻。

北京平則街，寶塔、圓頂塔、亭子。

---

[370] 即匯文大學堂，燕京大學的前身之一。美以美會的英文名稱為 Methodist Church。由於後者有
　　　英國教會和美國教會之分，所以兩者在漢語中被分別譯為了「循道宗」和「美以美會」。

北京平則門的箭樓

▇ 四、夜幕下的北京

　　夜裡四更時，守護龍駕的衛兵們換班了，皇帝早朝已經完畢，沒有人關心時間的流逝。整個夜晚，天子和他的大臣們殫精竭慮，思考如何統治人類的四分之一人口。他們是外族統治者，必須警惕謠言、碎語、陰謀、叛亂和天啟。全中國都睡去了，而統治者仍然醒著。

　　當夜幕籠罩著這個城市時，衛兵們以雙倍的熱情履行著職責，朝廷的大臣們舉行會議，來商討解決影響無數人命運的問題。夜裡，當天文學家觀察星空，尋找躍入眼簾的新星或者耐心地歸類鮮為人知的舊星星時，天子也在研究某些闖入中國視界的新國家或思索某個尚未解決的老問題。人工堆成的小山擋住了嚴寒和邪惡的北風，忠心耿耿的總督和巡撫小心護駕，龍廷突

然發動的改革，其力度和強度均前所未有。夜裡，宮中傳出敕令：嚴禁吸食鴉片。夜裡，硃砂筆簽署命令，準備實行憲政政治。夜裡，宣布廢除科舉考試，推行新學。夜裡，城門大開，信差傳出婦女女童準入新式學堂的命令。

哨兵們在黃色的城牆上踱步。城牆的外邊一片寂靜，東方的城市都是這樣，但這種寂靜並不顯得特別緊張，以至於某種嗡嗡聲持續不斷地從無數樹叢中發出。數十萬人都已進入了夢鄉。在外城的城牆上，另一群哨兵也在巨大的城牆頂上巡邏著，他們凝視著空蕩蕩的街道，或者目光越過護城河，落到了空曠而黑暗的原野上。武裝警察們荷槍實彈地在大街上巡邏，從一個崗亭走到另一個崗亭。但他們在夜間彼此很少碰見。

這個城市的室內完全是另一幅景象：辦公室裡燈火通明，沒有通宵歡宴的宮殿，但來訪者擠滿了覲見廳，國務大臣們在與同僚們會面，皇帝接受請求和奏章。多少世代以來，這一直是慣例，雖然現在有了許多變化，這樣奇怪的場面依然經常上演。現在已經不需要信差了。繁忙的祕密會議一結束，皇帝的決定就會透過電波飛馳到 18 個首府；在各位督撫們為新的一天做好準備時，他們就會得知京師決定要發動什麼新的革命。

今天的中國就像這些哨兵。它的兩邊一邊是隱入黑暗的過去，而另一邊，也是更為內省和寶貴的一面，正在激發出新的生命和活力。正是這新的生命與活力治理和引導著中國，願中國人在新的一天醒來時帶著新的目標，充滿新的精力！

■ 五、從天壇看北京

我們沿著御道，北京的神聖大道，穿過了位於火車站之間的正陽門，又穿過了護城河，進入外城，這一帶有許多招待各省來賓的漂亮會館。我們此行的目的地是舉世聞名的天壇。

第三部分　黃河流域的省府

　　中國不是一個建築的國度，即便它的城市也沒有什麼能吸引來訪者故地重遊的。在華北每年大都只降雨一次，樹木不生，木材難得，磚石是主要的建築材料。但如果說許多城市建築價格低廉，北京應該是個唯一的例外，可是北京也沒有特別昂貴的建築，天壇算是最顯眼的一座建築了。天壇是個環形的金字塔，但不是用來盛斂死人，而是為了讓活人崇拜未知物。它跟阿格拉的泰姬陵一樣使用了大理石材料，但泰姬陵平臺以上的建築才是主體，而天壇的特色在於平臺本身。天壇是一個祭壇，它分為三層，一層比一層高。它仍然享有皇家的榮耀和光彩。從天壇頂端眺望世界，那會是什麼樣子呢？

　　這裡是遠東，天壇代表著遙遠的過去。在北京所有的建築和物質代表中，需要參觀和理解的最重要景點就是這一個皇家的祈禱場所。我曾登上它的石階，一圈圈直到象徵天穹的頂層。倘若我們先眺望過去，曾經建都於此的元、明、清這三個朝代的全部歷史一覽無餘地展現在我們面前。至於現在，這裡就是整個帝國的縮影。四牆之內的北京正好是四海之內中國的縮微模型。我站在天壇上，將目光投向未來。東邊是日出之國的日本，除非其道德水準得到提升，它很快就要變成日落。西邊是西藏，那兒的高地人尚須努力，才能在歷史上留下濃重的一筆。北方是俄國，這是一個大國，但正在醞釀著分裂的因子。往南我能看到一個新的廣袤而強大的帝國。那是一個帝國之內的帝國，一個由白色帝國統治的黑色帝國，它的新名稱是不列顛印度。當英國、美國和中國結成聯合陣線來防止世界紛爭時，那將是人類歷史上最偉大的一個和平計畫。到那時，這三個旗幟下將囊括全球的十億人口！中國將在北京為全世界實現早在秦始皇建造長城時就為他的帝國所定下的目標 —— 防止紛爭！

在天壇的北面是首善之地 —— 北京城，就像彼得堡和華盛頓市那樣，它是專門作為首都而修建的；再往北是滿洲，清朝這種奇異的祭祀儀式就是從那裡帶過來的。我們轉向西面，眼前一個又一個的清真寺讓我們想到了穆安津呼喚虔誠的穆斯林面向麥加，崇拜阿拉。往南面，越過喜馬拉雅山脈，我們透過內心的那雙眼睛仿彿看到了佛陀的故鄉，許多中國的佛教徒正在拋棄對佛陀的信仰。我們向東凝視著，心裡嚮往著家鄉，從那兒趕來了十字架的信使。最後，我們將目光移向了上方，仰天感謝上帝的恩佑。

每年一次，皇帝來天壇祭拜；日子定在冬至，即聖誕節前後。星期日已經被中國接受為休息日，那麼祭祀來自天堂的上帝之子所代表的天也會被寫進日曆嗎？

■ 六、彩虹下的北京

我們從寶珠洞再一次凝望整個北京城。雷聲住了，閃電過了，薄霧漸漸消散；西沉的太陽放射出光芒，京師的上空升起了彩虹。北京有希望了！

這個城市的對稱性被故意破壞，以求得好運。它的選址不是為了貿易，也不單是為了防禦 —— 它位於坦蕩的平原，而不是在重要的河流邊 —— 而是因為迷信；一個精心修建的城市，但那是無用的精心，以偏見來規劃的城市，它不恰恰象徵著它的建造者嗎？迷信和偏見是中國往昔的禍根。

從東城牆上看新建的北京自來水廠

　　元、明、清三個朝代共 36 個皇帝在這裡統治過。光是滿人坐在龍座裡的時間就幾乎比得上英國在美洲拓殖的時間；這三個朝代見證了英國國會和英國文學的全部歷史。當這個城市成為首都後，已經有 20 個世代過去了，世界上沒有哪一個首都像它這樣控制著這麼多人民的命運。累計有 20 多億人曾處於北京的統治之下。

　　在最近兩個世代裡，一個接一個的風暴擊打著這座城市。有兩次，整個帝國都幾乎要分崩離析了，但兩次它都重新振作起來，只割讓了小塊土地給皮膚呈淡粉色的白人。在北京矗立著最近一次風暴的象徵 —— 為殺害一名外國公使道歉而立的牌坊。想像一下如果耶拿橋在柏林，而非巴黎；滑鐵盧橋在塞納河上，而非泰晤士河上；格蘭特將軍墓在里奇蒙，而非紐約；班奈狄克·阿諾德的紀念碑在華盛頓的國會大廈。[371] 中國將會把

[371] 耶拿是 1806 年普法激戰戰場，普魯士被拿破崙戰敗。滑鐵盧在比利時，是 1815 年拿破崙大敗之處。格蘭特是美國內戰時北方的將軍，里奇蒙是南方首府。班奈狄克·阿諾德（西元 1741 － 1801 年）是美國獨立戰爭時的將領，後因私通英軍逃亡英國。

這個牌坊運到德國去，在那兒重新豎起，作為對一個犯罪行為，也是一個誤會的道歉，但它會拒絕保留自己屈辱的紀念物，這一時間肯定不會太遠了。新中國的崛起將以克林德[372]紀念碑的倒塌為象徵！那轟然一聲說不定在哪一天就會聽到。

北京一直在變化和發展著。彙集在這裡的鐵路很快就會向西和向南延伸，四天的路程就可以連線上加爾各答，七天的路程就可以連線上巴黎。已經發表的敕令使得將來任何敕令都成為可能。小腳正在消失，細腰來了，刮頭皮的刀片讓位給了剪辮子的剪刀。而北京正以一種方式得到發展，這種方式足以使歐洲人認真地思考。我們在每一個省府都看到了兵營，儘管白人在那兒不受歡迎，但他們還是不禁注意到正在崛起的新軍是一支忠於北京和燃燒著愛國激情的部隊。租界和租借地不久以後會變得怎麼樣？用武裝人員把守的公使館和強迫進行的銷售將會變得怎麼樣？強加在一個不情願民族身上的銀行和鐵路又會怎麼樣呢？中國正在變得鞏固和強大起來。很快，攻擊它將會變得十分危險；用不了多久，它就會甦醒過來，那些阻擋它前進道路的人將要遭殃了！

中國現在的可塑性還很強。風暴已經停止，陽光普照大地，彩虹橫跨天穹。除了兵營之外，還有學校在四面八方拔地而起。它疾聲呼喚著援助者和老師。再過一代人，它不會再這樣大聲疾呼了，因為新中國將自給自足。但是現在！商人們看到機會，爭先搶入，以免貽誤時機。知識分子呢，無論世俗還是宗教的知識分子，他們又會怎麼做呢？中國現在還可以被正確地加以引導，新的理想還可得以形成；現在它像西藏高原的小河一樣，在通向揚子江的斜坡和通向緬甸的斜坡之間搖擺。彩虹還在雨後的陽光中閃耀著，但它不會永遠存在。現在正是允諾、希望和期望的時刻。不

---

[372] 克林德（Ketteler, 1853-1900）是 1899 — 1900 年間的德國駐華公使，義和團運動中被殺死。

要讓中國的希望落空；不要讓中國人心中充滿過多對於物質的欲望，以免把他們引向一個過於誘人的拜物主義。難道中國不會了解，彩虹的允諾是要由坐於天庭寶座之上的上帝來加以實現的嗎？願上帝及上帝的羔羊[373]永遠享有祝福、名譽、榮耀和統治權。

---

[373] 上帝的羔羊（the Lamb of God）特指基督教教義中的聖子耶穌基督。

附：原書中諺語

蘇杭以後是天堂

Visit Soochow and Hangchow; the next place is Heaven.

上有天堂，下有蘇杭

Heaven is away in the sky, but Soochow and Hangchow are here below.

生在揚州，念在蘇州，死在杭州

To be born in Yangchow, to have studied in Soochow, and to die in

Hangchow.

販綢緞離不得蘇杭

To buy silks and satins you must go to Soochow and Hangchow.

氣煞不可告狀，餓煞不可做賊

When you are very angry, don't go to law; when you are very hungry, don't

make verses.

天為一大天，人為一小天

Man is a small heaven.

要知心腹事，但聽口中言

To know a man's heart, listen to his words.

有錢男子漢

With money a Chinaman is proud.

富貴多淫慾，貧窮起盜心

Riches lead to vice and poverty to theft.

要見黑心人，念佛堂裡尋

Want to see black-hearted people? Look at those who pray to Buddha.

光棍不欠債

A bully does not owe debts!

對牛彈琴

Play music in front of a cow.

舊性不改，總要落海

Change you old nature or you'll be up a tree.

吃了砒霜的老虎

A tiger who has swallowed arsenic.

貪心不足蛇吞象

An avaricious heart is like a snake trying to swallow an elephant.

舌頭底下壓煞人

You can curse people with the weight of the tongue.

草舍平安便是福

Peace in a thatched hut, that is happiness.

腳踏兩頭船

Standing with feet on two boats.

船到橋門自會直

A boat straightens when it gets to a bridge.

雪地裡葬人

Burying one in the snow-won't last.

聾人聽母雞唱更

A deaf priest can hear a hen crow.

乞者不過爛柴橋

Even a beggar will not cross a rotten bridge.

未有眉毛先有鬚

A beard before eyebrows!

颶風起有梨拾

After a typhoon there are pears to gather.

母鴨雖妝啄猶扁

Let the duck dress to kill, flat forever stays her bill.

虎掛數珠假慈悲

A tiger telling beads.

海盜建普度

A pirate saying prayers for the dead.

油嘴刺心刀

Oily words, but a knife heart.

牽牛下井

To lead a cow into a well.

破布包珍珠

Pearls wrapped up in rags.

金被罩雞籠

A chicken coop covered with cloth of gold.

身熱汗不發

Gets hot but does not sweat.

畫蛇添足

He draws a serpent with feet.

好鼓不用重槌

A good drum does not need a heavy stick.

鼓中寧睡

He sleeps inside of a drum.

少莫走廣

When young don't go to Canton.

針無兩頭利

No needle has a point at both ends.

人多蒸狗不熟

Too many cooks spoil the dog.

迫虎跳牆

The hunted tiger leaps the wall.

食貓麵

Eat cat's food. (Cold shoulder.)

半桶水

Half a bucket of water.

事怕有心人

Everything fears the earnest man.

壽星老上吊嫌命長

The old man hung himself.

大雞不吃碎米

A big chicken does not eat small rice.

東山老虎吃人，西山老虎亦要吃人

On the eastern mountain tigers eat men; on the western mountain tigers eat

men, too.

女人心海底針，睇唔見摸唔親

A woman's heart is like a needle at the bottom of the sea; you may look as much as you like, but you'll never find it.

事怕有心人

Everything fears the earnest man.

石獅不怕雨來淋

A stone lion doesn't fear the rain.

老虎頭上釘蝨子

Killing lice in a tiger's head!

八十歲學吹鼓手，氣力不佳

To begin the study of music at 80 years of age is rather too late.

城牆上跑馬露馬腳

When you gallop on the city wall, it's hard to hide the horse's tracks.

自打鼓自扒船

A man must beat his own drum and paddle his own canoe.

矮人負重擔

A dwarf with a heavy burden.

黃牛雖衰三桶骨

Though the cow be lean it can give three barrel of bones.

貓鼠同眠，死在眼前

When a cat sleeps with a rat, death is well in sight.

金蠅飛

Golden fly.

鼠目寸光

A rat's eye see but an inch of light.

瓦片也有翻身日

Even a tile will turn some day.

盲貓得死鼠

A blind cat catches only a dead rat.

與人不睦，勸人養鵝

If you don't love your neighbor, ask him to raise geese.

大富由命，小富由勤

Great wealth comes from fortune, small wealth comes from diligence.

善人頭上有青天

Azure heaven rests on the head of the good.

君子點頭便知

A clever man understands a nod.

有麝自來香

The musk deer carries its own perfume.

好兒不妝春，好女不看燈

A good boy does not put on fine clothes, a good girl does not go to shows.

掩耳盜鈴

The stupid thief stops his ears when stealing a bell.

富在深山有遠親

A rich man, living on a mountain top, will have relatives from a distance.

相識滿天下，知心有幾人

A world of acquaintances, but how many friends.

若要斷酒法，醒眼看醉人

To warn men against wine show them a drunken man.

士是國之寶

Scholars are the nation's treasures.

孫猴子坐天下

An ape may sit on a throne.

瞎子戴眼鏡

A blind man carrying a looking glass.

景窮志富

Poor by condition, rich by ambition.

達人知命

An intelligent man recognizes the will of heaven.

好藥苦於口

Good medicine is bitter to the taste.

交以道，接以禮

Form friendships according to virtue.

一年之計在於春

Plan the whole year in the spring.

馬瘦毛長

A thin horse has long hair.

是相不開口

The able minister keeps his mouth shut.

鄉下人吃海參頭一回

The countryman eating sea-slugs for the first time.

牯牛身上拔根毛

To pull one hair from the hide of an ox.

兔子不吃窩邊草

Rabbits do not eat roadside grass.

人中一寸，百年壽齡

If the distance from nose to lip be one inch, he will live 100 years.

一錢勿落空虛地

Not even one cash falls on empty ground.

晴帶雨傘，飽帶飢糧

Carry umbrella while weather is fine; carry food when you are not hungry.

買了磚頭勿買瓦

Bought a brick-bat instead of a goose.

痴子望天塌，窮人盼反來

The crazy man hopes the heavens will fall; the poor man hopes for a riot.

熱石頭上的螞蟻

An ant on a hot rock.

賺錢勿怯力，怯力不賺錢

The money-maker is never weary; the weary man never makes money.

貓哭老鼠

A cat weeping over a rat.

賊人膽子虛 一個蘿蔔抵個蛋

You can substitute a turnip for an egg only once.

孫猴戴帽子

A monkey with a hat on.

醃鯉魚放生

To set free a salted fish.

燈草弗做支拐

A wick is not a substitute for a walking stick.

背心上拉胡琴

You can't play a fiddle behind your back.

瞎子見錢眼開

Even the blind open their eyes (like saucers) at money.

自大必臭

The conceited man stinks!

看人挑擔不吃力

It costs no strength to watch other labour.

一枝不動，百枝不搖

If one branch will not move the whole tree will not wave.

人的名，樹的影

The tree for shade; the man for reputation.

十賒不如一現

But once with cash rather than ten times on credit.

懶人用長線，拙人使彎針

The lazy use a long thread; the stupid, a crooked needle.

捎袋馱著驢子走

The load cannot carry the ass.

先長的眉毛不及後長的鬍子

The eyebrows of youth cannot compare with the beard of age.

未從責人先責己

Blame yourself first, then others.

跳進黃河洗不清

Even jumping in the Yellow River won't wash him clean.

啞巴吃餃子肚裡有數

The dumb can tell when they have eaten.

蛇無頭不行，鳥無翅不飛

A snake cannot creep without a head.

人嘴兩張皮

Man's mouth is but two bits of skin.

畫水無風空作浪

Painted water has not wind.

心慌吃不得熱粥，跑馬聽不得說書

You can't eat broth in a hurry, or hear a story on horseback.

監門口有四個字：後悔晚了

On the jail gate are four words: "You repent too late".

寧為一斗，莫添一口

Better add a measure than add a mouth.

若要斷酒法，醒眼看醉人

If you want to break off drink: look at a drunken man.

有錢道真語

The man with money speaks the truth.

光陰似箭

Time is like an arrow.

未晚先投宿

Enter the inn before night.

閒時置下忙時用

When idle arrange things for busy days.

雞鳴早看天

Arise with the rooster in the morning.

惡必早亡

The bad die early.

學得烏龜法，得縮頭來且縮頭

The turtle knows when to contract its head.

精神一奮，何事不成

An aroused spirit can do anything.

小石頭打破大缸

A small stone can break a large jar.

行船走馬三分險

Danger on a boat or on horseback.

人心不足蛇吞象

A discontented mind is like a serpent wishing to swallow an elephant.

不上高山，不顯平地

If you never go up hill, you will never see a plain.

錢財如糞土，仁義值千金

Regard money as filth and righteousness as gold.

歪嘴拍馬屁斜斗

A crooked-mouthed man blowing a trumpet（makes discord）.

無針不引線

You need a needle to draw the thread.

瞎子見了鬼

The blind man says he saw a ghost.

洋不洋廣不廣

Neither a foreigner nor a Cantonese.

山不轉路轉

Mountains do not turn, but roads do.

菜籃吸水

Drawing water with a basket.

真金不怕火煉

Pure gold does not fear the fire.

春雨貴如油

A spring rain is worth as oil.

近水知魚性

Those who live near rive understand the fishes.

和尚頭稱橄欖

A shaven priest trying to balance an olive on his head.

水清無魚

Clean water, few fish.

螞蟻擺陣要下雨

If the ants fight it will rain.

黃昏早雨大日頭

Rain at dawn means a sunny day.

早飯雨，雞歇籠

If it rains at breakfast 'twill rain till chickens roost.

狐假虎威

The fox borrows the tiger's majesty.

任隨波浪起，穩坐釣魚臺

No matter how high the waves, sit tight on the fishing stone.

水漲船高

When the waters rise, the boats rise also.

他趕了一個散臺

He did not get to theater till the play was over.

虎頭蛇尾

Tiger's head and serpent's tail.

老莫走川

When old don't go to Szechwan.

你敬我一尺，我敬你一丈

Honor me one foot, and I'll honor you ten.

朝朝防火，夜夜防賊

Beware daily of fire; nightly of thieves.

馬上不知馬下苦

The horseman does not know the footman's trials.

不看吃的看穿的

Look not at what he eats, but what he wears.

窮無根，富無苗

Poverty does not spring from a root, nor does riches give out shoots.

路遙知馬力，日久見人心

Distance proved the horse's strength, and time the heart of man.

同君一夕話，勝讀十年書

To converse with a superior man for one night is better than studying books for 10 years.

忍得一時氣，免得百日憂

Hold your temper for a moment and avoid 100 days of sorrow.

人小心不小

A little man may have a large heart.

東風一起就變天

When the east wind（husband）blows, weather changes.

人望高水望底

Men look up, water flows down.

有錢能使鬼推磨

If you have money, the devil will grind for you.

近朱者赤，近墨者黑

If you are near ink, you will become black.

六月不借扇子

In the sixth moon one cannot lend his fan.

人無債不窮

If a man has no debts he is rich.

三歲觀老，薄地看苗

For wornout field change the crop. Old scholars need new thoughts.

望梅止渴

To look at a plum tree as a thirst-quencher.

得人點水之恩，必得湧泉之報

For a drop of kindness, return an overflowing spring of requital.

各人買馬各人騎

Whoever buys the horse rides it.

船破還有三千釘

A worn-out boat still has 3,000 nails in it.

家有賢妻，男兒不遭橫事

A prudent wife save much trouble.

人心隔肚皮，虎心隔毛翼

A man's heart is kept from view by his skin, a tiger's heart by his hair.

人勤地不懶

If the farmer is diligent, the soil will not be lazy.

九而勉強，十而自然

Nine and it's compulsion; ten and it's voluntary.

你敬我一尺，我敬你一丈

If you'll respect me an inch, I'll respect you an ell.

好鋼使在刀口上

If you have good steel, put it on the blade of your knife.

三條路當間行

If there are three roads, keep in the middle one.

心寬強似屋寬

A big heart is better than a big house.

家貧思賢妻

A poor family needs a good wife.

莫向虎山行

Don't walk on a tiger-hill.

飽時蜜不甜

To a full man even honey is not sweet.

敬神如神在，不敬是個泥塊

Worship the idol, and it seems a god, not worship the idol, and 'tis but a

clod.

會的不難，難的不會

If you know how, a thing is not hard, if it is hard, then you don't know

how.

假謙卑，就是真驕傲

False humility is genuine arrogance.

件件通，件件鬆

Of everything he knows a little, and knows but little of everything.

一個巴掌拍不響

One hand cannot make a clap.

有理行遍天下，無理寸步難行

With right on your side you can go to the ends of the earth; without it, you

cannot step an inch.

海裡摸鍋

You will never find a flesh pot floating on the sea.

人敬有的，狗咬醜的

Men honour the rich, dogs bite the ragged.

孫猴子坐席

A monkey sitting at a feast.

捨不上個羊，打不死個狼

Sacrifice a sheep to kill a wolf.

人是鐵，飯是鋼

Body like iron needs food like steel.

張竈王面黑心不黑

Even the kitchen god has a black face. (Cook is not clean.)

賊有狀元才

A thief has as much talent as a first-honor man.

壯貓好偷食

A stout cat is surely a thief.

遺失在西方的中國史·蓋洛作品：

中國十八省府 1910，歷史轉折點上中原文化實地考察

作　　者：[美] 威廉·埃德加·蓋洛（William Edgar Geil）

審　　譯：沈弘

翻　　譯：沈弘，郝田虎，姜文濤

審　　校：李憲堂

編　　輯：柯馨婷

發 行 人：黃振庭

出 版 者：崧燁文化事業有限公司

發 行 者：崧燁文化事業有限公司

E-mail：sonbookservice@gmail.com

粉 絲 頁：https://www.facebook.com/sonbookss/

網　　址：https://sonbook.net/

地　　址：台北市中正區重慶南路一段六十一號八樓 815 室

Rm. 815, 8F., No.61, Sec. 1, Chongqing S. Rd., Zhongzheng Dist., Taipei City 100, Taiwan

電　　話：(02)2370-3310

傳　　真：(02)2388-1990

印　　刷：京峯數位服務有限公司

律師顧問：廣華律師事務所 張珮琦律師

國家圖書館出版品預行編目資料

遺失在西方的中國史·蓋洛作品：中國十八省府 1910，歷史轉折點上中原文化實地考察 / [美] 威廉·埃德加·蓋洛（William Edgar Geil）著，沈弘 審譯，沈弘，郝田虎，姜文濤 譯，李憲堂 審校 . -- 第一版 . -- 臺北市：崧燁文化事業有限公司, 2024.03
面；　公分
POD 版
譯　自：Eighteen Capitals of China 1910
ISBN 978-626-394-063-5(平裝)
1.CST：方志 2.CST：人文地理 3.CST：中國史
670　　　113001961

─版權聲明─

本書版權為北京時代華文書局有限公司所有授權崧博出版事業有限公司獨家發行電子書及繁體書繁體字版。若有其他相關權利及授權需求請與本公司聯繫。

未經書面許可，不得複製、發行。

定　　價：599 元

發行日期：2024 年 03 月第一版

◎本書以 POD 印製

電子書購買

臉書

爽讀 APP